PARA DEVOCIONAIS INDIVIDUAIS e em FAMÍLIA DESDE 1956

Pão Diário

EDIÇÃO ANUAL

De: _____

Para: _____   _____

TEMOS UM PRESENTE PARA VOCÊ

Agora que você adquiriu o seu exemplar do *Pão Diário*, escaneie o QR Code, se registre e baixe gratuitamente o livro ***Sucesso ou fracasso — Uma jornada de fé no mundo moderno***.

Cupom: 9215PD

Tradução: Renata Balarini, Rita Rosário, Thaís Soler
Revisão: Dalila de Assis, Dayse Fontoura, Lozane Winter
Adaptação e edição: Rita Rosário
Coordenação gráfica: Audrey Novac Ribeiro
Capas: Audrey Novac Ribeiro, Rebeka Werner
Diagramação: Lucila Lis, Denise Duck

Fotos das capas:
Família: *Família com pipa* © Shutterstock
Paisagem: *Campo de lavandas, Inglaterra* © Shutterstock
Flores: *Rosas* © Shutterstock
Israel: *Cidade Velha Jerusalém vista do Monte das Oliveiras, Israel* © Shutterstock
Caminho: *O caminho*, Joel & Jasmin Førestbird via Unsplash
Força do alto: *Lima, Peru* © Shutterstock
Nada poderá nos separar: © Freepik
O Senhor é bom: *Leão*, Frida Bredesen via Unsplash

Referências bíblicas:
Exceto se indicado o contrário, as citações bíblicas são extraídas da Bíblia Sagrada:
Nova Versão Transformadora © Editora Mundo Cristão, 2016

Proibida a reprodução total ou parcial sem prévia autorização, por escrito, da editora. Todos os direitos reservados e protegidos pela Lei 9.610 de 19/02/1998.

Pedidos de permissão para usar citações deste devocional devem ser direcionados a: permissao@paodiario.org

PUBLICAÇÕES PÃO DIÁRIO
Caixa Postal 4190, 82501-970 Curitiba/PR, Brasil
E-mail: publicacoes@paodiario.org • Internet: www.paodiario.org
Telefone: (41) 3257-4028

XF386 • 978-65-86078-98-5	D1198 • 978-65-86078-96-1	FT778 • 978-65-86078-71-8
JG299 • 978-65-86078-99-2	B2754 • 978-65-86078-69-5	NP600 • 978-65-86078-72-5
Y7941 • 978-65-86078-95-4	RV306 • 978-65-86078-70-1	RB432 • 978-65-86078-86-2

© 2021 Ministérios Pão Diário. Todos os direitos reservados.
Impresso no Brasil

Portuguese ODB Edition

SUMÁRIO

CONTEÚDO   PÁGINA

Introdução 4

Temas mensais e artigos em destaque

JANEIRO	**A maravilhosa história da Bíblia:** *A paz que Jesus oferece*	5
FEVEREIRO	**Desenvolvendo um caráter amoroso:** *O caminho do amor*	37
MARÇO	**Evangelismo:** *Ore primeiro*	66
ABRIL	**Cidadania:** *Cidadãos de dois mundos*	98
MAIO	**Criação:** *Revelado através da criação*	129
JUNHO	**Generosidade:** *Generosidade extraordinária*	161
JULHO	**Celebração:** *Celebração na presença do Senhor*	192
AGOSTO	**Família:** *Questões familiares*	224
SETEMBRO	**A Igreja:** *A Igreja: o povo e a posse de Deus*	256
OUTUBRO	**Fruto do Espírito:** *Livres do pecado*	287
NOVEMBRO	**Serviço:** *Serviço altruísta*	319
DEZEMBRO	**Encorajamento:** *Encorajar*	350

Índice temático *382–384*

INTRODUÇÃO

Todos nós queremos ouvir a Deus, não queremos? Queremos nos aproximar e nos achegarmos a Ele, saber mais sobre o Senhor, sermos conhecidos por Ele.

Esta edição anual do devocional *Pão Diário*, volume 25, foi preparada e produzida para você ter em suas mãos uma leitura complementar que o ajude a cumprir os seus objetivos de estar mais perto de Deus. As meditações e as leituras bíblicas diárias o encorajarão em seu amadurecimento espiritual e conhecimento de Jesus.

Nesses dias tão caóticos e de profundas mudanças que exigem de cada um de nós mais e mais solitude, que encontremos um lugar de conforto em meio às exigências do dia a dia. Jesus nos ensinou que devemos ir a um lugar tranquilo, "o seu quarto", ficar a sós "fechar a porta" e orarmos ao Pai, em "segredo" e o Pai, que nos observa em "segredo", nos recompensará (MATEUS 6:6). Este momento é de cura quando Deus pode consertar os danos feitos pelos ruídos do mundo que nos cerca. Nessa comunhão e intimidade com Ele e Sua Palavra, podemos ouvir a voz divina e Seus santos ensinos. Um momento em que compartilhamos de Sua total atenção e Ele da nossa. Que privilégio o Senhor nos concede!

Oramos para que os textos diários e os artigos em destaque no início de cada mês o orientem em sua caminhada com Deus. Acrescentamos mensalmente um texto que aborda um tópico específico em discipulado para ajudá-lo a crescer em sua compreensão das verdades bíblicas e na fé em Cristo.

Por favor, compartilhe estes devocionais com pessoas que precisam saber mais sobre a esperança de salvação eterna, a qual se encontra somente na pessoa de Jesus Cristo.

E aproveite para conhecer os nossos outros recursos bíblicos em **paodiario.org**

Conte-nos também como o *Pão Diário* tem abençoado sua vida.

—*dos editores de Ministérios Pão Diário*

★ TÓPICO DE JANEIRO / **A maravilhosa história da Bíblia**

A PAZ QUE JESUS OFERECE

Poucas pessoas experimentam a paz em nossos tempos, mas em meio a este mundo caótico, a paz que Deus oferece vai muito além da compreensão humana. Essa esperança pela verdadeira paz está no centro da história da Bíblia.

Por causa da rebelião de Adão e Eva no jardim do Éden, todos nós já nascemos com a necessidade de restaurar o nosso relacionamento com o Criador. Mas Deus encontrou a solução desse problema e prometeu enviar alguém que ofereceria salvação a todos. Essa pessoa é Jesus, "o Cordeiro de Deus, que tira o pecado do mundo!" (JOÃO 1:29). Pela fé, reconhecemos isso e confiamos na oferta de Jesus por nossos pecados para que possamos experimentar a salvação e, por meio dela, a paz com Deus.

Mas os eventos diários ameaçam essa paz. A raiva, o ciúme, o estresse, os relacionamentos e os problemas de trabalho e saúde nos fazem sentir tudo, menos paz. Há outro tipo de paz que Jesus nos oferece — a paz de Deus.

> *Podemos permitir que a paz de Deus governe o nosso coração.*

Jesus disse: "Eu lhes deixo um presente, a minha plena paz. E essa paz que eu lhes dou é um presente que o mundo não pode dar. Portanto, não se aflijam nem tenham medo" (JOÃO 14:27).

O apóstolo Paulo encorajou seus leitores com estas palavras: "Permitam que a paz de Cristo governe o seu coração, pois, como membros do mesmo corpo, vocês são chamados a viver em paz. E sejam sempre agradecidos" (COLOSSENSES 3:15).

A maravilhosa história descrita na Bíblia é que Jesus venceu a morte e nos promete a vida eterna. Por causa dessa verdade incontestável, não precisamos ser consumidos pela incerteza do mundo. Em vez disso, podemos permitir que a paz de Deus governe o nosso coração.

DAVID FREES

1º DE JANEIRO   **MARCOS 4:1-34**

★ *TÓPICO DE JANEIRO: A MARAVILHOSA HISTÓRIA DA BÍBLIA*

PRESTE ATENÇÃO!

*"Então acrescentou:
'Prestem muita atenção
ao que vão ouvir'..."* v.24

Qual a seriedade que devemos dar àquilo que Deus quer falar conosco? Suponho que simplesmente pelo fato de saber que é Deus quem fala, nós deveríamos dar a máxima importância. Agora imagine se o próprio Deus iniciasse Sua conversa com você dizendo: "Ouça! Preste atenção!". Como você reagiria?

No capítulo 4 do evangelho de Marcos, Jesus pede a atenção de Seus ouvintes 4 vezes (vv.3,9,23,24). Ou seja, se apenas por ser Deus a falar devemos prestar ouvidos, quando Ele nos fala chamando atenção, há ali um grande peso no que Ele diz. Essas advertências ocorrem no contexto da parábola do semeador. Nessa história, um homem sai a semear, e a semente é a Palavra de Deus. Aquela que caiu em bom solo vai frutificar, ao passo que as demais terão algum comprometimento.

A grande mensagem está no versículo 24: "...Com o mesmo padrão de medida que adotarem, vocês serão medidos, e mais ainda lhes será acrescentado". A ideia é: "Estou lhes falando. Se vocês medirem o que falo e lhe derem valor, eu vou lhes acrescentar mais. Porém, se não valorizarem minhas palavras, não vou lhes dar nada mais. Na verdade, vou lhes tirar o que têm".

Este é o princípio da economia divina de que a bênção do conhecimento de Deus chega na mesma medida em que levamos Deus e Sua Palavra a sério. Isso é tão fundamental que Jesus lhe diz hoje: "Ouça! Preste atenção!".

FERNANDO LEITE

*Senhor, ajuda-me a dar à Tua Palavra
o lugar que ela merece em minha vida.*

A BÍBLIA EM UM ANO: GÊNESIS 1–3; MATEUS 1

2 DE JANEIRO   🍃 **PROVÉRBIOS 24:13,14**

BOM PARA VOCÊ

A sabedoria é doce para a alma; se
você a encontrar, terá um futuro
brilhante. v.14

As pessoas ao redor do mundo gastaram cerca de 98,2 bilhões de dólares em chocolate em 2016. Esse número impressiona, mas não surpreende. O chocolate é delicioso e nós gostamos de consumi-lo. Assim, as pessoas se alegraram coletivamente quando souberam que esse prazeroso doce tem benefícios significativos para a saúde. Contém flavonoides que ajudam a proteger o corpo contra o envelhecimento e doenças cardíacas. Nunca uma recomendação médica foi tão bem recebida ou aceita, com moderação é claro!

Salomão sugeriu que há outro "prazer" digno de nosso investimento: sabedoria. Ele recomendou ao seu filho comer mel "pois é bom" (24:13) e comparou sua doçura à sabedoria. A pessoa que se alimenta da sabedoria de Deus nas Escrituras a considera não apenas "doce para a alma", mas benéfica para o ensino e a capacitação, equipando-nos para "toda boa obra" que precisaremos realizar na vida (2 TIMÓTEO 3: 16,17).

A sabedoria é o que nos permite fazer escolhas inteligentes e entender o mundo ao nosso redor. E vale a pena investir e compartilhar com os que amamos, como Salomão queria fazer com seu filho. Podemos nos sentir ainda melhor quando nos deleitamos com a sabedoria de Deus na Bíblia. É um doce prazer que podemos desfrutar sem limites; na verdade, somos encorajados a fazer isso! Deus, somos-te gratos pela brandura de Tuas Escrituras! *KIRSTEN HOLMBERG*

De que maneira a sabedoria divina
tem sido branda com você?

Deus, por favor, nutre-nos com a Tua sabedoria.

A BÍBLIA EM UM ANO: GÊNESIS 4–6; MATEUS 2

5 DE JANEIRO **MATEUS 5:14-16**

BRILHAR POR JESUS

Vocês são a luz do mundo. É impossível esconder uma cidade construída no alto de um monte. v.14

Estêvão dizia aos pais que precisava chegar cedo à escola todos os dias, mas, por alguma razão, nunca lhes explicou a importância disso. Os pais sempre garantiam que ele chegasse às 7h15 da manhã.

No primeiro ano de Ensino Fundamental, Estêvão sofreu um acidente de carro que, infelizmente, tirou sua vida. Mais tarde, sua mãe e seu pai descobriram porque ele ia tão cedo. Todas as manhãs, ele e alguns amigos se reuniam na entrada da escola para saudar os outros com um sorriso, um aceno e uma palavra amável. Isso fez todos os alunos, mesmo os impopulares, sentirem-se bem-vindos e aceitos. Como cristão, Estêvão queria compartilhar a alegria do Senhor com os que precisavam dela desesperadamente. O exemplo dele é um lembrete de que uma das melhores maneiras de brilhar a luz do amor de Cristo é por meio de gestos de bondade e do espírito acolhedor.

Em Mateus 5:14-16, Jesus revela que nele somos "a luz do mundo" e "uma cidade construída no alto de um monte" (v.14). As cidades antigas eram frequentemente construídas com calcário branco, destacando-se enquanto refletiam o sol escaldante. Que escolhamos não ficar escondidos, mas dar luz "a todos os que estão na casa" (v.15). E quando deixamos as nossas boas obras brilharem diante dos outros (v.16), que estes também possam experimentar o amor acolhedor de Cristo.

DAVE BRANON

Como você pode ser mais acolhedor com os solitários e necessitados ao seu redor?

Pai, ajuda-me a demonstrar a Tua bondade e acolhimento aos que conheço.

A BÍBLIA EM UM ANO: GÊNESIS 13–15; MATEUS 5:1-26

6 DE JANEIRO   **HEBREUS 13:1-3**

AJUDANTES MISTERIOSOS

Não se esqueçam de demonstrar hospitalidade, porque alguns, sem o saber, hospedaram anjos. v.2

Luísa tem distrofia muscular e, ao tentar sair de uma estação de trem, encontrou-se frente às escadas sem elevador ou escadas rolantes. À beira das lágrimas, viu um homem aparecer, pegar sua bolsa e gentilmente ajudá-la a subir as escadas. Quando se virou para agradecer, ele se fora. Miguel estava atrasado para uma reunião e, estressado pelo colapso de um relacionamento pessoal, lutava contra o tráfego caótico apenas para ter o pneu do carro furado. Indefeso na chuva, viu um homem sair daquela multidão, abrir o porta-malas, elevar o carro e trocar o pneu. Quando Miguel se virou para agradecer, ele se fora.

Quem eram esses ajudantes misteriosos? Estranhos amáveis ou algo mais? A imagem que temos dos anjos como criaturas radiantes ou aladas é apenas parcialmente verdadeira. Enquanto alguns aparecem dessa maneira (IS 6:2; MT 28:3), outros vêm com os pés empoeirados, prontos para uma refeição (GN 18:1-5) e são facilmente confundidos com pessoas comuns (JZ 13:16). O escritor de Hebreus diz que ao mostrarmos hospitalidade a estranhos, podemos "hospedar" anjos sem o saber (13:2).

Não sabemos se esses ajudantes misteriosos eram anjos, mas de acordo com as Escrituras, bem poderiam ser. Os anjos estão agindo agora ajudando o povo de Deus (HB 1:14) e podem parecer tão comuns quanto alguém na rua. *SHERIDAN VOYSEY*

O que você sabe sobre os anjos? Lembra-se de algum exemplo em que você pode ter encontrado um sem o saber?

Obrigado, Deus, pelos anjos que nos envias para nos ajudar em momentos de necessidade.

A BÍBLIA EM UM ANO: GÊNESIS 16–17; MATEUS 5:27-48

7 DE JANEIRO   🌿 **MATEUS 6:1-4**

ENTREGA SECRETA

Mas, quando ajudarem alguém necessitado, não deixem que a mão esquerda saiba o que a direita está fazendo. v.3

Os lírios, tulipas cor-de-rosa e narcisos amarelos esperavam por Kim à porta de sua casa. Por 7 meses, uma pessoa cristã anônima lhe enviou lindos buquês. Mensalmente eles chegavam com uma nota de encorajamento bíblico e assinada: "com amor, Jesus". Kim compartilhou as fotos dessas entregas secretas no *Facebook*. As flores lhe deram a oportunidade de celebrar a bondade de alguém e reconhecer o modo como Deus expressou o Seu amor por meio de Seu povo. Mês após mês, cada entrega secreta fazia com que seus amigos ficassem gratos pelo inestimável presente de tempo que o Senhor dera a Kim. À medida que confiava nele em sua batalha contra a doença terminal, cada flor e mensagem afirmavam a compaixão amorosa de Deus por ela.

Esse anonimato reflete a atitude de coração que Jesus encoraja o Seu povo a adotar ao doar. Ele adverte contra a prática das boas ações "para ser admirado" por outros (MATEUS 6:1). As boas ações destinam-se a ser expressões de adoração que transbordam de corações gratos por tudo que Deus tem feito por nós. Enaltecer nossa generosidade com a esperança ou expectativa de sermos honrados pode tirar o foco do Doador de todas as coisas boas — Jesus.

Deus sabe quando doamos com boas intenções (v.4) e quer que a nossa generosidade seja motivada pelo amor ao lhe darmos a glória, a honra e o louvor.

XOCHITL E. DIXON

Como podemos dar o crédito a Deus e ao mesmo tempo aceitar a apreciação por servir aos outros?

Jesus, somos-te gratos porque a doação é uma maneira maravilhosa de agradecer-te pelo que nos concedeste.

A BÍBLIA EM UM ANO: GÊNESIS 18–19; MATEUS 6:1-18

8 DE JANEIRO ISAÍAS 30:8-18

★ *TÓPICO DE JANEIRO: A MARAVILHOSA HISTÓRIA DA BÍBLIA*

DEUS ESPEROU

*Portanto, o S*ENHOR *esperará até que voltem para ele, para lhes mostrar seu amor e compaixão.* v.18

Denise Levertov tinha apenas 12 anos, ainda não era uma poetisa de renome, quando enviou um pacote de suas poesias ao poeta T. S. Eliot. Ela esperou pela resposta, e, surpreendentemente, Eliot enviou duas páginas manuscritas incentivando-a. No prefácio de uma de suas coleções, ela explicou como os poemas "traçam seu próprio movimento do agnosticismo à fé cristã". É poderoso reconhecer como um dos últimos poemas, "Anunciação", narra a submissão de Maria a Deus. Notando a recusa do Espírito Santo em subjugar Maria e Seu desejo de que ela recebesse livremente o menino Jesus, essas duas palavras resplandecem no centro do poema: "Deus esperou".

Na história de Maria, Denise reconheceu a sua própria. Deus esperou, ansioso para amá-la. Ele não forçaria nada sobre ela. Ele esperou. Isaías descreveu essa mesma realidade de como Deus estava pronto, ansioso com a expectativa de derramar o Seu terno amor sobre Israel. O SENHOR deseja "lhes mostrar seu amor e compaixão" (v.18). Ele estava pronto para inundar o Seu povo com bondade e, no entanto, Deus esperou que eles recebessem voluntariamente o que Ele lhes oferecia (v.19).

É maravilhoso que o nosso Criador, o Salvador do mundo, opte por esperar que o recebamos. O Deus que poderia tão facilmente nos dominar pratica a humilde paciência. O Santo de Israel espera por nós.

WINN COLLIER

Em que áreas da sua vida Deus esperou por você? Como você pode se render a Ele?

Deus, saber que o Senhor espera por mim me faz confiar em ti e desejar plenamente a Tua presença.

A BÍBLIA EM UM ANO: GÊNESIS 20–22; MATEUS 6:19-34

9 DE JANEIRO — MATEUS 7:24-27

A TORRE INCLINADA

*Quem ouve minhas palavras e as pratica é
tão sábio como a pessoa que constrói sua
casa sobre uma rocha firme.* v.24

Talvez você já tenha ouvido falar da famosa Torre de Pisa, na Itália, mas já ouviu falar da torre inclinada de São Francisco? É chamada de Torre do milênio. Construída em 2008, esse arranha-céu de 58 andares ligeiramente torto impõe-se com orgulho no centro de São Francisco, EUA.

O problema? Sua fundação não é suficientemente profunda. Então agora estão sendo forçados a reformá-la com reparos que podem custar mais do que toda a torre quando foi originalmente construída — uma correção que alguns acreditam ser necessária para impedir que ela desmorone durante um terremoto.

Quando os alicerces não são bem sólidos pode ocorrer uma catástrofe. Jesus ensinou algo semelhante ao fim de Seu Sermão do Monte. Em Mateus 7:24-27, Ele contrasta dois construtores: um que construiu numa rocha e outro na areia. Quando veio a inevitável tempestade, apenas a casa com a base sólida foi deixada de pé.

O que isso significa para nós? Jesus afirma claramente que a nossa vida deve fundamentar-se na obediência e confiança nele (v.24). Quando descansamos no Senhor, nossa vida pode encontrar um terreno sólido através do poder de Deus e da eterna graça.

Cristo não nos promete que jamais enfrentaremos tempestades. No entanto, quando Ele afirma ser a nossa rocha sabemos que as tempestades nunca derrubarão a nossa base fortificada pela fé nele.

ADAM HOLZ

**Reflita sobre quais são as maneiras práticas
de fortalecer sua fé a cada dia.**

*Pai, na vida as tempestades são inevitáveis.
Ajuda-nos a viver diariamente na Tua Palavra
e fortalece a nossa ligação com o Senhor.*

A BÍBLIA EM UM ANO: GÊNESIS 23–24; MATEUS 7

10 DE JANEIRO   🌿 **2 TIMÓTEO 1:6-14**

AQUI EXISTEM DRAGÕES?

...Deus não nos deu um Espírito que produz temor e covardia, mas [...] amor e autocontrole. v.7

Diz a lenda que, nas bordas dos mapas medievais, os cartógrafos demarcavam as fronteiras com as palavras: "Aqui existem dragões" — muitas vezes ao lado de vívidas ilustrações dos animais aterrorizantes supostamente à espreita.

Não há muita evidência de que eles escreveram mesmo tais palavras, mas gosto de pensar que o fizeram. Talvez porque essas palavras soam como algo que eu poderia ter escrito na época — um aviso implacável de que, mesmo não sabendo o que aconteceria se me aventurasse no grande desconhecido, provavelmente não seria bom!

Mas há um problema gritante com minha política preferida de autoproteção e aversão ao risco: é o oposto da coragem à qual sou chamado como cristão (2 TIMÓTEO 1:7).

Pode-se até dizer que estou errado sobre o que é realmente perigoso. Como Paulo explicou, num mundo decaído, seguir a Cristo corajosamente às vezes será doloroso (v.8). Mas, como pessoas resgatadas da morte para a vida e tendo recebido a vida do Espírito fluindo em e através de nós (vv.9-10,14), como poderíamos não o seguir?

Quando Deus nos dá um presente tão espantoso, a verdadeira tragédia seria retrocedermos com medo. Seria muito pior do que qualquer coisa que possamos enfrentar ao seguirmos a direção de Cristo em território desconhecido (vv.6-8,12). Podemos confiar a Ele o nosso coração e o nosso futuro (v.12).

MONICA LA ROSE

Como o apoio e o amor de outros cristãos o encorajam a enfrentar os seus medos?

Amado Deus, somos gratos por nos libertares de tudo o que poderia nos paralisar com medo e vergonha.

A BÍBLIA EM UM ANO: GÊNESIS 25–26; MATEUS 8:1-17

11 DE JANEIRO 🌿 **MATEUS 2:1-12**

O ÚNICO REI

*Eles se curvaram e o
adoraram.* v.11

Elton, de 5 anos, ouvia o pastor falar sobre Jesus ter deixado o Céu e ter vindo para a Terra e suspirou profundamente quando o pastor orou agradecido por Cristo ter morrido por nossos pecados. "Ah não! Ele morreu?", o garoto disse surpreso.

Desde o início da vida de Cristo na Terra, havia pessoas que o queriam morto. Alguns sábios vieram a Jerusalém durante o reinado do rei Herodes, perguntando: "Onde está o recém-nascido rei dos judeus? Vimos sua estrela no Oriente e viemos adorá-lo" (MATEUS 2:2). Quando o rei ouviu isso, ficou com medo de um dia perder sua posição para Jesus. Então, enviou soldados para matar todos os meninos de 2 anos para baixo em Belém e seus arredores. Mas Deus protegeu o Seu Filho e enviou um anjo para advertir os pais de Jesus a deixarem a área. Eles fugiram e Ele foi salvo (vv.13-18).

Quando Jesus completou o Seu ministério, Ele foi crucificado pelos pecados do mundo. A placa colocada acima de Sua cruz, embora feita para escarnecê-lo, dizia: "...Este é Jesus, o Rei dos judeus" (27:37). No entanto, três dias depois, Ele saiu vitorioso do túmulo. Depois de ascender ao Céu, sentou-se no trono como Rei dos reis e Senhor dos senhores (FILIPENSES 2:8-11).

O Rei morreu por nossos pecados — meus, seus e do garoto Elton. Vamos permitir que Ele governe em nosso coração.   *ANNE CETAS*

**Para você, o que significa ter Jesus
como seu Rei? Existem áreas da sua vida
onde Ele não governa?**

*Jesus, graças te damos por morreres voluntariamente
por nossos pecados concedendo-nos o Teu perdão.*

A BÍBLIA EM UM ANO: GÊNESIS 27–28; MATEUS 8:18-34

12 DE JANEIRO  **SALMO 146**

UM ESTILO DE VIDA DE LOUVOR

*Louvarei o SENHOR enquanto
eu viver... v.2*

A mãe de Wallace Stegner morreu aos 50 anos. Quando Stegner tinha 80 anos, ele finalmente escreveu-lhe uma nota — "Carta, tarde demais" —, na qual ele elogiou as virtudes de uma mulher que cresceu, casou-se e criou dois filhos na dureza do início do oeste dos Estados Unidos. Ela era o tipo de esposa e mãe incentivadora, mesmo para aqueles que eram menos do que desejáveis. Stegner lembrou-se da força que sua mãe demonstrou através de sua voz e escreveu: "Você jamais perdeu a oportunidade de cantar". Enquanto vivia, a mãe dele cantou, sempre grata pelas bênçãos grandes e pequenas.

O salmista também aproveitou o tempo para cantar. Ele cantou quando os dias estavam bons e quando não estavam tão bons assim. As canções não foram forçadas ou coagidas, mas a resposta natural àquele que fez "o céu e a terra" (146:6), que "alimenta os famintos" (v.7), que "abre os olhos dos cegos" (v.8) e "cuida dos órfãos e das viúvas" (v.9). O ato de cantar sempre fortalece-se com o tempo à medida que a confiança diária é colocada no "Deus de Jacó", que "cumpre suas promessas para sempre" (vv.5,6).

A qualidade de nossas vozes não é o objetivo final, mas, sim, a nossa reação à bondade e ao amparo de Deus — é um estilo de vida de louvor. Como um antigo hino diz: "Há um canto novo no meu ser (HC 299)".

JOHN BLASE

Como você pode render
louvores a Deus regularmente?

*Deus, Criador do Céu e da Terra, ao parar e refletir,
reconheço a Tua insondável provisão e proteção.*

A BÍBLIA EM UM ANO: GÊNESIS 29–30; MATEUS 9:1-17

13 DE JANEIRO 🌱 **MATEUS 9: 27–38**

TODOS PRECISAM DE COMPAIXÃO

Quando viu as multidões, teve compaixão delas, pois estavam confusas e desamparadas, como ovelhas sem pastor. v.36

Jeferson era ainda um novo cristão recém-saído da faculdade quando trabalhou para uma grande empresa de petróleo. Como vendedor, ele viajava; e em suas viagens ouvia as histórias das pessoas — muitas delas comoventes. Ele percebeu que os seus clientes precisavam mais da compaixão do que do petróleo — precisavam de Deus. Isso o levou a frequentar o seminário para aprender mais sobre a essência de Deus e depois se tornar pastor.

A fonte da sua compaixão foi Jesus. Em Mateus 9:27-33, temos um vislumbre da compaixão de Cristo na cura milagrosa de dois homens cegos e de um homem possesso. Ao longo do Seu ministério terreno, Jesus pregou o evangelho e curou "...por todas as cidades e todos os povoados..." (v.35). Por quê? "Quando viu as multidões, teve compaixão delas, pois estavam confusas e desamparadas, como ovelhas sem pastor" (v.36).

O mundo de hoje ainda está cheio de pessoas perturbadas e feridas que precisam do cuidado suave do Salvador. Como um pastor que lidera, protege e cuida de Suas ovelhas, Jesus estende a Sua compaixão a todos que vêm a Ele (11:28). Não importa onde estamos na vida e o que tenhamos experimentado, encontramos em Jesus um coração transbordando de ternura e cuidado. E por termos sido beneficiados pela amorosa compaixão de Deus, não podemos evitar, queremos oferecê-la aos outros.

ALYSON KIEDA

**Você experimentou o suave cuidado de Deus?
Quem você pode alcançar com compaixão?**

*Pai, somos-te gratos por Tua compaixão!
Ajuda-nos a estender a Tua transbordante compaixão aos outros.*

A BÍBLIA EM UM ANO: GÊNESIS 31–32; MATEUS 9:18-38

14 DE JANEIRO   🌿 **SALMO 90:4,12-15**

TEMPO DE DESACELERAÇÃO

Ajuda-nos a entender como a vida é breve, para que vivamos com sabedoria. v.12

Muita coisa mudou desde a invenção do relógio elétrico em 1840. Hoje, acompanhamos a hora em relógios inteligentes, *smartphones* e *laptops*. O ritmo da vida parece mais rápido — acelerando a nossa lenta caminhada. Isso acontece especialmente nas cidades e, segundo especialistas, pode ter efeito negativo na saúde. "Movemo-nos cada vez mais rápido e atendemos os outros o mais rápido possível", observou o professor Richard Wiseman. "Isso nos faz pensar que tudo deve acontecer de imediato".

Moisés é o autor de um dos salmos mais antigos da Bíblia no qual ele refletiu sobre o tempo. Ele nos lembra de que Deus controla o ritmo da vida. "Para ti, mil anos são como um dia que passa, breves como algumas horas da noite" (SALMO 90:4).

O segredo do gerenciamento do tempo, portanto, não é ir mais rápido ou mais devagar. É permanecer em Deus investindo mais tempo com Ele. Dessa forma, entramos em sintonia uns com os outros, mas primeiro com Ele — Aquele que nos formou (139:13) e conhece os nossos propósitos e planos (v.16).

Nosso tempo na Terra não será eterno. No entanto, podemos administrá-lo com sabedoria, não pela observação do relógio, mas entregando cada dia a Deus. Como Moisés disse: "Ajuda-nos a entender como a vida é breve, para que vivamos com sabedoria" (90:12). Então, com Deus, estaremos sempre na hora, agora e para sempre.

PATRICIA RAYBON

Qual é o seu ritmo na vida?
Você quer investir mais tempo com Deus?

Deus gracioso, quando estivermos em desacordo contigo,
aproxima-nos para permanecermos em ti.

A BÍBLIA EM UM ANO: GÊNESIS 33–35; MATEUS 10:1-20

15 DE JANEIRO · **JÓ 38:4-11**

★ *TÓPICO DE JANEIRO: A MARAVILHOSA HISTÓRIA DA BÍBLIA*

PERFEITAMENTE COLOCADO

Onde você estava quando eu lancei os alicerces do mundo? v.4

Os cientistas sabem que o nosso planeta está à distância correta do Sol para se beneficiar do seu calor. Um pouco mais perto, e toda a água evaporaria como em Vênus. Só um pouco mais longe, e tudo congelaria como acontece em Marte. A Terra tem o tamanho exato para gerar a quantidade certa de gravidade. Se tivesse menos, tornaria tudo estéril e sem peso como a Lua e, se tivesse mais gravidade, capturaria gases venenosos que sufocariam a vida como acontece em Júpiter.

Essas intrincadas interações físicas, químicas e biológicas que compõem o nosso mundo carregam a marca de um Designer sofisticado. Vislumbramos essa teia complexa quando Deus fala a Jó sobre coisas além do nosso entendimento. Deus questiona: "Onde você estava quando eu lancei os alicerces do mundo? [...] Quem definiu suas dimensões e estendeu a linha de medir? Vamos, você deve saber. O que sustenta seus alicerces e quem lançou sua pedra angular?" (JÓ 38:4-6).

Esse vislumbre da magnitude da criação nos faz pensar nos imensos oceanos da Terra se curvando diante de "Quem estabeleceu os limites do mar quando do ventre ele brotou...[que disse] Daqui não pode passar..." (vv.8-11). Maravilhados, podemos cantar com as estrelas da manhã e gritar de alegria com os anjos (v.7), pois este mundo tão elaborado foi feito para nós, para que pudéssemos conhecer e confiar em Deus.

REMI OYEDELE

**Como a criação de Deus faz você louvá-lo hoje?
O que em Sua criação em especial o revela a você?**

Obrigado, Deus Criador, por este mundo tão elaborado que projetaste para nós.

A BÍBLIA EM UM ANO: GÊNESIS 36–38; MATEUS 10:21-42

16 DE JANEIRO 🌿 **JOÃO 6:4-14**

TRAGA O QUE VOCÊ TEM

"Tragam para cá", disse [Jesus].
MATEUS 14:18

"Sopa de Pedra" é um conto antigo com muitas versões, sobre um faminto que chega a uma aldeia, mas ninguém lhe cede uma migalha de comida. Assim, ele coloca uma pedra e água em sua panela na fogueira. Intrigados, os aldeões o observam mexer sua "sopa". Eventualmente, um traz duas batatas para adicionar à mistura; outro algumas cenouras, ainda outro traz uma cebola e, por fim, alguém traz um punhado de cevada. Um fazendeiro doa leite e o "caldo de pedra" torna-se uma saborosa sopa.

Isso ilustra o valor de compartilhar e nos lembra de trazer o que temos, mesmo quando isso parece insignificante. Em João 6:1-14, lemos sobre um menino que parece ter sido a única pessoa na enorme multidão a lembrar-se de trazer comida. Os discípulos de Jesus tinham pouco uso para o escasso almoço do menino: cinco pães e dois peixes. Mas, quando foi entregue ao Senhor, Jesus o multiplicou e alimentou milhares de pessoas famintas!

Certa vez ouvi alguém dizer: "Você não precisa alimentar os cinco mil. Você só precisa trazer os seus pães e peixes". Assim como Jesus aproveitou a refeição de uma pessoa e a multiplicou muito além das expectativas ou da imaginação de qualquer pessoa (v.11), Ele aceitará os nossos esforços, dons e serviço. Jesus deseja que tenhamos vontade de lhe trazer aquilo que temos.

CINDY HESS KASPER

**O que você tem evitado trazer para Deus?
Por que é difícil entregar essa área da sua vida a Ele?**

*Jesus, ajuda-me a render tudo o que tenho a ti,
sabendo que podes transformar o pouco em muito.*

A BÍBLIA EM UM ANO: GÊNESIS 39–40; MATEUS 11

17 DE JANEIRO ❧ **SALMO 107:23-32**

CAÇADORES DE TEMPESTADES

Acalmou a tempestade e
aquietou as ondas. v.29

Warren Faidley diz que perseguir tornados parece um gigantesco jogo de xadrez em 3D, jogado ao longo de milhares de quilômetros. Esse caçador de tempestades acrescenta: "Estar no lugar certo, na hora certa, era uma sinfonia de expectativa e pilotagem enquanto esquivava-me de tudo, desde granizos maiores que um ovo até as tempestades de areia e equipamentos agrícolas lentos e enormes".

Essas palavras fazem minhas palmas suarem e o coração bater mais rápido. Admiro a coragem bruta e a fome científica que esses fotojornalistas exibem, recuso-me a me atirar no meio de eventos climáticos potencialmente fatais.

Em minha experiência, no entanto, não preciso perseguir tempestades na vida — elas parecem me perseguir. O Salmo 107 reflete sobre isso ao descrever os marinheiros presos numa tempestade sendo perseguidos pelas consequências de suas escolhas erradas. Porém o salmista diz: "Em sua aflição, clamaram ao Senhor, e ele os livrou de seus sofrimentos. Acalmou a tempestade e aquietou as ondas. A calmaria os alegrou, e ele os levou ao porto em segurança" (vv.28-30).

Se as tempestades da vida são o resultado de nossa própria criação ou por vivermos nesse mundo decaído, nosso Pai é maior. Quando somos perseguidos por tempestades, somente Ele é capaz de acalmá-las ou de acalmar a tempestade em nosso interior.

BILL CROWDER

Como confiar em seu Pai celestial hoje,
Aquele que é maior do que suas tempestades?

Graças, Pai, por estares comigo nas lutas
e por Teu poder ser maior do que as tempestades no horizonte.

A BÍBLIA EM UM ANO: GÊNESIS 41–42; MATEUS 12:1-23

18 DE JANEIRO 🌀 **ROMANOS 12:17-21**

EM VEZ DE VINGANÇA

*Se seu inimigo estiver com fome,
dê-lhe de comer... v.20*

Depois que Jim Elliot e outros quatro missionários foram mortos por tribos Huaorani em 1956, ninguém esperava o que aconteceu a seguir. A esposa de Jim, Elisabeth, a filha mais nova deles e a irmã de outro missionário decidiram viver entre os que mataram seus queridos. Elas passaram vários anos na comunidade Huaorani aprendendo sua língua e traduzindo a Bíblia para eles. O testemunho de perdão e bondade dessas mulheres convenceu os Huaorani do amor de Deus por eles e muitos receberam Jesus como seu Salvador.

O que Elisabeth e sua amiga fizeram é um exemplo incrível sobre não retribuir o mal com o mal, mas com o bem (ROMANOS 12:17). O apóstolo Paulo encorajou a Igreja em Roma a mostrar a transformação que Deus trouxera para suas vidas através de suas ações. O que Paulo tinha em mente? Eles deveriam ir além do desejo natural de se vingar. Deveriam demonstrar amor aos seus inimigos, satisfazendo suas necessidades, como fornecer-lhes comida ou água, por exemplo.

Por que fazer isso? Paulo cita um provérbio do Antigo Testamento: "Se seu inimigo estiver com fome, dê-lhe de comer; se estiver com sede, dê-lhe de beber" (V.20; PROVÉRBIOS 25:21,22). O apóstolo estava revelando que a bondade demonstrada pelos cristãos a seus inimigos poderia conquistá-los e acender o fogo do arrependimento em seus corações.

ESTER PIROSCA ESCOBAR

O que você fará hoje para demonstrar o amor de Deus àqueles que o prejudicaram?

*Aba, Pai, ajuda-nos por meio de Teu Espírito
a amar nossos inimigos e usa-nos para trazê-los a ti.*

A BÍBLIA EM UM ANO: GÊNESIS 43–45; MATEUS 12:24-50

19 DE JANEIRO — NÚMEROS 23:13-23

QUANDO DEUS INTERVÉM

"Não toquem em meu povo escolhido, não façam mal a meus profetas". SALMO 105:15

No poema intitulado *This Child Is Beloved* (Essa criança é amada), Omawumi Efueye, conhecido como pastor O, escreve sobre as tentativas de seus pais de interromperem a gravidez que resultaria em seu nascimento. Depois de vários eventos incomuns que os impediram de abortá-lo, decidiram tê-lo. Saber que Deus preservou sua vida o fez desistir de uma carreira lucrativa em prol do ministério de tempo integral. Hoje, ele pastoreia uma igreja em Londres.

Como o pastor O, os israelitas experimentaram a intervenção de Deus num momento vulnerável de sua história. Enquanto viajavam avistaram o rei Balaque de Moabe. Aterrorizado com suas conquistas e vasta população, Balaque contratou o vidente Balaão para lançar maldição sobre os viajantes desavisados (NÚMEROS 22:2-6).

Mas o incrível aconteceu. Sempre que Balaão abria a boca para amaldiçoar, emitia bênção. "Ouça, recebi ordem de abençoar; Deus abençoou, e não posso anular sua bênção!", declarou ele. "Quando ele olha para Jacó, não vê maldade alguma; não vê calamidade à espera de Israel. Pois o SENHOR, seu Deus, está com eles [...] Deus os tirou do Egito..." (23:20-22). Deus preservou os israelitas de uma batalha que eles nem precisaram lutar!

Quer o vejamos ou não, Deus ainda vigia o Seu povo. Que adoremos com gratidão e temor Aquele que nos chama de bem-aventurados.

REMI OYEDELE

Saber que Deus nos salva dos perigos invisíveis significa algo para você?

Pai celestial, perdoa-nos pelas tantas vezes em que não damos o devido valor ao Teu cuidado e proteção. Dá-nos olhos para ver o quanto nos abençoas.

A BÍBLIA EM UM ANO: GÊNESIS 46–48; MATEUS 13:1-30

20 DE JANEIRO 🌱 **1 PEDRO 4:7-11**

RECIPIENTES LIMPOS

*O ódio provoca brigas, mas o
amor cobre todas as ofensas.*
PROVÉRBIOS 10:12

"Ódio corrói o contêiner que o transporta." Essas palavras foram pronunciadas pelo ex-senador Alan Simpson no funeral de George H. W. Bush. Tentando descrever a bondade de seu querido amigo, Simpson lembrou que o 41º presidente dos Estados Unidos adotou o humor e o amor, não o ódio, em sua liderança profissional e relacionamentos pessoais. Identifico-me com a citação daquele senador, e você? Quando nutro ódio causo dano a mim!

As pesquisas revelam o dano que causamos ao nosso corpo quando nos apegamos ao negativo ou liberamos rajadas de raiva. A pressão sanguínea sobe, o coração dispara, nosso espírito cede e nossos contêineres se corroem.

O rei Salomão afirmou: "O ódio provoca brigas, mas o amor cobre todas as ofensas" (v.12). O resultado do ódio é uma disputa sangrenta entre povos de diferentes tribos e raças que fomenta o desejo de vingança, e as pessoas que se desprezam não conseguem se conectar.

No entanto, o amor de Deus cobre, encobre, oculta ou perdoa, todos os erros. Isso não significa que negligenciamos erros ou justificamos o infrator. Não nutrimos o erro quando alguém está verdadeiramente arrependido. E se eles nunca se desculparem, ainda liberamos os nossos sentimentos para Deus. Nós, que conhecemos o Deus de grande amor, devemos amar "...uns aos outros [...] pois o amor cobre muitos pecados" (1 PEDRO 4:8).

ELISA MORGAN

Como o calor da hostilidade pode consumir nossa alegria pessoal e a paz de nosso mundo?

*Pai, rendo-me ao Teu amor que cobre todos os pecados
para ser um recipiente puro no qual habitas em amor.*

A BÍBLIA EM UM ANO: GÊNESIS 49–50; MATEUS 13:31-58

21 DE JANEIRO   2 SAMUEL 12:1-14

AONDE VOCÊ ESTÁ INDO?

Então Natã disse a Davi:
"Você é esse homem! v.7

Na Tailândia, a equipe de futebol juvenil Javalis Selvagens decidiu explorar uma caverna juntos. Uma hora depois, descobriram que a entrada da caverna inundara. A água os empurrou dia após dia até eles ficarem presos a mais de quatro quilômetros da entrada. Quando foram resgatados duas semanas depois, muitos questionaram como eles se afastaram tanto. Resposta: um passo de cada vez.

Natã confrontou Davi por matar Urias, seu soldado leal. Como o homem segundo o coração de Deus se tornou culpado de assassinato (1 SAMUEL 13:14)? Um passo de cada vez. Davi não passou do zero ao assassinato numa única tarde. Ele se preparou para isso, com o passar do tempo, quando uma má decisão se misturou a outras. Começou com um segundo olhar que se transformou num olhar lascivo. Ele abusou de seu poder real mandando buscar Bate-Seba, depois tentou encobrir sua gravidez chamando seu marido de volta para casa. Quando Urias se recusou a visitar sua esposa enquanto seus companheiros lutavam, Davi decidiu pela morte dele.

Podemos não ser culpados de assassinato ou presos numa caverna por própria culpa, porém nos movemos ou em direção a Jesus ou aos problemas. Os grandes problemas não se desenvolvem da noite para o dia; surgem gradualmente, um passo de cada vez.   MIKE WITTMER

Qual decisão você pode tomar agora para mover-se
em direção a Jesus e longe das tentações?
O que deve ser feito para confirmar tal decisão?

Jesus, estou correndo para ti!

A BÍBLIA EM UM ANO: ÊXODO 1–3; MATEUS 14:1-21

22 DE JANEIRO   🌿 **COLOSSENSES 1:15-22**

★ *TÓPICO DE JANEIRO: A MARAVILHOSA HISTÓRIA DA BÍBLIA*

O MAIOR MISTÉRIO

O Filho é a imagem do Deus invisível e é supremo sobre toda a criação. v.15

Antes de crer em Jesus, ouvi o evangelho, mas lutei com a identidade de Cristo. Como Ele poderia oferecer perdão por meus pecados quando a Bíblia diz que somente Deus pode perdoá-los? Descobri que não estava sozinha em meus questionamentos depois de ler o livro de J. I. Packer *Conhecimento de Deus*. Packer sugere que, para muitos incrédulos, "a afirmação cristã realmente surpreendente é que Jesus de Nazaré foi Deus feito homem... tão verdadeira e plenamente divino como o fato de Ele ser humano". Portanto, essa verdade torna a salvação possível.

Quando o apóstolo Paulo se refere a Cristo como "a imagem do Deus invisível", ele está dizendo que Jesus é completa e perfeitamente Deus — Criador e Sustentador de todas as coisas no Céu e na Terra — mas também totalmente humano (COLOSSENSES 1:15-17). Devido a essa verdade, podemos estar confiantes de que, através da morte e ressurreição de Cristo, Ele não apenas carregou as consequências de nossos pecados, mas também redimiu a nossa natureza humana, para que nós — e toda a criação — pudéssemos nos reconciliar com Deus (vv.20-22).

Em um incrível ato inicial de amor, Deus, o Pai, revela-se nas Escrituras e por meio delas pelo poder de Deus, do Espírito Santo e por intermédio da vida de Jesus, o Deus Filho. Aqueles que creem em Jesus são salvos porque Ele é Emanuel — Deus conosco. Aleluia!

XOCHITL E. DIXON

Você já lutou para compreender sobre Jesus? Qual foi o resultado?

Amoroso Deus, somos-te gratos por te revelares e trazeres a nossa reconciliação contigo por meio de Jesus.

A BÍBLIA EM UM ANO: ÊXODO 4–6; MATEUS 14:22-36

23 DE JANEIRO 🌿 **SALMO 40:1-5,14-17**

ESPERANDO COM A TARTARUGA

Esperei com paciência pelo SENHOR;
ele se voltou para mim e ouviu meu
clamor. v.1

Outono após outono, quando a tartaruga pintada sente o inverno chegando, ela mergulha no fundo do lago e enterra-se no lodo e lama. Ela entra na sua concha e permanece imóvel: o ritmo cardíaco diminui e quase para. Sua temperatura corporal cai, ficando próxima a zero. Ela hiberna e espera. Permanece enterrada por seis meses, e seu corpo libera o cálcio de seus ossos em sua corrente sanguínea, de modo que ela lentamente começa a perder sua forma. Mas, com o descongelamento da lagoa, ela flutuará e voltará a respirar forte novamente. Seus ossos se reconstituirão, e ela sentirá o calor do Sol em sua concha.

Penso na tartaruga pintada ao ler a descrição do salmista de esperar por Deus. Davi está em um "poço viscoso" de "lama e lodo", mas Deus o ouve (SALMO 40:2). Deus o levanta e lhe dá um lugar sólido para firmar-se. Deus é "...meu auxílio e minha salvação...", ele canta (v.17).

Talvez pareça como se você estivesse esperando eternamente que algo viesse a mudar —uma nova direção em sua carreira, um relacionamento a ser restaurado, ter força de vontade de quebrar um mau hábito ou para a libertação de uma situação difícil. A tartaruga pintada e o salmista estão aqui para nos lembrar de confiar em Deus: o Senhor nos ouve e nos libertará.

AMY PETERSON

Há algo que você precisa deixar para trás,
entregar a Deus e confiar nele?

Pai, confiamos em Tua libertação.
Dá-nos sabedoria para percebermos Tua grandeza
e glória em nossa vida.

A BÍBLIA EM UM ANO: ÊXODO 7–8; MATEUS 15:1-20

24 DE JANEIRO ISAÍAS 46:3-10

SEM FILAS

...Eu os criei e cuidarei de vocês....
ISAÍAS 46:4

À s vezes, quando Max, meu cão labrador, quer atenção, ele pega algo meu e desfila na minha frente. Certa manhã, enquanto eu escrevia à minha mesa com as costas viradas, Max pegou minha carteira e saiu correndo. Mas, percebendo que eu não o tinha visto, ele voltou e me cutucou com o nariz com a carteira na boca, olhos brilhando, rabo abanando, provocando-me para brincar.

As artimanhas dele me fizeram rir, mas também me lembraram de minhas limitações em estar atento aos outros. Quantas vezes desejo investir tempo com a família ou amigos, mas outras coisas ocupam o meu tempo e mente; e antes que eu perceba, o dia se esvai e o amor fica de lado.

Reconforta saber que nosso Pai celestial é tão grande a ponto de atender cada um de nós da maneira mais íntima, até mesmo sustentar cada respiração em nossos pulmões enquanto vivermos. Ele promete ao Seu povo: "Serei o seu Deus por toda a sua vida, até que seus cabelos fiquem brancos. Eu os criei e cuidarei de vocês, eu os carregarei e os salvarei" (v.4).

Deus sempre tem tempo para nós. Ele compreende todos os detalhes de nossas circunstâncias difíceis, não importa o quão complexas — e está sempre presente quando o invocamos em oração. Nós nunca precisamos esperar em fila pelo amor ilimitado de nosso Salvador.

JAMES BANKS

**De que maneira Deus cuida de suas necessidades diárias?
Como você pode compartilhar o amor dele com os outros?**

*Jesus, tu sempre tens tempo para mim.
Ajuda-me, por favor, a viver cada momento para ti!*

A BÍBLIA EM UM ANO: ÊXODO 9–11; MATEUS 15:21-39

25 DE JANEIRO — MIQUEIAS 7:18-20

DEMONSTRANDO GRAÇA

...pisarás nossas maldades sob teus pés e lançarás nossos pecados nas profundezas do mar. v.19

"Quando a tragédia acontece ou fere, há oportunidades para demonstrar graça ou exigir vingança", observou o enlutado. "Escolhi demonstrar graça." A esposa do pastor Erik Fitzgerald morreu num acidente de carro causado por um bombeiro exausto que dormiu enquanto dirigia para casa, e os promotores queriam saber se ele pediria a pena máxima. O pastor escolheu praticar o perdão que pregava e surpreendentemente esses dois acabaram se tornando amigos.

O pastor Fitzgerald vivia pela graça que recebera de Deus, que perdoara todos os seus pecados. Com sua atitude, o pastor ressoou as palavras de Miqueias, que louvou a Deus por perdoar o pecado e nos perdoar quando cometemos erros (v.18). O profeta usa uma linguagem visual para maravilhosamente mostrar-nos até onde Deus vai para perdoar o Seu povo, dizendo que Deus pisará sobre nossas maldades e lançará os nossos erros no mar profundo (v.19). O bombeiro recebeu a dádiva da liberdade naquele dia, o que o aproximou de Deus.

Seja qual for a dificuldade que enfrentamos, sabemos que Deus nos alcança com braços abertos e amorosos que nos acolhem em Seu abraço seguro. Ele tem prazer em demonstrar amor (v.18). Ao recebermos o Seu amor e graça, Ele nos concede força para perdoarmos os que nos ferem – até mesmo como esse pastor foi capaz de perdoar.

AMY BOUCHER PYE

Você consegue pensar em alguém a quem precisa perdoar? Peça a Deus para ajudá-lo a perdoar.

Deus Pai, envolve-nos com o Teu amor, para que possamos demonstrar graça àqueles que nos magoam.

A BÍBLIA EM UM ANO: ÊXODO 12–13; MATEUS 16

26 DE JANEIRO **2 TIMÓTEO 3:10-15**

LEVANDO OS FILHOS A DEUS

Você, porém, deve permanecer fiel
àquilo que lhe foi ensinado [...] Desde
a infância lhe foram ensinadas as
Sagradas Escrituras... vv.14,15

Certo ateu acredita ser imoral os pais ensinarem religião aos seus filhos como se fosse verdade e afirma que os pais que lhes transmitem sua fé cometem abuso infantil. Embora esse ponto de vista seja extremo, ouço sobre pais que hesitam em encorajar seus filhos a terem fé. Embora a maioria espere prontamente influenciar os filhos com sua visão de política, nutrição ou esportes, por alguma razão, alguns dentre nós tratam suas convicções sobre Deus de maneira diferente.

Em contrapartida, Paulo escreveu sobre como Timóteo havia sido ensinado desde a infância sobre "as Sagradas Escrituras que lhe deram sabedoria para receber a salvação que vem pela fé em Cristo Jesus" (2 TIMÓTEO 3:15). Timóteo não chegou à fé como adulto pelo poder de sua razão, sem ajuda. Ao invés disso, sua mãe alimentou seu coração em relação a Deus; e ele permaneceu no que havia aprendido (v.14). Se Deus é vida, a fonte da verdadeira sabedoria, torna-se essencial que cultivemos ternamente o amor a Deus em nossas famílias.

Existem muitas crenças que estão influenciando os nossos filhos. Programas de TV, filmes, música, professores, amigos, a mídia — cada um deles traz consigo suposições (óbvias ou incógnitas) sobre a fé que verdadeiramente os influenciam. Que escolhamos não nos silenciarmos. A beleza e a graça que experimentamos nos compelem a orientar os nossos filhos a Deus.

WINN COLLIER

Como as influências ao seu redor o moldam?

Pai, obrigado pela alegria e privilégio de nutrir graciosamente
o coração dos nossos filhos com a devoção a ti.

A BÍBLIA EM UM ANO: ÊXODO 14–15; MATEUS 17

27 DE JANEIRO   ÊXODO 33:9-11

BANCO DA AMIZADE

Ali o SENHOR falava com Moisés face a face, como quem fala com um amigo... v.11

No país africano do Zimbábue, os traumas de guerra e o desemprego causam desespero, mas as pessoas encontram esperança num "banco de amizades". Elas podem conversar em *xona* (uma língua local) com as idosas *kufungisisa*, que são treinadas a ouvir as pessoas com depressão.

O Banco da Amizade foi lançado em Zanzibar, Londres e Nova Iorque. "Os resultados empolgam", disse um pesquisador londrino e o de Nova Iorque concordou. "Você nem percebe que está apenas sentado num banco batendo papo com alguém que se importa."

Esse projeto evoca a ternura e a admiração de conversar com nosso Deus Todo-Poderoso. Moisés fez uma tenda para nela ter comunhão com Deus, chamando-a de tenda de reunião. "Ali o SENHOR falava com Moisés face a face, como quem fala com um amigo..." (ÊXODO 33:11). Josué, seu assistente, nem sequer deixava a tenda, talvez porque valorizasse tanto seu tempo com Deus (v.11).

Hoje não precisamos mais de uma tenda de reunião. Jesus trouxe o Pai para perto. Como Ele disse aos Seus discípulos: "...Agora vocês são meus amigos, pois eu lhes disse tudo que o Pai me disse" (JOÃO 15:15). Sim, nosso Deus nos aguarda. Ele é o Ajudador mais sábio do nosso coração, nosso Amigo compreensivo. Fale com Ele agora.

PATRICIA RAYBON

Quais preocupações consomem seus pensamentos hoje? Ao falar com Deus sobre essas preocupações, em quais bons pensamentos você pode se concentrar sobre Ele?

Pai, somos gratos por nos encorajares com pensamentos nobres a Teu respeito. Direciona-nos a ti.

A BÍBLIA EM UM ANO: ÊXODO 16–18; MATEUS 18:1-20

28 DE JANEIRO

🌿 2 CORÍNTIOS 4:7-12

UM VELHO POTE DE BARRO

...somos como vasos frágeis de barro [...]. Assim, fica evidente que esse grande poder vem de Deus... v.7

Adquiri vários potes de barro antigos ao longo dos anos. Meu favorito foi escavado de um sítio datado durante o tempo de Abraão. É pelo menos um item em nossa casa que é mais antigo do que eu! Não é muito atrativo: manchado, rachado, lascado e precisando de uma boa limpeza. Eu o guardo para me lembrar de que sou apenas um homem feito de barro. Embora frágil e fraco, eu carrego um tesouro imensamente precioso — Jesus. *Temos este tesouro [Jesus] em potes de barro* (2 CORÍNTIOS 4:7).

Paulo continua: "De todos os lados somos pressionados por aflições, mas não esmagados. Ficamos perplexos, mas não desesperados. Somos perseguidos, mas não abandonados. Somos derrubados, mas não destruídos" (vv.8,9). Pressionados, perplexos, perseguidos, derrubados. Essas são as pressões que o pote deve suportar. Não esmagados, desesperados, abandonados, destruídos. Esses são os efeitos da força contrária de Jesus em nós.

"Pelo sofrimento, nosso corpo continua a participar da morte de Jesus" (v.10). Essa atitude caracterizou Jesus, que morreu para si mesmo todos os dias. E essa é a atitude que pode nos caracterizar — a disposição de morrer para o esforço próprio, confiando apenas na suficiência daquele que vive em nós.

"...Para que a vida de Jesus também se manifeste em nosso corpo" (v.10). Este é o resultado: a beleza de Jesus visível em um antigo vaso de barro.

DAVID ROPER

De onde vem a sua força?

Deus, sou fraco e frágil. Obrigado por viveres em mim.
Desejo que a Tua força, Senhor, seja visível.

A BÍBLIA EM UM ANO: ÊXODO 19–20; MATEUS 18:21-35

29 DE JANEIRO   🌿 **JOÃO 10:7-15**

A VIDA PLENA

O ladrão vem para roubar, matar e destruir. Eu vim para lhes dar vida, uma vida plena, que satisfaz. v.10

Em 1918, perto do final da Primeira Guerra Mundial, o fotógrafo Eric Enstrom estava montando um portfólio de seu trabalho. Ele queria incluir uma foto que comunicasse a sensação de plenitude num tempo que parecia tão vazio. Em sua agora muito amada foto, um velho de barba se senta à mesa com a cabeça baixa e as mãos entrelaçadas em oração. Diante dele há apenas um livro, óculos, uma tigela de mingau, um pedaço de pão e uma faca. Nada mais, mas também nada menos.

Alguns podem dizer que a fotografia revela escassez. Mas o enfoque de Enstrom era exatamente o oposto: aqui está uma vida plena, vivida com gratidão, uma que você e eu podemos experimentar também, independentemente de nossas circunstâncias. Jesus anuncia as boas novas em João 10: "vida [...] que satisfaz" (v.10). Prestamos um grave desserviço às tão boas novas quando igualamos satisfação a tantas outras coisas. A plenitude da qual Jesus fala não é medida em categorias mundanas como riquezas ou bens imóveis, mas, sim, no coração, mente, alma e força transbordando em gratidão pelo Bom Pastor que sacrificou "sua vida pelas ovelhas" (v.11) e cuida de nós e das nossas necessidades diárias. Essa é a vida plena — desfrutar do relacionamento com Deus o que é possível para cada um de nós.

JOHN BLASE

Você diria que agora está vivendo "a vida que satisfaz"? Por que sim ou não? Você já teve uma tendência a se igualar a tantas outras coisas?

Bom Pastor, graças por Tua promessa de prover o pão diário que preciso, literal e figurativamente.

A BÍBLIA EM UM ANO: ÊXODO 21–22; MATEUS 19

30 DE JANEIRO   🕮 **ISAÍAS 35:1-4**

FORTALECENDO OS JOELHOS FRACOS

Fortaleçam os de mãos cansadas,
apoiem os de joelhos fracos. v.3

Ainda criança, achei que o título da música *He looked beyond my faults and saw my needs* (Ele olhou além das minhas falhas e viu minhas necessidades), de Dottie Rambo, era "Ele olhou além das minhas falhas e viu meus joelhos" (N.E.: as palavras *needs* e *knees* em inglês soam parecidas, mas têm significados diferentes). Com lógica infantil, eu me perguntava por que Deus olharia os meus joelhos. Será que eles eram fracos? Mais tarde, soube que Dottie escrevera sobre o amor incondicional de Deus em reação à crença do seu irmão Eddie de que ele não era amado por causa dos erros que havia cometido. Dottie o assegurava de que Deus via a fraqueza dele, mas o amava mesmo assim.

Esse amor incondicional é evidente nos momentos frágeis do povo de Israel e Judá. Ele enviou profetas como Isaías com mensagens para o Seu povo desobediente. Em Isaías 35, o profeta compartilha a esperança da restauração divina e o encorajamento que viria como consequência da aceitação dessa mesma esperança: fortalecer os de mãos cansadas, apoiar os de joelhos fracos (v.3). Com isso, o povo de Deus poderia encorajar outros. Assim, Isaías instrui: "Digam aos de coração temeroso: 'Sejam fortes e não temam...'" (v.4).

Fale com o Pai que fortalece os joelhos fracos pelo poder da Sua presença. Assim, você poderá incentivar outros.   *LINDA WASHINGTON*

Você encorajará alguém
que enfrenta dificuldades?

Pai, preciso da Tua força e da Tua graça! Hoje.

A BÍBLIA EM UM ANO: ÊXODO 23–24; MATEUS 20:1-16

31 DE JANEIRO 🌿 **PROVÉRBIOS 23:1-5**

NUM PISCAR DE OLHOS

Num piscar de olhos a riqueza desaparecerá; criará asas e voará para longe, como uma águia. v.5

O travesso artista Banksy fez uma brincadeira. Sua pintura *Garota com balão* foi vendida por um milhão de libras na casa de leilão da Sotheby's, em Londres. Momentos depois que o leiloeiro gritou "Vendido", um alarme soou e a pintura escorregou na metade de um triturador montado no fundo da moldura. Banksy tuitou uma foto dos licitantes bufando por ver essa obra-prima arruinada, com a legenda: "indo, indo embora".

Banksy se divertiu zoando com os ricos, mas ele não precisava se incomodar. A riqueza em si traz muitas piadas a tiracolo. Deus diz: "Não se desgaste tentando ficar rico [...]. Num piscar de olhos a riqueza desaparecerá; criará asas e voará para longe, como uma águia" (vv.4,5).

Poucas coisas são menos seguras do que o dinheiro. Trabalhamos duro para conquistá-lo, mas há muitas maneiras de perdê-lo. Os investimentos azedam, a inflação sobe, as contas vêm, os ladrões roubam e os incêndios e inundações destroem. Mesmo que consigamos manter o nosso dinheiro, o tempo que temos para gastá-lo voa continuamente. Pisque, e sua vida passará nesse piscar de olhos.

O que fazer? Deus nos diz alguns versos depois: "...tema sempre o SENHOR. Você será recompensado por isso; sua esperança não será frustrada" (vv.17,18). Invista a sua vida em Jesus; apenas Ele cuidará de você para sempre.

MIKE WITTMER

**Onde sua vida aparenta insegurança?
Como isso pode levá-lo a Jesus?**

*Deus, ajuda-me a entregar minhas inseguranças a ti
e a confiar em Tua bondade e fidelidade.*

A BÍBLIA EM UM ANO: ÊXODO 25–26; MATEUS 20:17-34

★ TÓPICO DE FEVEREIRO / **Desenvolvendo um caráter amoroso**

O CAMINHO DO AMOR

Em uma das minhas cenas favoritas de *Um violinista no telhado*, de Jerry Bock, o personagem principal, Teyve, pergunta impulsivamente a sua esposa Golde (com quem ele se unira em um casamento arranjado) se ela o ama. "Eu *o quê*?" ela responde, nervosa. Assim começa um diálogo que leva Golde a admitir que se 25 anos trabalhando, lutando e criando filhos juntos não for amor, ela então não sabe o que é! A cena termina quando os dois se maravilham por reconhecerem que se amam mutuamente.

Eu valorizo essa cena porque reflete a alegria de ser amada e o compromisso de viver o tipo de amor que é *forjado* pela disciplina e compromisso. Essa perspectiva sobre o amor é muito maior do que o romance; é o tipo de amor ativo e abnegado que, no Novo Testamento, os cristãos são repetidamente convidados a viver. É importante ressaltar que o amor

> *É um estilo de vida que os que creem em Jesus podem escolher dia após dia.*

de tirar o fôlego descrito em 1 Coríntios 13, e lido frequentemente em casamentos, é dirigido a uma *comunidade*, encorajando-os a cultivar este tipo de amor — não apenas com uma pessoa especial, mas com todos os que creem em Cristo e com quem eles convivem.

O tipo de estilo de vida que 1 Coríntios 13 descreve é uma vida de amor que "não exige que o amor seja à sua maneira" (v.5), mas do amor que "nunca desiste, nunca perde a fé, sempre tem esperança e sempre se mantém firme" (v.7), não surge naturalmente para qualquer um de nós. Em vez disso, é um estilo de vida que aquele que crê em Jesus como seu Salvador pode escolher a cada dia, pois o Espírito Santo nos capacita a nos livrarmos da "amargura, raiva, ira, das palavras ásperas e da calúnia" que naturalmente nos impulsionaria (EFÉSIOS 4:31) em troca da graça e liberdade do "viver em amor" (5:2) que o nosso Salvador tornou possível.

MONICA LA ROSE

1º DE FEVEREIRO

🕮 MATEUS 5:43-48

★ *TÓPICO DE FEVEREIRO: DESENVOLVENDO UM CARÁTER AMOROSO*

AMOR DO TAMANHO DE DEUS

Se amarem apenas aqueles
que os amam, que recompensa
receberão?... v.46

Certa vez, visitei um bairro pobre de Santo Domingo, na República Dominicana. Lá, tive o privilégio de conversar com famílias e ouvir como as igrejas ajudavam a combater o desemprego, as drogas e o crime.

Em um beco, subi uma escada precária até uma pequena sala para falar com uma mãe e seu filho. Logo, alguém se apressou em dizer: "Temos que ir agora". Um líder de gangue com facões empunhados parecia estar reunindo uma multidão para nos emboscar.

Visitamos outro bairro, mas sem problemas. Mais tarde descobri o porquê. Ao visitar cada lar, um líder de gangue ficou do lado de fora nos protegendo. Sua filha estava sendo alimentada e educada pela igreja, e porque os cristãos estavam ao lado dela, ele ficou do nosso lado.

No Sermão do Monte, Jesus apresenta um padrão de amor que vai além das comparações. Esse tipo de amor abrange não apenas o "digno", mas o que não o merece (MATEUS 5:43-45), indo além da família e dos amigos para tocar os que não podem ou não nos amam (vv.46,47). Este é o amor do tamanho de Deus (v.48) — o tipo que abençoa a todos.

Como os cristãos em Santo Domingo vivem esse amor, os bairros estão começando a mudar. Os corações estão se aquecendo. Isso é o que acontece quando o amor do tamanho de Deus chega à cidade.

SHERIDAN VOYSEY

Como você descreveria a diferença entre o amor humano e o divino? Quem você pode abençoar hoje que não pode lhe pagar?

Jesus, derrama Teu amor em mim para que
eu possa compartilhar com quem não pode retribuir.

A BÍBLIA EM UM ANO: ÊXODO 27–28; MATEUS 21:1-22

ACESSANDO O DEPÓSITO DA GRAÇA

*Peçam, e receberão. Procurem, e
encontrarão. Batam, e a porta
lhes será aberta* v.7

Como pai, entendo muito melhor hoje do que quando estava na posição de filho, o que é a preocupação em prover nossos filhos com o melhor que podemos lhes dar. No entanto, nada do que eu sinta pelos meus filhos, nem meu desejo de lhes oferecer a melhor educação, a fé, a preparação para vida ou bens materiais, nada disso se compara ao amor que Deus tem por nós. Ele nos amou tão intensamente que nos deu Seu próprio Filho. Deus Pai é infinitamente superior a *qualquer* figura paterna.

Mas Ele estabeleceu que a nossa parte no receber de algumas graças é pedir, procurar e bater. Se, por um lado, a Bíblia apresenta a disposição de Deus de agir, por outro, ela afirma nossa responsabilidade de irmos a Ele em oração.

Em Mateus 6:8, Jesus diz que Deus sabe o que necessitamos antes que o peçamos. A oração não nos leva a ter acesso a Deus pelo tempo que empregamos orando ou pelo tanto que falamos, como se fosse por merecimento. E também não pedimos a Deus para o informar de nossa necessidade, pois Ele já a conhece.

Então, se o Senhor já sabe de tudo, Ele não poderia nos dar o que precisamos sem que precisemos pedir? As Escrituras afirmam que Deus não responde à necessidade, Ele responde a fé. E a oração é o meio pelo qual canalizamos a fé que nos permitirá receber o que Deus já desejava fazer em nossa vida. A fé nos dará acesso aos depósitos divinos da graça.

LUCIANO SUBIRÁ

*Pai, reconhecemos que sem fé
é impossível te agradarmos.*

A BÍBLIA EM UM ANO: ÊXODO 29–30; MATEUS 21:23-46

3 DE FEVEREIRO

LUCAS 3:15-18

UM FOGO CHAMADO SANTO

*...Ele os batizará com o Espírito
Santo e com fogo.* v.16

Após anos de seca, os incêndios no sul da Califórnia deixaram os moradores pensando que eram atos de Deus. Essa impressão errada foi reforçada quando os jornais começaram a se referir a eles como o fogo sagrado. Muitos não familiarizados com a área não perceberam que era uma referência à região do *Holy Jim Canyon* (Canion de Santo Jim). Mas quem foi o Santo Jim? Diz a lenda que era um apicultor do séc. 19, ateu e rabugento, que recebeu esse apelido irônico dos vizinhos.

A referência que João Batista fez sobre o batismo do Espírito Santo "e com fogo" está no contexto de Lucas 3:16. É provável que pensasse que o Messias fosse o fogo ardente "que refina o metal" profetizado por Malaquias (3:1-3; 4:1). Mas apenas depois que o Espírito de Deus veio como vento e fogo sobre os seguidores de Jesus, as palavras de Malaquias e João se cumpriram (ATOS 2:1-4).

O fogo que João previu não era o esperado. Como um verdadeiro ato de Deus, veio com ousadia proclamar um tipo diferente de Messias e chama sagrada. No Espírito de Jesus, expôs e consumiu nossos esforços humanos fúteis — enquanto abria espaço para o amor, a alegria, a paz, a paciência, a amabilidade, a bondade, a fidelidade, a mansidão e o domínio próprio do Espírito Santo (GÁLATAS 5:22,23). Esses são os atos de Deus que Ele deseja trabalhar em nós.

MART DEHAAN

**A sua vida foi tocada pelo Espírito Santo?
O que significa uma vida santa e separada diante de Deus?**

*Pai, troca o nosso temor do Teu Espírito Santo
por amor, alegria e paz tão inestimáveis.*

A BÍBLIA EM UM ANO: ÊXODO 31–33; MATEUS 22:1-22

4 DE FEVEREIRO • **1 TESSALONICENSES 5:12-28**

ATENÇÃO TOTAL

Estejam sempre alegres. Nunca deixem de orar. Sejam gratos em todas as circunstâncias... vv.16-18

Hoje a tecnologia parece exigir a nossa constante atenção. A internet nos dá a incrível capacidade de acessar o conhecimento da humanidade na palma da mão. Mas para muitos, esse acesso incessante pode ter um custo.

A escritora Linda Stone criou a expressão "atenção parcial contínua" para descrever o impulso moderno de sempre precisar saber o que está acontecendo "lá fora", para ter certeza de que não estamos perdendo nada. Se isso soa como algo que gera ansiedade crônica, você está certo!

Embora o apóstolo Paulo tenha lutado com muitos motivos para a ansiedade, ele sabia que nossa alma está preparada para encontrar a paz em Deus. Por isso que, em uma carta para os novos cristãos que sofreram perseguição (1 TESSALONICENSES 2:14), Paulo concluiu os exortando: "Estejam sempre alegres. Nunca deixem de orar. Sejam gratos em todas as circunstâncias..." (5:16-18).

Nunca deixar de orar pode parecer bastante assustador. Mas então, com que frequência verificamos nossos telefones? E se, em vez disso, deixarmos que esse desejo seja um alerta para falarmos com Deus?

E se aprendêssemos a trocar a necessidade de estar sempre "por dentro" por um descanso contínuo e em oração na presença de Deus? Pela confiança no Espírito Santo, podemos aprender a dar ao nosso Pai celestial nossa atenção total e contínua.

ADAM HOLZ

Como a tecnologia afeta sua fé, negativa e positivamente? O que pode ajudá-lo a aproximar-se de Deus?

Pai, graças por convidar-nos a um relacionamento contigo, um relacionamento o qual tu desejas sempre estar a par.

A BÍBLIA EM UM ANO: ÊXODO 34–35; MATEUS 22:23-46

5 DE FEVEREIRO — **1 JOÃO 2:18-27**

COMO FICAR NA PISTA

Pois o que a unção lhes ensina é verdade, e não mentira, e é tudo que precisam saber. v.27

O corredor cego mais rápido do mundo, David Brown, da equipe paraolímpica dos EUA, atribui suas vitórias a Deus, aos conselhos de sua mãe ("não fique à toa") e a seu guia de corrida, o velocista Jerome Avery. Unido a Brown por uma corda amarrada aos seus dedos, Avery guia as vitórias de Brown com palavras e toques.

"Trata-se de ouvir as *suas* sugestões", diz Brown, que afirma poder "projetar-se" em corridas de 200 metros, onde a pista faz curva. "Estamos sempre revisando as estratégias de corrida, comunicando-nos não apenas com dicas verbais, mas dicas corporais".

Na corrida da vida, somos abençoados com o Guia Divino. Nosso Ajudador, o Espírito Santo, Ele lidera nossos passos quando o seguimos. "Escrevo estas coisas para adverti-los sobre os que desejam enganá-los" (1 JOÃO 2:26). "Vocês, porém, receberam dele a unção, e ela permanece em vocês, de modo que não precisam que alguém lhes ensine a verdade. Pois o que a unção lhes ensina é verdade, e não mentira, e é tudo que precisam saber..." (v.27).

João enfatizou essa sabedoria aos cristãos de sua época que enfrentaram "anticristos" que negavam o Pai e que Jesus é o Messias (v.22). Também enfrentamos esses negadores hoje. Mas nosso Guia — o Espírito Santo — nos leva a seguir a Jesus. Podemos confiar em Sua orientação para nos tocar com a verdade, mantendo-nos no caminho certo.

PATRICIA RAYBON

Você está sintonizado com a orientação do Espírito Santo?

Deus, alinha os nossos corações com a orientação do Teu Espírito para alcançarmos Tua verdade.

A BÍBLIA EM UM ANO: ÊXODO 36–38; MATEUS 23:1-22

6 DE FEVEREIRO — LAMENTAÇÕES 2:10-13,18,19

LAMENTO DA MISERICÓRDIA

...Meu espírito se derrama de angústia [...]. Crianças pequenas e bebês desfalecem e morrem nas ruas. v.11

O pai dela culpava a feitiçaria por sua doença. Era AIDS. Quando ele morreu, sua filha, Mercy, de 10 anos, ficou ainda mais próxima de sua mãe. Mas a mãe também estava doente e, três anos depois, morreu. A partir daí a irmã de Mercy criou os cinco irmãos. Foi quando Mercy começou a escrever um diário de seu sofrimento.

O profeta Jeremias também registrou sua dor. No sombrio livro de Lamentações, ele escreveu sobre as atrocidades cometidas a Judá pelo exército babilônico. O coração de Jeremias ficou triste pelas vítimas mais jovens. "Meu espírito se derrama de angústia", lamentou, "quando vejo a calamidade de meu povo. Crianças pequenas e bebês desfalecem e morrem nas ruas" (2:11). O povo de Judá tinha o histórico de ignorar a Deus, mas seus filhos também estavam pagando o preço: "...morrem lentamente nos braços maternos" (v.12).

Poderíamos esperar que Jeremias rejeitasse a Deus diante de tal sofrimento. Porém, ele pediu aos sobreviventes: "Derramem como água o coração diante do SENHOR. Levantem as mãos em oração e supliquem por *seus filhos*" (v.19).

É bom, como Mercy e Jeremias, derramar o nosso coração a Deus. O lamento é uma parte crucial do ser humano. Mesmo quando Deus permite a dor, Ele chora conosco. Como somos feitos à Sua imagem, Ele deve se lamentar também!

TIM GUSTAFSON

Como você lida com as situações dolorosas da sua vida? Como isso pode ajudá-lo a registrar e compartilhar com um amigo?

Pai, estou sofrendo por causa de _____. Tu vês minha dor. Por favor, mostra-me o Teu poder.

A BÍBLIA EM UM ANO: ÊXODO 39–40; MATEUS 23:23-39

7 DE FEVEREIRO ️🍃 **LUCAS 22:39-44**

ORANDO COMO JESUS

Pai, se queres, afasta de mim este cálice. Contudo, que seja feita a tua vontade, e não a minha. v.42

Toda moeda tem dois lados. A frente é chamada de "cara" e, desde o início dos tempos romanos, a cunhagem geralmente representa o chefe de estado de um país. O reverso da moeda é chamado "coroa".

Como uma moeda, a oração de Cristo no jardim do Getsêmani possui dois lados. Nas horas mais intensas de Sua vida, na noite anterior à Sua morte na cruz, Jesus orou: "Pai, se queres, afasta de mim este cálice. Contudo, que seja feita a tua vontade, e não a minha" (LUCAS 22:42). Quando Cristo diz: "afasta de mim este cálice", essa é a mais honesta e sincera oração. Ele revela o Seu desejo pessoal. "É isso o que Eu quero".

Então Jesus gira a moeda orando "que seja feita a tua vontade, e não a minha". Esse é o lado do abandono. Esse abandonarmo-nos a Deus começa quando dizemos simplesmente: "Mas o que tu queres, Deus?".

Essa oração em "duas frentes" também está incluída em Mateus 26 e Marcos 14 e é mencionada em João 18. Jesus fez os dois lados dessa oração: afasta de Mim este cálice (o que Eu quero, Deus), mas que seja feita a Tua vontade, e não a Minha (o que tu queres, Deus?).

As duas "faces" de Jesus estampada em dois aspectos da Sua oração.

ELISA MORGAN

O que podemos aprender se orarmos com honestidade e em completa submissão, como Jesus fez? Qual situação você enfrenta agora, em que pode orar honestamente e abandonar-se aos cuidados de Deus?

Pai, ajuda-me a seguir o exemplo de Teu Filho e a experimentar a íntima comunhão contigo.

A BÍBLIA EM UM ANO: LEVÍTICO 1–3; MATEUS 24:1-28

8 DE FEVEREIRO   2 CORÍNTIOS 1:8-11

★ *TÓPICO DE FEVEREIRO: DESENVOLVENDO UM CARÁTER AMOROSO*

AMAR O PRÓXIMO

...deixamos de confiar em nós mesmos e aprendemos a confiar somente em Deus, que ressuscita os mortos. v.9

"As pessoas ainda oram por mim?". Essa era uma das primeiras perguntas que o missionário fazia à esposa quando ela o visitava na prisão. Ele tinha sido falsamente acusado e encarcerado por 2 anos devido a sua fé em Cristo. Sua vida corria perigo por causa das condições e hostilidades na prisão. Os cristãos ao redor do mundo oravam por ele. Ele queria ter certeza de que as orações não cessariam, pois tinha certeza de que Deus usava essas orações de maneira poderosa.

Nossas orações pelos outros, especialmente pelos perseguidos por causa de Cristo, são um presente vital. Paulo deixou isso claro aos cristãos em Corinto sobre suas dificuldades durante sua jornada missionária. Ele estava sob grande pressão, tanto que pensou que não sobreviveria (2 CORÍNTIOS 1:8). Mas então Paulo lhes disse que Deus o havia libertado e descreveu a ferramenta que o Senhor usara para isso: "Nele depositamos nossa esperança, e ele continuará a nos livrar. E vocês nos têm ajudado ao orar por nós" (vv.10,11, ÊNFASE ADICIONADA).

Deus se move através de nossas orações para realizar um grande bem na vida de Seu povo. Uma das melhores maneiras de amar os outros é orar por eles, pois por meio de nossas orações, abrimos a porta para a ajuda que somente Deus pode lhes fornecer. Quando oramos pelos outros, nós os amamos em Sua força. Ninguém é maior ou mais amoroso do que Deus.

JAMES BANKS

Você ama os outros com suas orações?

Deus amoroso e onipotente, obrigado pelo maravilhoso presente da oração e pelos modos como tu as move. Por favor, ajuda-me a orar fielmente pelos outros hoje!

A BÍBLIA EM UM ANO: LEVÍTICO 4–5; MATEUS 24:29-51

9 DE FEVEREIRO — SALMO 103:8-14

SOMOS POEIRA

Ele [...] lembra que não passamos de pó. v.14

O jovem pai já estava sem paciência. "Sorvete! Sorvete!" — gritou seu filho pequeno. A crise no meio do shopping lotado começou a chamar a atenção dos compradores ao redor. "Tudo bem, mas só precisamos fazer algo para a mamãe primeiro, ok?", disse o pai. "Nããão! Sorvete!" E então ela se aproximou deles: uma mulher pequena e bem vestida, com sapatos que combinavam com a bolsa. "Ele está tendo um rompante", disse o pai. A mulher sorriu e respondeu: "Na verdade, parece que o rompante tomou conta do seu filho. Não se esqueça de que ele é muito pequeno, precisa que você seja paciente e presente". A situação não se resolveu magicamente, mas era exatamente o tipo de pausa que o pai e o filho precisavam no momento.

Os ecos das sábias palavras dessa mulher são ouvidos no Salmo 103. Davi escreve sobre o nosso Deus que é "compassivo e misericordioso, lento para se irar e cheio de amor" (v.8). Ele então continua invocando a imagem do "Senhor que é como um pai para seus filhos", e mais ainda "é compassivo para os que o temem" (v.13). Deus nosso Pai "sabe como somos fracos, lembra que não passamos de pó" (v.14).

Muitas vezes falhamos e nos impressionamos com o que este grande mundo nos oferece. Que incrível segurança temos em conhecer o amor paciente, sempre presente e abundante de nosso Pai.

JOHN BLASE

Quando você se sentiu esmagado como uma criancinha? Você crê que Deus respondeu a você no tempo certo?

Obrigado por ser nosso Pai, presente e paciente, que nos lembra de quem e o que somos.

A BÍBLIA EM UM ANO: LEVÍTICO 6–7; MATEUS 25:1-30

10 DE FEVEREIRO **JEREMIAS 31:1-9**

CORRENDO PARA O AMOR

Eu amei você com amor eterno... v.3

Nora era de baixa altura e não se intimidou na presença de Brígida, uma mulher beligerante com 1,80 m de altura, que a encarava com raiva. Brígida nem sabia dizer por que havia parado naquela clínica de gravidez; pois já havia decidido "se livrar daquela criança". Nora gentilmente fez-lhe perguntas, e Brígida as respondeu com piadas grosseiras. Pouco depois, Brígida levantou-se para sair, declarando desafiadoramente sua intenção de terminar sua gravidez.

Colocando-se entre Brígida e a porta, Nora perguntou: "Antes de você ir, posso lhe dar um abraço e orar por você?". Ela jamais fora abraçada antes, não com intenções saudáveis, de qualquer maneira. De repente, inesperadamente, as lágrimas surgiram.

Nora refletiu bem a essência de nosso Deus, que amou o Seu povo de Israel "com amor eterno" (JEREMIAS 31:3). O povo sucumbiu pelas duras consequências de terem violado as orientações do Senhor. No entanto, Deus lhes disse: "com amor leal a atraí para mim. Eu a reconstruirei" (vv.3,4).

A história de Brígida é complexa e muitos de nós podemos nos identificar com ela: Até que conhecesse o verdadeiro amor naquele dia, ela acreditava que Deus e Seus seguidores apenas a condenariam. Nora demonstrou-lhe algo diferente: o Deus que não ignora nosso pecado porque nos ama além da imaginação. Ele nos recebe de braços abertos. Não precisamos continuar correndo. *TIM GUSTAFSON*

Qual a sua percepção de Deus?

Pai, muitas vezes menosprezo o Teu amor incrível.
Perdoa-me e ajuda-me a refletir Teu amor para alguém hoje.

A BÍBLIA EM UM ANO: LEVÍTICO 8–10; MATEUS 25:31-46

11 DE FEVEREIRO   **PROVÉRBIOS 27:1–10**

VIZINHOS PRÓXIMOS

...é melhor recorrer a um
vizinho próximo que a um irmão
distante. v.10

Nosso bairro usa um site para ajudar os vizinhos a se conectarem com rapidez. Em minha comunidade, os membros avisam uns aos outros ao avistarem leões da montanha e comunicam as ordens de evacuação em casos de incêndios florestais, também suprem uns aos outros quando necessário. O site é mais um recurso para encontrar animais de estimação perdidos. Ao alavancar o poder da internet, aqueles que vivem próximos um do outro estão se conectando de maneiras que muitas vezes se perdem no mundo acelerado atual.

Relacionar-se com os que vivem perto também foi essencial nos dias do rei Salomão. Embora os relacionamentos familiares sejam importantes e possam ser de grande apoio, Salomão diz que o papel de um *amigo* é vital, especialmente em meio a uma "calamidade" (PROVÉRBIOS 27:10). Os parentes podem se importar profundamente com seus familiares e desejarem ajudar nessas circunstâncias. Mas se estão longe, pouco podem fazer quando a calamidade chega. Mas os vizinhos, por estarem próximos, talvez saibam da necessidade logo e possam ajudar mais prontamente.

Como a tecnologia facilitou a conexão com entes queridos em todo o mundo, podemos ficar desatentos a ponto de ignorar os que moram ao redor. *Jesus, ajuda-nos a investir nos relacionamentos com as pessoas que colocaste ao nosso redor!*

KIRSTEN HOLMBERG

Quem o ajudou em seus momentos de necessidade?
Como juntar forças com quem está mais próximo de você?

Graças te damos, Deus,
por dar-nos vizinhos para demonstrarmos
cuidado uns pelos outros.

A BÍBLIA EM UM ANO: LEVÍTICO 11–12; MATEUS 26:1-25

12 DE FEVEREIRO • ISAÍAS 1:15-20

O MILAGRE DA NEVE BRANCA

*...Embora seus pecados sejam como
o escarlate, eu os tornarei brancos
como a neve...* v.18

No século 17, Sir Isaac Newton usou um prisma para estudar como a luz nos ajuda a ver cores diferentes. Ele descobriu que quando a luz passa através de um objeto, este parece possuir uma cor específica. Enquanto um único cristal de gelo parece translúcido, a neve é composta de muitos cristais de gelo esmagados juntos. Quando a luz passa através de todos os cristais, a neve parece ser branca.

A Bíblia menciona outra coisa que tem cor — o pecado. Por meio do profeta Isaías, Deus confrontou os pecados do povo de Judá e descreveu seu pecado "como escarlate" e como "vermelho como carmesim". Mas Deus prometeu que eles seriam "brancos como a neve" (ISAÍAS 1:18). Como? Judá precisava se afastar do erro e buscar o perdão de Deus.

Graças a Jesus, temos acesso permanente ao perdão de Deus. Jesus chamou a si mesmo "a luz do mundo" e disse que aqueles que o seguirem "...não andarão no escuro, pois terão a luz da vida" (JOÃO 8:12). Quando confessamos nossos pecados, Deus nos perdoa e somos vistos através da luz do sacrifício de Cristo na cruz. Isso significa que Deus nos vê como Ele vê Jesus — irrepreensível.

Não precisamos nos sentir culpados e envergonhados pelo que fizemos de errado. Em vez disso, podemos nos apegar à verdade do perdão de Deus, que nos torna "brancos como a neve".

LINDA WASHINGTON

**O que significa ser completamente perdoado?
O que o ajuda a lembrar-se de que Deus o perdoou?**

*Pai celestial, graças pelo perdão
que ofereces gratuitamente.*

A BÍBLIA EM UM ANO: LEVÍTICO 13; MATEUS 26:26-50

13 DE FEVEREIRO — SALMO 18:3-6,16-19

LIBERTADO DE NOSSA GAIOLA

[Deus] me levou a um lugar seguro... v.19

Ao sair para passear, o escritor Martin Laird, muitas vezes, encontrava um homem com quatro *Kerry Blue Terriers*. Três dos cães corriam soltos pelo campo, mas um ficava perto do dono, correndo em pequenos círculos. Quando Laird finalmente parou e perguntou sobre o estranho comportamento, o dono explicou que era um cão resgatado que passara a maior parte de sua vida trancado numa jaula. O *terrier* continuava a correr em círculos como se estivesse confinado dentro de uma caixa.

As Escrituras revelam que estamos presos e sem esperança, a menos que Deus nos resgate. O salmista falou de ser afligido por um inimigo, aprisionado pelos "laços da morte" e "com uma armadilha" em seu caminho (SALMO 18:4,5). Trancado e algemado, ele clamou a Deus por ajuda (v.6). E com poder trovejante, o SENHOR "estendeu a mão e [o] resgatou" (v.16).

Deus pode fazer o mesmo por nós, quebrando as correntes e nos libertando das prisões. Ele pode nos libertar e nos levar "a um lugar seguro" (v.19). Quão triste é, então, quando continuamos correndo em pequenos círculos, como se ainda estivéssemos confinados em nossas antigas prisões. Por Sua força, que não fiquemos mais aprisionados pelo medo, vergonha ou opressão. Deus nos resgatou dessas gaiolas da morte. Nós podemos correr livres. — WINN COLLIER

**Quais as jaulas onde você se aprisionou?
Você tem vivido como se uma antiga cadeia
ainda o prendesse?**

*Deus, que libertas os cativos, ajuda-me a crer assim.
Quero ser livre e estar em Teu lugar seguro.*

A BÍBLIA EM UM ANO: LEVÍTICO 14; MATEUS 26:51-75

14 DE FEVEREIRO — **SALMO 16**

QUANDO A VIDA É DURA

*Eu disse ao S*ENHOR*: "Tu és meu Senhor! Tudo que tenho de bom vem de ti".* v.2

Física, mental e emocionalmente exausta, reclinei-me na poltrona. Nossa família seguiu a direção de Deus e se mudou para outro estado. Depois que chegamos, nosso carro quebrou e ficamos a pé por dois meses. Enquanto isso, a mobilidade limitada do meu marido após uma inesperada cirurgia nas costas e minha dor crônica complicaram o desfazer as malas. Descobrimos problemas caros com a nossa nova casa que, no entanto, era antiga. Nosso cão idoso sofreu com problemas de saúde. E embora o nosso novo filhote trouxesse grande alegria, criar uma bola peluda de energia foi muito mais trabalhoso do que o esperado. Fiquei cheia de amargura. Como eu deveria manter a fé inabalável enquanto viajava por essa turbulenta estrada cheia de dificuldades?

Ao orar, Deus me lembrou do salmista cujo louvor não dependia das circunstâncias. Davi derramou suas emoções, com fragilidade e buscou refúgio na presença de Deus (v.1). Reconhecendo-o como provedor e protetor (vv.5,6), Ele o louvou e seguiu o conselho de Deus (v.7). Davi afirmou que "não seria abalado", pois mantinha os olhos sempre no Senhor (v.8). Então, ele se alegrou e descansou na alegria da presença de Deus (vv.9-11).

Podemos nos alegrar porque a nossa paz não depende da nossa situação atual. Ao agradecer nosso Deus imutável pelo que Ele é e sempre será, Sua presença alimentará nossa fé para que se torne inabalável.

XOCHITL E. DIXON

Quais situações você precisa entregar a Deus?

Obrigado por seres quem és, Pai!

A BÍBLIA EM UM ANO: LEVÍTICO 15–16; MATEUS 27:1-26

15 DE FEVEREIRO ・ **MATEUS 4:1-11**

★ *TÓPICO DE FEVEREIRO: DESENVOLVENDO UM CARÁTER AMOROSO*

TOQUE OS NECESSITADOS

Então ele a tocou e, no mesmo instante, ela conseguiu se endireitar e começou a louvar a Deus. v.13

Não foi surpresa quando Madre Teresa recebeu o Prêmio Nobel da Paz. Como esperado, ela recebeu o prêmio "em nome dos famintos, dos nus, dos sem-teto, dos cegos, dos leprosos, de todos aqueles que se sentem indesejados, não amados e não cuidados pela sociedade". Ela ministrou a essas pessoas a maior parte de sua vida.

Jesus demonstrou como cuidar e amar os marginalizados, independentemente das circunstâncias. Diferentemente dos líderes da sinagoga que respeitavam mais a lei do sábado do que os doentes (LUCAS 13:14), quando Jesus viu uma mulher doente no Templo, compadeceu-se. Ele olhou além da deficiência física e viu a bela criação de Deus em cativeiro. Ele a chamou e curou, "ele a tocou e, no mesmo instante, ela conseguiu se endireitar e começou a louvar a Deus" (v.13). Jesus aborreceu o líder da sinagoga porque era o sábado. O Senhor do sábado (LUCAS 6:5) compassivamente decidiu curar a mulher que havia enfrentado desconforto e humilhação por quase duas décadas.

Quantas vezes julgamos que alguém não merecia a nossa compaixão? Ou talvez tenhamos experimentado rejeição porque não cumprimos o padrão de outra pessoa. Não sejamos como a elite religiosa que se importava mais com leis do que com pessoas. Em vez disso, sigamos o exemplo de Jesus e tratemos os outros com compaixão, amor e dignidade.

ESTERA PIROSCA ESCOBAR

Como você experimentou a cura e o toque de Deus? A quem você pode demonstrar compaixão nesta semana?

Jesus, obrigado por Teu amor infinito e incrível compaixão por todos os seres humanos, incluindo os que sofrem por doenças e dificuldades.

A BÍBLIA EM UM ANO: LEVÍTICO 17–18; MATEUS 27:27-50

16 DE FEVEREIRO 🌿 **EFÉSIOS 4:2-6**

DIVIDIDO NO AMOR

Sejam sempre humildes e amáveis,
tolerando pacientemente uns aos
outros em amor. v.2

O debate público sobre uma lei controversa de Singapura irrompeu e dividiu os cristãos com pontos de vista diferentes. Ou se chamavam de "tacanhos" ou se acusavam de comprometerem sua fé.

As controvérsias podem causar profundas divisões no povo de Deus, gerando sofrimento e desencorajamento. Senti-me pequeno em relação às convicções pessoais sobre como aplico os ensinamentos bíblicos à minha vida. Sou culpado por criticar os outros de quem discordo. Questiono-me se o problema está no que ou no como expressamos nossos pontos de vista, ou na postura do nosso coração. Estamos apenas discordando de opiniões ou procurando desvalorizar como outros pensam?

Mas há momentos em que precisamos falar sobre os falsos ensinamentos ou explicar nossa posição. Paulo nos lembra de fazê-lo com humildade, gentileza, paciência e amor. E, acima de tudo, fazer "todo o possível para se manterem unidos no Espírito..." (EFÉSIOS 4:3).

Algumas controvérsias ficarão sem solução. A Bíblia, porém, nos lembra de que nosso objetivo deve ser sempre edificar a fé, não a destruir (v.29). Estamos desvalorizando os outros para ganhar uma discussão? Ou permitindo que Deus nos ajude a entender Suas verdades em Seu tempo e a Seu modo, lembrando que compartilhamos uma só fé em um só Senhor? (vv.4-6). LESLIE KOH

Você explica sua posição sobre questões delicadas
com humildade, gentileza e amor? Como orar
por quem discorda de você?

Pai, guia-me ao falar a verdade para que eu faça isso
em amor e busque edificar, não destruir.

A BÍBLIA EM UM ANO: LEVÍTICO 19–20; MATEUS 27:51-66

17 DE FEVEREIRO   **MATEUS 28:16-20**

PRESENÇA SEMPRE PRESENTE

*E lembrem-se disto: estou
sempre com vocês, até o
fim dos tempos.* v.20

Na Copa do Mundo de 2018, o atacante colombiano Radamel Falcao marcou um dos três gols contra a Polônia, garantindo a vitória. Foi o trigésimo gol de Falcao em jogos internacionais, o que lhe valeu a distinção de ser o maior goleador colombiano em jogos internacionais.

Falcao, muitas vezes, aproveita o seu sucesso no campo de futebol para compartilhar a sua fé, erguendo a camisa depois de marcar para revelar os dizeres: "Com Jesus você nunca estará sozinho".

A declaração de Falcao nos remete à promessa tranquilizadora de Jesus: "estou sempre com vocês, até o fim dos tempos" (MATEUS 28:20). Sabendo que Ele estava prestes a voltar ao Céu, Jesus consolou os Seus discípulos, assegurando-lhes de que estaria sempre com eles, por meio da presença de Seu Espírito (V.20; JOÃO 14:16-18). O Espírito Santo os consolaria, guiaria, protegeria e os fortaleceria ao levarem a mensagem de Jesus às cidades próximas e às mais distantes. E quando eles experimentassem períodos de solidão em lugares desconhecidos, as palavras de Cristo deveriam ecoar em seus ouvidos, um lembrete de Sua presença.

Não importa onde formos, seja perto ou longe, ao seguirmos Jesus pelo desconhecido, podemos nos apegar a essa promessa. Mesmo quando experimentarmos a solidão, ao nos achegarmos a Jesus em oração, receberemos consolo sabendo que Ele está conosco.

LISA SAMRA

**Como a garantia de que Jesus está sempre com você
lhe oferece conforto?**

*Jesus, obrigado por eu jamais estar sozinho,
pois tu estás comigo.*

A BÍBLIA EM UM ANO: LEVÍTICO 21–22; MATEUS 28

18 DE FEVEREIRO — **FILIPENSES 4:10-19**

O SEGREDO

Sei viver na necessidade e também na fartura. v.12

Às vezes eu suspeito que meu gato sofre de um caso grave de MEPE (medo de perder). Quando chego em casa com as compras, ele corre para inspecionar o conteúdo. Quando estou cortando legumes, levanta-se em suas patas olhando para o produto, implorando para que eu dê algo a ele. Mas quando eu realmente lhe *dou* o que prende a sua atenção, ele rapidamente perde o interesse, indo embora, entediado.

Seria hipócrita da minha parte ser dura com meu gato. Ele reflete um pouco da minha fome insaciável por mais, minha suposição de que "agora" nunca é o suficiente.

Segundo Paulo, o contentamento não é natural — é aprendido (FILIPENSES 4:11). Sozinhos, buscamos o que achamos que vá nos satisfazer e passamos para a próxima coisa no momento em que percebemos que não vai. Outras vezes, nosso descontentamento toma a forma de nos protegermos de todas e quaisquer ameaças suspeitas.

Às vezes é preciso experimentar o que mais temíamos para tropeçar na verdadeira alegria. Tendo experimentado muito do pior que a vida tem a oferecer, Paulo pôde testemunhar em primeira mão o "segredo" do verdadeiro contentamento (vv.11,12) — a misteriosa realidade de que, ao entregarmos a Deus nossos anseios por plenitude, experimentamos uma paz inexplicável (vv.6,7), levados cada vez mais a fundo nas profundezas do poder, beleza e graça de Cristo.

MONICA LA ROSE

De que maneira você experimentou a paz misteriosa quando menos esperava?

Pai, ajuda-me a entregar minhas tentativas de assegurar minha própria felicidade em troca de abraçar o presente de cada momento contigo.

A BÍBLIA EM UM ANO: LEVÍTICO 23–24; MARCOS 1:1-22

19 DE FEVEREIRO   2 REIS 6:8-17

A REALIDADE DE DEUS

*O Senhor abriu os olhos do servo,
e ele [viu] carros de fogo ao redor
de Eliseu.* v.17

No livro *As Crônicas de Nárnia: O Leão, a Feiticeira e o Guarda-Roupa*, de C. S. Lewis (Martins Fontes, 2010), todos ficam emocionados quando o poderoso leão Aslam reaparece após uma longa ausência. A alegria deles se transforma em tristeza, quando Aslam concorda com uma exigência feita pela perversa Feiticeira Branca. Diante da aparente derrota de Aslam, os narnianos experimentam seu poder quando ele ruge de forma ensurdecedora e lança-se sobre a bruxa, derrotando-a. Embora tudo parecesse estar perdido, Aslam prova ser maior que a bruxa vilã.

Como os seguidores de Aslam, o servo de Eliseu se desesperou ao se levantar certa manhã para ver a si mesmo e a Eliseu cercados por um exército inimigo. "Ai, meu senhor, o que faremos agora?" (2 REIS 6:15). A resposta do profeta foi calma: "Não tenha medo!", [...] "Pois do nosso lado há muitos mais que do lado deles!" (v.16). Eliseu então orou: "Ó Senhor, abre os olhos dele, para que veja" (v.17). Então, "O Senhor abriu os olhos do servo, e ele viu as colinas ao redor de Eliseu cheias de cavalos e carruagens de fogo" (v.17). Mesmo as coisas parecendo sombrias aos olhos do servo, o poder de Deus se revelou maior do que a horda de inimigos.

Nossas circunstâncias difíceis podem nos fazer acreditar que tudo está perdido, mas Deus deseja abrir nossos olhos e revelar que Ele é maior. *REMI OYEDELE*

**Você já enfrentou momentos muito difíceis?
Como experimentou que Deus é maior
do que qualquer mal?**

Obrigado, Deus, por Tua fidelidade.

A BÍBLIA EM UM ANO: LEVÍTICO 25; MARCOS 1:23-45

20 DE FEVEREIRO GÊNESIS 41:46-52

OS LUGARES MAIS DIFÍCEIS

*Armazenou uma quantidade
imensa de cereais, como a areia
do mar...* v.49

Gerson é pastor de jovens na mesma cidade onde ele usou heroína. Deus transformou o seu coração e suas circunstâncias de modo arrebatador. "Quero evitar que as crianças cometam os mesmos erros e sofram a dor que passei", disse. "E Jesus as ajudará". Com o tempo, Deus o libertou da escravidão do vício e deu-lhe um ministério importante, apesar de seu passado.

Deus tem maneiras de trazer o bem inesperado de situações em que a esperança parece perdida. José foi vendido como escravo no Egito, falsamente acusado e enviado à prisão, onde foi esquecido por anos. Mas Deus o restaurou e o colocou numa posição de autoridade sob Faraó. Assim, ele pôde salvar muitas vidas — incluindo a de seus irmãos que o tinham abandonado. No Egito, José se casou e teve filhos. Ele deu ao segundo filho o nome de Efraim (do hebraico "duas vezes frutífero"), explicando a razão: "Deus me fez prosperar na terra da minha aflição" (GÊNESIS 41:52).

A história de Gerson e José, embora separadas por milênios, indicam a mesma verdade imutável: até mesmo os lugares mais difíceis da nossa vida podem se tornar terreno fértil para Deus ajudar e abençoar muitos. O amor e o poder de nosso Salvador nunca mudam, e Ele é sempre fiel aos que confiam nele.

JAMES BANKS

**Como você pode usar seus problemas do passado
para encorajar outros hoje?**

*Pai, louvo-te, pois nada é difícil para ti!
Graças por Tua fidelidade, hoje e sempre.*

A BÍBLIA EM UM ANO: LEVÍTICO 26–27; MARCOS 2

21 DE FEVEREIRO   **EFÉSIOS 3:14-21**

UM LUGAR DE PERTENÇA

Então Cristo habitará em seu coração à medida que vocês confiarem nele... v.17

Depois da trágica perda de seus primeiros cônjuges, Roberto e Sabrina se apaixonaram, casaram e tornaram-se uma só família. Construíram seu novo lar e o chamaram *Havilá* ("contorcendo-se de dor" e "produzir" em hebraico). Significa a criação de algo belo através da dor. Eles não construíram um lar para esquecer o seu passado, mas para "trazer a vida das cinzas para celebrar a esperança". Para eles, "é um lugar de pertença, para celebrar a vida e onde todos nós nos apegamos à promessa de um futuro".

É uma bela imagem da nossa vida em Jesus que nos tira das cinzas e se torna para nós um lugar de pertença. Quando o recebemos, Ele faz a Sua morada em nosso coração (EFÉSIOS 3:17). Deus nos adota em Sua família por meio de Jesus para sermos dele (1:5,6). Embora passemos por momentos difíceis, Ele pode usar isso para trazer bons propósitos em nossa vida.

Todos os dias, temos a oportunidade de crescer em nossa compreensão de Deus, ao desfrutarmos do Seu amor e celebrarmos o que o Senhor nos deu. Nele, há plenitude de vida que não existiria sem Ele (3:19). E temos a promessa de que esse relacionamento durará para sempre. Jesus é o nosso lugar de pertença, nossa razão para celebrar a vida e nossa esperança agora e para sempre.

ANNE CETAS

De que maneira Jesus mudou sua vida?
O que significa para você pertencer a Ele?

Sou grato por pertencer a ti, Jesus
e por uma vida de esperança agora e para sempre.

A BÍBLIA EM UM ANO: NÚMEROS 1–3; MARCOS 3

22 DE FEVEREIRO LUCAS 23:32-34,44-46

★ *TÓPICO DE FEVEREIRO: DESENVOLVENDO UM CARÁTER AMOROSO*

MAIS FORTE DO QUE O ÓDIO

Jesus disse: "Pai, perdoa-lhes, pois não sabem o que fazem". v.34

Menos de 24 horas após a morte trágica de sua mãe, Chris se viu proferindo essas poderosas palavras cheias de misericórdia: "O amor é mais forte do que o ódio". Sua mãe e mais oito pessoas tinham sido assassinadas enquanto participavam de um estudo bíblico em Charleston, Carolina do Sul, EUA. O que havia moldado tanto a vida desse adolescente que essas palavras podiam fluir de seus lábios e coração? Ele crê em Jesus e sua mãe amara aos outros de todo o coração.

Em Lucas 23:26-49, somos espectadores na primeira fila de uma cena de execução que incluiu dois criminosos e o inocente Jesus (v.32). Os três foram crucificados (v.33). Entre os suspiros e os prováveis gemidos daqueles que foram pendurados nas cruzes, Jesus proferiu as seguintes palavras: "Pai, perdoa-lhes, pois não sabem o que fazem" (v.34). A iniciativa cheia de ódio dos líderes religiosos resultara na crucificação daquele que defendia o amor. Embora em agonia, o amor de Jesus continuou a triunfar.

Você ou alguém que você ama já foi o alvo de ódio, má vontade, amargura ou críticas à aparência? Que a sua dor inspire as suas orações, e que o exemplo de Jesus e de pessoas como Chris o encorajem pelo poder do Espírito a escolher o amor em vez do ódio.

ARTHUR JACKSON

Você já achou difícil amar alguém?
Existe alguém que você acha difícil perdoar?
O que você pode fazer a respeito disso?

Pai, perdoa-me quando acho difícil perdoar aos outros.
Ajuda-me a demonstrar que o amor é mais forte do que o ódio.

A BÍBLIA EM UM ANO: NÚMEROS 4–6; MARCOS 4:1-20

23 DE FEVEREIRO ✤ **ISAÍAS 53:1-6**

AMOR DILACERADO

*Mas ele foi ferido por causa de
nossa rebeldia e esmagado por
causa de nossos pecados...* v.5

Carla ligou e mandou mensagem, mas agora ela estava do lado de fora da casa do irmão, incapaz de acordá-lo. Deprimido e lutando contra o vício, seu irmão se escondia em casa. Na tentativa desesperada de romper seu isolamento, Carla levou várias de suas comidas favoritas, além da Bíblia, e lançou o pacote sobre a cerca.

Mas quando o pacote caiu, esbarrou em uma parte do portão, rasgando um lado e deixando cair seu conteúdo pelo chão. Sua oferta bem-intencionada e cheia de amor se derramou em aparente desperdício. Seu irmão notaria o presente? Cumpriria a missão de esperança pretendida? Ela só podia esperar e orar pela cura dele.

Deus amou o mundo de tal maneira que, basicamente, lançou o Seu único Filho sobre a parede do nosso pecado, trazendo amor e cura para o nosso mundo (JOÃO 3:16). O profeta Isaías predisse o custo desse ato de amor em Isaías 53:5. Este mesmo Filho seria "traspassado pelas nossas transgressões e moído pelas nossas iniquidades" (ARA). Suas feridas trariam a esperança da cura definitiva. Ele tomou para si o "castigo que nós merecíamos" (v.6).

Dilacerado por espinhos causados pelo nosso pecado e necessidade, o presente de Deus em Jesus chega aos nossos dias com novo poder e perspectiva. O que o presente do Senhor significa para você?

ELISA MORGAN

**Como você experimentou o amor dilacerado de Deus?
De que maneira você o viu transformar uma vida
através da Sua maravilhosa graça?**

*Deus, graças por Teu presente em Jesus, enviado aos portões
do meu coração para saciar minha necessidade hoje.*

A BÍBLIA EM UM ANO: NÚMEROS 7–8; MARCOS 4:21-41

24 DE FEVEREIRO **MARCOS 5:1-20**

LIBERTADO POR JESUS

Então o homem partiu e começou a anunciar [...] quanto Jesus havia feito por ele... v.20

"Eu vivi com minha mãe por tanto tempo que ela saiu de casa!". Essas foram as palavras de KC, cuja vida antes da sobriedade e entrega a Jesus não era bonita. Ele admite francamente ter sustentado seu vício de drogas roubando — até mesmo de seus entes queridos. Agora ele deixou essa vida para trás, e relembra isso contando os anos, meses e dias que está limpo. Quando KC e eu nos sentamos para estudar regularmente a Palavra de Deus juntos, vejo-o como um homem transformado.

Marcos 5:15 fala de um homem ex-endemoniado que também foi transformado. Antes de sua cura, *indefeso, sem esperança, sem lar* e *desesperado*, eram palavras que definiam o homem (vv.3,5). Mas tudo isso mudou depois que Jesus o libertou (v.13). Mas, como KC, sua vida antes de Jesus estava longe do normal. A confusão interior que expressou-se exteriormente não é diferente do que as pessoas experimentam hoje. Algumas pessoas feridas vivem em prédios abandonados, veículos ou outros lugares; algumas vivem em suas próprias casas, mas estão emocionalmente sozinhas. Correntes invisíveis aprisionam corações e mentes a ponto de se distanciarem dos outros.

Em Jesus, temos Aquele a quem podemos confiar nossa dor e a vergonha do passado e do presente. E, como aconteceu ao homem possuído (v.15) e KC, Jesus, com misericórdia, espera de braços abertos todos os que correm para Ele hoje (v.19). *ARTHUR JACKSON*

Como Jesus o transformou?
Quem você conhece que precisa ouvir sobre isso?

Deus, sou grato, pois através de Jesus fui liberto de coisas que me dominavam no passado.

A BÍBLIA EM UM ANO: NÚMEROS 9–11; MARCOS 5:1-20

25 DE FEVEREIRO 🌿 **1 TIMÓTEO 6:6-11**

RICO DIANTE DE DEUS

*No entanto, a devoção
acompanhada de contentamento é,
em si mesma, grande riqueza.* v.6

Crescendo durante a Grande Depressão, meus pais conheceram muitas dificuldades quando crianças. Assim, foram bons mordomos do dinheiro e trabalhadores agradecidos. Mas nunca foram gananciosos. Deram tempo, talento e seu tesouro à igreja, grupos de caridade e aos necessitados. Como cristãos, meus pais levaram a sério a advertência de Paulo: "...os que querem ficar ricos caem em pecado, ao serem tentados, e ficam presos na armadilha de muitos desejos tolos, que fazem mal e levam as pessoas a se afundarem na desgraça e na destruição" (1 TIMÓTEO 6:9).

Paulo deu esse conselho a Timóteo, o jovem pastor da cidade de Éfeso, uma cidade rica onde as riquezas tentavam a todos. "Pois o amor ao dinheiro é uma fonte de todos os tipos de males", advertiu. "E algumas pessoas, por quererem tanto ter dinheiro, se desviaram da fé e encheram a sua vida de sofrimentos" (v.10).

Então, qual é o antídoto para a ganância? Ser "rico diante de Deus", disse Jesus (LUCAS 12:13-21). Ao buscar e amar nosso Pai celestial acima de tudo, Ele continua sendo o nosso principal deleite. Como o salmista escreveu: "Alimenta-nos de manhã com o teu amor, até ficarmos satisfeitos, para que cantemos e nos alegremos a vida inteira" (90:14).

Regozijar-se no Senhor sempre nos alivia da cobiça, deixando-nos satisfeitos. Que Jesus resgate os desejos do nosso coração, tornando-nos ricos diante de Deus!   PATRICIA RAYBON

**Como você lida com o seu dinheiro?
Ele tem maior valor do que deveria?
De que maneira você pode entregar suas
preocupações financeiras a Deus hoje?**

*Alimenta-nos de manhã, Deus, com Teu amor infalível
— substituindo a nossa ganância pela fome santa por ti.*

A BÍBLIA EM UM ANO: NÚMEROS 12–14; MARCOS 5:21-43

26 DE FEVEREIRO   🍇 **FILIPENSES 4:4-9**

PENSAMENTOS DE ALEGRIA

Alegrem-se sempre no Senhor.
Repito: alegrem-se! v.4

Numa coletânea de entrevistas de Bill Shapiro na *Revista Life*, as pessoas falam de um único item de grande importância do qual nunca se separariam. Isso me fez refletir sobre as posses que mais significam para mim e me trazem alegria. Um é uma simples receita escrita à mão por minha mãe há 40 anos. Outra é uma xícara de chá da minha avó. Outros podem valorizar memórias preciosas, elogios encorajadores, sorrisos de netos ou uma percepção especial da Bíblia.

Às vezes guardamos em nosso coração coisas que nos trazem grande infelicidade: Ansiedade — oculta, mas facilmente recuperada. Raiva — abaixo da superfície, mas pronta para atacar. Ressentimento — corroendo silenciosamente o íntimo de nossos pensamentos.

O apóstolo Paulo abordou uma maneira mais positiva de "pensar" na carta à igreja de Filipos. Ele os encorajou a sempre se alegrarem, serem gentis e levarem tudo a Deus em oração (FILIPENSES 4:4-9).

As palavras edificantes de Paulo sobre o que pensar nos ajudam a ver que é possível afastar pensamentos obscuros e permitir que a paz de Deus guarde o nosso coração e mente em Jesus (v.7). Quando os pensamentos que ocupam nossa mente são verdadeiros, nobres, corretos, puros, amáveis, admiráveis e louváveis mantemos a paz de Deus em nosso coração (v.8).

CINDY HESS KASPER

Quais pensamentos indesejáveis teimam em habitar minha mente? Como posso encher diariamente minha mente com coisas boas?

Guia meus pensamentos hoje, ó Deus,
enquanto manténs meu coração
e vida sob o Teu cuidado.

A BÍBLIA EM UM ANO: NÚMEROS 15–16; MARCOS 6:1-29

27 DE FEVEREIRO — TIAGO 4:13-17

MUDANÇA INESPERADA

*Como sabem o que será de sua
vida amanhã?... v.14*

Os ventos quentes atingiram um estado norte-americano elevando rapidamente as temperaturas de -20° para 7°C. em 1943. Essa mudança drástica do clima, uma variação de 27 graus, ocorreu em apenas *dois minutos*. A maior variação de temperatura registrada nos EUA ao longo de um período de 24 horas é de incríveis 39.4°C! Em 15 de janeiro de 1972, no estado de Montana, EUA, registrou-se o salto de temperatura de -48° para 9°C.

As mudanças repentinas, porém, não são apenas um fenômeno climático. Às vezes é típico do próprio curso da vida. Tiago nos lembra: "Agora escutem, vocês que dizem: 'Hoje ou amanhã iremos a tal cidade e ali ficaremos um ano fazendo negócios e ganhando muito dinheiro!' Vocês não sabem como será a sua vida amanhã..." (4:13,14). Uma perda inesperada. Um diagnóstico surpresa. Um retrocesso financeiro. Mudanças súbitas.

A vida é uma jornada com elementos imprevisíveis. Por isso Tiago nos adverte a deixar as "arrogantes pretensões" (v.16) que não levam em conta o Todo-Poderoso. Ele nos aconselhou, "vocês deveriam dizer: 'Se Deus quiser, estaremos vivos e faremos isto ou aquilo'" (v.15). Os acontecimentos de nossa vida podem ser incertos, mas uma coisa é certa: em todos os momentos inesperados, nosso Deus nunca nos deixará. Ele é o Único *imutável* em nossa vida.

BILL CROWDER

Ao enfrentar uma mudança repentina, como você reage?
Como deve ser a resposta de fé apropriada às surpresas da vida?

*Pai, perdoa-me pelas vezes em que me preocupo
com coisas que não pude prever ou não posso controlar,
ajuda-me a encontrar o descanso em ti.*

A BÍBLIA EM UM ANO: NÚMEROS 17–19; MARCOS 6:30-56

28 DE FEVEREIRO ATOS 27:27-38

A FÉ PARA PERSEVERAR

*...enfrentar dificuldades e
provações, [...] contribuem para
desenvolvermos perseverança.*
ROMANOS 5:3

Ernest Shackleton (1874–1922) liderou uma expedição malsucedida para atravessar a Antártida em 1914. Quando seu navio, chamado *Endurance* (Resistência), ficou preso no gelo pesado no mar de Weddell, a sobrevivência se tornou uma corrida de resistência. Sem meios de se comunicar, Shackleton e sua tripulação usaram botes salva-vidas para fazer a viagem até a costa mais próxima. Enquanto a maioria da tripulação ficou para trás na ilha, Shackleton e cinco tripulantes passaram duas semanas viajando quase 1300 km pelo oceano para a Geórgia do Sul em busca de ajuda. A expedição "fracassada" tornou-se um registro vitorioso nos livros de história, quando todos os homens de Shackleton sobreviveram, graças à sua coragem e resistência.

O apóstolo Paulo sabia o que significava perseverar. Durante uma tempestuosa viagem a Roma para enfrentar julgamento por sua fé em Jesus, ele soube por um anjo que o navio afundaria. Mas o apóstolo encorajou os homens a bordo com a promessa de Deus de que todos sobreviveriam, apesar da perda do navio (ATOS 27:23,24).

Em um desastre, nossa tendência é querer que Deus resolva imediatamente. Mas Ele nos dá a fé para suportar e crescer. Como Paulo nos ensinou, as dificuldades e provações ajudam a desenvolvermos a perseverança. Sabendo disso, somos encorajados a confiar em Deus em tempos difíceis.

LINDA WASHINGTON

**Como encorajar alguém que esteja
passando por provações?**

*Pai celestial, preciso da Tua ajuda para continuar,
mesmo quando é difícil.*

A BÍBLIA EM UM ANO: NÚMEROS 20–22; MARCOS 7:1-13

★ TÓPICO DE MARÇO / **Evangelismo**

ORE PRIMEIRO

João era um encanador "boca dura" que trabalhou no projeto de construção de nossa igreja há vários anos. Depois que lhe falei que orava por ele, João às vezes me pedia para orar por seus amigos. Orei diariamente por sete anos para que Deus trouxesse João para perto de si e o salvasse.

Certo sábado de manhã, durante o meu momento devocional, tive a nítida convicção da necessidade de mais pessoas conhecerem a Cristo em nossa igreja e fiz uma oração simples: "Por favor, Senhor, dê-nos apenas um!". Naquela tarde, meu celular tocou. Era o João. "Acabei de ser diagnosticado com câncer pancreático e não estou pronto." Combinamos de nos encontrar na quarta-feira seguinte, e ele consentiu que outras pessoas orassem por ele. Na reunião de oração do domingo em nossa igreja, oramos pela cura e salvação de João.

> *A oração enfatiza a capacidade de Deus.*

Logo depois, após uma conversa sincera, João recebeu Jesus como seu Senhor e Salvador e foi batizado no domingo subsequente.

A oração enfatiza a capacidade de Deus de fazer as coisas acontecerem. Quando admitimos humildemente que não podemos forçar os outros a virem a Ele, abrimos a porta para Deus realizar o que nunca poderíamos fazer. Quando oramos pedindo que o Espírito de Deus traga outros para perto de si, convidamos o Seu poder, e Ele é capaz de superar as adversidades que parecem intransponíveis para nós.

Por causa da bondade de Deus para conosco por meio de Jesus, podemos nos aproximar do trono da graça de Deus "com toda confiança" (HEBREUS 4:16), enquanto clamamos com compaixão pelos que estão perdidos nas trevas e que enfrentarão a eternidade separados do Senhor. E quando demonstramos o nosso amor pelo próximo orando por ele, podemos ter a certeza de que nosso Salvador "também está "intercedendo por nós" (ROMANOS 8:34).

JAMES BANKS

1º DE MARÇO ATOS 4:1-31

★ *TÓPICO DE MARÇO: EVANGELISMO*

MARCAS DA IGREJA

Depois dessa oração [...] todos ficaram cheios do Espírito Santo e pregavam corajosamente a palavra de Deus. v.31

A Igreja nasceu em meio a perseguições e sua história mostra os embates que ela sofreu. Por isso não podemos estranhar que, em nosso tempo, tenhamos que conviver com críticas, difamações, distorções etc. Isso sempre fez parte de nossa história

A passagem de Atos 4 está dentro desse contexto de perseguição. Mas o que chama a atenção é a reação da Igreja diante disso e que evidencia as suas marcas. A primeira marca, é a vida de oração: "levantaram juntos a voz e oraram a Deus" (v.24). A oração sempre será característica da Igreja verdadeira.

A segunda é a plenitude do Espírito: "...todos ficaram cheios do Espírito Santo" (v.31). Quando cremos no evangelho, o Espírito vem habitar em nosso coração, e Ele vai plenificando nosso pensamento, falar, relacionamentos, ações e projetos. Todo o nosso ser é envolto pela plenitude do Espírito.

A terceira marca é a evangelização. No contexto da perseguição, aquela Igreja poderia recolher-se, mas faz o contrário: ora a Deus por coragem para pregar. Não podemos nos omitir da responsabilidade de anunciar o evangelho de Cristo. Somos chamados a pregar a Palavra da graça salvadora dos palácios às casas mais simples, dos mais instruídos aos mais simples.

Seremos sempre incompreendidos, caluniados, acusados, mas nenhuma dessas três marcas pode deixar de ser vista em nós.

JUAREZ MARCONDES FILHO

As pessoas podem identificar essas marcas da Igreja em você?

Senhor, que não retrocedamos do que nos chamaste para fazer por causa das adversidades. Que sempre evidenciemos essas marcas de Igreja do Senhor.

A BÍBLIA EM UM ANO: NÚMEROS 23–25; MARCOS 7:14-37

2 DE MARÇO   🍂 **COLOSSENSES 4:2-6**

TODA OPORTUNIDADE

Vivam com sabedoria entre os que
são de fora e aproveitem bem todas
as oportunidades. v.5

Você já caçou dragões? Meu filho me convenceu a baixar um jogo no celular cujo mapa digital espelhando o mundo real permite capturar dragões coloridos ao redor. Isso exige movimento. Todo lugar que você vai faz parte do campo do jogo. O resultado? Estou andando muito mais! Sempre que meu filho e eu jogamos, esforçamo-nos para maximizar todas as oportunidades de capturar as criaturas que surgem a nossa volta.

É fácil se concentrar e ficar obcecado com um jogo criado para cativar os usuários e, ao jogá-lo, despertei-me para esta questão: Tenho o desejo de verdadeiramente maximizar as oportunidades espirituais ao meu redor?

Paulo sabia da necessidade de estarmos alertas para o trabalho de Deus ao nosso redor e pediu oração por oportunidades de compartilhar o evangelho (v.3). Ele nos desafia: "Vivam com sabedoria entre os que são de fora e aproveitem bem todas as oportunidades" (v.5). Paulo não queria que os colossenses perdessem qualquer chance de influenciar os outros em relação a Cristo. Ele viu a necessidade de enxergá-los e atendê-los e, em seguida, a de envolver-se em conversas "amistosas e agradáveis" (v.6).

Hoje, muitas coisas disputam nosso tempo e atenção além dos dragões imaginários de um jogo. Mas Deus nos convida a navegar nessa aventura do mundo real buscando oportunidades diárias para levar outros a Ele.

ADAM HOLZ

Deus usou alguém para levá-lo a um relacionamento mais profundo com Ele?

Jesus, ajuda-me a aproveitar ao máximo todas as oportunidades
que tenho para demonstrar Teu amor e graça

A BÍBLIA EM UM ANO: NÚMEROS 26–27; MARCOS 8:1-21

3 DE MARÇO   **MATEUS 4:18-22**

UMA CHAMADA PARA SAIR

*No mesmo instante, deixaram
suas redes e o seguiram.* v.20

Quando jovem, imaginava-me casada com o meu namorado do Ensino Médio — até que terminamos. Meu futuro parecia sem horizontes diante de mim, e lutei com o que deveria fazer com a minha vida. Por fim, senti que Deus me guiava para servi-lo, servindo aos outros, e me matriculei no seminário. Percebi que, para responder ao chamado de Deus, teria que me afastar e deixar para trás minhas raízes, amigos e família.

Jesus estava andando à beira do mar da Galileia quando viu Pedro e seu irmão André lançando redes ao mar, pescando para viver. Ele os convidou: "Sigam-me, e eu farei de vocês pescadores de gente" (MATEUS 4:19). Pouco adiante, Jesus viu outros dois pescadores, Tiago e seu irmão João, e lhes fez um convite similar (v.21).

Quando esses discípulos vieram a Jesus, eles também deixaram algo. Pedro e André "deixaram suas redes" (v.20). Tiago e João "o seguiram de imediato, deixando para trás o barco e o pai" (v.22). Lucas coloca desta forma: "E, assim que chegaram à praia, deixaram tudo e seguiram Jesus" (5:11).

Todo chamado *para* Jesus também inclui um chamado a *entregar* outra coisa — redes, barcos, pais, amigos e casa. Deus chama todos nós para termos um relacionamento com Ele. E, na sequência, o Senhor chama cada um de nós para servi-lo.   *ELISA MORGAN*

**Como o chamado de Deus *para* segui-lo
pode incluir também *a entrega* de outra situação?
De que maneiras você pode confiar nele
com o que está deixando para trás?**

*Amoroso Deus, ajuda-me a entender o que preciso deixar
para responder ao Teu chamado.*

A BÍBLIA EM UM ANO: NÚMEROS 28–30; MARCOS 8:22-38

4 DE MARÇO MARCOS 9:2-10

FIO DESENCAPADO

Vimos com os próprios olhos seu esplendor majestoso. 2 PEDRO 1:16

A professora Holly Ordway reagiu ao poema *Santo Santo 14*, de John Donne, dizendo: "Senti como se tivesse tocado num fio desencapado. *Há algo nessa poesia. O que será?*". Ordway recorda desse momento em que sua cosmovisão ateia lhe permitiu a possibilidade do sobrenatural. Em tempo, ela creu na realidade transformadora do Cristo ressuscitado.

"Um fio desencapado", deve ter sido algo assim que Pedro, Tiago e João sentiram quando Jesus os levou ao topo da montanha onde testemunharam uma transfiguração dramática. As "Suas roupas ficaram brancas e resplandecentes" (MARCOS 9:3) e Elias e Moisés apareceram. Hoje sabemos que foi a Sua transfiguração. Jesus lhes disse para não contarem a ninguém o que tinham visto até que Ele tivesse ressuscitado (v.9). E eles nem sequer sabiam o que Jesus *queria dizer* com "ressuscitar dos mortos" (v.10).

Os discípulos não compreendiam Jesus completamente e não podiam conceber um destino que incluísse Sua morte e ressurreição. No entanto, suas experiências com o ressuscitado transformariam totalmente a vida deles. Pedro descreveu esse encontro com a transfiguração de Cristo como o tempo em que os discípulos foram os primeiros a verem com "os próprios olhos seu esplendor majestoso" (2 PEDRO 1:16).

Quando encontramos o poder de Jesus, algo acontece! O Cristo vivo nos toca.

TIM GUSTAFSON

Reflita sobre as experiências nas quais encontrou Deus de maneira radicalmente nova.

Pai, ao orarmos a ti, compreendemos o Teu poder.
Perdoa-nos por acharmos natural Tua grandiosa presença.

5 DE MARÇO ATOS 16:6-10

PLANOS INTERROMPIDOS

*É da natureza humana fazer
planos, mas o propósito do SENHOR
prevalecerá.* PROVÉRBIOS 19:21

Os planos de ser fonoaudióloga terminaram quando um estágio revelou que o trabalho era desafiador demais para Jane. Depois disso, ela teve a oportunidade de escrever para uma revista. Ela jamais se vira como autora, mas, anos depois, defendia as famílias necessitadas com seus textos. Olhando para trás, diz: "Posso ver o porquê de Deus ter mudado os meus planos, Ele tinha algo maior para mim".

A Bíblia relata sobre muitos planos interrompidos. Na segunda viagem missionária, Paulo quis levar o evangelho à Bitínia, mas o Espírito de Jesus o impediu (ATOS 16:6,7). Isso deve ter parecido confuso. Por que Jesus atrapalharia os planos que estavam de acordo com a missão dada por Deus? A resposta lhe veio em sonho: a Macedônia precisava dele ainda mais. Lá, Paulo plantaria a primeira igreja na Europa. Salomão também observou: "É da natureza humana fazer planos, mas o propósito do SENHOR prevalecerá" (PROVÉRBIOS 19:21).

É sensato fazer planos. Um conhecido ditado diz: "Se não planejar, o plano falhará". Mas os planos de Deus podem interromper os nossos. Nosso desafio é ouvir e obedecer, sabendo que podemos confiar em Deus. Se nos submetermos à Sua vontade, nos adequaremos ao Seu propósito para a nossa vida.

À medida que continuamos a fazer planos, podemos experimentar uma reviravolta: planejar e ouvir os dele?

LESLIE KOH

Como você pode submeter
os seus planos a Deus hoje e ouvir os dele?

*Deus, dá-me a fé para te ouvir quando os meus planos
são interrompidos, sabendo que tens
um propósito maior para mim.*

A BÍBLIA EM UM ANO: NÚMEROS 34-36; MARCOS 9:30-50

6 DE MARÇO | **2 TIMÓTEO 3:14-17**

DELICIANDO-SE COM O BOM LIVRO

*Toda a Escritura é inspirada
por Deus...* v.16

A Islândia é uma nação de leitores e esse país publica e lê mais livros por pessoa do que qualquer outro. Na véspera de Natal, eles se presenteiam com livros e depois os leem noite adentro. Essa tradição remonta à Segunda Guerra Mundial, quando as importações eram restritas, mas o papel era barato. Os editores inundaram o mercado com novos títulos. Hoje, um catálogo dos lançamentos do país é enviado a todos os lares em meados de novembro. Essa tradição é conhecida como a *Inundação de livros de Natal*.

Somos gratos por Deus ter abençoado tantos com a capacidade de criar boas histórias e educar, inspirar ou motivar os outros por meio de suas palavras. Não há nada como um bom livro! A Bíblia foi composta por muitos autores que escreveram em poesia e prosa — algumas ótimas histórias, outras não tanto — mas todas inspiradas. Como Paulo lembrou a Timóteo: "Toda a Escritura é inspirada por Deus e útil para nos ensinar o que é verdadeiro e para nos fazer perceber o que não está em ordem em nossa vida. Ela nos corrige quando erramos e nos ensina a fazer o que é certo Deus a usa para preparar e capacitar seu povo para toda boa obra" (2 TIMÓTEO 3:16,17). A leitura da Bíblia convence, inspira, ajuda-nos a viver para Ele e nos guia para a verdade (2:15).

Não esqueçamos de encontrar tempo para nos envolvermos com o maior dos livros: a Bíblia. ALYSON KIEDA

O que o ajuda a investir seu tempo nas Escrituras?

*Deus, obrigado por inspirares a criatividade nos autores de
"muitos livros". Sou especialmente grato pelo Teu Livro.*

Para conhecer melhor o livro que Deus inspirou
visite: paodiario.org

A BÍBLIA EM UM ANO: DEUTERONÔMIO 1–2; MARCOS 10:1-31

7 DE MARÇO · **1 CORÍNTIOS 12:20-27**

MAIS DO QUE O OLHAR ALCANÇA

Juntos, todos vocês são o corpo
de Cristo, e cada um é uma
parte dele. v.27

É comum em rodeios de montaria e tiro de laço ver os concorrentes com quatro dedos numa mão e um coto onde deveria ser o polegar. Essa lesão é comum nesse esporte; o polegar fica preso entre a corda de um lado e um boi enorme puxando para o outro lado. O polegar geralmente é o perdedor. A lesão não acaba com a carreira, mas a ausência de um polegar muda as coisas. Tente escovar os dentes, abotoar uma camisa, pentear o cabelo, amarrar os sapatos ou até mesmo comer sem usar o polegar. Esse pequeno membro negligenciado do seu corpo desempenha um papel bem significativo.

O apóstolo Paulo indica um cenário semelhante na Igreja. Aqueles membros que são frequentemente menos visíveis e menos vocais às vezes experimentam uma resposta do tipo "não preciso de você" (1 CORÍNTIOS 12:21). Geralmente isso não é dito, mas há momentos em que é dito em voz alta.

Deus nos chama para ter igual preocupação e respeito "uns dos outros" (v.25). "Juntos" somos parte do Corpo de Cristo (v.27), independentemente dos dons que recebemos, e precisamos uns dos outros. Alguns de nós são olhos e ouvidos, por assim dizer, e outros são polegares. Mas cada um desempenha um papel essencial no Corpo de Cristo, às vezes mais do que aparenta.

JOHN BLASE

Se você é um "olho", como pode encorajar um "polegar"?
E se você acha que é um membro menor, memorize
a importante verdade bíblica em 1 Coríntios 12:27.

Pai, perdoa-nos por esquecer que cada um de nós
é membro do Corpo de Cristo e somente tu és o Cabeça.

A BÍBLIA EM UM ANO: DEUTERONÔMIO 3–4; MARCOS 10:32-52

8 DE MARÇO   🌿 **SALMO 48**

★ *TÓPICO DE MARÇO: EVANGELISMO*

OFERECER LOUVOR

Como teu nome merece, ó Deus,
serás louvado até os confins
da terra... v.10

Geralmente, você pode dizer a partir de onde um mapa foi desenhado pelo que há em seu meio. Nós tendemos a pensar que nossa casa é o centro do mundo, então colocamos um ponto no meio e esboçamos de lá. As cidades próximas podem estar a cerca de 80 km ao norte ou a meio dia de viagem para o sul, mas todas são descritas em relação ao local onde estamos. Os salmos desenham o "mapa" do lar terreno de Deus no Antigo Testamento, então o centro da geografia bíblica é Jerusalém.

O Salmo 48 é um dos muitos que louvam Jerusalém. Esta "cidade do nosso Deus, em seu santo monte" é "alto e magnífico; toda a terra se alegra em vê-lo" (vv.1,2). Porque "Deus está em suas torres", Ele as manterá seguras para sempre (vv.3,8). A fama de Deus começa no Templo de Jerusalém e se espalha para "os confins da terra" (vv.9,10).

A menos que você esteja lendo isso em Jerusalém, sua casa não é o centro do mundo bíblico. No entanto, sua região é imensamente importante, porque Deus não descansará até que Seu louvor chegue "até os confins da terra" (v.10). Você gostaria de ser parte da maneira como Deus alcança o Seu objetivo? Adore cada semana com o povo de Deus e viva todos os dias para a Sua glória. A fama de Deus se estende até "os confins da terra" quando dedicamos tudo o que somos e temos a Ele.

MARVIN WILLIAMS

Como você espalhou a fama de Deus esta semana?
O que mais você pode fazer?

Pai, usa-me para espalhar a Tua grandiosidade
até os confins da Terra.

A BÍBLIA EM UM ANO: DEUTERONÔMIO 5–7; MARCOS 11:1-18

9 DE MARÇO SALMO 121:5-8

ABRIGADO POR DEUS

O Senhor é seu protetor! O Senhor está ao seu lado, como sombra que o abriga. v.5

Nosso netinho se despediu, depois voltou-se e perguntou: "Vovó, por que você fica na varanda olhando até sairmos?". Sorri, achando sua pergunta "fofa" pois ele é tão pequeno. Vendo sua preocupação, no entanto, tentei lhe dar uma boa resposta. "Bem, é uma cortesia. Se você é meu convidado, observar a sua saída mostra que eu me importo", disse-lhe. Ele pensou no que eu disse, mas ainda parecia perplexo. Então, eu lhe falei a simples verdade: "Fico, porque amo você. Quando vejo o carro indo embora, sei que está indo para casa em segurança." Ele sorriu, abraçando-me com carinho. Finalmente, ele entendeu.

Sua compreensão infantil me lembrou o que todos devemos ter em mente: o nosso Pai celestial nos vigia sempre, somos os Seus preciosos filhos. O salmista diz: "O Senhor é seu protetor! O Senhor está ao seu lado, como sombra que o abriga" (v.5).

Que garantia para os peregrinos de Israel enquanto subiam as estradas perigosas até Jerusalém para adorar: "O sol não lhe fará mal de dia, nem a lua, de noite. O Senhor o guarda de todo mal e protege sua vida" (vv.6,7). Da mesma forma, à medida que cada um de nós trafega pelo caminho da nossa vida, às vezes enfrentando ameaças ou dano espiritual: "O Senhor o guarda em tudo que você faz, agora e para sempre". Por quê? Seu amor. Quando? "Agora e para sempre" (v.8).

PATRICIA RAYBON

**Que "montanha" você está escalando hoje?
Saber que Deus cuida de você o faz sentir seguro?**

*Amoroso Pai, obrigado por nos vigiares,
mantendo-nos seguros ao trafegarmos
pela estrada da vida.*

A BÍBLIA EM UM ANO: DEUTERONÔMIO 8–10; MARCOS 11:19-33

10 DE MARÇO   LUCAS 9:11-17

RESTAURADO PARA RESTAURAR

Jesus, porém, disse:
"Providenciem vocês mesmos
alimento para eles". v.13

Encontrávamo-nos semanalmente após ele perder a esposa num acidente de carro. Às vezes, ele fazia perguntas para as quais não existem respostas; outras, trazia lembranças que queria reviver. Com o tempo, ele aceitou que, embora o acidente fosse o resultado da ruína no mundo, Deus poderia agir em meio a isso. Anos depois, ele ministrava em nossa igreja sobre como enfrentar a tristeza e lamentar as mágoas e se tornou o nosso orientador para as pessoas que tinham sofrido perdas. Quando sentimos que nada temos para oferecer a Deus, Ele aceita o nosso "insuficiente" e o torna "mais do que suficiente".

Jesus disse aos discípulos para alimentarem o povo. Eles protestaram dizendo que não havia nada para dar. Jesus multiplicou seus escassos suprimentos e, voltando-se a eles, deu-lhes o pão, dizendo: "Providenciem vocês mesmos alimento para eles" (LUCAS 9:13-16). Cristo fará o milagre, mas muitas vezes Ele escolhe nos envolver nisso.

Jesus nos diz: "Coloque quem você é e o que tem em Minhas mãos. Sua vida arruinada, sua história, sua fragilidade e seu fracasso, sua dor e seu sofrimento. Coloque-os em Minhas mãos e se surpreenderá com o que eu posso fazer com isso". Jesus sabe que, do nosso vazio, Ele pode trazer plenitude. Na nossa fraqueza, Ele pode revelar Sua força.

GLENN PACKIAM

Que experiências ruins você já teve?
Como pode oferecer essa experiência a Jesus e pedir
que Ele dê vida a outras pessoas pelo seu exemplo?

Jesus, toma o meu "insuficiente" e torna-o
"mais do que suficiente". Transforma a minha dor,
fracasso e fragilidade em algo melhor.

BÍBLIA EM UM ANO: DEUTERONÔMIO 11–13; MARCOS 12:1-27

11 DE MARÇO   🌱 **MARCOS 12:41–44**

ELE COMPREENDE PERFEITAMENTE

*É impossível medir seu
entendimento.* SALMO 147:5

Finn, um peixe *betta*, viveu em nossa casa por dois anos. Minha filha costumava se abaixar para conversar com ele depois de alimentá-lo no aquário. No jardim de infância, ela orgulhosamente reivindicou o peixe-de-briga-siamês como sendo seu. Ela sofreu muito quando o peixe morreu.

Minha mãe me aconselhou a ouvir atentamente os sentimentos dela e a lhe dizer que: "Deus a compreendia perfeitamente". Concordei que Deus sabe de tudo, mas questionei: "De que maneira isso pode confortá-la?". Ocorreu-me que Deus não está apenas ciente dos eventos em nossa vida, mas vê com compaixão a nossa alma e sabe como os acontecimentos nos afetam. Compreende que as "pequenas coisas" podem parecer grandes dependendo da nossa idade, dores passadas ou falta de recursos.

Jesus viu o coração e o valor do presente de uma viúva quando ela colocou duas moedas para a oferta do Templo. Ele descreveu o que isso significava para ela dizendo: "Essa viúva depositou na caixa de ofertas mais que todos os outros. [...] em sua pobreza deu tudo que tinha" (MARCOS 12:43,44).

A viúva guardou silêncio sobre a sua situação, mas Jesus reconheceu que aquilo que os outros consideravam uma pequena doação para ela era um sacrifício. Ele vê a nossa vida da mesma maneira. Que encontremos o conforto em Sua compreensão ilimitada.

JENNIFER BENSON SCHULDT

**Você demonstra sua compaixão por alguém que sofre?
Como Deus responde quando você fala sobre os seus problemas?**

*Deus, obrigado por me conheceres e me amares.
Sinto o Teu consolo quando considero
o Teu conhecimento sobre a minha vida.*

A BÍBLIA EM UM ANO: DEUTERONÔMIO 14–16; MARCOS 12:28-44

12 DE MARÇO ATOS 20:17-24

UM ALVO E UM PROPÓSITO

*...minha vida não vale [...] a menos que
eu a use para completar [...] a missão
que me foi confiada pelo Senhor... v.24*

Em 2018, o atleta de resistência Colin O'Brady fez uma caminhada que nunca havia sido feita antes. Puxando o seu suprimento com o trenó, O'Brady viajou pela Antártida completamente sozinho, por 1.500 km em 54 dias. Foi uma grandiosa jornada de dedicação e coragem.

Sobre esse tempo sozinho com o gelo, o frio e a distância assustadora, O'Brady disse: "Coloquei-me num fluxo de profundo esforço e permaneci totalmente imerso nele o tempo todo, focado no objetivo final, enquanto permitia à minha mente se concentrar nas profundas lições dessa jornada".

Para aqueles de nós que colocaram a fé em Jesus, essa declaração pode soar familiar. Ressoa ao nosso chamado como cristãos: focados no objetivo de caminhar pela vida de forma que glorifique (honre) a Deus e o revele aos outros. Paulo, que não é estranho a perigosas jornadas, disse: "Mas minha vida não vale coisa alguma para mim, a menos que eu a use para completar minha carreira e a missão que me foi confiada pelo Senhor Jesus: dar testemunho das boas novas da graça de Deus" (v.24).

À medida que avançamos em nosso relacionamento com Jesus, reconheçamos o que sabemos sobre o propósito de nossa jornada e continuemos até o dia em que veremos o nosso Salvador face a face.

DAVE BRANON

**Como o seu relacionamento com Jesus influencia o seu dia a dia?
O que você pode fazer hoje para revelar aos outros
o seu amor por Ele?**

*Pai celestial, ajuda-nos a te honrar em tudo o que fazemos
e a encorajar outros a andarem com o Senhor.*

A BÍBLIA EM UM ANO: DEUTERONÔMIO 17–19; MARCOS 13:1-20

13 DE MARÇO 🌿 **FILIPENSES 4:10-20**

ACERTE A MARMOTA

*No entanto, a devoção
acompanhada de contentamento
é, em si mesma, grande riqueza.*
1 TIMÓTEO 6:6

Talvez você saiba como isso funciona. Depois de um procedimento médico, as contas do anestesista, cirurgião, laboratório e hospital continuam chegando. Jason reclamou disso após uma cirurgia de emergência: "Devemos muito dinheiro apesar dos planos de saúde. Se pudermos pagar essas contas, a vida será boa e ficarei contente! Sinto que estou jogando o jogo *"Acerte a Marmota"* de cujos buracos surgem as toupeiras de plástico, e o jogador as acerta descontroladamente com um martelo.

Às vezes a vida também é assim. O apóstolo Paulo certamente poderia se identificar ao dizer: "Sei viver na necessidade", mas ele aprendeu "o segredo de viver em qualquer situação" (FILIPENSES 4:12). Seu segredo? "Posso todas as coisas por meio de Cristo, que me dá forças" (v.13). Quando passei por um momento de descontentamento, li num cartão: "Se não está aqui, onde está?". Isso foi um lembrete poderoso de que se não estou contente aqui e agora, o que me faz pensar que o seria se eu *apenas* estivesse em outra situação?

Como aprendemos a descansar em Jesus? Talvez seja uma questão de foco: de apreciar e ser grato pelo bem, de aprender mais sobre o Pai fiel, de crescer em confiança e paciência, de reconhecer que a vida é sobre Deus e não sobre mim. Talvez seja o momento de lhe pedir para me ensinar o contentamento nele.

ANNE CETAS

**Em que áreas da sua vida você precisa
crescer em contentamento? Como você pode
mudar o seu enfoque?**

*Deus, tu és bom e tudo que fazes é bom.
Ensina-me, pois quero aprender a contentar-me em ti.*

A BÍBLIA EM UM ANO: DEUTERONÔMIO 20–22; MARCOS 13:21-37

14 DE MARÇO   SALMO 63:1-8

MELHOR QUE A VIDA

Teu amor é melhor que a própria vida; com meus lábios te louvarei. v.3

Embora Maria amasse a Jesus, a vida era dura e difícil. Dois filhos a precederam na morte, e também dois netos que foram vítimas de tiroteios. Ela sofreu um derrame que a paralisou de um lado. No entanto, assim que foi capaz, ela voltou aos cultos da igreja, onde não lhe era incomum, com a fala entrecortada, expressar louvores ao Senhor dizendo: "Minha alma ama Jesus; louvado seja o Seu nome!".

Muito antes de Maria expressar seu louvor a Deus, Davi escreveu as palavras do Salmo 63. O título menciona que Davi o escreveu quando "estava no deserto de Judá". Embora numa situação indesejável, sem esperança, ele não se desesperou porque esperava em Deus. "Ó Deus, tu és meu Deus; eu te busco de todo o coração. Minha alma tem sede de ti; todo o meu corpo anseia por ti nesta terra seca, exausta e sem água" (v.1).

Talvez você se encontre num local de dificuldade, sem clara orientação ou recursos adequados. As situações desconfortáveis podem nos confundir, mas não precisam nos atrapalhar quando nos apegamos àquele que nos ama (v.3), satisfaz (v.5), auxilia (v.7) e cuja forte mão direita nos sustenta (v.8). Porque o amor de Deus é melhor do que a vida, como Maria e Davi, podemos expressar nossa satisfação com lábios que louvam e honram a Deus (vv.3-5).

ARTHUR JACKSON

Como descrever sua atitude ao se encontrar num "deserto" da vida?
O Salmo 63 pode ajudá-lo a se preparar melhor para tais estações?

Jesus, sou grato por poder te louvar nos tempos secos e desesperados da minha vida, porque o Teu amor é melhor do que a vida!

A BÍBLIA EM UM ANO: DEUTERONÔMIO 23–25; MARCOS 14:1-26

15 DE MARÇO · **MATEUS 5:13-16**

★ *TÓPICO DE MARÇO: EVANGELISMO*

LUZ BRILHANTE

...suas boas obras devem brilhar,
para que todos as vejam e louvem
seu Pai, que está no céu. v.16

Fiquei preocupada pelas cinco semanas de aulas sobre oração que concordei em lecionar numa igreja local. Os alunos gostariam? Gostariam de mim? Minha ansiedade estava mal focada, preparei as aulas muito bem, mas me sentia insegura. Faltava uma semana, e eu não havia incentivado muitos a comparecerem.

Na oração, entendi que a aula deveria destacar somente Deus. O Espírito Santo usaria as lições para direcionar as pessoas ao Pai. Deixei de lado meu nervosismo em falar em público. Quando Jesus ensinou os Seus discípulos no Sermão do Monte, Ele lhes disse: "Vocês são a luz do mundo. É impossível esconder uma cidade construída no alto de um monte. Não faz sentido acender uma lâmpada e depois colocá-la sob um cesto. Pelo contrário, ela é colocada num pedestal, de onde ilumina todos que estão na casa" (MATEUS 5:14,15).

Lendo essas palavras, enviei um anúncio nas mídias sociais. Logo, as pessoas começaram a se inscrever, expressando gratidão e entusiasmo. Ao ver as reações, refleti mais sobre os ensinamentos de Jesus: "Da mesma forma, suas boas obras devem brilhar, para que todos as vejam e louvem seu Pai, que está no céu. Deixe sua luz brilhar diante dos outros, para que possam ver suas boas ações e glorificar seu Pai no céu" (v.16). Com isso em mente, ensinei com alegria. Oro para que minha ação simples se torne um farol e incentive outros a brilhar sua luz para Deus também.

PATRICIA RAYBON

Como suas ações e dons podem ajudar os outros e como compartilhá-los?

Jesus, capacita-me a deixar minha luz, dada por Deus,
brilhar para que outros possam glorificar-te.

A BÍBLIA EM UM ANO: DEUTERONÔMIO 26–27; MARCOS 14:27-53

16 DE MARÇO   🌿 **SALMO 96**

O HOMEM QUE NÃO PODIA FALAR

*Grande é o SENHOR! Digno
de muito louvor!* v.4

Sentado em sua cadeira de rodas num lar de idosos em Belize, um homem ouviu com alegria um grupo de adolescentes cantando sobre Jesus. Mais tarde, quando alguns adolescentes tentaram se comunicar com ele, descobriram que ele não podia falar. Um derrame havia lhe privado da sua capacidade de falar.

Como eles não conseguiam entabular uma conversa, os adolescentes decidiram cantar para ele. Quando começaram a cantar, algo incrível aconteceu. O homem que não conseguia falar começou a cantar. Com entusiasmo, ele cantou "Quão grande és tu!", junto com seus novos amigos. Foi um momento marcante para todos. O amor deste homem por Deus rompeu as barreiras e se derramou em adoração audível, sincera e alegre.

Todos nós temos barreiras de adoração de tempos em tempos. Talvez seja um conflito de relacionamento ou um problema de dinheiro. Ou um coração que esfriou um pouco no relacionamento com Deus.

Esse homem sem fala nos lembra que a grandeza e majestade de nosso Deus Todo-Poderoso podem superar qualquer barreira. "Senhor, meu Deus, quando eu maravilhado, fico a pensar nas obras de Tuas mãos!".

Você tem dificuldade para adorar? Reflita sobre como é grande o nosso Deus lendo uma passagem como o Salmo 96, e você também poderá encontrar seus obstáculos e objeções substituídos por louvor.

DAVE BRANON

**Há barreiras que o impedem de adorar a Deus?
Como sair do silêncio para o louvor?**

*Nosso grande Deus,
tu és impressionantemente maravilhoso!
Quão grande és tu!*

A BÍBLIA EM UM ANO: DEUTERONÔMIO 28–29; MARCOS 14:54-72

17 DE MARÇO ISAÍAS 65:17-25

ANTES MESMO DE VOCÊ PERGUNTAR

Eu os atenderei antes mesmo de clamarem a mim; [...] responderei a suas orações! v.24

Um casal de amigos tem um casamento saudável por décadas, e amo vê-los interagirem. Um estende a manteiga para o outro antes de ser solicitado. O outro enche um copo no momento perfeito. Quando eles contam histórias, terminam as frases um do outro. Às vezes parece que sabem "ler" o que o outro pensa.

É reconfortante saber que Deus nos conhece e protege mais do que qualquer pessoa que conhecemos e amamos. Isaías descreve o relacionamento entre Deus e Seu povo no reino vindouro como um relacionamento íntimo e terno. Deus diz sobre o Seu povo: "Eu os atenderei antes mesmo de clamarem a mim; enquanto ainda estiverem falando de suas necessidades, responderei a suas orações!" (v.24).

Mas como isso pode ser verdade? Há coisas sobre as quais tenho orado há anos sem receber uma resposta. Acredito que, à medida que crescemos na intimidade com Deus, alinhando o nosso coração ao dele, podemos aprender a confiar em Seu tempo e cuidado. Podemos começar a desejar o que Deus deseja. Quando oramos, pedimos, entre outras coisas, o que faz parte do reino de Deus, conforme o descrito em Isaías 65: O fim para a tristeza (v.19), casas seguras, alimento e trabalho significativo para todas as pessoas (vv.21-23). Paz na natureza (v.25). Quando o reino de Deus vier em sua plenitude, o Senhor responderá a essas orações completamente.

AMY PETERSON

Como você pode contribuir para trazer o reino de Deus à Terra?

Deus, obrigado por sempre ouvires as minhas orações. Transforma-me para que eu queira sempre a Tua vontade.

A BÍBLIA EM UM ANO: DEUTERONÔMIO 30–31; MARCOS 15:1-25

18 DE MARÇO   🌱 **1 PEDRO 1:3-9**

ALEGRIA NO CORREDOR DA MORTE

Embora nunca o tenham visto,
vocês o amam. [...] creem nele
e se regozijam com alegria
inexprimível... v.8

Em 1985, Anthony Ray Hinton foi acusado falsamente do assassinato de dois gerentes de restaurantes. Ele estava a milhas de distância quando os crimes aconteceram. No entanto, Hinton foi considerado culpado e sentenciado à morte. No julgamento, Hinton perdoou os que mentiram sobre ele, acrescentando que ainda se alegrava apesar da injustiça. "Depois da minha morte, vou para o Céu e para onde você vai?", questionou.

A vida no corredor da morte foi difícil. As luzes da prisão piscavam quando a cadeira elétrica era utilizada para outros, uma lembrança sombria do que estava por vir. Hinton passou por um teste de detector de mentiras, mas os resultados foram ignorados. Essa foi uma das injustiças que enfrentou para reabrir o seu caso.

Em 2015, a condenação dele foi anulada pela Suprema Corte dos EUA. Hinton permaneceu no corredor da morte por quase 30 anos. Sua vida é um testemunho de que Deus é real. Confiando em Jesus, a esperança dele ia além de suas provações (vv.3-5) e ele pôde experimentar a alegria sobrenatural (v.8). "A alegria que tenho eles nunca poderiam levá-la embora", disse Hinton após sua libertação. Tal alegria provou que a sua fé era genuína (vv.7,8).

Alegria no corredor da morte? É difícil imaginar! Ela nos remete ao Deus que existe mesmo sem ser visto e pronto para nos sustentar em nossas provações.

SHERIDAN VOYSEY

Como trazer a alegria de Deus
a alguém que enfrenta injustiças agora?

Pai, enche-nos com Tua alegria e paz enquanto confiamos em ti
apesar de nossas circunstâncias. Nós te amamos!

A BÍBLIA EM UM ANO: DEUTERONÔMIO 32–34; MARCOS 15:26-47

19 DE MARÇO 🌱 **JOSUÉ 1:1-9**

DELICIE-SE COM O LIVRO

Relembre continuamente os termos deste Livro da Lei. Medite nele dia e noite... v.8

Tsundoku. É a palavra que sempre precisei! Um termo japonês que se refere à pilha de livros numa mesa de cabeceira à espera de ser lido. Os livros oferecem o potencial para aprender, ou uma fuga para um tempo ou lugar diferente, e anseio pelas delícias e descobertas encontradas em suas páginas. Então, a pilha permanece.

A ideia de que podemos encontrar prazer e ajuda num livro é ainda mais verdadeira em relação ao Livro dos livros — a Bíblia. Vejo o encorajamento para alguém ao mergulhar nas Escrituras nas instruções que Deus deu a Josué, o recém-nomeado líder de Israel, encarregado de conduzir os israelitas à Terra Prometida (v.8).

Sabendo da dificuldade à frente, Deus assegurou a Josué: "Eu estarei com você" (v.5). Sua ajuda viria, em parte, através da obediência de Josué aos Seus mandamentos. Deus, então, o instruiu: a "Relembre continuamente os termos deste Livro da Lei. Medite nele dia e noite, para ter certeza de cumprir tudo que nele está escrito" (v.8). Embora Josué possuísse o Livro da Lei, ele precisava estudá-lo regularmente para obter discernimento e compreensão sobre quem é Deus e Sua vontade para o Seu povo.

Você precisa de instrução, verdade ou encorajamento para o seu dia? Ao reservarmos tempo para ler, obedecer e encontrar o alimento nas Escrituras, podemos saborear tudo o que está em suas páginas (2 TIMÓTEO 3:16).

LISA SAMRA

O que o impede de estudar e conhecer melhor a Bíblia?

Pai Celeste, obrigado por Tua orientação nas Escrituras. Ajuda-nos a desejar ouvir a Tua voz mais e mais.

A BÍBLIA EM UM ANO: JOSUÉ 1–3; MARCOS 16

20 DE MARÇO NEEMIAS 9:9,13-21

LENTO POR UMA RAZÃO

Mas tu és Deus de perdão,
misericordioso e compassivo, lento
para se irar e cheio de amor. v.17

Na série de vídeos da BBC *A vida dos mamíferos*, o apresentador David Attenborough sobe numa árvore para ver um bicho-preguiça de três dedos. Cara a cara com o mamífero mais lento do mundo, ele o cumprimenta com um *"boo!"*. O animal não reage e ele explica que também usaríamos a marcha lenta se fôssemos um deles vivendo principalmente com folhas que são digeridas com dificuldade e pouco nutritivas.

Na história de Israel, Neemias nos lembra outro exemplo de lentidão (vv.9-21), mas este não é cômico. Ele afirma que o nosso Deus é o melhor exemplo de como ir devagar — quando o assunto é ira. Neemias relatou como Deus cuidou de Seu povo instruindo-os com leis essenciais, sustentando-os em sua jornada para fora do Egito e lhes concedendo a Terra Prometida (vv.9-15). Embora Israel se rebelasse constantemente (v.16), Deus nunca deixou de amá-los. A explicação de Neemias? Nosso Criador é por natureza "misericordioso e compassivo, lento para se irar e cheio de amor" (v.17). Por que motivo Ele teria suportado tão pacientemente as queixas, descrenças e desconfianças de Seu povo durante 40 anos (v.21)? Foi por causa da Sua misericórdia e compaixão (v.19).

E nós? O temperamento forte sinaliza um coração frio, mas a grandeza do coração de Deus nos dá espaço para, pacientemente, viver e amar com Ele.

MART DEHAAN

Em quais áreas você precisa ser lento com a ira
e reconhecer que Deus retarda a dele?

Pai, enche-nos com o Espírito de Tua benevolência,
compaixão, misericórdia e amor.

A BÍBLIA EM UM ANO: JOSUÉ 4–6; LUCAS 1:1-20

21 DE MARÇO 🌿 **1 REIS 17:2-6**

ALEGRE

Os corvos lhe traziam pão e carne
de manhã e à tarde, e ele bebia
água do riacho. v.6

Por doze anos, a gaivota Chirpy faz visitas diárias a um homem que a ajudou a se curar de uma perna quebrada. O sr. John Sumner atraiu Chirpy com biscoitos para cachorro e, em seguida, conseguiu cuidar dela até que ficasse bem de saúde. Embora Chirpy só venha para Instow Beach, em Devon, Inglaterra, entre setembro e março, ela e João se encontram com facilidade. Chirpy voa direto para ele quando chega à praia todos os dias, embora não se aproxime de nenhum outro ser humano. É um relacionamento incomum, com certeza.

O vínculo de Sumner e Chirpy me lembra de outro relacionamento incomum entre homem e pássaro. Quando Elias, um dos profetas de Deus, foi enviado ao deserto para se esconder no "riacho de Querite" durante um período de seca, Deus disse que ele deveria beber da água do riacho e que enviaria corvos para lhe fornecer comida (vv.3,4). Apesar das circunstâncias difíceis e do local, suas necessidades de comida e água seriam satisfeitas. Os corvos eram provedores quase inimagináveis, pois alimentam-se de restos de comida impróprios; no entanto, trouxeram comida saudável para Elias.

Não nos surpreende quando um homem ajuda um pássaro, mas, quando as aves trazem ao homem "pão e carne de manhã e à tarde", isso só se explica pelo poder e cuidado de Deus (v.6). Como Elias, nós também podemos confiar em Sua provisão para nós. KIRSTEN HOLMBERG

Como Deus proveu por suas necessidades de maneiras surpreendentes?

Deus de amor, ajuda-me a confiar em ti
para satisfazer minhas necessidades,
não importando as circunstâncias.

A BÍBLIA EM UM ANO: JOSUÉ 7–9; LUCAS 1:21-38

22 DE MARÇO 🌿 **2 TIMÓTEO 4:1-5**

★ *TÓPICO DE MARÇO: EVANGELISMO*

UM DESVIO ARRISCADO

...pregue a palavra. Esteja preparado, quer a ocasião seja favorável, quer não. v.2

Que perda de tempo!, pensou Herta. Sua agente de seguros insistia em que se encontrassem novamente. Herta sabia que seria mais um encontro chato, mas decidiu aproveitá-lo e buscar uma oportunidade de falar sobre sua fé. Percebendo que as sobrancelhas da agente eram tatuadas, perguntou-lhe hesitante o porquê e descobriu que a mulher o fizera por achar que lhe traria sorte. A pergunta de Herta foi um desvio arriscado do bate-papo de rotina sobre finanças, mas abriu portas para uma conversa sobre sorte e fé. Isso lhe deu a oportunidade de falar sobre o motivo de confiar em Jesus. Aquela hora "desperdiçada" acabou sendo um compromisso divino.

Jesus também fez um desvio arriscado. Ao viajar da Judeia para a Galileia, Ele se esforçou para falar com uma samaritana, algo impensável para um judeu. Pior, era uma mulher marginalizada e até mesmo outros samaritanos a evitavam. No entanto, Jesus acabou tendo uma conversa que levou à salvação de muitos (JOÃO 4:1-26,39-42).

Você conhece alguém que realmente não quer ver? Você continua esbarrando num vizinho que normalmente evita? A Bíblia nos lembra de estarmos sempre prontos, "quer a ocasião seja favorável, quer não" para compartilhar as boas novas (2 TIMÓTEO 4:2). Considere fazer um "desvio arriscado". Quem sabe, Deus pode lhe dar uma oportunidade divina de conversar com alguém sobre Ele hoje!

LESLIE KOH

Você anseia por compartilhar as boas-novas?

Jesus, ensina-me a ver as portas que abriste para eu compartilhar Teu amor e dá-me a coragem de anunciar aos outros sobre ti.

A BÍBLIA EM UM ANO: JOSUÉ 10–12; LUCAS 1:39-56

23 DE MARÇO 🌿 **APOCALIPSE 21:1-7**

REUNIÃO

Vejam, o tabernáculo de Deus
está no meio de seu povo! v.3

O garotinho abriu com entusiasmo uma grande caixa de presente enviada por seu pai militar, pois acreditava que o pai não estaria em casa para comemorar seu aniversário. Dentro daquela caixa havia outra embrulhada, e dentro desta estava outra que tinha um pedaço de papel dizendo: "Surpresa!". Confuso, o garoto olhou para cima, no instante que o seu pai entrou na sala. Com lágrimas nos olhos, o filho saltou para os braços do pai, exclamando: "Papai, senti sua falta" e "Eu te amo!"

Essa reunião emocionante, mas alegre, traz a essência da descrição em Apocalipse 21 do momento glorioso em que os filhos de Deus veem seu Pai amoroso face a face, na criação totalmente renovada e restaurada. No Céu, Deus enxugará toda lágrima de nossos olhos. Não mais sentiremos dor ou tristeza, porque estaremos com nosso Pai celestial. Como a "forte voz" declara: "Vejam, o tabernáculo de Deus está no meio de seu povo! Deus habitará com eles, e eles serão seu povo…" (vv.3,4).

Há um terno amor e alegria que os cristãos já desfrutam com Deus. "Embora nunca o tenham visto, vocês o amam. E, ainda que não o vejam agora, creem nele e se regozijam com alegria inexprimível e gloriosa" (1 PEDRO 1:8). Mas imagine a nossa alegria incrível e transbordante quando virmos aquele que amamos e desejamos nos receber em Seus braços abertos!

ALYSON KIEDA

Quais as suas expectativas sobre como será viver na presença de Deus lá no Céu?

Amoroso Deus, ajuda-nos a servir-te
com alegria enquanto antecipamos o dia
em que estaremos com o Senhor.

A BÍBLIA EM UM ANO: JOSUÉ 13–15; LUCAS 1:57-80

24 DE MARÇO — **MATEUS 16:13-20**

O SINO

Agora eu lhe digo que você é Pedro, e sobre esta pedra edificarei minha igreja, e as forças da morte não a conquistarão. v.18

Jackson sonhava em se tornar um oficial de elite da Marinha dos EUA desde a infância, uma ambição que lhe exigiu anos de disciplina física e autossacrifício. Finalmente, ele enfrentou os testes exaustivos de força e resistência, incluindo o que eles chamam de "semana do inferno".

Jackson sentiu-se fisicamente incapaz de completar o treinamento extenuante e relutantemente tocou um sino para informar o comandante e os colegas de sua decisão de deixar o programa. Para a maioria, isso seria um fracasso. Mas, apesar da extrema decepção, mais tarde, Jackson viu seu fracasso militar como preparação para o trabalho de sua vida.

O apóstolo Pedro experimentou sua própria forma de fracasso. Ele corajosamente proclamou que permaneceria leal a Jesus até à prisão ou morte (LUCAS 22:33). Mais tarde, ele chorou amargamente após negar que conhecia Jesus (vv.60-62). No entanto, Deus tinha planos além do seu fracasso. Antes da negação de Pedro, Jesus lhe disse: "Agora eu lhe digo que você é Pedro, e sobre esta pedra edificarei minha igreja, e as forças da morte não a conquistarão" (v.8; LEIA LUCAS 22:31,32).

Você está lutando com um fracasso que o faz se sentir indigno ou desqualificado para seguir em frente? Não permita que suas falhas o afastem dos propósitos maiores de Deus para você.

EVAN MORGAN, AUTOR CONVIDADO

Você viu algum fracasso em sua vida ser usado por Deus para ajudá-lo a crescer nele?

Deus, ajuda-me a utilizar todas as circunstâncias, até os meus fracassos, para o Teu bem e honra!

A BÍBLIA EM UM ANO: JOSUÉ 16–18; LUCAS 2:1-24

25 DE MARÇO   🌿 **EFÉSIOS 6:10-20**

É HORA DE ORAR DE NOVO

*Orem no Espírito em todos os
momentos e ocasiões...* v.18

Estacionei na garagem e acenei para minha vizinha e sua filha Elizabeth. A garota havia se acostumado com nossas conversas espontâneas que duravam mais do que "poucos minutos" e acabavam em oração. Ela subiu na árvore no centro do jardim, pendurou as pernas num galho e se ocupou enquanto a mãe e eu conversávamos. Depois de um tempo, Elizabeth desceu da árvore e correu até nós. Agarrando nossas mãos, sorriu e quase cantou: "É hora de orar de novo". Mesmo pequena, ela parecia entender sobre a importância da oração em nossa amizade.

Depois de encorajar os cristãos a serem "fortes no Senhor e em seu grande poder" (v.10), Paulo ofereceu um ensino especial sobre o papel crucial da oração contínua. Descreveu a armadura que o povo de Deus precisaria em sua caminhada espiritual com o Senhor, que provê proteção, discernimento e confiança em Sua verdade (vv.11-17). Contudo, o apóstolo enfatizou que a força dada por Deus é consequência da imersão voluntária na oração que nos vivifica (vv.18-20).

Deus ouve e se importa com nossas preocupações, quer sejam faladas com ousadia, silenciosa ou profundamente encarceradas num coração abatido. Ele está sempre pronto para nos fortalecer em Seu poder, ao nos convidar a orar de novo, de novo e de novo.

XOCHITL E. DIXON

**Como a oração contínua pode mudar nossa perspectiva,
relacionamentos e vida cotidiana?
O seu tempo em oração é tão vital quanto o seu respirar?**

*Pai Celeste, obrigado pelo privilégio
de me achegar a Tua presença em oração.*

A BÍBLIA EM UM ANO: JOSUÉ 19–21; LUCAS 2:25-52

26 DE MARÇO   🌿 **LUCAS 3:1-6**

CONTEMPLANDO A SALVAÇÃO

*Então todos verão a salvação
enviada por Deus.* v.6

Aos 53 anos, a última coisa que Sonia esperava era abandonar os seus negócios e seu país para se juntar a um grupo de requerentes de asilo que viajavam para uma nova terra. Depois que as gangues assassinaram seu sobrinho e tentaram forçar seu filho de 17 anos a juntar-se as suas fileiras, Sonia sentiu que a fuga era sua única opção. "Eu oro a Deus e farei o que for necessário", ela explicou. "Farei qualquer coisa para meu filho e eu não morrermos de fome. Prefiro vê-lo sofrer aqui do que acabar jogado em um saco ou no rio".

A Bíblia tem algo a dizer a Sonia e seu filho ou a tantos que sofreram injustiça e desolação? Quando João Batista proclamou a chegada de Jesus, ele anunciou as boas novas para Sonia, para nós e para o mundo. "Preparem o caminho para a vinda do Senhor", proclamou João (v.4). Insistiu que quando Jesus chegasse, Deus realizaria um resgate poderoso e abrangente. A palavra bíblica para esse resgate é *salvação*.

A salvação abrange a cura de nosso coração pecaminoso e, um dia, a cura de todos os males do mundo. O poder transformador de Deus é para toda história, todo ser humano e está disponível a todos. João diz: "todos verão a salvação enviada por Deus" (v.6).

A cruz e a ressurreição de Cristo nos garantem que veremos a salvação de Deus. Um dia, experimentaremos a Sua libertação final.

WINN COLLIER

Como Deus o chamou para fazer parte de Sua obra transformadora na Terra?

*Deus promete que todos verão a Sua salvação.
Reivindicamos essa promessa divina de resgate e cura.*

A BÍBLIA EM UM ANO: JOSUÉ 22–24; LUCAS 3

27 DE MARÇO   🌿 **SALMO 116:12-19**

PARTIDA PRECIOSA

*O Senhor se importa profundamente
com a morte de seus fiéis.* v.15

Um correspondente do jornal *Boston Globe* descreveu a exibição *The Wait*, de 2018, da escultora Liz Shepherd, como algo que "evoca o que é precioso, exposto e transcendente na vida". Inspirada no momento que ela passou na cabeceira de seu pai moribundo, essa exposição busca transmitir a saudade, o vazio da perda e a frágil sensação de que os entes queridos estão fora do alcance.

A ideia de que a morte é preciosa pode parecer contraintuitiva; no entanto, o salmista declara: "O Senhor se importa profundamente com a morte de seus fiéis" (v.15). Deus valoriza a morte do Seu povo, pois, ao passarem além dessa vida, Ele os recebe em Seu lar.

Quem são esses servos fiéis de Deus? Para o salmista, são aqueles que servem a Deus com gratidão por Sua libertação, que invocam Seu nome e que honram as palavras que falam diante dele (vv.16-18). Essas ações representam escolhas propositais para andar com Deus, aceitar a liberdade que Ele oferece e cultivar o relacionamento com o Senhor.

Dessa forma, encontramo-nos na companhia de Jesus, que é o escolhido por Deus e precioso para Ele. As Escrituras dizem: "...Ponho em Sião uma pedra angular, escolhida para grande honra; quem confiar nela jamais será envergonhado" (1 PEDRO 2:4-6). Quando a nossa confiança está em Deus, nossa partida desta vida é preciosa à Sua vista.

REMI OYEDELE

**Como sua percepção da morte se compara
à de Deus sobre a morte de Seus filhos?**

*Querido Deus, ajuda-me a confiar em ti
mesmo diante dos desafios e perdas da vida.*

A BÍBLIA EM UM ANO: JUÍZES 1–3; LUCAS 4:1-30

28 DE MARÇO 　　　　　　　　　　　　　🌿 **2 REIS 6:1-7**

O PROVÁVEL LENHADOR

*Entreguem-lhe todas as suas
ansiedades, pois ele cuida de vocês.*
1 PEDRO 5:7

Quando estudante, cortei, empilhei, vendi e entreguei lenha por um ano. Foi um trabalho árduo, e hoje tenho empatia pelo infeliz lenhador na história de 2 Reis 6.

A escola de profetas de Eliseu prosperou e as instalações se tornaram pequenas. Alguém sugeriu que fossem à floresta, cortassem troncos e a ampliassem. Eliseu concordou e os acompanhou. Tudo ia bem até que a parte de ferro do machado de um deles caiu na água (v.5).

Alguns sugerem que Eliseu simplesmente tivesse vasculhado a água com o um cajado até localizar a cabeça do machado e o arrastado à vista. Isso, no entanto, dificilmente valeria a pena mencionar. Não! Foi um milagre! O ferro do machado foi colocado em movimento pela mão de Deus e começou a flutuar para que o homem pudesse recuperá-lo (vv.6,7).

Esse milagre simples consagra uma verdade profunda: Deus se importa com as pequenas coisas da vida; machados, chaves, óculos, telefones perdidos, essas pequenas coisas que nos causam preocupação. Ele nem sempre restaura o que foi perdido, mas nos entende e conforta em nossa aflição.

Além da convicção da nossa salvação, a certeza do cuidado de Deus é essencial. Sem isso, nós nos sentiríamos sozinhos no mundo e expostos a inúmeras preocupações. É bom saber que Ele se importa e sente-se tocado por nossas perdas, por menores que sejam. Nossas preocupações pertencem ao Senhor também. 　　　　　*DAVID ROPER*

**Encoraja-o saber que você pode usufruir
do cuidado diário de Deus?**

*Pai, entrego-te as minhas preocupações.
Por favor, toma-as, supre-me como tu queres
e concede-me a Tua paz.*

A BÍBLIA EM UM ANO: JUÍZES 4–6; LUCAS 4:31-44

29 DE MARÇO   🌿 **EFÉSIOS 4:4-16**

PREGAR OU PLANTAR?

Ele faz que todo o corpo [...]
ao cumprir sua função [...] se
desenvolva e seja saudável
em amor. v.16

Conta-se que dois irmãos, Billy e Melvin, estavam na fazenda de gado leiteiro da família quando viram um avião escrevendo algo no céu. Eles observaram o avião esboçar as letras "VP" no alto. Os dois decidiram que as letras tinham significado especial para eles. Um pensou que significava "Vá pregar", o outro entendeu como "Vá plantar". Mais tarde, um dos meninos, Billy Graham, dedicou-se a pregar o evangelho, tornando-se um ícone nessa tarefa. Seu irmão Melvin passou a administrar fielmente a fazenda da família por muitos anos.

Se Deus chamou Billy para pregar e Melvin para plantar e cuidar da fazenda, como parece ser o caso, ambos honraram a Deus com suas vocações. Embora Billy tenha tido uma longa carreira de pregador, seu sucesso não significa que a obediência de seu irmão ao chamado para cuidar da fazenda tenha sido menos importante.

Embora Deus designe alguns para o que chamamos de ministério de tempo integral (EFÉSIOS 4:11,12), isso não significa que aqueles em outros cargos e funções não estão fazendo algo importante também. Em qualquer um dos casos, como Paulo disse, cada parte deve realizar seu trabalho (v.16). Isso significa honrar a Jesus usando fielmente os dons que Ele nos concedeu. Quando o fazemos, "pregamos" ou "plantamos", podemos fazer a diferença para Jesus onde quer que sirvamos ou trabalhemos.   *DAVE BRANON*

Como você pode usar seus dons
para honrar a Deus em seu trabalho?

Deus, ajuda-me a ser usado exatamente onde tu me colocaste.
Sou muito grato por me colocares onde estou.

A BÍBLIA EM UM ANO: JUÍZES 7–8; LUCAS 5:1-16

30 DE MARÇO 🍃 **MATEUS 26:26-29**

PÃO ABENÇOADO

*Jesus tomou o pão e o
abençoou.* v.26

Quando nossa filha se tornou adolescente, minha esposa e eu lhe demos um diário que escrevíamos desde o seu nascimento. Nele registramos seus gostos, desgostos, peculiaridades e momentos únicos. Em algum momento, os registros se tornaram mais parecidos com cartas descrevendo como a víamos e a atuação de Deus na vida dela. Quando a presenteamos em seu 13º aniversário, ela ficou hipnotizada, pois tinha recebido algo para conhecer uma parte crucial sobre as origens de sua identidade.

Ao abençoar algo tão comum quanto o pão, Jesus estava revelando a Sua identidade. O que, junto a toda a criação, foi feito para refletir a glória de Deus. Acredito que Jesus também estava referindo-se ao futuro do mundo natural. Toda a criação um dia será preenchida com a glória de Deus. Então, ao abençoar o pão (MATEUS 26:26), Jesus estava destacando a origem e o destino da criação (ROMANOS 8:21,22).

Talvez o "começo" da sua história pareça confuso. Talvez você não pense que há muito futuro. Mas há uma história maior. É a história de Deus que o fez com e para um propósito, que se agradou em criá-lo. É a história de Deus que veio para resgatá-lo (MATEUS 26:28); o mesmo Deus que colocou o Seu Espírito em você para renová-lo e restaurar a sua identidade. É a história do Deus que quer abençoá-lo. *GLENN PACKIAM*

**Ver a história da sua verdadeira origem
sendo criada com um propósito e para um propósito
transforma a sua maneira de se ver?**

*Querido Jesus, coloco minha vida como pão em Tuas mãos.
Tu és o autor e o consumador da minha fé.*

A BÍBLIA EM UM ANO: JUÍZES 9–10; LUCAS 5:17-39

31 DE MARÇO 🌿 **EFÉSIOS 1:3-14**

A HERANÇA IMERECIDA

Ele nos predestinou para si, [...] por meio de Jesus Cristo, conforme o bom propósito de sua vontade. v.5

"Obrigado pelo jantar, papai", disse-lhe enquanto colocava meu guardanapo na mesa do restaurante. Eu estava de volta durante uma folga da faculdade e, tendo saído de casa há algum tempo, parecia estranho ter meus pais pagando por mim. "De nada, Julie", meu pai respondeu, "mas você não precisa me agradecer por tudo o tempo todo. Sei que você está sozinha, mas ainda é minha filha e parte da família". Eu sorri e disse: "Obrigada, papai".

Na minha família, não fiz nada para merecer o amor dos meus pais ou o que eles fazem por mim. Mas o comentário do meu pai me lembra que eu também não fiz nada para ser parte da família de Deus.

Na carta aos Efésios, Paulo diz aos leitores que Deus os escolheu para serem "santos e sem culpa diante dele" (1:4), ou para permanecerem santos diante dele (5:25-27). Mas isso só é possível através de Jesus, pois Deus "é tão rico em graça que comprou nossa liberdade com o sangue de seu Filho e perdoou nossos pecados" (1:7). Não precisamos merecer a graça, perdão ou a entrada na família de Deus. Simplesmente aceitamos essa Sua dádiva.

Ao entregamos a nossa vida a Jesus, tornamo-nos filhos de Deus, recebemos a vida eterna e temos uma herança nos aguardando no Céu. Louvado seja Deus por oferecer tão maravilhoso presente!

JULIE SCHWAB

De que maneira você sente ou age como se tivesse que tornar-se merecedor do amor de Deus? Como viver na liberdade do Seu amor?

Deus, ajuda-me a te honrar por tudo o que fizeste por mim. Obrigado por Teu Filho que me permite ser parte da Tua família.

A BÍBLIA EM UM ANO: JUÍZES 11–12; LUCAS 6:1-26

★ TÓPICO DE ABRIL / **Cidadania**

CIDADÃOS DE DOIS MUNDOS

Nossa cidadania, no entanto, vem do céu, e de lá aguardamos ansiosamente a volta do Salvador, o Senhor Jesus Cristo. FILIPENSES 3:20.

Os seguidores de Jesus vivem em dois mundos com duas cidadanias. Temos, como disse Paulo, cidadania no Céu, mas, nesse momento temos nossa cidadania neste mundo. Alguns até se referem ao nosso status atual como o de "estrangeiros residentes" porque nossa cidadania original não é deste mundo.

No entanto, ser cidadão do Céu não nos impede de termos responsabilidades nesta Terra. Como podemos viver nossa cidadania celestial aqui?

Ore pelos líderes: "Em primeiro lugar, recomendo que sejam feitas petições, orações, intercessões e ações de graça em favor de todos, em favor dos reis e de todos que exercem autoridade, para que tenhamos uma vida pacífica e tranquila, caracterizada por devoção e dignidade" (1 TIMÓTEO 2:1,2).

Submeta-se à autoridade governamental: "Todos devem sujeitar-se às autoridades, pois toda autoridade vem de Deus, e aqueles que ocupam cargos de autoridade foram ali colocados por ele" (ROMANOS 13:1).

Devolva a César: "Então deem a César o que pertence a César, e deem a Deus o que pertence a Deus" (MATEUS 22:21).

Honre a Deus e ao próximo: "Tratem todos com respeito e amem seus irmãos em Cristo. Temam a Deus e respeitem o rei" (1 PEDRO 2:17).

Somos desafiados a viver como Jesus em nosso país. Isso envolve aquilo que representa o Seu coração e essência — o cuidado com os pobres, ajuda para os fracos e justiça aos oprimidos.

Tudo isso, no entanto, existe com o devido e merecido qualificador. Quando ameaçado pelos líderes do governo religioso de Israel, Pedro sabiamente respondeu: "Devemos obedecer a Deus antes de qualquer autoridade humana" (ATOS 5:29). Nossa primeira lealdade é sempre ao nosso Salvador e Seu reino.

BILL CROWDER

1º DE ABRIL

COLOSSENSES 3:17-25

★ *TÓPICO DE ABRIL: CIDADANIA*

CRISTÃOS EXEMPLARES

...Tudo que fizer deve refletir a integridade e a seriedade de seu ensino. TITO 2:7

A atual geração tem a mentalidade de separar o santo do secular. Contudo, a vida cristã é um ato contínuo. Há poucas instruções bíblicas quanto ao comportamento cristão no culto. A maior parte das vezes, a Bíblia nos instrui com relação ao nosso cotidiano, pois nossa vida expressará ou não o evangelho do Senhor Jesus.

Em Colossenses 3:18-21, Paulo aborda todos os ângulos do relacionamento familiar — maridos e esposas, pais e filhos. Em 1 Timóteo 5:8, o apóstolo afirma que aqueles que não cuidam dos da própria família "negaram a fé e são piores que os descrentes". Ou seja, se não vivemos adequadamente a vida familiar, não adianta professar a fé em Cristo.

Depois ele aborda as relações do trabalho (vv.22-25), como os empregados devem atuar, fazendo tudo como se fosse para o próprio Deus. A conduta honesta honra o Senhor e leva o cristão a produzir renda não pensando apenas em si mesmo, mas nos outros (EFÉSIOS 4:28).

O exemplo tem muito poder. Em Tito 2:5, Paulo diz que a Palavra de Deus pode ser difamada por um comportamento que não condiz com aquilo que proclamamos. E no versículo 10, ele diz o oposto, que "o ensino a respeito de Deus" será tornado atraente por causa do nosso comportamento.

Nosso testemunho embeleza a doutrina de Deus. Vamos permitir que Deus nos coloque na vitrine para que os outros vejam em nós o efeito e o poder do evangelho?

LUCIANO SUBIRÁ

Deixemos que nosso testemunho na sociedade embeleze a doutrina de Deus.

Pai, que minha vida seja sempre prova de que sou um cidadão do Teu reino na Terra.

A BÍBLIA EM UM ANO: JUÍZES 13–15; LUCAS 6:27-49

2 DE ABRIL   🌱 **COLOSSENSES 3:12-17**

O QUE FAZEMOS IMPORTA?

Portanto, quer vocês comam, quer bebam, quer façam qualquer outra coisa, façam para a glória de Deus.
1 CORÍNTIOS 10:31

Levei as mãos à cabeça com um suspiro: "Não sei como vou fazer tudo isso". A voz do meu amigo estalou no telefone: "Você tem que dar algum crédito a si mesma. Está fazendo muito". Ele então listou as coisas que eu estava tentando fazer — manter um estilo de vida saudável, trabalhar, sair-me bem na pós-graduação, escrever e participar de um estudo bíblico. Eu queria fazer todas essas coisas para Deus, mas ao invés disso estava mais focada no que estava fazendo do que em como estava fazendo — ou talvez estivesse tentando fazer demais.

Paulo lembrou à igreja em Colossos que eles deveriam viver de maneira que glorificasse a Deus. Em última análise, o que eles faziam no dia a dia não era tão importante quanto o modo como o faziam. Eles deviam fazer o seu trabalho com "compaixão, bondade, humildade, mansidão e paciência" (COLOSSENSES 3:12), perdoar e, acima de tudo, amar (vv.13,14) e fazer tudo em nome do Senhor Jesus (v.17). Seu trabalho não deveria ser separado da vida cristã.

O que fazemos importa, mas como fazemos, por que e por quem fazemos importa mais. Todos os dias podemos optar por trabalhar de maneira estressante ou honrando a Deus, buscando o significado que Jesus dá ao nosso trabalho. Ao fazermos isso, encontramos satisfação.

JULIE SCHWAB

**Você faz tudo por necessidade ou obrigação
e não para glória de Deus?
O sentido está em Cristo e não nas realizações?**

*Pai, perdoa-me por me preocupar apenas
com minhas realizações. Ajuda-me a realizar coisas para ti.*

A BÍBLIA EM UM ANO: JUÍZES 16–18; LUCAS 7:1-30

3 DE ABRIL 2 TIMÓTEO 4:1-8

O QUE VEM DEPOIS?

...o prêmio me espera, a coroa de justiça que o Senhor, o justo Juiz, me dará no dia de sua volta. v.8

O Dr. Martin Luther King proferiu seu discurso final na noite de 3 de abril de 1968: "Estive no topo da montanha". Neste, ele sugeriu crer que talvez não vivesse por muito tempo, ao dizer: "Teremos dias difíceis pela frente, mas isso não me preocupa agora, porque já estive no topo da montanha. E de lá vi a terra prometida. Posso não a alcançar com você [...] mas estou feliz nesta noite. Estou despreocupado e não temo homem algum. Meus olhos já viram a glória da vinda do Senhor". No dia seguinte, o Dr. King foi assassinado.

Paulo, pouco antes de morrer, escreveu ao seu discípulo Timóteo: "minha vida já foi derramada como oferta para Deus. O tempo de minha morte se aproxima. [...] Agora o prêmio me espera, a coroa de justiça que o Senhor, o justo Juiz, me dará no dia de sua volta" (vv.6,8). Ele sabia que o seu tempo na Terra estava chegando ao fim, assim como o Dr. King. A vida de ambos foi repleta de incrível significado, mas nunca perderam de vista a verdadeira vida à frente. Ambos receberam com boas-vindas o que veio a seguir.

Como eles, que nós também não olhemos "para aquilo que agora podemos ver"; em vez disso, fixemos o olhar naquilo que não podemos ver. "Pois as coisas que agora vemos logo passarão, mas as que não podemos ver durarão para sempre" (2 CORÍNTIOS 4:18). *REMI OYEDELE*

Como você entende a temporalidade desta vida? E isso faz parte da vida que virá a seguir?

Pai Celestial, ajuda-nos a manter nossos olhos em ti e não nos problemas e provações desta vida.

A BÍBLIA EM UM ANO: JUÍZES 19–21; LUCAS 7:31-50

4 DE ABRIL   🌿 **ECLESIASTES 5:10-12**

OS DESEJOS MAIS PROFUNDOS

*Quem ama o dinheiro nunca
terá o suficiente.* v.10

Douglas temia não ter dinheiro suficiente; portanto, desde jovem, começou a construir ambiciosamente o seu futuro. Subiu rápido numa prestigiada empresa do Vale do Silício, e enriqueceu. Sua conta bancária era fora do comum, seu carro luxuoso e sua mansão valia um milhão de dólares. Ele tinha tudo o que queria, mas sentia-se profundamente infeliz, ansioso e insatisfeito. Na verdade, a riqueza pode realmente piorar a vida. Todo o dinheiro não lhe trazia amizades, sentido de pertença ou alegria e, muitas vezes, só mágoas.

Muitos acumulam riquezas no esforço de garantir o seu futuro. É tolice. "Quem ama o dinheiro nunca terá o suficiente" (ECLESIASTES 5:10). Outros trabalharão até ruir, esforçando-se e se empenhando, comparando seus bens ao de outros na busca por alcançar status econômico. E, mesmo tendo a liberdade financeira, permanecerão insatisfeitos. Não será o suficiente. "Não faz sentido viver desse modo" (v.10)!

Na verdade, será inútil buscar a satisfação longe de Deus. Embora as Escrituras exijam que trabalhemos muito e usemos os nossos dons para o bem do mundo, jamais teremos o suficiente para satisfazer os nossos anseios mais profundos. Só Jesus oferece a vida plena e satisfatória (JOÃO 10:10) baseada num relacionamento amoroso o qual realmente é o suficiente!

WINN COLLIER

**O que lhe traz real satisfação e plenitude?
Como viver reconhecendo que somente
Deus é o suficiente?**

*Deus gracioso, permite-me encontrar em ti
a minha verdadeira satisfação e alegria. Ensina-me
o valor do trabalho e dos bens materiais.*

A BÍBLIA EM UM ANO: RUTE 1–4; LUCAS 8:1-25

5 DE ABRIL 🌿 **JEREMIAS 15:15-21**

FAMINTO POR DEUS

Quando descobri tuas palavras, devorei-as; são minha alegria e dão prazer a meu coração, pois pertenço a ti. v.16

Certo cristão tendo perdido a visão e as duas mãos numa explosão estava desesperado para ler a Bíblia. Ao ouvir falar de uma mulher que lia Braille com os lábios, tentou fazer o mesmo, mas descobriu que as terminações nervosas dos seus lábios também haviam sido destruídas. Mais tarde, alegrou-se ao descobrir que podia sentir os caracteres em braille com a língua! Ele havia encontrado uma maneira de ler e apreciar as Escrituras.

Jeremias sentiu emoção ao receber as palavras de Deus. "Quando descobri tuas palavras, devorei-as; são minha alegria e dão prazer a meu coração, pois pertenço a ti" (JEREMIAS 15:16). Diferente do povo de Judá que desprezava as Suas palavras (8:9), Jeremias havia sido obediente e se regozijava nelas. Sua obediência, no entanto, também o levara a ser rejeitado por seu próprio povo e perseguido injustamente (15:17).

Talvez tenhamos experimentado algo semelhante. Lemos a Bíblia com alegria, mas por alguma razão, a obediência a Deus trouxe-nos sofrimento e a rejeição dos outros. Como Jeremias, podemos entregar a nossa aflição a Deus. O Senhor lhe respondeu repetindo a promessa que dera quando o chamou pela primeira vez para ser profeta (vv.19-21; 1:18,19). Lembrou-lhe de que nunca decepciona o Seu povo. Tenhamos essa mesma confiança, pois Deus é fiel e nunca nos abandonará.

POH FANG CHIA

O que pode ajudá-lo a recuperar sua fome e sede pela presença de Deus?

Deus fiel, obrigado por falares comigo através da Tua Palavra. Ajuda-me a te buscar sinceramente e a te obedecer fielmente.

A BÍBLIA EM UM ANO: 1 SAMUEL 1–3; LUCAS 8:26-56

6 DE ABRIL MATEUS 5:1-12

FORÇA NO SOFRIMENTO

Felizes os perseguidos por
causa da justiça... v.10

Em 1948, Haralan Popov, pastor de uma igreja subterrânea, foi preso para um "interrogatório". Após duas semanas, ele foi interrogado ininterruptamente sem receber alimento por dez dias. Cada vez que negava ser espião, ele era espancado. Popov sobreviveu a esse tratamento severo e conduziu outros prisioneiros a Jesus. Finalmente, onze anos depois, ele foi liberto e continuou a compartilhar sua fé. Depois de dois anos, Popov foi capaz de deixar o país e reunir-se à família. Ele continuou a pregar e levantar recursos para distribuir Bíblias em países fechados para o evangelho.

Como inúmeros cristãos, Popov foi perseguido por sua fé. Cristo, muito antes de Sua tortura, morte e da subsequente perseguição de Seus seguidores, disse: "Felizes os perseguidos por causa da justiça, pois o reino dos céus lhes pertence" (MATEUS 5:10). E acrescentou: "Felizes são vocês quando, por minha causa, sofrerem [...] e quando outros, mentindo, disserem todo tipo de maldade a seu respeito" (v.11).

"Felizes"? O que Jesus quis dizer com isso? Ele estava se referindo à totalidade, alegria e conforto encontrados no relacionamento com Ele (vv.4,8-10). Popov perseverou porque sentiu a presença de Deus infundindo força nele, mesmo no sofrimento. Quando andamos com Deus, independentemente das circunstâncias, também podemos experimentar a Sua paz. Ele está conosco.

ALYSON KIEDA

Com qual das bem-aventuranças você mais se identifica e por quê?

Pai amoroso, agradecemos por nunca nos deixares
nem nos abandonares em nossos momentos mais sombrios.

A BÍBLIA EM UM ANO: 1 SAMUEL 4–6; LUCAS 9:1-17

7 DE ABRIL

MARCOS 6:45-56

A REVELAÇÃO COMPLETA

...Imediatamente, porém, Jesus lhes disse: "Não tenham medo! Coragem, sou eu!". v.50

Os espectadores ouviram a bela voz de Emily Blunt no papel principal em *O retorno de Mary Poppins*. Desde que ela se casara, levou quatro anos para o marido descobrir esse talento vocal. Surpreso, na primeira vez que a ouviu cantar, perguntou: "Quando você me contaria isso?".

Nos relacionamentos, descobrimos com frequência novos detalhes, às vezes inesperados, que nos surpreendem. Os discípulos de Cristo começaram inicialmente com uma imagem incompleta de Jesus e lutaram para entender quem Ele é completamente. No entanto, num encontro no mar da Galileia, Jesus revelou mais de si mesmo e da extensão do Seu poder sobre as forças da natureza.

Após alimentar uma multidão com mais de 5.000 pessoas, Jesus enviou os Seus discípulos para o mar da Galileia, onde enfrentaram uma tempestade feroz. Pouco antes do amanhecer, os discípulos ficaram aterrorizados ao ver alguém andando sobre a água. Ouviu-se a voz familiar de Cristo falando palavras de conforto: "Não tenham medo! Coragem, sou eu!" (MARCOS 6:50). Jesus acalmou o mar revolto. Ao verem tamanho poder, os discípulos ficaram "admirados" (v.51), enquanto lutavam para compreender completamente essa experiência do poder de Cristo.

Quando Jesus age com o Seu poder sobre as tempestades de nossa vida, temos uma imagem mais completa e surpreendente de quem Ele é.

LISA SAMRA

Aprender sobre o poder de Cristo o ajuda a desenvolver uma imagem mais completa de quem Ele é?

Jesus, o Teu poder nos edifica. Revela-nos quem tu és, para que te adoremos cada dia mais.

A BÍBLIA EM UM ANO: 1 SAMUEL 7–9; LUCAS 9:18-36

8 DE ABRIL — ATOS 16:22-34

★ *TÓPICO DE ABRIL: CIDADANIA*

NÃO SE APROVEITE DA SITUAÇÃO

Não se mate! Estamos todos aqui! v.28

Vários prisioneiros estavam coletando lixo à beira da estrada para reduzir sua pena quando o supervisor deles, Tiago, sofreu um colapso. Eles rapidamente perceberam que era uma emergência médica. Um deles usou o telefone do Tiago para pedir ajuda. Mais tarde, o delegado local lhes agradeceu por ajudarem o supervisor a receber assistência médica imediata, especialmente porque poderiam negligenciá-lo e prejudicá-lo, e usar a situação para escaparem.

A bondade deles não foi diferente da de Paulo e Silas quando presos. Depois de serem açoitados e encarcerados, um forte terremoto sacudiu os alicerces da prisão (ATOS 16:23-26). O carcereiro acordou e assumindo que houvera uma fuga, preparou-se para se suicidar (antecipando o seu castigo) quando Paulo gritou: "Não se mate! Estamos todos aqui!" (vv.26-28). O carcereiro comoveu-se tanto com a atitude deles, incomum para os prisioneiros, que ficou curioso sobre o Deus que eles adoravam, acabando por crer no Senhor também (vv.29-34).

A maneira como tratamos os outros revela o que cremos e valorizamos. Quando escolhemos fazer o bem em vez do mal, nossas ações fazem os outros pensarem sobre o Deus que conhecemos e amamos.

KIRSTEN HOLMBERG

**Em que situação você optou
por não tirar proveito para seu próprio ganho?
Como sua decisão beneficiou alguém?**

*Amado Deus, ajuda-me a fazer escolhas
que atrairão outras pessoas à Tua presença.*

A BÍBLIA EM UM ANO: 1 SAMUEL 10–12; LUCAS 9:37-62

9 DE ABRIL ✤ **PROVÉRBIOS 16:20-24**

PALAVRAS QUE CURAM

Palavras bondosas são como mel:
doces para a alma e saudáveis para
o corpo. v.24

É certo que as palavras encorajadoras de um profissional de saúde ajudam os pacientes a se recuperarem mais rápido. Um experimento expôs os participantes voluntários de um estudo a um alérgeno da pele para lhes causar coceira e, depois, foram comparadas as reações entre quem recebeu incentivo do seu médico e os que não o receberam. Os que receberam tiveram menos desconforto e coceira do que os outros.

O autor de Provérbios reconhecia a importância desse encorajamento ao afirmar que as palavras bondosas são saudáveis para o corpo (16:24). Seu efeito positivo não se limita à nossa saúde: quando prestamos atenção à sabedoria da instrução, também temos mais chances de prosperar em nossos esforços (v.20). Tal incentivo nos impulsiona aos desafios que enfrentamos agora e que encontraremos no futuro.

Podemos não entender o porquê, nem quanta sabedoria e encorajamento trazem força e cura para o nosso dia. No entanto, os elogios e a orientação de nossos pais, treinadores e colegas nos ajudam a suportar dificuldades e nos orientam ao sucesso. Dessa forma, a Bíblia nos encoraja ao enfrentarmos provações e nos equipa para suportar as circunstâncias mais impensáveis. "Ajuda-nos Deus a sermos fortalecidos por Tua sabedoria e a oferecermos a cura e a esperança das palavras bondosas para os que colocaste em nossa vida". KIRSTEN HOLMBERG

Você compartilha palavras de encorajamento
com outras pessoas?

Querido Pai, obrigado
por Tuas palavras de cura e esperança.

A BÍBLIA EM UM ANO: 1 SAMUEL 13–14; LUCAS 10:1-24

10 DE ABRIL JOÃO 12:12-18

AQUELE QUE SALVA

Uma grande multidão [...] tomou ramos de palmeiras e saiu ao seu encontro, gritando: Hosana! vv.12,13

Ele foi chamado de "uma das pessoas vivas mais corajosas premiada com a Medalha de Honra por seu heroísmo". Desmond era um soldado que se recusara a carregar uma arma. Como médico, ele resgatou sozinho 75 soldados feridos, incluindo alguns que o ridicularizavam por sua fé. Correndo entre os tiros, ele orava: "Senhor, ajuda-me a resgatar mais um".

A Bíblia relata que Jesus foi muito mal compreendido. No dia predito por Zacarias (9:9), Jesus entrou em Jerusalém sobre um jumento e a multidão agitou palmas, gritando "Hosana!" (exclamação de louvor que significa "Salve!"). Citando o Salmo 118:26 clamaram: "Bendito é o que vem em nome do SENHOR!" (JOÃO 12:13). Mas o próximo versículo desse salmo refere-se a trazer um sacrifício "com cordas sobre o altar" (SALMO 118:27). Embora a multidão em João 12 esperasse um rei terreno para salvá-los de Roma, Jesus era muito mais. Ele era Rei dos reis e o nosso sacrifício — Deus encarnado, aceitando voluntariamente a cruz para nos salvar de nossos pecados — um propósito profetizado séculos antes.

"Seus discípulos não entenderam, naquele momento", escreve João. Somente mais tarde "perceberam que era a respeito dele que essas coisas tinham sido escritas" (JOÃO 12:16). Iluminados por Sua Palavra, os propósitos eternos de Deus se tornaram claros. Ele nos ama o suficiente para enviar um poderoso Salvador!

JAMES BANKS

Como você pode expressar sua gratidão a Ele hoje?

Salvador ressuscitado e eterno Rei, louvo-te por Teu sacrifício por nós na cruz.

11 DE ABRIL — **HEBREUS 2:14-18**

CAPAZ DE AJUDAR

Uma vez que ele próprio passou por sofrimento e tentação, é capaz de ajudar aqueles que são tentados. v.18

O "intervalo" de oito semanas de José do seu trabalho como mediador de crises numa igreja em Nova Iorque não significou férias. Nas suas palavras, era "viver novamente entre os sem-teto, tornar-se um deles, lembrar-se de como são famintos, cansados e esquecidos". A primeira passagem dele nas ruas acontecera nove anos antes, quando ele chegou àquela cidade sem emprego ou lugar para ficar. Durante 13 dias, ele viveu nas ruas com pouca comida e pouco sono. Foi assim que Deus o preparou para o ministério com os necessitados.

Quando Jesus veio à Terra, também escolheu compartilhar as experiências daqueles que veio salvar. "Visto [...] que os filhos são seres humanos [...] o Filho também se tornou carne e sangue, pois somente assim ele poderia morrer e, somente ao morrer, destruiria o diabo, que tinha o poder da morte" (HEBREUS 2:14). Do nascimento à morte, nada faltou na experiência humana de Cristo, exceto o pecado (4:15). Porque Ele venceu o pecado, pode nos ajudar quando somos tentados a pecar.

E Jesus não precisa se familiarizar com nossos cuidados terrenos. Aquele que nos salva permanece conosco e está interessado em nós. O que quer que a vida trouxer, tenhamos a certeza de que quem nos resgatou do diabo, nosso maior inimigo (2:14), está pronto para nos ajudar em nossos momentos de maior necessidade. ARTHUR JACKSON

Que diferença o fato de saber que Ele "foi humano como nós" faz em sua vida?

Pai, ajuda-me a lembrar que estás pronto para me ajudares em todas as áreas da minha vida.

A BÍBLIA EM UM ANO: 1 SAMUEL 17-18; LUCAS 11:1-28

12 DE ABRIL — **1 SAMUEL 8:1-9**

NOS CAMINHOS DO PAI

*Eram gananciosos, aceitavam
subornos e pervertiam a justiça.* v.3

Na década de 1960 foi organizada uma comunidade piloto para a vida inter-racial em Chicago, EUA. Muitos afro-americanos de classe média compraram casas por "contratos", que combinavam as responsabilidades da propriedade com as desvantagens de alugar. No contrato de venda, o comprador não se tornava proprietário e, se perdesse um pagamento único, perderia imediatamente a entrada inicial, todos os pagamentos mensais e a própria propriedade. Vendedores inescrupulosos praticaram preços inflacionados, e as famílias eram despejadas quando deixavam de pagar uma prestação. Esse ciclo se retroalimentava pela ganância.

Samuel designou seus filhos como juízes sobre Israel, mas eles foram movidos pela ganância, e "não eram como seu pai" (1 SAMUEL 8:3). Diferente de Samuel, eles se afastaram após ganhos desonestos e usaram sua posição em proveito próprio. Isso desagradou os anciãos de Israel e a Deus, desencadeando um ciclo de reis nas páginas do Antigo Testamento (vv.4,5).

Recusar-se a seguir os caminhos de Deus dá espaço para a perversão desses valores e, faz a injustiça florescer. Andar nos Seus caminhos significa que a honestidade e a justiça são claramente vistas não apenas em nossas palavras, mas também nas ações. Essas boas ações nunca são um fim em si mesmas, mas permitem que outros possam ver e honrar nosso Pai no Céu.

JOHN BLASE

Qual exemplo atual de injustiça você conhece?

*Deus, a injustiça está por todos os lados e muitas vezes
esmaga o nosso coração. Ajuda-me a ficar com os que sofrem
e a comprometer minha vida a andar nos Teus caminhos.*

A BÍBLIA EM UM ANO: 1 SAMUEL 19–21; LUCAS 11:29-54

13 DE ABRIL | **SALMO 63:1-8**

BUSCANDO A DEUS

Ó Deus, tu és meu Deus; eu te busco de todo o coração. v.1

É inspirador observar a dedicação das pessoas em perseguir seus sonhos. Conheci uma jovem que se formou na faculdade em apenas três anos, uma tarefa que lhe exigia total comprometimento. Outro amigo queria um carro em particular e trabalhou para isso: assou e vendeu bolos até alcançar seu objetivo. Um vendedor procura conhecer cem novas pessoas toda semana. Embora seja bom buscar algo de valor terreno, há uma busca mais importante que devemos considerar.

Desesperado e lutando no deserto, Davi escreveu: "Ó Deus, tu és meu Deus; eu te busco de todo o coração" (SALMO 63:1). Enquanto Davi clamava por Ele, Deus se aproximou desse rei cansado. A profunda sede espiritual de Davi por Deus só poderia ser satisfeita em Sua presença.

Davi se lembrou de encontrar-se com Deus em Seu "santuário" (v.2), experimentou o Seu excelente amor (v.3) e louvou-o dia após dia encontrando verdadeira satisfação nele, e isso não é diferente de desfrutar de um rico banquete (vv.4,5). Mesmo durante a noite, ele contemplou a grandeza de Deus reconhecendo a Sua ajuda e proteção (vv.6,7).

O Espírito Santo nos convence a buscarmos a Deus sinceramente. Ao nos apegarmos a Ele, em poder e amor, Eles nos segura com Sua forte mão direita. Pela liderança do Espírito, que possamos nos aproximar do Criador de todas as coisas boas. *DAVE BRANON*

**Como o Espírito Santo o levou a buscar a Deus?
O que você pode fazer para se aproximar dele?**

*Obrigado, Deus, por me levares a procurar-te.
Quero sempre amar-te mais e reconhecer a Tua grandeza.*

A BÍBLIA EM UM ANO: 1 SAMUEL 22–24; LUCAS 12:1-31

14 DE ABRIL 🌿 **JOÃO 14:1-7**

PERMANEÇA NO CAMINHO

Não sabemos para onde o Senhor vai, disse Tomé. Como podemos conhecer o caminho? JOÃO 14:5

O anoitecer caiu quando eu segui Li Bao ao longo dos topos das muralhas que cortam as montanhas do centro da China. Eu nunca tinha estado ali antes e não conseguia ver mais do que um passo à frente ou quão íngreme era o solo à nossa esquerda. Engoli em seco e fiquei perto de Li. Não sabia para onde estávamos indo nem quanto tempo levaria, mas confiava no meu amigo.

Eu estava na mesma posição que Tomé, o discípulo que parecia precisar de tranquilidade sempre. Jesus disse aos Seus discípulos que Ele deveria partir para preparar-lhes um lugar e que eles já conheciam o caminho para onde Jesus estava indo (JOÃO 14:4). Na sequência, Tomé fez uma pergunta lógica: "Não sabemos para onde o Senhor vai [...] Como podemos conhecer o caminho?" (v.5).

Jesus não sanou a dúvida de Tomé explicando-lhe para onde os levava. Simplesmente lhe assegurou de que era o caminho para o Céu. E isso foi o suficiente.

Nós também questionamos sobre o nosso futuro. Nenhum de nós conhece os detalhes do que está por vir. A vida é cheia de reviravoltas as quais não vemos chegando. Tudo bem. É suficiente conhecer Jesus, que diz "Eu sou o caminho, a verdade e a vida" (v.6).

Jesus sabe o que virá na sequência. Ele apenas pede que andemos perto dele. *MIKE WITTMER*

Qual é o seu maior medo em relação ao futuro? Por que basta seguir Jesus nesse futuro?

Pai, ajuda-nos a ver que a jornada é o destino e o caminho é o Teu Filho.

A BÍBLIA EM UM ANO: 1 SAMUEL 25–26; LUCAS 12:32-59

15 DE ABRIL ◆ **MARCOS 15:33-41**

★ *TÓPICO DE ABRIL: CIDADANIA*

PERMANEÇAM FIRMES

...sejam fortes e firmes. Trabalhem sempre para o Senhor com entusiasmo... 1 CORÍNTIOS 15:58

Adriano e sua família são perseguidos por sua fé em Jesus no país em que vivem. Porém, demonstram o amor de Cristo em todas as circunstâncias. Em pé no pátio da igreja, que fora atingido por balas quando os terroristas o usaram como campo de treinamento, ele disse: "Hoje é Sexta-Feira Santa. Lembramos que Jesus sofreu por nós na cruz". E sofrimento, prosseguiu, é algo que os cristãos daqui entendem bem. Mas a família dele decidiu permanecer: "Permanecemos aqui, firmes".

Esses cristãos seguem o exemplo das mulheres que ficaram assistindo a Jesus morrer na cruz (MARCOS 15:40). Elas, incluindo Maria Madalena, Maria, mãe de Tiago e José, e Salomé, tiveram coragem de permanecer, pois os amigos e familiares de um inimigo do estado poderiam ser ridicularizados e punidos. No entanto, as mulheres demonstraram o amor a Jesus por sua própria presença com Ele, mesmo quando o seguiram e o serviram na Galileia (v.41). Elas permaneceram com Ele na hora da Sua necessidade mais profunda.

Neste dia em que nos lembramos do maior presente de nosso Salvador, Sua morte na cruz, reserve um momento para pensar em como podemos honrar Jesus quando enfrentamos provações de vários tipos (TIAGO 1:2-4). E também nos irmãos que sofrem pela fé em todo o mundo. Como Adriano pediu: "Por favor, você pode incluir esse pedido em suas orações?".

AMY BOUCHER PYE

O que significa manter-se firme em Cristo em sua vizinhança?

Amado Salvador, concede-nos profunda gratidão pelo maravilhoso presente da salvação.

A BÍBLIA EM UM ANO: 1 SAMUEL 27–29; LUCAS 13:1-22

16 DE ABRIL — **HEBREUS 10:19-25**

CORTINADO

...Jesus abriu um caminho novo e vivo através da cortina que leva ao lugar santíssimo... vv.19-22

Quando a comissária de bordo puxou a cortina que separava a primeira classe, surpreendi-me com as diferenças entre as áreas dos aviões. Alguns embarcam primeiro e desfrutam de assentos maiores com espaço extra e serviço personalizado. A cortina me lembrava da minha separação daquelas vantagens.

Essas distinções excludentes entre as pessoas podem ser encontradas em toda a história, incluindo até, de certa forma, o Templo de Deus em Jerusalém, embora isso não fosse devido à capacidade de alguém pagar mais. O povo não-judeu só podia adorar no pátio externo. Em seguida, vinha o espaço das mulheres e, ainda mais próximo, uma área designada para os homens. Finalmente, o Santo dos santos, visto como o lugar onde Deus se revelava com exclusividade, estava escondido atrás de uma cortina e era acessível apenas a um sacerdote consagrado a cada ano (HEBREUS 9:1-10).

Mas, maravilhosamente, essa separação não existe mais. Jesus eliminou completamente quaisquer barreiras que possam impedir alguém que busca ter acesso a Deus, até mesmo o nosso pecado (10:17). Assim como a cortina do Templo foi rasgada em duas no momento da morte de Cristo (MATEUS 27:50,51), Seu corpo crucificado retirou todas as obstruções à presença de Deus. Não há barreira que possa separar qualquer cristão de experimentar a glória e o amor do Deus vivo.

LISA SAMRA

A morte de Cristo lhe dá acesso a Deus e traz confiança quando você o adora e ora.

Jesus, obrigado por estares disposto a morrer para permitires o pleno acesso a Deus a todos que anseiam por isso.

A BÍBLIA EM UM ANO: 1 SAMUEL 30–31; LUCAS 13:23-35

17 DE ABRIL 🍃 JOÃO 20:11-18

O LUTO ACABOU

"Vi o Senhor!" v.18

Jim e Jamie Dutcher, cineastas conhecidos, afirmam que, quando os lobos estão felizes, agitam suas caudas e brincam. Mas, se morre um membro da matilha, eles sofrem por semanas. Visitam o local onde o animal morreu e demonstram tristeza com as caudas caídas e uivos tristes.

O luto é uma emoção poderosa que sentimos com a morte de alguém querido ou de uma preciosa esperança. Maria Madalena a experimentou, pois era uma entre os apoiadores de Cristo e viajava com Ele e Seus discípulos (LUCAS 8:1-3). Mas a Sua morte cruel na cruz os separou. O único que lhe restara fazer por Jesus era terminar de ungir Seu corpo para o sepultamento, uma tarefa que o sábado havia interrompido. Mas imagine como Maria se sentiu ao chegar ao túmulo e encontrar não um corpo sem vida e mutilado, mas o Salvador vivo! Embora ela não tivesse inicialmente reconhecido o homem diante de si, o som do nome dela falado por Ele lhe confirmou quem era, Jesus! Instantaneamente, a dor se transformou em alegria. Maria agora tinha boas notícias para compartilhar: "Vi o Senhor!" (JOÃO 20:18).

Jesus veio a nós para trazer-nos liberdade e vida. Sua ressurreição é uma celebração pelo fato de Ele ter realizado o que se propôs a fazer. Como Maria, podemos celebrar a ressurreição de Cristo e compartilhar as boas novas de que Ele está vivo! Aleluia!

LINDA WASHINGTON

Como você compartilhará as notícias da ressurreição de Cristo nesta semana?

*Jesus, celebro a Tua ressurreição
e a nova vida que posso experimentar em ti.*

A BÍBLIA EM UM ANO: 2 SAMUEL 1–2; LUCAS 14:1-24

18 DE ABRIL • **SALMO 46**

SENDO CUIDADO

O Senhor dos Exércitos
está entre nós. v.11

Débora era a proprietária de um serviço de limpeza doméstica e procurava mais clientes para aumentar seus negócios. Ela conversou com uma mulher que lhe disse: "Não posso pagar por isso agora, pois estou tratando um câncer". Nesse momento, Débora decidiu que "nenhuma mulher em tratamento contra o câncer deixaria de ser atendida e de receber uma faxina grátis". E, em 2005, ela abriu uma organização sem fins lucrativos, para a qual as empresas doavam seus serviços de limpeza para mulheres que lutavam contra o câncer. Uma dessas mulheres sentiu-se muito confiante ao voltar para sua casa tão limpinha e afirmou: "Pela primeira vez, realmente acreditei que poderia vencer o câncer".

O cuidado e o apoio podem nos ajudar ao enfrentamos desafios. Reconhecer a presença e o amparo de Deus traz esperança para fortalecer o nosso espírito. O Salmo 46 é o favorito de muitos que passam por provações e nos lembra: "Deus é nosso refúgio e nossa força, sempre pronto a nos socorrer em tempos de aflição [...] Aquietem-se e saibam que eu sou Deus! [...] serei honrado no mundo inteiro. O Senhor dos Exércitos está entre nós" (vv.1,10,11).

Lembrarmo-nos das promessas de Deus e de Sua presença conosco pode ser um meio de ajudar a renovar o nosso coração e nos dar a coragem e a confiança para passarmos por momentos difíceis.

ANNE CETAS

Para quais provações você precisa do amparo de Deus?
Quais versículos da Bíblia o ajudam?

Somos gratos a Deus,
por Sua presença e Suas promessas.
Que vivamos confiantes em Sua capacidade
de nos sustentar.

A BÍBLIA EM UM ANO: 2 SAMUEL 3–5; LUCAS 14:25-35

19 DE ABRIL 🌿 **JEREMIAS 23:16-22**

ERRO DO METEOROLOGISTA

*...que meus verdadeiros mensageiros
proclamem fielmente todas as
minhas palavras...* v.28

Em 21 de setembro de 1938, um jovem meteorologista avisou o Departamento de Meteorologia dos EUA sobre duas frentes forçando um furacão ao norte em direção à Nova Inglaterra. Mas o chefe desse serviço zombou da previsão de Charles Pierce. Certamente uma tempestade tropical não atingiria tão ao norte.

Duas horas depois, o furacão 1938 chegou a *Long Island* e depois à Nova Inglaterra lançando navios por terra e casas ao mar. Mais de 600 pessoas não teriam morrido se tivessem sido notificadas com dados sólidos e mapas detalhados.

As Escrituras valorizam o saber. Nos dias de Jeremias, Deus advertiu o Seu povo contra os falsos profetas. "Não deem ouvidos a esses profetas", disse Ele, pois: "os enchem de falsas esperanças. Eles inventam tudo que dizem; não falam da parte do SENHOR" (JEREMIAS 23:16). Deus disse sobre eles: "Se houvessem estado diante de mim e me ouvido, teriam anunciado minhas palavras e levado meu povo a se arrepender..." (v.22).

Os falsos profetas ainda estão conosco. Os especialistas dão conselhos, ignorando a Deus ou distorcendo Suas palavras para se adequarem a seus propósitos. Mas, na Bíblia, Deus nos deu o que precisamos para discernir o falso do verdadeiro. Ao avaliarmos tudo à luz de Sua Palavra, nossas palavras e vida refletirão cada vez mais a Sua verdade.

TIM GUSTAFSON

**Qual padrão uso ao decidir se algo é verdadeiro?
Qual atitude preciso mudar em relação
aos que discordam de mim?**

*Deus, ajuda-nos a ouvir-te. Torna-nos sensíveis
ao Teu Espírito, não ao espírito deste mundo.*

A BÍBLIA EM UM ANO: 2 SAMUEL 6–8; LUCAS 15:1-10

20 DE ABRIL **SALMO 42:1-5**

A REVOLUÇÃO DO CANTO

*Por que, você está tão abatida, ó
minha alma? [...] Espere em Deus!
Ainda voltarei a louvá-lo...!* v.5

O que é preciso para iniciar uma revolução? Armas? Bombas? Guerrilha? Na Estônia, iniciou-se com músicas. Após viverem sob a ocupação soviética por décadas, o movimento começou ao som de canções patrióticas que originaram a "Revolução do Canto", a qual desempenhou papel fundamental na restauração de sua independência em 1991.

O movimento é descrito como "a revolução não violenta que derrubou uma ocupação muito violenta". O canto sempre foi importante para unir os estonianos durante os 50 anos sob domínio soviético. A música desempenha um papel importante e nos ajuda em tempos difíceis. Pergunto-me se é por isso que nos identificamos tão prontamente com os salmos. Foi numa noite escura da alma que o salmista cantou: "Por que você está tão abatida, ó minha alma? Por que está tão triste? Espere em Deus! Ainda voltarei a louvá-lo, meu Salvador e meu Deus!..." (SALMO 42:5). Foi nessa época de profunda desilusão que Asafe, o líder do culto, lembrou a si mesmo: "Certamente Deus é bom para Israel, para os que têm coração puro" (73:1).

Em nossos momentos difíceis, que possamos nos juntar aos salmistas com os cânticos para o nosso coração. Esse cantar superará a tirania do autodesespero e a confusão com a fé plena da confiança alimentada no grande amor e fidelidade de Deus. *BILL CROWDER*

**Como você reage quando a vida é esmagadora?
Quais canções lhe trazem maior conforto e por quê?**

*Pai, Tuas misericórdias se renovam sempre e
Tua fidelidade é grande. Capacita-me a cantar sobre o Teu
grande amor, mesmo se precisar cantar com lágrimas.*

A BÍBLIA EM UM ANO: 2 SAMUEL 9-11; LUCAS 15:11-32

21 DE ABRIL ROMANOS 5:6-11

AMIGOS NOVAMENTE

...agora que já estamos reconciliados certamente seremos salvos por sua vida. v.10

A mãe e a filha participaram de um culto durante o qual foi dada a oportunidade para as pessoas receberem publicamente o perdão de Deus. Toda vez que alguém avançava, a menina batia palmas. Mais tarde, a mãe explicou ao líder da igreja: "Sinto muito, expliquei a ela que o arrependimento nos torna amigos de Deus novamente, e ela só queria torcer por todos".

As palavras da mãe eram uma boa explicação sobre o evangelho à sua filha. Tendo sido inimigos de Deus, fomos reconciliados com Ele pela morte e ressurreição de Cristo (ROMANOS 5:9,10). Agora somos de fato amigos de Deus. Como fomos nós que rompemos o relacionamento (v.8), a nossa parte no processo de restauração é o arrependimento. E a resposta da garotinha não poderia ter sido mais apropriada, pois todo o céu se alegra "quando um único pecador se arrepende (LUCAS 15:10) e, ela sem querer ecoava os aplausos celestiais.

Jesus descreveu a Sua obra de reconciliação em termos semelhantes. "Não existe amor maior do que dar a vida por seus amigos" (JOÃO 15:13). Como resultado desse ato sacrificial de amizade *em relação a nós*, agora podemos ser amigos *dele*. "Já não os chamo de escravos, [...] Agora vocês são meus amigos" (15:15).

Éramos inimigos de Deus, hoje somos amigos dele. Isso é avassalador e, vale a pena aplaudir.

SHERIDAN VOYSEY

Você descreve seu relacionamento com Deus como amizade? Em termos práticos, como vai o seu relacionamento com Ele hoje?

Deus, obrigado por me amares quando eu ainda era Teu inimigo. Arrependo-me de tudo o que te desaponta e me alegro em ser Teu amigo.

A BÍBLIA EM UM ANO: 2 SAMUEL 12–13; LUCAS 16

22 DE ABRIL ♦ **PROVÉRBIOS 2:1-11**

★ *TÓPICO DE ABRIL: CIDADANIA*

AGORA, E A SEGUIR

*Ele reserva bom senso aos honestos
e é escudo para os íntegros.* v.7

Recentemente, participei de uma formatura do Ensino Médio durante a qual o orador propôs um desafio necessário para os jovens adultos que aguardavam seus diplomas. Ele mencionou que esse era um momento na vida deles em que todos lhes perguntavam: "O que viria a seguir?". Que carreira seguiriam? Onde fariam faculdade? Começariam a trabalhar? Em seguida lhes disse que a pergunta mais importante era o que eles estavam fazendo naquele momento da vida. No contexto de sua jornada de fé, quais decisões diárias deveriam tomar para guiá-los a viver por Jesus e não por si mesmos?

Suas palavras me lembraram o livro de Provérbios, que faz muitas declarações pontuais sobre como viver agora. Por exemplo: praticando honestidade agora (11:1); escolhendo os amigos certos agora (12:26); vivendo com integridade agora (13:6); tendo bom julgamento agora (13:15); falando sabiamente agora (14:3).

Viver para Deus sob a liderança do Espírito Santo agora facilita muito as decisões sobre o que virá a seguir. "O Senhor concede sabedoria [...] Ele reserva bom senso aos honestos [...] Guarda os caminhos dos justos e protege seus fiéis" (2:6-8). Que Deus supra o que precisamos para vivermos de acordo com Suas diretrizes agora, e que Ele nos guie para o que vier a seguir por Sua honra.

DAVE BRANON

**Neste momento, quais mudanças você precisa fazer
para honrar a Deus? Como você pode buscar
a orientação e o poder de Deus para isso?**

*Obrigado, Pai Celestial, por Tua orientação
em minha vida hoje. Protege-me e dá-me sabedoria para viver
de maneira que te agrade e revele quem tu és.*

A BÍBLIA EM UM ANO: 2 SAMUEL 14–15; LUCAS 17:1-19

23 DE ABRIL 🍃 **ECLESIASTES 4:9-12**

O GANSO MAIS TRISTE

Sozinha, a pessoa corre o risco de ser atacada e vencida, mas duas pessoas juntas podem se defender melhor... v.12

Uma bola de futebol no estacionamento?, pensei e, ao me aproximar, percebi que o caroço acinzentado não era uma bola, mas um ganso: o ganso mais triste que já vi. Eles se reúnem no gramado perto do meu local de trabalho na primavera e no outono. Mas hoje havia apenas um, o pescoço arqueado para trás e a cabeça enfiada sob sua asa. *Onde estão seus amigos?*, pensei. A ave estava só e parecia tão solitária que desejei dar-lhe um abraço.

Raramente vejo um ganso completamente sozinho como esse meu amigo de penas tão solitário. Os gansos são notavelmente gregários, voam em forma de "V" para desviar do vento e são criados para permanecerem juntos.

Como seres humanos fomos criados para a vida comunitária (GÊNESIS 2:18). Em Eclesiastes 4:10, Salomão descreve como somos vulneráveis quando estamos sós: "Se um cair, o outro o ajuda a levantar-se". Há força nos números, acrescentou, pois "...duas pessoas juntas podem se defender melhor. Se houver três, melhor ainda, pois uma corda trançada com três fios não arrebenta facilmente" (v.12). Isso é tão verdadeiro para nós tanto espiritual quanto fisicamente. Deus nunca quis que "voássemos" sozinhos e vulneráveis. Precisamos dos relacionamentos para ter o encorajamento, restauração e crescimento (1 CORÍNTIOS 12:21).

Juntos, podemos permanecer firmes quando os ventos da vida sopram em nosso caminho.

ADAM HOLZ

Que tipos de circunstâncias o incentivam a agir sozinho?

Amado Deus, ajuda-nos a lembrarmos que não desejas que voemos solitários, mas com outros cristãos.

A BÍBLIA EM UM ANO: 2 SAMUEL 16–18; LUCAS 17:20-37

24 DE ABRIL — **ROMANOS 11:33-36**

DIVINAMENTE ALINHADO

*Como são grandes as riquezas,
a sabedoria e o conhecimento
de Deus! É impossível
entendermos...* v.33

Fiquei profundamente perturbado e acordei à noite para caminhar e orar. Minha atitude não era de submissão a Deus, mas de questionamento e raiva. Sem alívio, sentei-me e olhei pela janela para o céu noturno. Inesperadamente, fui atraído para me concentrar no Cinturão de Órion, aquelas três estrelas perfeitamente alinhadas, muitas vezes visíveis em noites claras. Sabia o suficiente sobre astronomia para entender que as três estrelas estão separadas por centenas de anos-luz. Percebi que quanto mais perto eu estivesse dessas estrelas, menos elas pareceriam estar alinhadas. No entanto, da minha perspectiva distante, elas pareciam cuidadosamente configuradas nos céus. Naquele momento, percebi que estava muito concentrado em mim mesmo para ver o que Deus vê. Em Sua grande visão, tudo está em perfeito alinhamento.

Paulo, ao completar um resumo dos propósitos de Deus, entoa louvores (ROMANOS 11:33-36). Suas palavras levantam nosso olhar ao Deus soberano, cujos caminhos estão além de nossa capacidade limitada de entender ou rastrear (v.33). No entanto, Aquele que mantém todas as coisas juntas nos Céus e na Terra está íntima e amorosamente envolvido com todos os detalhes de nossa vida (MATEUS 6:25-34; COLOSSENSES 1:16).

Quando as coisas parecem confusas, os planos divinos se revelam para o nosso bem e para a honra e glória de Deus.

EVAN MORGAN, AUTOR CONVIDADO.

Quais perguntas você deseja que Deus responda?

*Querido Deus, lembra-me de que os Teus propósitos
e planos para a minha vida estão além do meu entendimento
e ajuda-me a descansar em ti.*

A BÍBLIA EM UM ANO: 2 SAMUEL 19–20; LUCAS 18:1-23

25 DE ABRIL 2 REIS 6:8-17

CORRA EM DIREÇÃO AO DESAFIO

O Senhor abriu os olhos do servo, e
ele viu as colinas ao redor de Eliseu
cheias de cavalos... v.17

Tomé perseguiu os jovens que estavam roubando a bicicleta de seu amigo. Ele não tinha um plano, mas sabia que precisava recuperá-la. Para sua surpresa, os três ladrões olharam em sua direção, largaram a bicicleta e se afastaram. Tomé ficou aliviado e impressionado quando pegou a bicicleta e se virou. Nesse momento, viu José, seu amigo musculoso que vinha logo atrás.

O servo de Eliseu entrou em pânico quando viu sua cidade cercada por um exército inimigo. Ele correu para Eliseu: "Ai, meu senhor, o que faremos agora?". Eliseu disse para ele não ter medo, "Pois do nosso lado há muitos mais que do lado deles!". Então Deus abriu os olhos do servo, e ele "viu as colinas ao redor de Eliseu cheias de cavalos e carruagens de fogo" (vv.15-17).

Se você se esforça para seguir a Jesus, talvez se encontre em algumas situações arriscadas. Talvez arrisque sua reputação, e talvez até sua segurança, porque está determinado a fazer o que é certo. Pode até perder o sono imaginando como tudo acabará. Lembre-se, você não está sozinho. Não precisa ser mais forte ou inteligente do que o desafio diante de você. Jesus está ao seu lado, e Seu poder é maior do que o de todos os rivais. Faça a si mesmo a pergunta de Paulo: "Se Deus é por nós, quem será contra nós?" (ROMANOS 8:31). *Quem* realmente? Ninguém. Corra em direção ao seu desafio, com Deus.

MIKE WITTMER

Como você pode entregar suas preocupações a Deus?

Ajuda-me, Jesus, a ver de fato que és maior
do que qualquer problema que eu possa enfrentar hoje.

A BÍBLIA EM UM ANO: 2 SAMUEL 21–22; LUCAS 18:24-43

26 DE ABRIL   **SOFONIAS 3:14-20**

NOSSO PAI CANTA

...o SENHOR seu Deus [...] ficará
contente com vocês e por causa do
seu amor [...] cantará e se alegrará.
v.17 (NTLH)

Daniel gosta de encorajar as pessoas cantando para elas. Um dia estávamos almoçando em seu restaurante favorito, e ele percebeu que a garçonete estava tendo um dia difícil. Ele fez algumas perguntas e começou a cantar calmamente uma música cativante para animá-la. "Muito gentil, o senhor acabou de tornar o meu dia melhor. Muito obrigada!", ela disse com um grande sorriso, enquanto anotava nosso pedido de comida.

Quando abrimos o livro de Sofonias, descobrimos que Deus gosta de cantar. O profeta fez uma representação magistral com suas palavras, nas quais descreveu Deus como um músico que gosta de cantar para e com os Seus filhos. Ele escreveu que Deus "ficará contente com vocês e por causa do seu amor lhes dará nova vida. Ele cantará e se alegrará" (3:17). Deus prometeu estar presente para sempre com aqueles que foram transformados por Sua misericórdia. Mas não para por aí! Ele convida e se une ao Seu povo para se alegrar e exultar de "todo o coração" (v.14).

Podemos apenas imaginar o dia em que estaremos juntos com Deus e com todos os que depositaram sua confiança em Jesus como seu Salvador. Quão incrível será ouvir nosso Pai celestial cantar canções para nós e experimentarmos o Seu amor, Sua aprovação e Sua aceitação.

ESTERA PIROSCA ESCOBAR

Como você pode celebrar o amor de Deus por você?
Que música Ele está cantando sobre você e com você hoje?

Pai Celestial, sabemos que, por causa de nossa lealdade a Jesus,
tu nos aceitas, celebras e te alegras conosco como Teus filhos.
Somos gratos por Teu amor.

A BÍBLIA EM UM ANO: 2 SAMUEL 23–24; LUCAS 19:1-27

27 DE ABRIL · **ISAÍAS 43:1-7**

ATRAVÉS DAS ÁGUAS

*Quando passar por águas
profundas, estarei a seu lado...*
ISAÍAS 43:2

O filme *Um Estado de Liberdade* é sobre Newton Knight e alguns desertores e escravos confederados que ajudaram o Exército da União e depois resistiram aos proprietários de escravos após a Guerra Civil Americana. Muitos celebram Knight como o herói, mas foram dois escravos que salvaram a vida *dele* depois da deserção. Eles o carregaram e cuidaram do ferimento na perna que ele sofrera enquanto fugia das forças confederadas. Se o tivessem abandonado, ele teria morrido.

O povo de Judá estava ferido e desesperado, enfrentava inimigos e sentia-se impotente. Israel havia sido tomado pela Assíria, e Isaías profetizara que um dia Judá também seria vencida pela Babilônia. Judá precisava que Deus os ajudasse, resgatasse e não os abandonasse. Imagine, então, a crescente esperança quando as pessoas ouviram Deus dizendo: "Não temas, porque estou contigo" (ISAÍAS 43:5). Quaisquer que fossem as calamidades ou problemas que enfrentariam, o Senhor estaria com eles e passaria pelas águas com eles, levando-os à segurança (v.2). O Senhor passaria pelo fogo com eles, ajudando-os nas chamas abrasadoras (v.2).

Por toda a Sua Palavra, Deus promete estar com Seu povo, cuidar de nós, guiar-nos e nunca nos abandonar, seja na vida ou na morte. Mesmo quando você se encontrar em lugares difíceis, Deus está com você e o ajudará a passar pelas águas. *WINN COLLIER*

Quais "águas profundas" você enfrenta neste momento?

*Deus, as águas são profundas e não vejo como escapar.
Obrigado por prometeres estar ao meu lado
e me levar adiante!*

A BÍBLIA EM UM ANO: 1 REIS 1–2; LUCAS 19:28-48

28 DE ABRIL   ATOS 15:36–16:5

UM AMIGO EM DIFICULDADE

*Paulo se opôs, pois João Marcos
tinha se separado deles [...]
não prosseguindo com eles no
trabalho.* v.38

Em 27 de novembro de 1939, três caçadores de tesouros acompanhados por equipes de filmagem cavaram o asfalto do lado de fora do anfiteatro de Hollywood Bowl, no sul da Califórnia. Eles procuravam um tesouro que consistia em ouro, diamantes e pérolas que, segundo se dizia, haviam sido enterrados lá 75 anos antes.

Eles nunca o encontraram. Após 24 dias de escavação, atingiram uma pedra e pararam. Tudo o que conseguiram foi fazer um buraco gigantesco. Eles foram embora desanimados.

Errar é humano, às vezes, todos nós falhamos. As Escrituras nos dizem que o jovem Marcos se afastou de Paulo e Barnabé em uma viagem missionária "não prosseguindo com eles no trabalho". Por causa disso, Paulo se opôs em levá-lo em sua próxima viagem o que resultou em grave desentendimento com Barnabé (ATOS 15:38). Mas, apesar de suas falhas iniciais, Marcos reaparece anos depois de maneira surpreendente. Quando Paulo estava sozinho e na prisão, no final de sua vida, ele pediu por Marcos dizendo que ele seria "útil no ministério" (2 TIMÓTEO 4:11). Deus até o inspirou a escrever o evangelho que leva o seu nome.

A vida de Marcos demonstra que Deus não nos deixa sozinhos. Temos um amigo maior do que todo o erro. Se seguirmos nosso Salvador, Ele proverá a ajuda e a força que necessitamos.   JAMES BANKS

**Você descobriu o poder de Deus
ao compartilhar suas falhas com Ele em oração?**

*Jesus, sou grato e te louvo pelo conforto e esperança
que somente tu podes conceder.*

A BÍBLIA EM UM ANO: 1 REIS 3–5; LUCAS 20:1-26

29 DE ABRIL ● **DEUTERONÔMIO 4:5-8**

BEM AO SEU LADO

*...o SENHOR, nosso Deus, está próximo
de nós sempre que o invocamos.* v.7

Todos os dias, nos correios de Jerusalém, os trabalhadores vasculham pilhas de cartas não entregues, na tentativa de entregá-las aos destinatários. Muitos acabam na caixa chamada "Cartas a Deus".

Quase mil cartas desse tipo chegam a cada ano, endereçadas simplesmente a Deus ou Jesus. Intrigado, um funcionário começou a levá-las ao Muro Ocidental de Jerusalém para colocá-las entre seus blocos de pedra e outras orações escritas. A maioria delas pede emprego, cônjuge ou boa saúde. Algumas pedem perdão e outras são de agradecimentos. Um homem pediu a Deus para sonhar com a esposa falecida, porque desejava vê-la de novo. Cada remetente acreditava que Deus ouviria, se pudesse ser alcançado.

Os israelitas aprenderam muito ao viajarem pelo deserto. Uma lição era que o Deus deles não era como os deuses conhecidos na época: distantes, surdos, geograficamente vinculados, alcançados apenas em peregrinações ou cartas internacionais. Não, "o SENHOR, nosso Deus, está próximo de nós sempre que o invocamos" (v.7). Quem poderia reivindicar isso? Essa era uma notícia revolucionária!

Deus não mora em Jerusalém. Ele está perto de nós, onde quer que estejamos. Alguns ainda precisam descobrir essa verdade radical. Se apenas uma dessas cartas pudesse ser enviada, a resposta seria: Deus está bem ao seu lado. Apenas fale com Ele. *SHERIDAN VOYSEY*

Como evitar que a acessibilidade de Deus se torne algo comum?

*Deus, tu és maior que o Universo
e estás ainda mais perto do que um suspiro.*

A BÍBLIA EM UM ANO: 1 REIS 6–7; LUCAS 20:27-47

LIVRES DE FATO

JOÃO 8:31-36

Portanto, se o Filho os libertar, vocês serão livres de fato. JOÃO 8:36

O filme *Amistad* conta a história de escravos da África Ocidental que em 1839 assumiram o controle do barco que os transportava e mataram o capitão e parte da tripulação. Eles foram recapturados, presos e levados a julgamento. Uma cena inesquecível apresenta Cinqué, líder dos escravos, implorando por liberdade. Uma simples petição, repetidas com força cada vez maior por um homem algemado e em inglês rudimentar, silenciou a sala de audiências: "Dê-nos liberdade!". Fez-se justiça e eles foram libertos.

Muitos hoje não correm o risco de serem presos, mas a verdadeira libertação do cativeiro espiritual do pecado permanece ilusória. As palavras de Jesus em João 8:36 oferecem alívio: "...se o Filho os libertar, vocês serão livres de fato". Jesus apontou para si mesmo como a fonte da verdadeira emancipação, porque Ele oferece perdão a quem crer nele. Embora alguns na presença dele reivindiquem liberdade (v.33), suas palavras, atitudes e ações em relação a Jesus traem sua reivindicação.

Jesus deseja ouvir os que ecoariam o apelo de Cinqué e diriam: "Dê-me liberdade!". Com compaixão, Ele aguarda os gritos dos que são algemados pela incredulidade, medo ou fracasso. A liberdade é questão do coração e é reservada aos que acreditam que Jesus é o Filho de Deus enviado ao mundo para quebrar o poder do pecado sobre nós através de Sua morte e ressurreição.

ARTHUR JACKSON

Como Jesus o libertou?

Jesus, ajuda-me a crer em Tua libertação.

A BÍBLIA EM UM ANO: 1 REIS 8–9; LUCAS 21:1-19

★ TÓPICO DE MAIO / **Criação**

REVELADO ATRAVÉS DA CRIAÇÃO

No hino "Eis o mundo de meu Pai", escrito em 1901, o pastor e poeta Maltbie Babcock, escreveu sobre a alegria que sentia em suas frequentes caminhadas. Nesses momentos, ele sentia-se cativado por vistas panorâmicas de tirar o fôlego. Escrevendo sobre seu fascínio pelos céus, mares e criaturas, ele enalteceu a sua sensação de estar na presença de Deus concluindo: "Ele fala comigo em todos os lugares".

Embora a criação não tenha uma voz audível, como obra das mãos de Deus é uma forma importante de aprendermos sobre Aquele que "fez os céus e a terra e o mar e tudo que neles há" (ATOS 14:15). Na criação, vemos evidências da glória de Deus (SALMO 19:1), bem como diferentes aspectos do Senhor e de Sua natureza eterna (ROMANOS 1:20).

Quando observamos a força do vento ou o rugido das águas, a criação exibe o poder de Deus. Descrito na poesia de Jó 38, Seu poder é evidente em ordenar as estações (vv.12,13), direcionar o clima (vv.22-30), supervisionar o cosmos (vv.31-33) e sustentar as criaturas vivas (vv.39-41).

> *A criação é uma maneira pela qual Deus restaura a nossa alma.*

Através da criação experimentamos muitas bênçãos de Deus. Por meio dela, Deus nos abençoa com comida e bebida (GÊNESIS 1:29,30), bem como muitas outras necessidades que nos sustentam (MATEUS 6:25-33). Mais do que simplesmente uma bênção física, a criação é uma maneira pela qual Deus restaura a nossa alma à medida que experimentamos a paz de verdes pastos e riachos tranquilos (SALMO 23:1-3).

De todas essas maneiras e muito mais, a criação é uma evidência visível e tangível de quem nosso Deus Criador é, revelando o Seu caráter, amor e cuidado constante por nós.

LISA SAMRA

1º DE MAIO SALMO 19.1-4

★ *TÓPICO DE MAIO: CRIAÇÃO*

AS OBRAS REVELAM SEU CRIADOR

Os céus proclamam a glória de Deus; o firmamento demonstra a habilidade de suas mãos. v.1

Certa madrugada de inverno, na Curitiba dos anos 70, andando pelas ruas desertas e escuras do que hoje é o bairro Boa Vista, só, com frio, voltando de uma festa, olhei para o céu e fiquei maravilhado. Estava todo adornado por incontáveis estrelas, que brilhavam, como eu nunca havia notado. O céu proclamava um pouco da glória de Deus. Para mim, a amostra foi suficiente. Eu, que em minha rebeldia de jovem contestador, buscava provas da existência de Deus, a encontrei. Ali, sem som, sem palavras (v.3), "ouvi" a voz do Criador: "Quem pode ter feito tudo isso senão eu?". Reconheci a assinatura de Deus em Sua obra, dizendo: "Sim, o Senhor existe! Não há nada nem ninguém além dele que possa fazer algo tão grandioso".

Os anos se passaram e, pela graça e misericórdia do Senhor, pude conhecê-lo ainda melhor por meio de Sua revelação especial, a Bíblia, mas nunca mais deixei de perceber o quanto Ele se comunica conosco por meio de Suas obras. Ao olhar para a imensidão do Universo, para os grandes e terríveis oceanos, bem como para um frágil bebezinho, ou para a sutileza e a beleza de uma pequenina flor, grato percebo a inteligência, a bondade, o poder, a grandeza e o amor do Criador.

Mesmo sem som, sem palavras, Deus nos fala todos os dias e em todas as horas por meio de Suas obras. Estamos atentos à Sua voz?

ANTÔNIO RENATO GUSSO

A assinatura criativa de Deus está espalhada em toda a natureza.

Senhor, eu te louvo porque de forma muito bela te comunicas conosco por meio da Tua criação!

A BÍBLIA EM UM ANO: 1 REIS 10–11; LUCAS 21:20-38

2 DE MAIO · **JEREMIAS 31:33-37**

O CRIADOR DA LUA

...diz o SENHOR. "Porei minhas leis em sua mente e as escreverei em seu coração. Serei o seu Deus, e eles serão o meu povo". v.33

Depois que os astronautas pousaram a nave Águia no Mar da Tranquilidade, Neil Armstrong disse: "Este é um pequeno passo para o homem, um salto gigantesco para a humanidade". Ele foi o primeiro homem a andar na superfície da Lua. Outros o seguiram, incluindo o comandante da última missão da Apolo, Gene Cernan. "Lá estava eu, e você na Terra — dinâmica, avassaladora, e eu senti que a Terra era bonita demais para existir por acidente e que deve haver alguém maior que você e maior do que eu", disse Cernan. Dessa visão única que tinham no espaço profundo, eles entendiam a sua insignificância comparada à vastidão do Universo.

Jeremias também considerou a imensidão de Deus como Criador e Sustentador da Terra e do além. O Criador prometeu revelar-se intimamente ao oferecer ao Seu povo o amor, o perdão e a esperança (JEREMIAS 31:33,34). Jeremias afirma a grandiosidade de Deus como aquele que "dá o sol para iluminar o dia e a lua e as estrelas para iluminarem a noite" (v.35). O nosso Criador e Senhor Todo-Poderoso reinará acima de tudo enquanto Ele age para resgatar todo o Seu povo (vv.36,37).

Nunca terminaremos de explorar a imensidão imensurável dos Céus e as profundezas das fundações da Terra. Mas podemos admirar a complexidade do Universo e confiar no Criador da Lua e de todas as coisas.

XOCHITL E. DIXON

Como a complexidade do Universo ajuda você a confiar em Deus com os detalhes de sua vida?

Criador e Sustentador de tudo, obrigado por nos convidares a conhecer-te e a confiarmos em ti hoje e sempre.

A BÍBLIA EM UM ANO: 1 REIS 12–13; LUCAS 22:1-20

3 DE MAIO 🌐 **NÚMEROS 32:16-24**

AQUELE QUE VÊ

...se não fizerem como prometeram, terão pecado contra o Senhor e não escaparão das consequências. v.23

"Não!", ouvi a voz da minha esposa quando ela entrou na cozinha. Nesse momento, o nosso labrador *retriever* de 40 quilos, Max, saiu correndo dali.

O pernil de cordeiro que estava muito perto da borda do balcão tinha sumido. Max o tinha comido, deixando apenas uma panela vazia. Ele tentou se esconder embaixo da cama, mas apenas a cabeça e os ombros cabiam ali. A traseira e a cauda expostas revelaram seu paradeiro quando fui procurá-lo. "Max, seu 'pecado' o descobrirá", murmurei.

A frase foi emprestada de Moisés, quando ele advertiu duas tribos de Israel a serem obedientes a Deus e a cumprirem suas promessas. Ele lhes disse: "se não fizerdes assim, eis que pecastes contra o Senhor; e sabei que o vosso pecado vos há de achar" (NÚMEROS 32:23 ARA). O pecado pode parecer bom por um momento, mas causa a máxima dor da separação de Deus. Moisés estava lembrando ao seu povo que Deus não perde nada. Como um escritor bíblico disse: "...Tudo está descoberto e exposto diante de seus olhos, e é a ele que prestamos contas" (HEBREUS 4:13).

Embora vendo tudo isso, o nosso santo Deus nos atrai com amor para confessarmos o nosso pecado e a nos arrependermos (afastar-se do pecado) e andarmos corretamente com Ele (1 JOÃO 1:9). Que o sigamos em amor hoje.

JAMES BANKS

O fato de que Deus vê tudo o que fazemos e ainda assim nos ama o incentiva a deixar o pecado? De que maneiras práticas você pode responder ao Seu amor hoje?

Obrigado por seres "o Deus que me vê" (GÊNESIS 16:13) *e por enviares o Teu Filho para me salvar e libertar.*

A BÍBLIA EM UM ANO: 1 REIS 14–15; LUCAS 22:21-46

4 DE MAIO ❧ **AMÓS 8:9-12; 9:11-12**

ECLIPSE

...restaurarei a tenda caída de Davi e consertarei seus muros quebrados. [...] restaurarei sua antiga glória. 9:11

Eu estava preparado com proteção para os olhos, num local de visualização ideal e sobremesas caseiras em formatos de lua. Milhões de pessoas e minha família assistiram o eclipse solar total tão raro — a Lua cobrindo todo Sol.

O eclipse causou escuridão incomum na tarde de verão. Embora para nós esse eclipse tenha sido uma celebração alegre e um lembrete do incrível poder de Deus sobre a criação (SALMO 135:6,7), ao longo da história as trevas durante o dia foram vistas como anormais e agourentas (ÊXODO 10:21; MATEUS 27:45), um sinal de que nem tudo é como deveria ser.

Isto é o que as trevas significaram para o profeta Amós durante o tempo da monarquia dividida no antigo Israel. Amós alertou o Reino do Norte que a destruição viria se eles continuassem se afastando de Deus. Deus diz que faria: "...o sol se pôr ao meio-dia e em plena luz do dia [escureceria] a terra" (AMÓS 8:9). Mas o desejo e o propósito supremo de Deus era, e é, tornar todas as coisas certas. Mesmo quando o povo foi levado ao exílio, Deus prometeu um dia trazer um remanescente de volta a Jerusalém, e consertar seus muros quebrados, e restaurar suas ruínas (9:11).

Mesmo quando a vida está mais sombria, como Israel, podemos encontrar conforto em saber que Deus está agindo para trazer luz e esperança de volta a *todas* as pessoas (ATOS 15:14-18; APOCALIPSE 21:23).

LINDA WASHINGTON

Como Deus proveu resgate e trouxe luz a sua situação sombria?

Jesus, obrigado por brilhares mais do que o Sol e afastares as trevas.

A BÍBLIA EM UM ANO: 1 REIS 16–18; LUCAS 22:47-71

5 DE MAIO 🌿 **1 REIS 19:1-9**

FORÇA PARA A JORNADA

Enquanto dormia, um anjo o tocou e
disse: "Levante-se e coma!". v.5

Certo verão, enfrentei uma tarefa quase impossível — um grande projeto de escrita com o prazo apertado. Tendo passado dias sozinha, tentando colocar as palavras na página, senti-me exausta, desanimada e queria desistir. Uma amiga sabiamente me perguntou: "Quando foi a última vez que você se sentiu revigorada? Talvez você precise descansar e desfrutar de uma boa refeição".

Imediatamente percebi que ela estava certa. Seu conselho me fez pensar em Elias e na mensagem aterrorizante que ele recebeu de Jezabel (1 REIS 19:2) — embora, é claro, meu projeto não estivesse nem perto da escala cósmica da experiência do profeta. Após Elias triunfar sobre os falsos profetas no monte Carmelo, Jezabel mandou dizer que ela o capturaria e o mataria, e ele se desesperou, desejando morrer. Mas, na sequência, ele dormiu bem e foi visitado duas vezes por um anjo que o alimentou. Após Deus renovar a força física dele, Elias pôde continuar sua jornada.

Quando a jornada é pesada demais para nós (v.7), talvez precisemos descansar e desfrutar de uma refeição saudável e satisfatória. Pois, quando estamos exaustos ou com fome, podemos facilmente sucumbir à decepção ou medo. Mas, quando Deus atende às nossas necessidades físicas através de Seus recursos, tanto quanto possível neste mundo decaído, podemos dar o próximo passo em servir-lhe.

AMY BOUCHER PYE

Você já precisou desacelerar
e receber sustento antes de prosseguir?

Deus Criador, formaste-nos como Teu povo.
Ajuda-nos a servir-te com alegria.

A BÍBLIA EM UM ANO: 1 REIS 19–20; LUCAS 23:1-25

6 DE MAIO

LUCAS 23:32-43

PERDÃO IMPOSSÍVEL

Pai, perdoa-lhes.... v.34

Entre os destroços do campo de concentração onde os nazistas exterminaram quase 50 mil mulheres, foi encontrada esta oração amassada: *"Ó Senhor, lembra-te dos homens e mulheres de boa vontade e também dos de má vontade. Não te lembres do sofrimento que infligiram a nós, mas dos frutos que trouxemos graças a esse sofrimento — nossa camaradagem, lealdade, humildade, a coragem, a generosidade e a grandeza de coração que surgiu disso. E quando eles forem julgados, que todos os frutos que produzimos sejam o perdão que receberão".*

Nem imagino o medo e a dor infligidos à mulher aterrorizada que a escreveu. Não consigo imaginar a graça inexplicável que essas palavras exigiram dela. Ela fez o impensável: buscou o perdão de Deus para os seus opressores.

Isso ecoa a oração de Cristo. Depois de ser injustamente acusado, escarnecido, espancado e humilhado diante do povo, Jesus foi crucificado ao lado de criminosos (LUCAS 23:33). Pendurado numa rude cruz, com o corpo mutilado e ofegante, eu esperaria que Jesus pronunciasse julgamento sobre Seus atormentadores, buscando revanche ou justiça divina. No entanto, Ele proferiu uma oração contrariando todo impulso humano: "Pai, perdoa-lhes, pois não sabem o que fazem" (v.34).

O perdão que Jesus oferece parece impossível, mas Ele o oferece a nós. Em Sua graça divina, Seu perdão flui livremente. *WINN COLLIER*

Como podemos ajudar outras pessoas a experimentarem o perdão divino?

*Deus, Teu perdão é difícil de imaginar.
Ajuda-nos. Ensina-nos o Teu amor.*

A BÍBLIA EM UM ANO: 1 REIS 21–22; LUCAS 23:26-56

7 DE MAIO   🌿 ROMANOS 8:26-34

ORAÇÃO INTERCESSÓRIA

*...pois o Espírito intercede por nós, o
povo santo, segundo a vontade de
Deus.* v.27

Parei num restaurante local para almoçar com minha família numa tarde de sábado. Enquanto o garçom nos servia, meu marido lhe perguntou o nome dele e disse: "Oramos em família antes de comer. Há algo pelo qual possamos orar por você hoje?. "Alan, cujo nome agora conhecíamos, olhou para nós num misto de surpresa e ansiedade. Após breve silêncio, ele nos disse que dormia no sofá de seu amigo todas as noites, seu carro parara de funcionar e ele estava sem condições de consertá-lo.

À medida que meu marido pedia a Deus que provesse a Alan e lhe mostrasse Seu amor, pensei em como nossa oração mediadora era semelhante ao que acontece quando o Espírito Santo assume nossa causa e nos conecta a Deus. Em nossos momentos de maior necessidade quando percebemos que não somos páreos para lidar com a vida por conta própria, quando não sabemos o que dizer a Deus: "O Espírito intercede por nós" (ROMANOS 8:27). O que o Espírito diz é um mistério, mas temos certeza de que sempre se encaixa na vontade de Deus para nossa vida.

Na próxima vez em que você orar pela orientação, provisão e proteção de Deus na vida de outra pessoa, permita que esse ato de bondade o relembre de que suas necessidades espirituais também estão sendo elevadas a Deus, que conhece o seu nome e se preocupa com os seus problemas.   *JENNIFER BENSON SCHULDT*

**Por quem você pode orar hoje? Como resistir às tentações
sabendo que o Espírito ora por você?**

*Jesus, concede-me a vitória sobre as tentações
através do poder da Tua ressurreição dentre os mortos.*

A BÍBLIA EM UM ANO: 2 REIS 1–3; LUCAS 24:1-35

8 DE MAIO · **SALMO 139:7-16**

★ *TÓPICO DE MAIO: CRIAÇÃO*

HABILIDADE INCRÍVEL

...agradeço por me teres feito de modo tão extraordinário; tuas obras são maravilhosas, e disso eu sei... v.14

O líder do nosso coral universitário nos dirigiu e acompanhou ao piano ao mesmo tempo, equilibrando habilmente essas responsabilidades. No término de um concerto, ele parecia particularmente cansado e perguntei-lhe se estava bem. Ele explicou: "Nunca precisei fazer isso antes. O piano estava tão desafinado que toquei o show inteiro em duas teclas diferentes: a mão esquerda tocando uma tecla e a mão direita outra!". Fiquei impressionado com a sua habilidade surpreendente e maravilhado com Aquele que criou os seres humanos capazes de tal feito.

O rei Davi expressou admiração ainda maior ao escrever: "Eu te agradeço por me teres feito de modo tão extraordinário; tuas obras são maravilhosas, e disso eu sei muito bem" (v.14). Seja nas habilidades das pessoas ou nas maravilhas da natureza, os milagres da criação destacam a majestade do nosso Criador.

Um dia, quando estivermos na presença de Deus, pessoas de todas as gerações o adorarão com as palavras: "Tu és digno, ó Senhor e nosso Deus, de receber glória, honra e poder. Pois criaste todas as coisas, e elas existem porque as criaste segundo a tua vontade" (APOCALIPSE 4:11). As incríveis habilidades que Deus nos dá e a grande beleza que Ele criou são motivos suficientes para adorá-lo.

BILL CROWDER

Quais partes da criação de Deus o fazem reverenciá-lo? Por que é importante agradecer e louvar a Deus pelas habilidades que Ele nos concedeu?

Quão maravilhoso tu és, ó Deus! Vejo o Teu toque em todos os lugares. Obrigado por tudo o que fizeste.

A BÍBLIA EM UM ANO: 2 REIS 4–6; LUCAS 24:36-53

9 DE MAIO

JÓ 1:20-22; 2:7-10

DÚVIDA E FÉ

*O Senhor me deu o que eu tinha,
e o Senhor o tomou. Louvado seja
o nome do Senhor.* 1:21

O senhor Ming Teck acordou com uma forte dor de cabeça pensando que fosse outra enxaqueca. Mas, ao sair da cama, caiu ao chão. Ele foi internado no hospital, e os médicos informaram que ele tivera um derrame. Após quatro meses de reabilitação, ele recuperou sua capacidade de pensar e conversar, mas ainda caminha mancando dolorosamente. Às vezes, ele se desespera, mas encontra consolo no livro de Jó.

Jó perdeu toda a sua riqueza e seus filhos da noite para o dia. Apesar das notícias terríveis, ele primeiro olhou para Deus com esperança e o louvou por Ele ser a fonte de tudo. Reconheceu a mão soberana de Deus, mesmo em tempos de calamidade (JÓ 1:21). Maravilhamo-nos com sua forte fé, mas Jó também lutou com o desespero. Depois que ele perdeu também a saúde (2:7), amaldiçoou o dia em que nasceu (3:1). Ele foi honesto com seus amigos e com Deus sobre a sua dor. Com o tempo, no entanto, ele aceitou que tanto o bem quanto o mal vêm das mãos de Deus (13:15; 19:25-27).

Em nossos sofrimentos, também podemos vacilar entre o desespero e a esperança, a dúvida e a fé. Deus não exige que sejamos destemidos diante da adversidade, mas nos convida a ir a Ele com nossos questionamentos. Embora nossa fé às vezes falhe, podemos confiar que Deus sempre será fiel.

POH FANG CHIA

Como você pode usar Jó 1:21 para orientá-lo em suas orações?

*Querido Pai, ajuda-me a sempre lembrar
que eu sou precioso aos Teus olhos.*

10 DE MAIO SALMO 136:1-9

AMOR PARA SEMPRE

*Sabemos quanto Deus nos ama
e confiamos em seu amor.
Deus é amor...* 1 JOÃO 4:16

Anos atrás, meu filho de 4 anos me deu um coração de madeira emoldurado numa placa de metal com a expressão "para sempre" pintada no centro. "Eu te amo *para sempre*, mamãe", disse ele. Eu o agradeci com um abraço e disse: "Eu te amo mais". Esse presente inestimável ainda me assegura do amor infindável de meu filho. Em dias difíceis, Deus usa esse amoroso presente para me confortar e encorajar ao afirmar que sou profundamente amada.

Isso também me relembra a dádiva do eterno amor de Deus, expresso em Sua Palavra e confirmado pelo Seu Espírito. Podemos confiar na bondade imutável de Deus e agradecidos cantar louvores que confirmam Seu amor duradouro, como o salmista faz (SALMO 136:1). Podemos exaltar o Senhor como o maior e acima de tudo (vv.2,3), ao refletirmos sobre as Suas infinitas maravilhas e entendimento ilimitado (vv.4,5). O Deus que nos ama para sempre é o Criador consciente e cuidadoso dos céus e da Terra, que mantém o controle do tempo em si (vv.6-9).

Podemos nos alegrar porque o amor eterno que o salmista cantou é o mesmo amor contínuo que nosso Criador e Sustentador derrama na vida dos Seus filhos hoje. Não importa o que estivermos enfrentando, nosso Criador permanece conosco nos fortalecendo e afirmando que nos ama incondicional e completamente. *Obrigado, Deus, pelas incontáveis lembranças do Teu amor sem fim e transformador de vidas!*

XOCHITL E. DIXON

Como o Senhor fortaleceu a sua fé?

*Deus, ajuda-nos a te amar e amar aos outros também
e a nos tornamos mais confiantes no Teu interminável amor.*

A BÍBLIA EM UM ANO: 2 REIS 10–12; JOÃO 1:29-51

11 DE MAIO   🌿 **MATEUS 21:8-17**

APRENDENDO COM OS PEQUENOS

"Está ouvindo o que as crianças estão dizendo?", perguntaram a Jesus. v.16

Meu amigo e eu visitamos uma favela de Nairóbi, no Quênia, e ficamos profundamente comovidos com a pobreza que presenciamos. Porém, mesmo ali, sentimos emoções diferentes e revigorantes ao vermos as crianças correndo e gritando: *"Mchungaji, Mchungaji!"* ("pastor" em Suaíli). Com esses gritos carinhosos e alegres, os mais pequeninos acolheram o seu conhecido pastor e líder espiritual, que estava conosco em nosso veículo, por causa do seu cuidado e preocupação por eles.

Quando Jesus chegou a Jerusalém montado em um jumento, as crianças estavam alegres e entre os que o celebraram. "Hosana, Filho de Davi! Bendito é o que vem em nome do Senhor!" (MATEUS 21:9,15). Mas os louvores a Jesus não foram os únicos sons no ar. Podemos imaginar o barulho dos comerciantes que corriam e ganhavam dinheiro ao serem expulsos do Templo por Jesus (vv.12,13). Além disso, os líderes religiosos que haviam testemunhado a bondade divina em ação "ficaram indignados" (vv.14,15). Eles expuseram a pobreza de seus próprios corações expressando o seu descontentamento com os louvores das crianças (v.16).

Podemos aprender com a fé dos filhos de Deus de todas as idades e lugares que reconhecem Jesus como o Salvador do mundo. O Senhor ouve os nossos louvores e clamores, cuida de nós e nos resgata quando nos achegamos a Ele com genuína confiança.   ARTHUR JACKSON

O que o impede de conhecer Jesus, o Filho de Deus, que veio para salvá-lo?

Jesus, ajuda-me a conhecer-te por quem tu és — meu Senhor e Salvador.

A BÍBLIA EM UM ANO: 2 REIS 13–14; JOÃO 2

12 DE MAIO — 2 SAMUEL 22:1-7,17-20

BRAÇOS ABERTOS

Em minha aflição, clamei ao SENHOR
[...] meu clamor chegou a seus
ouvidos. v.7

Saydee e sua família têm uma filosofia de "lar e braços abertos". As pessoas sempre são bem-vindas na casa deles, "especialmente as aflitas", diz ele. A casa com seus nove irmãos na Libéria era o exemplo disso. Seus pais sempre acolheram outras pessoas em sua família. Ele diz: "Crescemos como uma comunidade. Nós nos amávamos. Todo mundo era responsável por todo mundo. Meu pai nos ensinou a amar, cuidar e proteger um ao outro".

Quando o rei Davi precisou, ele encontrou esse tipo de cuidado amoroso em Deus. Em 2 Samuel 22 e Salmo 18, lemos o seu cântico de louvor a Deus por Ele ter sido o seu refúgio durante toda a sua vida. Davi lembrou: "Em minha aflição, clamei ao SENHOR; sim, clamei a Deus por socorro. Do seu santuário ele me ouviu; meu clamor chegou a seus ouvidos" (2 SAMUEL 22:7). Muitas vezes Deus o livrara de seus inimigos, incluindo o rei Saul. Ele louvou a Deus por ser sua fortaleza e libertador em quem se refugiou (vv.2,3).

Embora nossas angústias possam ser pequenas em comparação com as de Davi, Deus nos convida a buscá-lo para encontrarmos o abrigo que ansiamos. Seus braços estão sempre abertos. Portanto, "cantarei louvores ao [Seu] nome" (v.50).

ANNE CETAS

Quando Deus foi seu refúgio?
Como você pode ajudar alguém a refugiar-se nele?

Deus, estou agradecido por sempre teres sido
e porque sempre serás o meu lugar seguro para me refugiar.

A BÍBLIA EM UM ANO: 2 REIS 15–16; JOÃO 3:1-18

13 DE MAIO — JOÃO 3:26-36

UM INTRUSO NA FOTO

*Ele deve se tornar cada vez maior,
e eu, cada vez menor.* v.30

Levantei rapidamente a mão quando meu pastor fez uma pergunta difícil sobre a vida de Jesus ao grupo. Eu tinha acabado de ler a história, então essa eu conhecia bem. E queria que os outros na sala soubessem que eu também sabia. Afinal, sou professor de ensino bíblico e seria embaraçoso demonstrar perplexidade diante deles! Nesse momento, senti-me envergonhado pelo meu medo de sentir vergonha e resolvi baixar minha mão. *Sou tão inseguro assim?*

João Batista nos mostra um caminho melhor. Quando os seus discípulos reclamaram que as pessoas estavam começando a deixá-lo para seguir a Jesus, João disse que estava feliz em ouvir isso. João era apenas o mensageiro. "Eu não sou o Cristo. Estou aqui apenas para preparar o caminho para ele. Ele deve se tornar cada vez maior, e eu, cada vez menor" (3:28,30). João percebeu que o objetivo de sua existência era Jesus. Ele é "Aquele que veio do alto e é superior a todos" (v.31) — o Filho divino que deu a Sua vida por nós. Ele merece receber toda a glória e fama.

Qualquer atenção que atraímos a nós desvia da que é devida ao nosso Senhor. E já que Ele é nosso único Salvador e a única esperança para o mundo, qualquer crédito que lhe roubamos acaba nos prejudicando. Saiamos da cena para não sermos intrusos querendo aparecer mais do que o Senhor Jesus. É o melhor para Ele, para o mundo e para nós.

MIKE WITTMER

Quando você é tentado a compartilhar os holofotes com Jesus? Como você pode devolver a atenção onde ela é devida?

Pai Celestial, ajuda-nos a compreender que nossa tarefa é direcionar a atenção de todos para o Teu Filho, para que Ele seja cada vez maior. Ajuda-nos a ver que devemos diminuir e Ele deve crescer.

A BÍBLIA EM UM ANO: 2 REIS 17–18; JOÃO 3:19-36

14 DE MAIO   🌱 **HEBREUS 10:11-18**

EM CONSTRUÇÃO

...mediante essa única oferta, ele tornou perfeitos para sempre os que estão sendo santificados. v.14

Eles repavimentaram a estrada, pensei comigo enquanto o tráfego diminuía. *Agora eles a estão destruindo de novo!* E me questionei: *por que nunca acabam? Nunca vi uma placa anunciando: "A pavimentação está concluída. Aproveite essa estrada perfeita".*

Contudo, acontece algo semelhante em minha vida espiritual. No início de minha fé, imaginei alcançar um momento de maturidade, quando conhecesse tudo, eu estaria "suavemente pavimentado". Trinta anos mais tarde, confesso que ainda estou "em construção". Como as estradas perpetuamente esburacadas nas quais dirijo, também nunca pareço estar "concluído". Às vezes isso também pode parecer igualmente frustrante.

A Bíblia traz uma promessa surpreendente: "Porque mediante essa única oferta, ele tornou perfeitos para sempre os que estão sendo santificados" (HEBREUS 10:14). A obra de Jesus na cruz *já* nos salvou completa e perfeitamente. Aos olhos de Deus, estamos inteiros e finalizados. Mas, paradoxalmente, esse processo ainda não terá concluído enquanto permanecermos na Terra. Ainda estamos sendo moldados à Sua semelhança, ainda "sendo santificados".

Um dia, nós o veremos face a face e seremos como Ele (1 JOÃO 3:2). Mas até então, ainda estamos "em construção". Aguardamos ansiosamente o dia glorioso em que Sua obra em nós estará realmente completa.

ADAM HOLZ

Você já se frustrou por seu crescimento espiritual parecer mais lento do que esperava?

Deus fiel, ajuda-me a lembrar que estás agindo em mim, moldando-me e me ajudando a me tornar cada vez mais como o Teu Filho.

A BÍBLIA EM UM ANO: 2 REIS 19–21; JOÃO 4:1-30

15 DE MAIO   🌿 **SALMO 8:3,4; APOCALIPSE 21:22-25**

★ *TÓPICO DE MAIO: CRIAÇÃO*

OLHANDO PARA CIMA!

...pois ali não haverá noite.
APOCALIPSE 21:25

Quando o cineasta Wylie Overstreet mostrou a estranhos uma imagem ao vivo da Lua vista através de seu poderoso telescópio, todos ficaram surpresos com a visão de perto, reagindo com sussurros e reverência. Contemplar uma visão tão gloriosa, explicou Overstreet, "nos enche de admiração por haver algo muito maior do que nós".

O salmista Davi também se maravilhou com a luz celestial de Deus. "Quando olho para o céu e contemplo a obra de teus dedos, a lua e as estrelas que ali puseste, pergunto: Quem são os simples mortais, para que penses neles? Quem são os seres humanos, para que com eles te importes?" (SALMO 8:3,4).

Essa humilde pergunta coloca nossa admiração em perspectiva quando descobrimos que, depois de Deus criar Seu novo céu e Terra, não precisaremos mais da Lua ou do Sol. Em vez disso, disse o apóstolo João, a glória resplandecente de Deus proverá toda a luz necessária. "A cidade não precisa de sol nem de lua, pois a glória de Deus a ilumina, e o Cordeiro é sua lâmpada. [...] ali não haverá noite" (APOCALIPSE 21:23-25).

Que pensamento incrível! Portanto, podemos experimentar Sua luz celestial agora, simplesmente buscando a Cristo, a Luz do mundo. Na visão de Overstreet, "deveríamos olhar para cima com mais frequência". E à medida que o fizermos, que possamos ver o Senhor Deus.

PATRICIA RAYBON

**O que a luz celestial divina lhe ensina sobre Deus?
Ao louvar a glória de Deus, o que você experimenta?**

*Nosso Deus maravilhoso, estamos admirados
com a Tua santa glória e louvamos-te por Tua maravilhosa luz.*

A BÍBLIA EM UM ANO: 2 REIS 22–23; JOÃO 4:31-54

16 DE MAIO   🌿 **MARCOS 4:26-34**

CONTE-ME UMA HISTÓRIA

[Jesus] ...usava parábolas para ensinar em público. [...] com seus discípulos, explicava tudo para eles. v.34

A expressão *Era uma vez* talvez esteja entre as mais conhecidas do mundo. Minhas primeiras lembranças contêm uma variação dessa frase. Um dia minha mãe chegou em casa com uma enorme edição ilustrada de histórias bíblicas. Todas as noites antes de apagar as luzes, meu irmão e eu nos sentávamos cheios de expectativas, enquanto mamãe lia sobre um tempo passado e cheio de pessoas interessantes e de Deus que as amava. Essas histórias se tornaram uma lente de como enxergávamos o mundo exterior.

Indiscutivelmente, Jesus de Nazaré foi o maior contador de histórias de todos os tempos! Ele sabia que todos nós carregamos em nosso interior uma atração inata por histórias, e Ele sempre usou esse meio para comunicar Suas boas novas: *Era uma vez* um homem que lançava "sementes sobre a terra" (MARCOS 4:26). *Era uma vez* "uma semente de mostarda" (v.31), e assim por diante. O evangelho de Marcos indica claramente que Jesus usou parábolas em Suas interações com as pessoas comuns (v.34) como uma maneira de ajudá-las a ver o mundo com mais clareza e entender mais profundamente o Deus que as amava.

É bom lembrarmo-nos delas ao desejarmos compartilhar as boas novas da misericórdia e da graça de Deus. O uso da parábola é quase impossível de resistir.   *JOHN BLASE*

> **Como utilizar-se de uma das parábolas em suas conversas nesta semana? Talvez assim: "Certa vez, Deus respondeu à minha oração de maneira surpreendente...".**

Jesus, tu és o Maravilhoso Conselheiro e Poderoso Deus. Concede-nos criatividade para compartilharmos Teu amor.

A BÍBLIA EM UM ANO: 2 REIS 24–25; JOÃO 5:1-24

17 DE MAIO   🌿 **LUCAS 3:31; 1 CRÔNICAS 3:4-9**

O QUE HÁ EM UM NOME?

Jesus era conhecido como
filho de José. LUCAS 3:23

Nosso filho Kofi nasceu numa sexta-feira, e esse é o significado do nome dele. Nós lhe demos esse nome por causa de um amigo ganês, um pastor cujo único filho morreu. Ele ora pelo nosso Kofi e isso nos honra muito.

É fácil perder o significado de um nome se você não conhece a história por trás dele. Em Lucas 3, encontramos um detalhe fascinante sobre um nome na ancestralidade de José. A genealogia traça a linha de José de volta a Adão e até a Deus (v.38). No versículo 31, lemos: "Natã era filho de Davi". Natã? Isso é interessante. Em 1 Crônicas 3:5, aprendemos que Natã era filho de Bate-Seba.

É coincidência que Davi tenha chamado de Natã o filho de Bate-Seba? Lembre-se da história. Bate-Seba nunca deveria ser a esposa de Davi. Outro Natã, o profeta, enfrentou bravamente o rei por abusar de sua autoridade para explorar Bate-Seba e assassinar o marido (2 SAMUEL 12).

Davi aceitou prontamente a repreensão do profeta e se arrependeu de suas ofensas horríveis. Com a passagem curativa do tempo, ele nomearia seu filho Natã. Quão apropriado é que este era o filho de Bate-Seba e que ele seria um dos ancestrais de José, o pai terreno de Jesus (LUCAS 3:23).

Encontramos a graça de Deus entretecida por toda a Bíblia, tecida em tudo, até mesmo em um nome obscuro em uma genealogia raramente lida. A graça de Deus está em toda parte.   *TIM GUSTAFSON*

De que maneira a graça de Deus
se manifestou em sua vida?

Querido Deus, ajuda-nos a encontrar
a Tua graça em todos os lugares que olhamos.

A BÍBLIA EM UM ANO: 1 CRÔNICAS 1–3; JOÃO 5:25-47

18 DE MAIO — **LUCAS 2:25-35**

O PRESENTE DA PAZ

Soberano Deus, agora podes levar em paz o teu servo, como prometeste. Vi a tua salvação. v.23

"Acredito em Jesus, Ele é meu Salvador e não temo a morte", disse a esposa do ex-presidente dos EUA George H. W. Bush a seu filho antes de morrer. Esta declaração incrível e cheia de confiança sugere uma fé forte e enraizada. Ela experimentou a paz de Deus concedida aos que conhecem Jesus, mesmo quando confrontados com a morte.

Simeão também experimentou profunda paz por causa de Jesus. Movido pelo Espírito Santo, ele foi ao Templo quando Maria e José levaram o menino Jesus a ser circuncidado conforme exigia a Lei para o recém-nascido. Embora pouco se saiba sobre Simeão, pela descrição de Lucas, pode-se dizer que ele era um homem justo e devoto, esperando fielmente pelo Messias vindouro, e "o Espírito Santo estava sobre ele" (LUCAS 2:25). No entanto, Simeão não experimentou *shalom* (paz), um profundo senso de plenitude, até que viu Jesus.

Enquanto segurava Jesus nos braços, Simeão começou a cantar louvores, expressando plena satisfação em Deus: "Soberano Deus, agora podes levar em paz o teu servo, como prometeste. Vi a tua salvação, que preparaste para todos os povos" (vv.29-31). Ele tinha paz porque previu a esperança futura para todo o mundo.

Ao celebrarmos a vida, a morte e a ressurreição de Jesus, o prometido Salvador, regozijemo-nos no presente da paz de Deus.

ESTERA PIROSCA ESCOBAR

Você já experimentou esse profundo sentimento de satisfação e plenitude que vem de conhecer Jesus?

Querido Pai, obrigado por Jesus, Teu presente de paz.

A BÍBLIA EM UM ANO: 1 CRÔNICAS 4-6; JOÃO 6:1-21

19 DE MAIO 🌿 **SALMO 1**

ONDE AS ESCOLHAS LEVAM

*Pois o S*ENHOR *guarda o caminho*
dos justos... v.6

Sem serviço de celular e sem mapa de trilhas, tínhamos apenas a memória de um mapa fixado no início da trilha para nos guiar. Mais de uma hora depois, finalmente saímos da floresta para o estacionamento. Tendo perdido a saída que daria uma caminhada de 800 metros, fizemos uma caminhada *muito* mais longa.

A vida pode ser assim: precisamos perguntar não apenas se algo está certo ou errado, mas aonde isso nos levará. O Salmo 1 compara dois modos de vida: o dos justos (aqueles que amam a Deus) e o dos perversos (os inimigos dos que amam a Deus). Os justos florescem como a árvore, mas os perversos são como palhas ao vento (vv.3,4). Esse salmo revela como o florescimento acontece. O ser humano depende de Deus para renovação e vida.

Então, como nos tornamos esse tipo de pessoa? Entre outras coisas, o Salmo 1 nos exorta a abandonarmos os relacionamentos destrutivos e hábitos prejudiciais e a termos "prazer na lei do SENHOR" (v.2). Por fim, a razão de nosso florescimento é a atenção de Deus para conosco: "Pois o SENHOR guarda o caminho dos justos" (v.6).

Entregue o seu caminho a Deus, permita que Ele o redirecione de velhos padrões que levam a lugar nenhum e permita que as Escrituras sejam o rio que nutre as raízes do seu coração. *GLENN PACKIAM*

De quais amizades ou hábitos você precisa afastar-se?
Como você pode criar mais tempo em sua
rotina para ler a Bíblia?

Querido Jesus, dá-me a graça de me afastar das coisas
que me levam pelo caminho errado. Conduz-me ao rio
da Tua presença e nutre-me com as Escrituras. Torna a
minha vida fiel e frutífera para Tua honra.

A BÍBLIA EM UM ANO: 1 CRÔNICAS 7–9; JOÃO 6:22-44

20 DE MAIO   **HEBREUS 1:8-12**

O JESUS SORRIDENTE

...Deus, o teu Deus, te ungiu.
Derramou sobre ti o óleo da alegria,
mais que sobre qualquer outro. v.9

Se você fizesse o papel de Jesus em um filme, como o interpretaria? Foi esse o desafio que Bruce Marchiano enfrentou ao interpretar Jesus no filme bíblico *O evangelho de Mateus*, em 1993. Sabendo que milhões de telespectadores tirariam conclusões sobre Jesus com base em sua obra, o peso de "acertar" Cristo parecia esmagador. Ele caiu de joelhos em oração e implorou a Jesus por — bem, por *Jesus*.

Marchiano inspirou-se no primeiro capítulo de Hebreus, onde o escritor nos diz como Deus Pai separou o Filho ungindo-o com "o óleo da alegria" (1:9). Esse tipo de alegria é de celebração, uma alegria de conexão com o Pai expressa de todo coração. Essa alegria reinou no coração de Jesus ao longo de Sua vida. "Por causa da alegria que o esperava, ele suportou a cruz sem se importar com a vergonha. Agora ele está sentado no lugar de honra à direita do trono de Deus" (HEBREUS 12:2).

Inspirando-se nesse versículo, Marchiano representou-o com uma abordagem exclusivamente *alegre* de seu Salvador. Ele ficou conhecido como "o Jesus sorridente". Nós também podemos cair de joelhos e "implorar a Jesus por Jesus". Que Ele nos preencha com Seu caráter, para que as pessoas ao nosso redor vejam a expressão de Seu amor em nós!   *ELISA MORGAN*

Quais são as suas percepções sobre Jesus e como elas precisam mudar? Como você pode representá-lo para mostrar a Sua essência ao mundo?

Querido Jesus, imploramos-te por Tua presença.
Que o os outros o vejam em nós hoje. Que possamos irradiar
a Tua alegria em tudo o que dissermos e fizermos.

A BÍBLIA EM UM ANO: 1 CRÔNICAS 10–12; JOÃO 6:45-71

21 DE MAIO ISAÍAS 2:1-4

O ANJO DA FACA

*As nações deixarão de lutar entre si
e já não treinarão para a guerra.* v.4

Quando o crime por faca cresceu no Reino Unido, o *British Ironwork Centre* trabalhou com as forças policiais locais e colocou duzentas caixas de coletas em todo o país e realizou uma campanha de anistia. Cem mil facas foram entregues anonimamente, algumas ainda com sangue nas lâminas. Elas foram então enviados para o artista Alfie Bradley, que as embotou tirando-lhes o corte, inscreveu em algumas os nomes de jovens vítimas de crimes por faca, além de mensagens de pesar dos ex-infratores. Milhares de armas restantes foram soldadas para criar o *Anjo da Faca* — uma escultura angelical de seis metros de altura com asas de aço cintilantes.

Diante da estátua *Anjo da Faca*, imaginei quantos milhares de feridas haviam sido evitadas por sua existência. Pensei na visão de Isaías sobre os novos céus e terra (65:17), onde as crianças não morrem jovens (v.20) nem crescem em meio à pobreza geradora de crimes (vv.22,23), um lugar onde o crime por faca não existe mais porque as espadas terão sido remodeladas e terão propósitos mais criativos (2:4).

Esse novo mundo ainda não está aqui, mas devemos orar e servir até a Sua chegada (MATEUS 6:10). À sua maneira, o *Anjo da Faca* nos dá um vislumbre do futuro prometido por Deus. As espadas se tornam arados. As armas se tornam obras de arte. Quais projetos redentores podemos trazer à memória para vislumbrar um pouco mais esse futuro?

SHERIDAN VOYSEY

*Jesus, mal podemos esperar até que o mundo esteja em paz
sob o Teu reinado. Move-nos pelo Teu Espírito
para vermos o Teu reino em nossas comunidades.*

A BÍBLIA EM UM ANO: 1 CRÔNICAS 13–15; JOÃO 7:1-27

22 DE MAIO 🌿 **GÊNESIS 1:26,27; 2:15**

★ *TÓPICO DE MAIO: CRIAÇÃO*

CULTIVANDO O JARDIM DE DEUS

O Senhor Deus colocou o homem no jardim do Éden para cultivá-lo e tomar conta dele. GÊNESIS 2:15

"Pai, por que você tem que trabalhar?" A pergunta da minha filha era motivada pelo desejo de brincar comigo. Eu teria preferido faltar ao trabalho e passar o tempo com ela, mas havia uma lista crescente de coisas no meu trabalho que exigiam minha atenção. A pergunta, no entanto, é boa. Por que trabalhamos? É simplesmente para prover para nós mesmos e para as pessoas que amamos? E quanto ao trabalho não remunerado — por que o fazemos?

Gênesis 2 nos diz que Deus colocou o primeiro ser humano no jardim para "cultivá-lo e tomar conta dele" (v.15). Meu sogro é agricultor e costuma me dizer que cultiva pelo puro amor à terra e ao gado. Isso é lindo, mas deixa perguntas persistentes para quem não ama seu trabalho. Por que Deus nos colocou em um lugar específico com uma designação específica?

Gênesis 1 nos dá a resposta. Somos feitos à imagem de Deus para administrar cuidadosamente o mundo que Ele criou (v.26). As histórias pagãs sobre como o mundo começou revelam "deuses" que tornam os seres humanos seus escravos. Gênesis declara que o único Deus verdadeiro formou os seres humanos à Sua imagem, para administrar ao Seu lado o que Ele havia criado. Que possamos refletir a Sua ordem sábia e amorosa no mundo. O trabalho é um chamado para cultivarmos a criação para a glória de Deus.

GLENN PACKIAM

Qual é o trabalho que Deus lhe deu para fazer?

Querido Deus, obrigado pela honra de nos unirmos a ti em Teu trabalho nesse mundo. Ajuda-nos a refletir o Teu amor, sabedoria e disposição em nossa vida e nos lugares onde estamos.

A BÍBLIA EM UM ANO: 1 CRÔNICAS 16-18; JOÃO 7:28-53

23 DE MAIO — JOÃO 8:12-16

GUARDIÕES DA LUZ

Pois Deus [...] é quem brilhou em nosso coração. 2 CORÍNTIOS 4:6

Eles os chamam de "Guardiões da luz".

O farol no cabo da ilha de Hatteras, na costa da Carolina do Norte nos EUA, tem um memorial para os que cuidam das estações de luz desde 1803. Logo após a estrutura ter sido movida para o interior da ilha por causa da erosão costeira, os nomes dos guardiões foram gravados nas antigas pedras da fundação e dispostos em forma de anfiteatro de frente para o novo local. Dessa forma, como uma placa explica, os visitantes de hoje podem seguir os passos dos guardiões históricos e "vigiar" o farol também.

Jesus é o supremo doador da Luz. Ele disse: "Eu sou a luz do mundo. Se vocês me seguirem, não andarão no escuro, pois terão a luz da vida" (JOÃO 8:12). Isso é algo radical para qualquer pessoa reivindicar, mas Jesus o disse para confirmar o Seu relacionamento com Seu Pai celestial, o Criador da luz e da vida que o enviou.

Quando olhamos para Jesus em busca de salvação e seguimos Seus ensinamentos, restauramos nosso relacionamento com Deus, e Ele nos concede novas forças e propósitos. Sua vida e amor transformador trouxeram "luz a todos" (1:4) e brilha em e através de nós para o mundo sombrio e, às vezes, perigoso.

Como seguidores de Jesus, tornamo-nos "guardiões da luz". Que outros possam ver Sua luz brilhar a partir de nós e descobrir a vida e a esperança que somente Ele pode conceder!

GLENN PACKIAM

De que maneira você pode resplandecer a luz de Jesus? Onde Deus o chama para ser obediente a Ele hoje?

*Jesus, louvo-te por Tua luz e amor.
Ajuda-me a brilhar por ti.*

A BÍBLIA EM UM ANO: 1 CRÔNICAS 19–21; JOÃO 8:1-27

24 DE MAIO   **ATOS 2: 42–47**

MESAS DE CONVERSA

*...adoravam juntos no templo
diariamente...* v.46

A solidão é uma das maiores ameaças à nossa sensação de bem-estar e afeta a saúde por meio de nossa atuação nas mídias sociais, consumo de alimentos e similares. Um estudo sugere que quase dois terços de todas as pessoas, independentemente da idade ou sexo, sentem-se sós pelo menos parte do tempo. Um supermercado criou "mesas de conversa" como forma de promover o encontro entre as pessoas. Os que procuram interação humana simplesmente se sentam por ali, juntam-se a outros ou indicam o desejo de participar. A conversa segue e lhes proporciona um senso de conexão e comunidade.

As pessoas da Igreja Primitiva também se comprometiam com o compartilhamento. Isolados, eles provavelmente se sentiriam muito sozinhos na prática de sua fé, que ainda era nova no mundo. Eles não apenas "se dedicavam ao ensino dos apóstolos" para aprender o que significava seguir Jesus, também adoravam juntos no templo " e "partiam o pão com grande alegria e generosidade" para encorajamento e comunhão mútuos (ATOS 2:42,46).

Nós precisamos de interação humana; Deus nos projetou dessa maneira! Os dolorosos momentos de solidão indicam essa necessidade. Como as pessoas da Igreja Primitiva, é importante que tenhamos a companhia de outros, que o nosso bem-estar exige, e que sejamos companhia àqueles ao nosso redor, que também precisam.

KIRSTEN HOLMBERG

**Como você pode interagir
intencionalmente com alguém hoje?**

*Ajuda-nos, Deus, a buscar vínculos
por nossa causa e pela dos outros!*

A BÍBLIA EM UM ANO: 1 CRÔNICAS 22–24; JOÃO 8:28–59

25 DE MAIO 🌿 **1 REIS 18:25-27,30-38**

DEUS OUVE TUDO

...prova hoje que és Deus... v.36

Um dos maiores atrasos postais na história durou 89 anos. Em 2008, a proprietária de um imóvel no Reino Unido recebeu um convite para uma festa que tinha sido enviado em 1919 para a ex-moradora de seu endereço. A razão por trás desse longo atraso permanece um mistério.

Até os melhores esforços humanos de comunicação às vezes nos decepcionam, mas as Escrituras deixam claro que Deus nunca deixa de ouvir Seu povo fiel. Em 1 Reis 18, Elias demonstrou o notável contraste entre o deus pagão Baal e Deus Jeová. Em um confronto para demonstrar quem era o verdadeiro Deus, depois que os profetas de Baal haviam orado por horas, Elias provocou-os: "Vocês precisam gritar mais alto [...] Sem dúvida ele é um deus! Talvez esteja meditando ou ocupado em outro lugar ou quem sabe viajando, ou dormindo e precise ser acordado" (v.27)! Então Elias orou para que Jeová respondesse, para que o Seu povo voltasse à fé, e o poder de Deus foi claramente demonstrado.

Embora nossas orações nem sempre sejam respondidas imediatamente como foi com Elias, podemos ter certeza de que Deus as ouve (SALMO 34:17). A Bíblia ensina que Ele aprecia tanto as nossas orações que as guarda diante dele em "taças de ouro", como incenso precioso (APOCALIPSE 5:8). Deus responderá a cada oração em Sua própria sabedoria e maneira perfeitas. Não há cartas perdidas no Céu. *JAMES BANKS*

**Como agradecer ao Senhor
por Sua fidelidade em ouvi-lo hoje?**

*Pai, é maravilhoso saber que sempre ouves as minhas orações!
Louvo-te porque minhas preces são preciosas para ti.*

A BÍBLIA EM UM ANO: 1 CRÔNICAS 25–27; JOÃO 9:1-23

26 DE MAIO — **PROVÉRBIOS 16:1,2,21-24**

MAIS DOCE DO QUE O MEL

Palavras bondosas são como mel:
doces para a alma e saudáveis para
o corpo. v.24

Seu tópico era a tensão racial. No entanto, o orador permaneceu calmo. De pé no palco diante da grande audiência, ele falou com ousadia, porém com graça, humildade, bondade e até humor. Logo a tensa audiência relaxou visivelmente, rindo com o orador sobre o dilema que todos enfrentaram: como resolver seus problemas graves, e ao mesmo tempo manter seus sentimentos e palavras sob controle? Sim, como abordar um tópico amargo com graça suave.

O rei Salomão aconselhou essa mesma abordagem para todos nós: "Palavras bondosas são como mel: doces para a alma e saudáveis para o corpo" (PROVÉRBIOS 16:24). Dessa maneira, "Da mente sábia vêm conselhos sábios; as palavras dos sábios são convincentes" (v.23).

Por que um rei poderoso como Salomão dedicaria tempo para discorrer sobre como falamos? Porque as palavras podem destruir. Durante o tempo de Salomão, os reis contavam com mensageiros para obter informações sobre suas nações, e os mensageiros calmos e confiáveis eram muito valorizados. Eles usavam palavras prudentes e racionais, sem exagerar ou falar com severidade, não importava o problema.

Todos nós podemos nos beneficiar apresentando nossas opiniões e pensamentos com prudência. Nas palavras de Salomão: "É da natureza humana fazer planos, mas a resposta certa vem do SENHOR" (v.1).

PATRICIA RAYBON

Quando você permite que o Espírito de Deus
controle a sua língua, o que muda em suas palavras?

Deus santo, quando falamos sobre assuntos difíceis,
envolva o nosso coração e nossas palavras
com o Teu doce Espírito.

A BÍBLIA EM UM ANO: 1 CRÔNICAS 28–29; JOÃO 9:24-41

27 DE MAIO   **JÓ 7:17-21**

POR QUE EU?

Por que fizeste de mim o teu alvo?
Acaso sou um fardo para ti? v.20

O *Livro das Probabilidades* diz que uma em um milhão de pessoas é atingida por um raio e afirma que uma em cada 25 mil experimenta uma condição médica chamada "síndrome do coração partido" diante de um choque ou perda avassaladora. Página após página, as chances de encontrarmos problemas específicos se acumulam sem respostas: e se isso nos atingir pessoalmente?

Jó desafiou todas as probabilidades. Deus disse sobre ele: "Não há ninguém na terra como ele. É homem íntegro e correto, teme a Deus e se mantém afastado do mal" (JÓ 1:8). No entanto, Jó foi escolhido para sofrer perdas que desafiavam todas as probabilidades. De todas as pessoas na Terra, Jó tinha motivos para implorar por respostas. Está tudo lá para lermos, capítulo após capítulo, de sua luta desesperada para entender: "Por que eu?".

A história de Jó nos dá uma chance de compreender o mistério da dor inexplicável e do mal. Ao descrever o sofrimento e a confusão de um dos melhores exemplos do Deus de bondade e misericórdia (CAP.25), vemos que há uma alternativa à regra inflexível de semear e colher (4:7,8). Ao trazer uma história de fundo satânico (CAP.1) e um posfácio (42:7-17) do Deus que um dia permitiria que Seu Filho assumisse o nosso pecado, a história de Jó nos dá motivos para vivermos pela fé, e não por vista.

MART DEHAAN

Por que Deus por vezes permite o sofrimento sem explicação?
Como a história de Jó o ajuda a entender isso?

Deus da criação, Doador da vida,
Pai de nosso Senhor Jesus Cristo, por favor,
ajuda-nos a confiar em ti mais do que
no que vemos e sentimos.

A BÍBLIA EM UM ANO: 2 CRÔNICAS 1–3; JOÃO 10:1-23

28 DE MAIO LUCAS 6:32-38

BOA MEDIDA

Deem e receberão... v.38

Certo dia, no posto de gasolina, Sofia encontrou uma mulher que havia saído de casa sem o seu cartão do banco. Com o seu bebê no colo, ela pedia ajuda aos transeuntes. Sofia, mesmo desempregada, gastou R$ 60,00 para colocar gasolina no tanque dessa senhora. Dias depois, Sofia encontrou uma cesta com brinquedos e presentes na varanda de sua casa. Os amigos dessa estranha do posto haviam retribuído a gentileza de Sofia e convertido sua bênção de R$ 60,00 num Natal memorável.

Essa história emocionante ilustra o que Jesus fez quando disse: "Deem e receberão. Sua dádiva lhes retornará em boa medida, compactada, sacudida para caber mais, transbordante e derramada sobre vocês. O padrão de medida que adotarem será usado para medi-los" (LUCAS 6:38).

Pode ser tentador ouvir isso e focar no que ganharemos ao doar, mas isso é errado. Antes disso, Jesus disse: "amem os seus inimigos, façam-lhes o bem e emprestem a eles sem esperar nada de volta. Então a recompensa que receberão do céu será grande e estarão agindo, de fato, como filhos do Altíssimo, pois ele é bondoso até mesmo com os ingratos e perversos" (v.35).

Nós não doamos para conseguir coisas; doamos porque Deus se deleita com nossa generosidade. Nosso amor pelos outros reflete o Seu coração amoroso em relação a nós.

REMI OYEDELE

De que maneira você experimentou a generosidade de Deus em sua vida? Você pode estendê-la a outros?

Pai misericordioso, ajuda-me a doar generosamente, porque tu és muito generoso comigo.

A BÍBLIA EM UM ANO: 2 CRÔNICAS 4–6; JOÃO 10:24-42

29 DE MAIO ✦ **EFÉSIOS 4:14-24**

NA VIDEIRA VERDADEIRA...

*...Cristo habitará em seu coração
[...] Suas raízes se aprofundarão
em amor e os manterão fortes.*
EFÉSIOS 3:17

Minha conselheira me ouviu atentamente quando compartilhei sobre a montanha-russa emocional após uma semana cheia de estresse. Convidou-me a olhar pela janela as laranjeiras com seus galhos exuberantes balançando ao vento.

Mostrando que os troncos não se moviam ao vento, ela explicou: "Somos um pouco assim. Quando a vida 'sopra' contra nós de todas as direções, é claro que nossas emoções vão para cima e para baixo e ao redor. Mas, às vezes, vivemos como se tivéssemos apenas galhos. O objetivo é ajudá-la a encontrar o seu tronco. Assim, mesmo quando a vida estiver estressante, você não dependerá dos seus galhos e ainda estará segura e estável."

Essa imagem ficou gravada em mim e é semelhante àquela que Paulo forneceu aos novos cristãos. Lembrando-os do incrível dom de Deus — uma nova vida de enorme propósito e valor (EFÉSIOS 2:6-10), Paulo compartilhou o seu desejo de que eles se tornassem profundamente "enraizados" no amor de Cristo (3:17), não mais "empurrados por qualquer vento de novos ensinamentos" (4:14).

Sozinho é fácil sentir-se inseguro e frágil, atingido por nossos medos e inseguranças. Mas, à medida que crescemos em nossa verdadeira identidade em Cristo (vv.22-24), podemos experimentar profunda paz com Deus e uns com os outros (v.3), nutridos e sustentados pelo poder e pela beleza de Cristo (vv.15-16). *MONICA LA ROSE*

A sua identidade em Jesus o encoraja e o fortalece?

*Jesus, ajuda-nos a criar raízes
cada vez mais profundas em Teu amor.*

A BÍBLIA EM UM ANO: 2 CRÔNICAS 7–9; JOÃO 11:1-29

30 DE MAIO 🌿 **ECLESIASTES 2:17-25**

FAZER O QUE FOR PRECISO

*Pois quem pode comer ou desfrutar
algo sem ele?* v.25

Em um filme recente, um autoproclamado "gênio" fala sobre o "horror, corrupção, ignorância e pobreza" do mundo, declarando que a vida sem Deus é absurda. Embora isso não seja incomum em roteiros de filmes modernos, o interessante é para onde isso leva. No final, o personagem principal implora ao público para que faça o que for preciso para encontrar um pouco de felicidade. Para ele, isso inclui deixar a moralidade tradicional para trás.

Mas "fazer o que for preciso"? Para enfrentar o desespero com os horrores da vida, o escritor de Eclesiastes fez uma tentativa buscando a felicidade através do prazer (ECLESIASTES 2:1,10), de projetos grandiosos (vv.4-6), de riquezas (vv.7-9) e investigação filosófica (vv.12-16). E a conclusão dele? "Nada faz sentido; é como correr atrás do vento" (v.17). Nenhuma dessas coisas é imune à morte, ao desastre ou à injustiça (5:13-17).

Apenas uma coisa traz o escritor de Eclesiastes de volta do desespero. Apesar das provações, podemos encontrar satisfação quando Deus faz parte de nossa vida e trabalho: "Pois quem pode comer ou desfrutar algo sem ele?" (2:25). Às vezes a vida parece sem sentido, mas "Não se esqueça de seu Criador" (12:1). Não se esgote em tentar entender a vida, mas "tema a Deus e obedeça a seus mandamentos" (v.13).

Sem Deus como nosso centro, os prazeres e tristezas levam apenas à desilusão.

SHERIDAN VOYSEY

**Você busca a felicidade em coisas
que não duram?**

*Deus, hoje eu te coloco de novo no centro da minha vida,
trabalho, alegrias e decepções,
pois sem Tua presença nada fará sentido.*

A BÍBLIA EM UM ANO: 2 CRÔNICAS 10–12; JOÃO 11:30-57

31 DE MAIO — **FILIPENSES 2:12-18**

NÃO PRECISA FORÇAR A BARRA

...Deus está agindo em vocês, dando-lhes o desejo e o poder de realizarem aquilo que é do agrado dele. v.13

Meu pai e eu costumávamos derrubar árvores e cortá-las com um serrote de duas pontas. "Sendo jovem e forte, eu tentava forçar a serra no corte." "Não force, deixe a serra fazer o trabalho" dizia meu pai.

Penso nas palavras de Paulo em Filipenses 2:13. "Deus está agindo em vocês". Relaxe e permita que Ele faça o trabalho de nos transformar.

C. S. Lewis disse que o crescimento é muito mais do que ler e realizar o que Cristo disse. Ele explicou: "Cristo é uma Pessoa real e está agindo em seu favor, transformando-o gradual e permanentemente em um novo pequeno Cristo, um ser que compartilha de Seu poder, alegria, conhecimento e eternidade".

Deus está nesse processo hoje. Sente-se aos pés de Jesus e observe o que Ele tem a lhe dizer. Ore. Mantenha-se firme "no amor de Deus" (JUDAS 1:21), lembre-se o dia inteiro de que você lhe pertence. Descanse na certeza de que Ele está gradualmente o transformando. "Mas não devemos ter fome e sede de justiça?", você pergunta. Imagine uma criança pequena tentando pegar um presente no alto de uma prateleira, com os olhos brilhando de vontade. Seu pai, percebendo isso, lhe alcança o presente.

O trabalho é de Deus; a alegria é nossa. Deus está agindo. Nós chegaremos lá algum dia.

DAVID ROPER

**O que significa para você "é Deus que age em você"?
O que você deseja que Ele faça em sua jornada com Cristo?**

*Deus, sou grato por transformares o meu coração e atitudes.
Ajuda-me aprender de ti com humildade.*

A BÍBLIA EM UM ANO: 2 CRÔNICAS 13–14; JOÃO 12:1-26

★ TÓPICO DE JUNHO / **Generosidade**

GENEROSIDADE EXTRAORDINÁRIA

Por mais de um ano, Brenda Jones, de 69 anos, esperou na lista de doadores por um novo fígado. Conforme o calendário avançava, ela temia que seu transplante não ocorresse a tempo. No entanto, quando Brenda recebeu a notícia de que seria a próxima na fila do transplante, sentiu-se exultante. Mas, logo ela soube de outra mulher, de apenas 23 anos, que estava quase perecendo e tinha apenas algumas horas de vida. Sem questionar o que a sua decisão poderia lhe custar, Brenda cedeu o seu lugar dizendo: "Eu não teria conseguido viver com esse fígado doado, se eu tivesse deixado essa menina morrer". Felizmente, o hospital encontrou outro doador para Brenda, e as duas mulheres receberam o órgão que precisavam.

> *Somos chamados a amar com generosidade, como Jesus.*

Sempre que vemos alguém que oferece um presente que descarta flagrantemente o próprio interesse, mesmo um presente que pareça indevido ou tolo, nos surpreendemos. É por isso que a suprema história sobre a extraordinária generosidade — de Jesus entregando a Sua vida pelas mesmas pessoas que o assassinaram e derramando Seu perdão abundante sobre nós, embora não tivéssemos nada a oferecer em troca — nos atordoa. Não conseguimos imaginar esse incalculável altruísmo.

Ainda mais desconcertante é ouvir Jesus repetidamente nos encorajar a segui-lo, a viver como Ele viveu. Ao longo das Escrituras, somos chamados a entregar humildemente a nossa vida pelos outros, como Jesus (FILIPENSES 2:1-11). Somos chamados a amar com generosidade, como Jesus (JOÃO 15:9-17). Esses convites podem exigir que demos um tempo que não temos ou dinheiro que não podemos dispensar. Isso pode significar abrir mão de nossa reputação ou de nossas expectativas sobre como nossa vida deve se desenvolver. Pode parecer impossível, mas sempre que reunimos nossa coragem e seguimos Jesus, nós nos vemos entrando numa vida extraordinariamente generosa.

WINN COLLIER

1º DE JUNHO   🌿 **JOÃO 12:1-11**

★ *TÓPICO DE JUNHO: GENEROSIDADE*

DEMONSTRE BONDADE

Então Maria pegou um frasco de perfume caro [...], ungiu com ele os pés de Jesus e os enxugou com os cabelos. A casa se encheu com a fragrância do perfume. v.3

Poucos dias depois de ressuscitar Lázaro, o Senhor Jesus é convidado para uma refeição especial na casa de Marta, Maria e Lázaro. Nesta cena, cada um deles serve ao Mestre e seus convidados à sua forma. Marta cozinha, Maria lava os pés de Jesus e Lázaro senta-se à mesa para testemunhar o milagre. Dessa maneira, individualmente, conforme seus talentos, demonstram bondade aos presentes.

O modo como o fazem é extravagante. O perfume que Maria derrama sobre os pés de Cristo custava 300 moedas de prata, o que equivalia a quase um ano de salário na Palestina. Não houve economia, a totalidade do frasco de perfume foi entornada, manifestando assim generosidade no agradecimento ao Senhor.

Além disso, quando Maria solta seus cabelos para enxugar os pés do Mestre, ela está renunciando a sua honra para honrar ao Deus vivo. Na sociedade daquela época, somente mulheres consideradas sem pudor soltariam seus cabelos em público. Mas Maria evidencia que quando Deus age, nosso coração se dilata em atos públicos de adoração e bondade, renunciando a nós mesmos se for preciso.

O perfume que se derramou aos pés do Mestre espalhou sua fragrância por toda a casa, abençoando a todos os presentes. Isto é normalmente o que ocorre como consequência: nossos atos generosos para com Deus levam o bom perfume do evangelho a todos que nos cercam e a todas as nações.

JEREMIAS PEREIRA DA SILVA

**Demonstre bondade
enquanto você tem oportunidade.**

Senhor Jesus, que eu jamais seja econômico nas minhas demonstrações de bondade a ti e ao próximo.

A BÍBLIA EM UM ANO: 2 CRÔNICAS 15–16; JOÃO 12:27-50

2 DE JUNHO · **1 TIMÓTEO 6:17-19**

UM CORAÇÃO ABERTO E GENEROSO

Devem ser ricos em boas obras e
generosos com os necessitados,
sempre prontos a repartir. v.18

Depois que o carro da Vicki quebrou e sem a opção de reparo, ela começou a juntar dinheiro para adquirir outro. Cristiano é cliente no restaurante onde ela trabalha na janela do *drive-thru* e ouviu-a mencionar que precisava de um carro. "Eu não conseguia parar de pensar nisso e tive que fazer algo", disse Cristiano. Então ele comprou o carro usado que seu filho colocara à venda, lustrou-o e entregou as chaves a Vicki. Ela ficou chocada: "Quem faz isso?", questionou com espanto e gratidão.

A Bíblia nos ensina a viver com as mãos abertas, dando o máximo que pudermos, fornecendo o que é realmente o melhor para os necessitados. "Diga-lhes [aos ricos] que usem seu dinheiro para fazer o bem. Devem ser ricos em boas obras e generosos com os necessitados, sempre prontos a repartir" (1 TIMÓTEO 6:18). Não apenas realizarmos um ato benevolente aqui ou ali, mas vivermos num alegre espírito de doação. Ser generoso é o nosso modo de vida normal. Sejam "generosos com os necessitados, sempre prontos a repartir".

Se vivemos com o coração aberto e generoso, não precisamos temer ficar sem ter o que necessitamos, pois a Bíblia nos diz que, em nossa generosa compaixão, experimentaremos a verdadeira vida (v.19). Com Deus, viver genuinamente significa afrouxar o controle sobre o que temos e sermos livremente generosos com os outros. *WINN COLLIER*

O coração generoso de Deus
o encoraja a doar mais livremente?

Quero desprender-me do que tenho, ó Deus,
e ser generoso, como tu és. Transforma o meu coração
e ajuda-me a doar livremente.

A BÍBLIA EM UM ANO: 2 CRÔNICAS 17–18; JOÃO 13:1-20

3 DE JUNHO   🌿 **MATEUS 14:1-14**

COMPAIXÃO NO TRABALHO

Quando Jesus saiu do barco, viu a grande multidão, teve compaixão dela e curou os enfermos. v.14

Helena calcula a folha de pagamento de uma empresa de contabilidade. Isso pode parecer um trabalho simples, mas há vezes em que os empregadores enviam suas informações muito atrasadas. Helena compensa isso trabalhando longas horas para que os funcionários possam receber seu salário sem atraso. Ela faz isso por consideração às famílias que dependem desses fundos para comprar mantimentos, remédios e pagar por moradia.

A atitude de Helena com o seu trabalho demonstra o amor de Jesus. Na Terra, o Senhor às vezes ministrava às pessoas quando isso era inconveniente para Ele. Por exemplo, Cristo queria um tempo sozinho depois de ouvir que João Batista havia sido morto, então entrou em um barco em busca de um lugar isolado (MATEUS 14:13). Talvez precisasse lamentar por Seu parente e orar em meio a Sua tristeza.

Havia apenas um problema. Multidões iam atrás dele com várias necessidades físicas. Teria sido muito mais fácil mandar as pessoas embora, mas "Quando Jesus saiu do barco, viu a grande multidão, teve compaixão dela e curou os enfermos" (v.14).

Embora fosse parte do chamado de Jesus ensinar às pessoas e curar suas doenças ao ministrar na Terra, Sua empatia afetou a maneira como cumpria Suas responsabilidades. Que Deus nos ajude a reconhecer Sua compaixão em nossa vida e nos dê a força para transmiti-la aos outros!

JENNIFER BENSON SCHULDT

Você demonstra o amor de Deus quando assume suas responsabilidades diárias?

Querido Jesus, obrigado por atenderes às minhas necessidades espirituais e físicas.

A BÍBLIA EM UM ANO: 2 CRÔNICAS 19–20; JOÃO 13:21-38

4 DE JUNHO   🌿 **JOÃO 14:8-14**

FILHO DO MEU PAI

Quem me vê, vê o Pai! v.9

Eles olharam para a fotografia desbotada, depois para mim, depois para meu pai, depois para mim e depois para meu pai. Seus olhos se arregalaram. "Pai, você se parece com o vovô quando ele era jovem!" Meu pai e eu sorrimos porque já sabíamos disso há muito tempo, mas meus filhos somente agora tinham chegado à mesma conclusão. Embora meu pai e eu sejamos pessoas diferentes, num sentido muito real, ver-me é vê-lo como um homem mais jovem: corpo esguio e alto, cabelos escuros e cheios, nariz proeminente e orelhas grandes. Não, não sou o meu pai, mas definitivamente sou o filho do meu pai.

Certa vez, um seguidor de Jesus chamado Filipe perguntou: "Senhor, mostre-nos o Pai" (JOÃO 14:8). E mesmo que não tenha sido a primeira vez que Jesus já tinha demonstrado isso, a resposta dele ainda era motivo de hesitação: "Quem me vê, vê o Pai" (v.9). Diferentemente das semelhanças físicas entre o meu pai e eu, o que Jesus diz aqui é revolucionário: "Você não crê que eu estou no Pai e o Pai está em mim?" (v.10). Sua própria alma e os Seus atributos eram os mesmos de Seu Pai.

Naquele momento, Jesus estava indo direto ao ponto com Seus amados discípulos e conosco também: *Se você quer saber como Deus é, olhe para Mim.*

JOHN BLASE

Quais são algumas das características de Jesus (e do Pai) que ressoam fortemente com você e por quê? Como Ele tem moldado o seu caráter e as suas qualidades?

Jesus, quando as circunstâncias parecerem esmagadoras, lembra-me de que ver-te é ver o Pai. Ajuda-me a manter o meus olhar fixo em ti.

A BÍBLIA EM UM ANO: 2 CRÔNICAS 21–22; JOÃO 14

5 DE JUNHO 🌿 **TIAGO 1:2-5,12-21**

TENTAÇÃO ÚTIL

*...aceitem humildemente a palavra
que lhes foi implantada no coração,
pois ela tem poder para salvá-los.* v.21

Um monge do século XV, Tomás de Kempis, oferece no clássico *A imitação de Cristo* (Ed. Vozes, 2015) uma perspectiva sobre a tentação que pode ser surpreendente. Em vez de focar na dor e dificuldades que a tentação pode trazer, ele escreve: "As tentações são úteis porque podem nos tornar humildes, purificar-nos e nos ensinar". E explica: "A chave para a vitória é a verdadeira humildade e a paciência; nelas vencemos o inimigo".

Humildade e paciência. Como minha caminhada com Cristo seria diferente se eu respondesse assim à tentação! Reajo com vergonha, frustração e tentativas impacientes de me livrar da luta?

Mas as tentações e provações que enfrentamos não precisam ser sem propósito ou uma ameaça. Embora ceder à tentação possa nos trazer desgosto e destruição (TIAGO 1.13-15), quando nos voltamos a Deus com corações humildes buscando Sua sabedoria e graça, descobrimos que Ele é generoso e que não nos repreenderá por pedirmos (v.5). Pelo poder de Deus em nós, as nossas provações e lutas para resistir ao pecado nos tornam perseverantes, para que sejamos "maduros e completos", sem que nada nos falte (v.4).

Confiando em Jesus, não há razão para temermos. Como filhos amados de Deus, encontramos paz ao descansarmos em Seus braços amorosos, mesmo ao enfrentarmos tentações.   MONICA LA ROSE

**A atitude de humildade e paciência pode mudar
a sua reação à tentação ou provação?
De que maneira isso é libertador?**

*Jesus, entristeço-me ao perceber
quantas vezes quero enfrentar as tentações e lutas da vida
por conta própria, como se eu fosse autossuficiente
e não precisasse de ti. Obrigado por Teu infinito amor e paciência.*

A BÍBLIA EM UM ANO: 2 CRÔNICAS 23–24; JOÃO 15

6 DE JUNHO 🟢 **LUCAS 19:1-10**

NAS BORDAS DA MULTIDÃO

*Porque o Filho do Homem veio
buscar e salvar os perdidos.* v.10

Para ver as acrobacias de tirar o fôlego que os pilotos de motocicletas faziam numa demonstração de perícia, tive de ficar na ponta dos pés no meio da multidão. Ao redor, vi três crianças empoleiradas numa árvore próxima, aparentemente porque também não conseguiam chegar à frente da multidão para ver o show.

Observando-as no alto, lembrei-me de Zaqueu, que Lucas identifica como chefe dos cobradores de impostos (19:2). Os judeus viam os coletores de impostos como traidores por trabalharem para o governo romano coletando impostos de outros israelitas, além de frequentemente exigirem dinheiro adicional para cobrir suas contas bancárias pessoais. Portanto, Zaqueu provavelmente era marginalizado por sua comunidade.

Quando Jesus passou por Jericó, Zaqueu desejava vê-lo, mas não conseguia enxergar devido à multidão. Então, talvez se sentindo desesperado e sozinho, subiu numa figueira brava para vislumbrá-lo (vv.3,4). E foi lá, nos arredores da multidão, que Jesus o procurou e anunciou Sua intenção de se hospedar na casa dele (v.5).

A história de Zaqueu nos lembra de que Jesus "veio buscar e salvar os perdidos", oferecendo Sua amizade e o dom da salvação (vv.9,10). Mesmo que nos sintamos à margem de nossas comunidades, empurrados para fora, tenhamos a certeza de que, até lá, Jesus nos encontra.

LISA SAMRA

**Ao ser deixado de lado por amigos ou familiares,
Jesus o convidou a passar um tempo com Ele?**

*Jesus, obrigado por nunca teres simplesmente
passado por aqui quando sofremos, mas paraste para
nos convidar a ter comunhão contigo.*

A BÍBLIA EM UM ANO: 2 CRÔNICAS 25–27; JOÃO 16

7 DE JUNHO — LUCAS 10:30-37

PRECISANDO DE RESGATE

*Um samaritano, enquanto viajava,
chegou onde estava o homem; e
quando o viu, teve pena dele.* v.33

Aldo era adolescente e trabalhava sozinho num barco de pesca ancorado a cerca de 125 km da ilha de Sulawesi, na Indonésia, quando os ventos fortes derrubaram a cobertura do ancoradouro que desapareceu no mar. Por 49 dias, Aldo ficou no oceano. Toda vez que avistava um navio, acendia a lâmpada e tentava chamar a atenção dos marinheiros, apenas para se decepcionar. Cerca de dez navios passaram pelo adolescente desnutrido antes de ele ser resgatado.

Jesus contou uma parábola sobre alguém que precisava de resgate a um "especialista da lei" (LUCAS 10:25). Dois homens, um sacerdote e um levita viram o homem ferido enquanto viajavam. Mas, em vez de ajudá-lo, os dois atravessaram "para o outro lado da estrada" (vv.31,32). Não sabemos o porquê disso, pois ambos eram homens religiosos e familiarizados com a lei de Deus para amar o próximo (LEVÍTICO 19:17,18). Eles podem ter pensado que era muito perigoso. Ou talvez não quisessem violar as leis judaicas sobre tocar em cadáveres, o que os tornaria cerimonialmente impuros e incapazes de servir no Templo. Por outro lado, um samaritano, que era desprezado pelos judeus, agiu com nobreza ao ver o homem necessitado e desinteressadamente cuidou dele.

Jesus encerrou esse ensinamento com a ordem aos Seus seguidores: "Vá e faça o mesmo" (10:37). Que Deus nos dê a disposição para, em amor, estender ajuda aos outros.

POH FANG CHIA

**Como você pode colocar
o seu amor em ação hoje?**

*Deus, abre os meus olhos
para as necessidades ao meu redor e dá-me
a Tua compaixão pelos outros.*

A BÍBLIA EM UM ANO: 2 CRÔNICAS 28–29; JOÃO 17

8 DE JUNHO   🌿 **2 CORÍNTIOS 9:6-11**

★ *TÓPICO DE JUNHO: GENEROSIDADE*

DÊ TUDO O QUE VOCÊ TEM

*Cada um deve decidir em seu
coração quanto dar.* v.7

O termo escalonamento permite espaço para qualquer pessoa participar no mundo *fitness*. Se o exercício for flexão, talvez você possa fazer dez seguidas, mas eu posso fazer apenas quatro. O incentivo do instrutor para mim seria escalonar o número das flexões de acordo com o meu nível de condicionamento físico na época. Estamos em nível desigual, mas podemos seguir na mesma direção. Em outras palavras: "Faça suas quatro flexões com toda a sua força. Não se compare a ninguém. Escalone os movimentos e continue fazendo o que pode e um dia poderá se surpreender com o tempo em que faz sete e até dez repetições".

Quando se trata de doar, o apóstolo Paulo foi claro: "Deus ama quem dá com alegria" (2 CORÍNTIOS 9:7). Mas seu encorajamento aos cristãos em Corinto e a nós é uma variação dessa escala. "Cada um deve decidir em seu coração quanto dar" (v.7). Cada um de nós se encontra em diferentes patamares de doação e, às vezes eles mudam com o passar do tempo. A comparação não é benéfica, mas a atitude é. Considerando onde você está, "semeie com fartura" (v.6). Nosso Deus prometeu que a prática disciplinada de doar com alegria traz enriquecimento em todos os sentidos com uma vida abençoada que resulta em ações de "graças a Deus" (v.11).   *JOHN BLASE*

> **Como você descreveria a sua doação:
> Alegre? Relutante? Sob compulsão?
> Não se compare a ninguém ao meditar sobre
> como uma doação pode ser feita com alegria.**
>
> *Deus generoso, concede-me a sabedoria para
> não me comparar aos outros, força para semear generosamente
> e fé para deixar os resultados em Tuas mãos.*

A BÍBLIA EM UM ANO: 2 CRÔNICAS 30–31; JOÃO 18:1-18

9 DE JUNHO **MARCOS 11:15-18**

ADORAÇÃO PURA

*Meu templo será chamado casa de
oração para todas as nações...* v.17

José pastoreava uma igreja conhecida pelos programas e produções teatrais muito bem feitas; no entanto, ele temia que tais atividades tivessem se tornado o foco. A igreja crescia pelos motivos certos ou por causa da programação? Para descobrir, ele cancelou os eventos extras da igreja por um ano. Eles se concentrariam em ser um templo vivo onde as pessoas adorassem a Deus.

Essa decisão parece extrema, até você ver o que Jesus fez nas dependências do Templo em Jerusalém. O espaço sagrado, que deveria ser de orações, havia se tornado numa feira de negócios de adoração. "Compre as pombas aqui! Lírios brancos, como Deus quer!" Jesus derrubou as mesas dos cambistas e interrompeu os compradores. Furioso, citou Isaías 56 e Jeremias 7: "'Meu templo será chamado casa de oração para todas as nações', mas vocês o transformaram num esconderijo de ladrões!" (MARCOS 11:17). O espaço dos gentios, o lugar para as pessoas de fora adorarem a Deus, havia se tornado um mercado secular para obter lucro.

Não há nada de errado com negócios ou em se manter ocupado, mas esse não é o objetivo da Igreja. Somos o templo vivo de Deus e nossa principal tarefa é adorar a Jesus. Talvez não precisemos virar as mesas como Jesus fez, mas o Senhor pode estar nos chamando para fazer algo igualmente drástico.

MIKE WITTMER

**Por que você vai à igreja e se encontra
com os cristãos? Quais expectativas pessoais
o Espírito precisa mudar em você?**

*Pai, mostra-nos onde nossas expectativas
de adoração não te satisfazem. Ajuda-nos a ver
que tu és o mais importante.*

A BÍBLIA EM UM ANO: 2 CRÔNICAS 32–33; JOÃO 18:19-40

10 DE JUNHO   🌿 **1 PEDRO 3:13-18**

COISAS DE DEUS

*...se alguém lhes perguntar a respeito
de sua esperança, estejam sempre
preparados para explicá-la.* v.15

Os colegas de trabalho de Miguel sabiam pouco sobre o cristianismo, nem pareciam se importar. Mas sabiam que ele se importava. Aproximava-se a Páscoa, e alguém mencionou casualmente que ouvira dizer que a Páscoa tinha algo a ver com o êxodo do Egito e queria saber qual seria a conexão. Um deles disse: "Ei, Miguel, você sabe sobre essas coisas de Deus. O que é a Páscoa judaica?".

Miguel lhes explicou como Deus livrou os israelitas da escravidão no Egito. Contou-lhes sobre as dez pragas, incluindo a morte do primogênito em todas as casas. Explicou como o anjo da morte "passou sobre" as casas cujos batentes da porta estavam cobertos pelo sangue de um cordeiro sacrificado. Na sequência, falou como Jesus foi mais tarde crucificado na época da Páscoa de uma vez por todas, como o Cordeiro sacrificial. De repente, ele percebeu: *Estou testemunhando!*

Pedro, o discípulo, aconselhou a igreja numa cultura que não conhecia Deus. Ele disse: "...se alguém lhes perguntar a respeito de sua esperança, estejam sempre preparados para explicá-la" (v.15). Pelo fato de Miguel ter sido conhecido por sua fé, ele a compartilhou naturalmente, e o fez "de modo amável e respeitoso" (v.16).

Nós também podemos! Com a ajuda do Espírito Santo de Deus, podemos explicar em termos simples o que mais importa na vida, essas "coisas" sobre Deus.

TIM GUSTAFSON

**Por que Pedro sugere que compartilhemos a nossa fé
"de modo amável e respeitoso"?**

*Pai, ajuda-me a estar pronto para explicar
a esperança e o propósito que podes trazer à vida.*

A BÍBLIA EM UM ANO: 2 CRÔNICAS 34–36; JOÃO 19:1-22

11 DE JUNHO ISAÍAS 48:5-11,17

PERSPECTIVAS DO ALTO

*...e não repartirei minha glória
com outros.* v.11

Peter Welch era um jovem na década de 1970 que usava um detector de metais apenas como hobby. Mas, desde 1990, ele guia pessoas de todo o mundo em excursões para a detecção de metais. Juntos, descobriram milhares de: espadas, joias antigas, moedas. Usando o *Google Earth*, um programa de computador baseado em imagens de satélite, procuram padrões nas terras agrícolas no Reino Unido. O mapa lhes mostra onde as estradas, construções e outras estruturas de séculos atrás poderiam estar. Welch diz: "Ter uma perspectiva vista de cima abre um mundo totalmente novo".

O povo de Deus nos dias de Isaías precisava de "uma perspectiva do alto". Eles se orgulhavam de serem o Seu povo, mas eram desobedientes e se recusavam a abandonar seus ídolos. Deus tinha outra perspectiva. Apesar da rebelião deles, Ele os resgataria do cativeiro babilônico. Por quê? "Por minha própria causa. [...] não repartirei minha glória a outro" (ISAÍAS 48:11). A perspectiva de Deus "lá do alto" é que a vida é para Sua glória e propósito — não o nosso. Nossa atenção deve ser dada a Ele e a Seus planos e a encorajar outras pessoas a louvá-lo também.

A glória de Deus como projeto de vida abre um mundo totalmente novo. Somente Ele sabe o que descobriremos sobre Ele e o que tem para nós. Deus nos ensinará o que é bom para nós e nos conduzirá pelos caminhos que devemos seguir (v.17). ANNE CETAS

Qual o motivo do seu louvor a Deus hoje?

*Deus, quero que a minha vida reflita a ti e não a mim.
Ensina-me e transforma-me.*

A BÍBLIA EM UM ANO: ESDRAS 1–2; JOÃO 19:23-42

12 DE JUNHO ÊXODO 17:8-13

JUNTOS, VENCEMOS

*É melhor serem dois que um. [...] Se
um cair, o outro o ajuda a
levantar-se.* ECLESIASTES 4:9,10

No meio da noite, o pastor Samuel Baggaga recebeu uma ligação pedindo que ele fosse à casa de um membro da igreja. Ao chegar, encontrou uma casa consumida pelo fogo. O pai, mesmo queimado, retirou do interior da casa a sua filha inconsciente. O hospital, nesse cenário rural de Uganda, ficava a 10 quilômetros de distância. Sem transporte disponível, o pastor e o pai começaram a correr para o hospital com a criança. Quando um deles se cansava de carregar a garota ferida, o outro assumia. Juntos, eles fizeram a jornada; o pai e a filha foram tratados e recuperaram-se totalmente.

Em Êxodo 17:8-13, o Senhor orquestrou uma grande vitória que incluía os esforços de Josué, que liderou os combatentes no campo de batalha, e Moisés, que manteve as mãos levantadas enquanto segurava "a vara de Deus". Quando as mãos de Moisés se cansavam, Arão e Hur ajudavam, cada um, segurando uma de suas mãos até o pôr do sol e a derrota do inimigo.

O valor da interdependência nunca pode ser subestimado. Deus, em Sua bondade, providencia graciosamente as pessoas como Seus agentes para o bem mútuo. Ouvidos atentos, mãos prestativas; palavras sábias, confortadoras e corretivas — esses e outros recursos chegam até nós e através de nós para outros. Juntos, vencemos e Deus recebe a glória!

ARTHUR JACKSON

**Em que momentos da sua vida você se
beneficiou do apoio de outras pessoas? Quem você conhece
que precisa de sua presença neste momento?**

*Pai, obrigado por aqueles que graciosamente
providenciaste em minha vida e por
aqueles com os quais me permitiste compartilhar a vida
para nosso bem mútuo e Tua glória.*

A BÍBLIA EM UM ANO: ESDRAS 3–5; JOÃO 20

13 DE JUNHO — **EZEQUIEL 18:25-32**

ELE ME TRANSFORMOU

...se os perversos se afastarem de sua perversidade e fizerem o que é justo e certo, preservarão a vida. v.27

Quando João, que administrava o maior bordel de Londres, foi preso, ele pensava erroneamente que *era um sujeito legal*. Enquanto esteve preso, decidiu participar dos estudos bíblicos por causa do bolo e do café que ali serviam, mas ficou impressionado ao perceber como os outros presos pareciam felizes. Ele começou a chorar durante a primeira música e, na sequência, recebeu uma Bíblia. A leitura sobre o profeta Ezequiel o transformou, atingindo-o "como um raio". João leu: "...se os perversos se afastarem de sua perversidade e fizerem o que é justo e certo, preservarão a vida" (EZEQUIEL 18:27,28). A Palavra de Deus ganhou vida e ele percebeu: "Eu não era um sujeito legal, era mau e precisava mudar". Enquanto orava com o pastor, disse-lhe: "Encontrei Jesus Cristo e Ele me transformou".

Essas palavras de Ezequiel foram ditas ao povo de Deus quando estavam no exílio. Embora tivessem se afastado de Deus, Ele desejava que se livrassem de suas ofensas e tivessem "um coração novo e um espírito novo" (v.31). Essas palavras o ajudaram a se arrepender e a viver (v.32) à medida que caminhava com Jesus, Aquele que chamou os pecadores ao arrependimento (LUCAS 5:32).

Que possamos responder ao Espírito que nos convence do pecado, para que também desfrutemos do perdão e da liberdade.

AMY BOUCHER PYE

Em que áreas da vida você poderia "se arrepender e viver"?

Deus, querido Pai, obrigado por me conscientizares do meu comportamento pecaminoso através do Teu Espírito Santo. Convence o meu coração a ponto de eu me arrepender e receber Teu perdão.

A BÍBLIA EM UM ANO: ESDRAS 6–8; JOÃO 21

14 DE JUNHO 🌿 **GÁLATAS 6:7-10**

FIÉIS ATÉ A COLHEITA

*Não nos cansemos de
fazer o bem.* v.9

Conheço uma mulher que planejou um evento no parque e convidou todas as crianças do bairro para participar. Ela estava animada com a oportunidade de compartilhar sua fé com os vizinhos. Recrutou seus três netos e dois alunos do Ensino Médio para ajudá-la, dividiu as tarefas, planejou os jogos e as atividades, preparou comida, uma história bíblica sobre Jesus para apresentar às crianças e esperou que chegassem.

Ninguém apareceu no primeiro dia nem no segundo nem no terceiro. No entanto, todos os dias ela passava as atividades daquele dia com seus netos e ajudantes. No quarto dia, ela notou uma família fazendo piquenique nas proximidades e convidou as crianças para participarem dos jogos. Uma menininha apareceu, entrou na brincadeira, comeu com eles e ouviu a história sobre Jesus. Talvez daqui a alguns anos ela se lembre. Quem sabe qual será o resultado? Deus, no livro de Gálatas, nos encoraja: "Não nos cansemos de fazer o bem, pois, no momento oportuno, teremos uma colheita de bênçãos, se não desistirmos. Por isso, sempre que tivermos oportunidade, façamos o bem a todos..." (6:9,10).

Não se preocupe com números ou outras medidas visíveis de sucesso. Nosso trabalho é ser fiel ao que Ele quer que façamos e depois deixar a colheita para o Senhor. Deus determina os resultados.

DAVID ROPER

**Quais os seus melhores planos que deram errado?
Você confia em Deus para o resultado, apesar da decepção?**

*Deus, sou grato por seres o responsável pelos resultados.
Ajuda-me a fazer o que tu pedes, não importa o quê.*

A BÍBLIA EM UM ANO: ESDRAS 9–10; ATOS 1

15 DE JUNHO 🌎 **1 TIMÓTEO 6:17-19**

★ *TÓPICO DE JUNHO: GENEROSIDADE*

SENDO GENEROSO

*Devem ser ricos em boas obras e
generosos com os necessitados,
sempre prontos a repartir.* v.18

Kelly passou pelo corredor estreito do avião com sua filha de 11 meses, Lucy, e a máquina de oxigênio do bebê. Elas estavam viajando para procurar tratamento para a doença pulmonar crônica do bebê. Logo depois de se acomodar em seu assento compartilhado, uma aeromoça se aproximou de Kelly, dizendo-lhe que um passageiro de primeira classe queria trocar de lugar com ela. Com lágrimas de gratidão escorrendo pelo rosto, Kelly caminhou de volta pelo corredor até o assento mais espaçoso, enquanto o generoso estranho se dirigiu para o dela.

O benfeitor de Kelly demonstrou o tipo de generosidade que Paulo encoraja em sua carta a Timóteo. Paulo disse-lhe para instruir os que estavam sob seus cuidados com a ordem de "fazer o bem, ser ricos em boas obras e generosos com os necessitados, sempre prontos a repartir" (1 TIMÓTEO 6:18). Paulo diz que é tentador tornar-se arrogante e depositar nossa esperança nas riquezas deste mundo. Em vez disso, ele sugere que nos concentremos em sermos generosos e que sirvamos aos outros, tornando-nos "ricos" em boas obras, como o generoso homem do assento no voo de Kelly.

Quer tenhamos muito ou pouco, todos nós podemos ser generosos ao nos dispormos a compartilhar o que temos com os outros. Quando o fazemos, Paulo diz que experimentaremos "a verdadeira vida" (v.19). *KIRSTEN HOLMBERG*

Com quem você pode compartilhar generosamente hoje?

*Deus, por favor, dá-me um espírito generoso
ao renovar minha esperança em ti.*

A BÍBLIA EM UM ANO: NEEMIAS 1–3; ATOS 2:1-21

16 DE JUNHO 🌱 **JEREMIAS 11:9-13**

ÍDOLOS POR PRECAUÇÃO

Voltaram aos pecados de seus
antepassados. Não quiseram me
ouvir e adoraram outros deuses. v.10

Samuel checa sua conta de aposentadoria duas vezes ao dia. Ele economizou por 30 anos e, com o mercado de ações em ascensão, finalmente tem o suficiente para se aposentar, desde que as ações não caiam. O medo o mantém preocupado com os movimentos da bolsa de valores.

Jeremias alertou sobre isso: "Vejam, habitantes de Judá, seus deuses são tão numerosos quanto suas cidades! Seus altares vergonhosos, altares para queimar incenso [...] são tão numerosos..." (11:13)! A idolatria de Judá é assombrosa, pois sabiam que o Senhor é Deus. Como podiam adorar outros deuses? Eles se precaviam investindo em mais de um. Precisavam do Senhor para a vida após a morte, porque somente o Deus verdadeiro poderia ressuscitá-los dentre os mortos. Mas e agora? Os deuses pagãos prometiam saúde, riqueza e fertilidade, então por que não orar a eles também, apenas por precaução?

Você reconhece que a idolatria de Judá também é a nossa? É bom ter talento, educação e dinheiro. Mas, se não tomarmos cuidado, poderemos depositar nisso a nossa confiança. Sabemos que precisaremos de Deus quando morrermos e pedimos que Ele nos abençoe agora. Contudo, por precaução, também reverenciamos esses deuses menores.

E onde está a sua confiança? Quais são os seus ídolos de retaguarda? Agradeça a Deus por suas muitas dádivas e diga-lhe que não confia em nenhuma delas e que sua fé se fundamenta somente nele.

MIKE WITTMER

O que você tende a transformar em ídolo?

Pai, toda a minha esperança está em ti.
Ajuda-me a confiar somente em Tua Pessoa,
não em minhas habilidades e bens.

A BÍBLIA EM UM ANO: NEEMIAS 4–6; ATOS 2:22-47

17 DE JUNHO — **MARCOS 14:1-9**

DANÇANDO DIANTE DO SENHOR

Alguns dos que estavam à mesa ficaram indignados. "Por que desperdiçar um perfume tão caro?" v.4

Há alguns anos, Carolyn e eu visitamos uma pequena igreja onde, durante o culto, uma mulher começou a dançar no corredor. Logo outros se juntaram a ela. Carolyn e eu olhamos um para o outro e um acordo tácito passou entre nós: "Não eu!". Nós viemos de igrejas com liturgias mais formais, e esse tipo de culto ia muito além da nossa zona de conforto.

Mas, se a história do desperdício de Maria significa alguma coisa, isso sugere que nosso amor por Jesus pode se expressar de uma maneira que os outros acham desconfortável (MARCOS 14:1-9). O perfume de Maria lhe custou um ano de salário. Foi um ato "imprudente" que evidenciou o desprezo dos discípulos. A palavra que Marcos usa para descrever a reação deles significa "bufar" e sugere desdém e zombaria. Maria pode ter se encolhido num canto, temendo a reação de Jesus. Mas Ele a elogiou por seu ato de devoção e a defendeu contra Seus próprios discípulos, pois Jesus viu o amor que a levou a agir, apesar de alguns terem considerado isso algo impraticável. Ele disse: "Deixem-na em paz. Por que a criticam por ter feito algo tão bom para mim?" (v.6).

Há formas diferentes de adoração: informal, formal, silenciosa, exuberante, que representam um sincero derramamento de amor por Jesus. Ele é digno de toda adoração que vem de um coração de amor.

DAVID ROPER

Como podemos mudar nossos pensamentos sobre uma forma de adoração que está fora da nossa zona de conforto?

Curvo-me diante de ti, Deus Todo-Poderoso, e te adoro agora. Tu és digno dos mais altos louvores e adoração.

A BÍBLIA EM UM ANO: NEEMIAS 7–9; ATOS 3

18 DE JUNHO   🌱 **2 REIS 22:1,2,8-13**

DIRETO EM FRENTE

Josias fez o que era certo aos olhos do Senhor [...] não se desviando nem para um lado nem para o outro. v.2

Antigamente eram necessários o olhar e a mão firme de um fazendeiro para dirigir um trator ou colheitadeira por linhas retas. Mas até os melhores olhos se sobrepunham às fileiras e, no final do dia, até as mãos mais fortes se cansavam. Hoje temos a direção automática e tecnologia em GPS permitindo a precisão de quase 3 cm ao plantar, cultivar e pulverizar. É eficiente e dispensa as mãos. Imagine-se sentado numa gigantesca colheitadeira comendo o seu sanduíche sem segurar o volante. Tecnologia incrível para mantê-lo seguindo em frente.

Você se lembra de Josias. Ele foi coroado rei quando tinha apenas "8 anos" (2 REIS 22:1). Tempos depois, já com 20 e poucos anos, o sumo sacerdote Hilquias encontrou "o Livro da Lei" no Templo (v.8). Este foi então lido para o jovem rei, que rasgou suas vestes de tristeza devido à desobediência de seus antepassados a Deus. Josias começou a fazer o que era "certo aos olhos do Senhor" (v.2). O livro tornou-se uma ferramenta para orientar as pessoas, para que não se desviassem para a direita ou esquerda. As instruções de Deus estavam lá para esclarecer o que fosse necessário.

Permitir que as Escrituras nos guiem dia após dia mantém a nossa vida alinhada com o conhecimento de Deus e de Sua vontade. A Bíblia é uma ferramenta incrível que, se seguida, nos mantém seguindo em frente.

JOHN BLASE

Quais partes das Escrituras Deus tem utilizado para manter a sua vida nos trilhos?

Deus, as Escrituras são um presente que nos trazem a verdade e a liberdade. Ajuda-me a ter fome e sede de Tuas palavras.

A BÍBLIA EM UM ANO: NEEMIAS 10–11; ATOS 4:1-22

19 DE JUNHO   🌿 **ECLESIASTES 3:1-14**

VALORIZE OS MOMENTOS

E, no entanto, Deus fez tudo apropriado para seu devido tempo. v.11

Su Dongpo (também conhecido como Su Shi) foi um dos maiores poetas e ensaístas de seu país. Enquanto exilado e contemplando a lua cheia, escreveu um poema para descrever o quanto sentia falta do irmão. "Nós nos alegramos e sofremos, reunimo-nos e partimos, enquanto a Lua cresce e diminui. Desde os tempos antigos, nada permanece perfeito. Que nossos entes queridos vivam por muito tempo e contemplem juntos essa bela cena a milhares de quilômetros de distância."

Seu poema traz temas encontrados no livro de Eclesiastes. O autor, conhecido como o Mestre (1:1), observou que "há tempo de chorar, e tempo de rir [...] tempo de abraçar, e tempo de se afastar" (3:4,5). Ao combinar duas atividades contrastantes, o Mestre, como Su Dongpo, parece sugerir que todas as coisas boas devem inevitavelmente chegar ao fim.

Como Su Dongpo viu o surgimento e o declínio da Lua como outro sinal de que nada permanece perfeito, o Mestre também viu na criação a ordenação providencial de Deus, do mundo que Ele havia feito. Deus supervisiona o curso dos eventos, e "Deus fez tudo apropriado para seu devido tempo" (v.11).

Às vezes a vida pode ser imprevisível e cheia de separações dolorosas, mas podemos nos animar, pois tudo acontece sob o olhar do Senhor. Podemos aproveitar a vida e valorizar os momentos, o bom e o ruim, porque nosso Deus amoroso está conosco. *POH FANG CHIA*

Quais situações você evita por temer a imprevisibilidade da vida?

Pai amoroso, sou grato por cuidares de todas as situações da minha vida. Ajuda-me a confiar em ti e aproveitar a vida que me concedeste.

A BÍBLIA EM UM ANO: NEEMIAS 12–13; ATOS 4:23-37

20 DE JUNHO ISAÍAS 8:16-18

DEUS ESTÁ AÍ?

*Esperarei pelo Senhor [...] porei
nele minha esperança.* v.17

Leila estava morrendo de câncer, e Timóteo não conseguia entender por que um Deus amoroso a deixava sofrer. Ela o servira fielmente como professora de ensino bíblico e mentora para muitos. "Por que o Senhor permitiu isso?", chorou. No entanto, Timóteo continuou fiel em sua caminhada com Deus.

"Então, por que você ainda acredita em Deus?", perguntei-lhe. "O que o impede de se afastar dele?" "Por causa do que aconteceu antes", disse Timóteo. Embora ele não pudesse *ver* Deus agora, lembrava-se dos momentos em que Deus o havia ajudado e protegido. Esses eram os sinais de que Deus ainda cuidava de sua família. "Sei que o meu Deus virá à Sua maneira", dizia.

As palavras de Timóteo ecoam a confiança do profeta (ISAÍAS 8:17). Mesmo quando ele não podia sentir a presença de Deus enquanto seu povo se preparava para o enfrentar seus inimigos, ele esperava pelo Senhor. Confiava em Deus por causa dos sinais que tinha dado de Sua contínua presença (v.18).

Há momentos em que podemos sentir como se Deus não estivesse conosco em nossas dificuldades. É aí que dependemos do que podemos ver das Suas obras em nossa vida, no passado e no presente. São os lembretes visíveis do Deus invisível que está sempre conosco e responderá à Sua maneira no Seu próprio tempo.

LESLIE KOH

**Que sinais você pode ver do agir de Deus em sua vida?
Como eles podem relembrá-lo de que você
ainda pode confiar nele e receber esperança e consolo?**

*Pai, obrigado por sempre estares ao meu lado.
Dá-me força para confiar em ti, mesmo quando
não entender o que estiver acontecendo.*

A BÍBLIA EM UM ANO: ESTER 1–2; ATOS 5:1-21

21 DE JUNHO — 2 CORÍNTIOS 4:7-18

OLHOS ETERNOS

...não olhamos para aquilo que agora podemos ver; [...] fixamos o olhar naquilo que não se pode ver. v.18

Minha amiga Madalena ora para que os seus filhos e netos mantenham o olhar no que é eterno. A família dela passou por momentos tumultuados, o que culminou com a morte de sua filha. À medida que sofrem com essa perda, Madalena deseja que sejam cada vez menos míopes, menos consumidos pela dor deste mundo. Quer que se concentrem no que é eterno e permaneçam cheios de esperança em nosso Deus amoroso.

Paulo e seus cooperadores sofreram muito nas mãos dos perseguidores e até de cristãos que tentaram desacreditá-los. Porém, eles mantiveram o olhar fixo na eternidade. Ele reconheceu com ousadia que "não olhamos para aquilo que agora podemos ver; em vez disso, fixamos o olhar naquilo que não se pode ver. Pois as coisas que agora vemos logo passarão, mas as que não podemos ver durarão para sempre" (v.18).

Embora estivessem realizando a obra de Deus, estavam "de todos os lados pressionados por aflições", "perplexos" e "derrubados" (vv.8,9). Deus não deveria tê-los livrado desses problemas? Mas, em vez de desapontar-se, Paulo baseou sua esperança na "glória que pesa mais que todas as angústias" (v.17). Ele sabia que o poder de Deus estava agindo nele e estava convicto de que aquele "que ressuscitou o Senhor Jesus, também nos ressuscitará com Jesus..." (v.14).

Quando o mundo ao nosso redor parecer instável, voltemos os nossos olhos a Deus — a Rocha eterna que nunca será destruída.

ESTERA PIROSCA ESCOBAR

Elevo os meus olhos a ti hoje, ó Deus.
Dá-me um vislumbre da segurança que tenho em ti.

A BÍBLIA EM UM ANO: ESTER 3–5; ATOS 5:22-42

22 DE JUNHO ● **DEUTERONÔMIO 26:12-15**

★ *TÓPICO DE JUNHO: GENEROSIDADE*

A CONTA É PAGA

...entreguem seus dízimos aos levitas, aos estrangeiros, aos órfãos e às viúvas. v.12

"O que aconteceu com você?", perguntou Zeal, um empresário nigeriano, enquanto se inclinava sobre uma cama de hospital em Lagos. "Alguém atirou em mim", respondeu o jovem, com a coxa enfaixada. Embora o rapaz ferido estivesse bem o suficiente para voltar para casa, ele não seria liberado até que pagasse sua conta, uma política seguida por muitos hospitais do governo da região. Depois de Zeal consultar um assistente social, ele cobriu os custos do jovem anonimamente com o fundo de caridade que criou como forma de expressar sua fé cristã. Em contrapartida, ele espera que os que receberem essas dádivas um dia também as deem a outros.

O tema da retribuição à generosidade de Deus ecoa por toda a Bíblia. Por exemplo, quando Moisés instruiu os israelitas sobre como viver na Terra Prometida, disse-lhes para retribuir a Deus primeiro (vv.1-3) e cuidar dos necessitados: os estrangeiros, órfãos e viúvas (v.12). Por viverem numa "terra que produz leite e mel com fartura" (v.15), eles deveriam demonstrar o amor de Deus aos necessitados.

Nós também podemos espalhar o amor de Deus através da partilha de nossos bens materiais, grandes ou pequenos. Podemos não ter a oportunidade de doar pessoalmente exatamente conforme Zeal o fez, mas podemos pedir a Deus que nos mostre como doar ou quem precisa de nossa ajuda.

AMY BOUCHER PYE

Se você já recebeu uma dádiva inesperada, como você reagiu?

Deus, abre meus olhos às necessidades materiais e espirituais das pessoas próximas e distantes de mim. Ensina-me a saber como ajudar.

A BÍBLIA EM UM ANO: ESTER 6–8; ATOS 6

23 DE JUNHO 🌿 **1 SAMUEL 15:10-18**

SUBESTIMANDO-NOS

Samuel respondeu: "Embora [...]
você se considerasse insignificante
[...] o Senhor o ungiu rei...". v.17

O jovem se tornou o capitão de seu time. Os profissionais do esporte agora eram liderados por um garoto de atitude mansa que mal precisava se barbear e sem entusiasmo pela tarefa. Inflexível com o treinador e seus companheiros de equipe, murmurou clichês na entrevista à imprensa. A equipe se saiu mal naquela temporada e, no final, o jovem capitão foi negociado. Ele não entendeu que precisava liderar, ou talvez ele nunca acreditou que poderia.

Devido a suas falhas, Saul se considerava insignificante (1 SAMUEL 15:17), o que é engraçado de se dizer sobre alguém descrito como alto. "Era tão alto que os outros chegavam apenas a seus ombros" (9:2). E, no entanto, não era assim que ele se via. De fato, suas ações no capítulo mostram que ele tenta obter a aprovação do povo, pois não entendera completamente que havia sido Deus, não as pessoas, que o escolhera e lhe dera uma missão.

Mas o erro de Saul é uma imagem do fracasso de todo ser humano: podemos esquecer que fomos criados à imagem de Deus para refletir Seu governo e acabamos abusando de nossa autoridade — espalhando destruição no mundo. Para desfazer isso, precisamos voltar a Deus: permitir que o Pai nos defina por Seu amor, que Ele nos encha com o Seu Espírito e que Jesus nos envie ao mundo.

GLENN PACKIAM

Que tarefa Deus lhe deu que você se sente
incapaz de realizar? Por que é vital ter sua identidade
baseada no que Deus diz que é verdade?

Querido Pai, dá-me olhos para me ver
como tu me vês e concede-me a graça de realizar fielmente
o chamado que me confiaste.

A BÍBLIA EM UM ANO: ESTER 9-10; ATOS 7:1-21

24 DE JUNHO 🌿 **APOCALIPSE 1:4-7**

PERDOADOR DA DÍVIDA

Toda a glória seja àquele [Jesus Cristo] que nos ama e nos libertou de nossos pecados por meio de seu sangue. v.5

Pasmos é a palavra que descreve a reação dos formandos na cerimônia de graduação de 2019 no *Morehouse College*, nos EUA. O orador da formatura anunciou que doaria milhões de dólares para pagar a dívida de toda aquela turma. Um estudante com empréstimos no valor de 100 mil dólares estava entre os graduandos que expressaram sua alegria com lágrimas e gritos.

A maioria de nós, de alguma forma, já contraiu dívidas: pagamento de casa, veículos, educação, despesas médicas ou outras coisas. Mas também conhecemos o incrível alívio de uma dívida "PAGA"!

Depois de declarar Jesus como "a testemunha fiel, o primeiro a ressuscitar e o governante de todos reis da terra", João reconheceu com adoração a Sua obra que apagou as dívidas: "àquele que nos ama e nos libertou de nossos pecados por meio de seu sangue" (APOCALIPSE 1:5). Essa afirmação é simples, mas seu significado é profundo. Melhor do que o anúncio surpresa que os formandos ouviram são as boas novas de que a morte de Jesus (o derramamento de Seu sangue na cruz) nos liberta da penalidade que nossas atitudes, desejos e ações pecaminosas merecem. Como essa dívida foi satisfeita, aqueles que creem em Jesus são perdoados e se tornam parte da família do reino de Deus (v.6). Esta é a melhor de todas as boas notícias!

ARTHUR JACKSON

Se você ainda não recebeu o perdão dos seus pecados pela fé em Cristo, o que o impede de aceitar esse dom gratuito dele?

Jesus, sou grato por Tua morte na cruz, que pagou a minha dívida! Muito obrigado.

A BÍBLIA EM UM ANO: JÓ 1–2; ATOS 7:22-43

25 DE JUNHO 🌿 **MATEUS 13:18-23**

FÉ PROFUNDAMENTE ENRAIZADA

E as que caíram em solo fértil representam os que ouvem e entendem a mensagem... v.23

A árvore conhecida como o *Carvalho Santo* ao lado da Igreja Presbiteriana de *Basking Ridge*, em Nova Jersey, EUA, durou mais de 600 anos até ser removida. Em seu auge, os galhos se estendiam espaçosos e a brisa agitava suas folhas. O sol espiava por brechas sopradas pelo vento, criando vislumbres de luz à sombra da cobertura. Seu sistema radicular era magnífico. A raiz principal de um carvalho cresce verticalmente e garante um suprimento confiável de alimento. A partir da raiz principal, as raízes se espalham horizontalmente para fornecer umidade e nutrientes. Esse intrincado sistema radicular geralmente cresce mais forte do que a árvore que suporta e serve como tábua de salvação e âncora para estabilizar o tronco.

Como o carvalho, grande parte do nosso crescimento ocorre sob a *superfície*. Ao explicar a parábola do semeador aos discípulos, Jesus ressaltou a importância de estarmos firmados num relacionamento pessoal com o Pai. Ao crescermos no conhecimento de Deus revelado nas Escrituras, nossas raízes de fé são sustentadas pelo Seu Espírito. Deus fortalece os Seus seguidores por meio de circunstâncias, provações, perseguições e preocupações em constante mudança (MATEUS 13:18-23).

Nosso Amoroso Pai nutre o nosso coração com a Sua Palavra. À medida que o Seu Espírito transforma o nosso caráter, Ele garante que o fruto de nossa fé profundamente enraizada se torne evidente para as pessoas ao nosso redor. — XOCHITL E. DIXON

*Pai Amoroso, por favor,
transforma-nos de dentro para fora
ancorando nossa fé nas Escrituras imutáveis.*

A BÍBLIA EM UM NA: JÓ 3–4; ATOS 7:44-60

26 DE JUNHO   🌿 **JUÍZES 5:19-21**

BATA DE NOVO

*...que eu marche adiante
com coragem!* v.21

Em 2012, três jovens lançaram a música *Tell Your Heart to Beat Again* (Diga ao seu coração para bater novamente), a qual foi inspirada na história de um cirurgião cardiovascular. Após remover o coração da paciente para repará-lo, o cirurgião o devolveu ao peito e começou a massageá-lo suavemente de volta à vida. Mas ele não batia. Tomaram medidas intensas, mas o coração ainda não batia. Finalmente, o cirurgião se ajoelhou ao lado da paciente inconsciente dizendo: "Sou o seu cirurgião. Tudo correu perfeitamente. Seu coração foi reparado, diga-lhe para bater de novo". E ele começou a bater.

Dizer ao coração físico para fazer algo pode parecer estranho, mas isso tem paralelos espirituais. Diz o salmista: "Por que você está tão abatida, ó minha alma? [...] Espere em Deus" (SALMO 42:5). "Volte, minha alma, a descansar, pois o Senhor lhe tem sido bom" (116:7). Após derrotar os inimigos de Israel, a juíza Débora revelou que também havia falado com o seu coração durante a batalha dizendo: "que eu marche adiante com coragem" (JUÍZES 5:21), porque o Senhor prometeu a vitória (4:6,7).

Nosso capacitado Cirurgião retificou o nosso coração (SALMO 103:3). Então, quando o medo, a depressão ou a condenação vierem, talvez também devêssemos falar com a nossa alma e lhe dizer: Marche com coragem! Seja forte! Coração fraco, bata novamente!   SHERIDAN VOYSEY

Quais palavras da Bíblia você precisa falar à sua alma hoje?

*Médico dos médicos, obrigado por estares comigo
em todas as provações e batalhas. Por prometeres a Tua presença,
instruirei minha alma a agir com coragem.*

A BÍBLIA EM UM ANO: JÓ 5–7; ATOS 8:1-25

27 DE JUNHO 🌿 **JOÃO 15:1-11**

UM DUETO DIVINO

Quem permanece em mim, e eu
nele, produz muito fruto. v.5

No recital de música infantil, observei o professor e o aluno sentarem-se diante do piano. Antes de começarem o dueto, o professor se inclinou e sussurrou algumas instruções de última hora. À medida que a música fluía, notei que o aluno tocava uma melodia simples, enquanto o acompanhamento do professor acrescentava profundidade e riqueza à música. Perto do final, o professor assentiu em aprovação.

Nossa vida com Jesus é muito mais um dueto do que uma performance solo. Às vezes, porém, esqueço-me de que Ele está "ao meu lado" e que por Seu poder e orientação eu posso "tocar". Tento executar as notas certas por conta própria, obedecer ao Mestre com minhas próprias forças, mas isso geralmente acaba parecendo falso e vazio. Tento lidar com problemas com a minha capacidade limitada, mas o resultado geralmente gera discórdias.

A presença do meu Mestre faz toda a diferença. Quando confio em Jesus para me ajudar, minha vida torna-se mais honrosa a Deus. Sirvo com alegria, amo livremente e surpreendo-me quando Deus abençoa meus relacionamentos. É como Jesus disse aos Seus discípulos: "Quem permanece em mim, e eu nele, produz muito fruto. Pois, sem mim, vocês não podem fazer coisa alguma" (JOÃO 15:5).

Todos os dias formamos um dueto com nosso bom Mestre — é a Sua graça e poder que carregam a melodia de nossa vida espiritual.

JENNIFER BENSON SCHULDT

Como a confiança em Deus pode transformá-lo em determinadas situações?

Querido Deus, ajuda-me a lembrar que estás comigo sempre.
Agradeço por Tua influência, ensino e proximidade.

A BÍBLIA EM UM ANO: JÓ 8–10; ATOS 8:26-40

28 DE JUNHO — ATOS 9:1-4,10-18

ESPERANÇA DE REDENÇÃO

*Mas todo aquele que invocar o
nome do Senhor será salvo.* v.21

O homem parecia irrecuperável. Seus crimes incluíam tiroteios (seis mortos) e a autoria de quase 1.500 incêndios que aterrorizaram a cidade de Nova Iorque na década de 1970. Ele deixou cartas em suas cenas de crime provocando a polícia, foi preso e recebeu sentenças consecutivas de 25 anos por cada assassinato. No entanto, Deus alcançou esse homem. Hoje ele é cristão e lê diariamente as Escrituras. Demonstrou profundo pesar às famílias de suas vítimas e continua a orar por elas. Embora preso por mais de quatro décadas, esse homem que parecia além da redenção encontra esperança em Deus e afirma: "Minha liberdade está numa palavra: Jesus".

As Escrituras relatam de outra conversão improvável. Antes de encontrar o Cristo ressuscitado no caminho para Damasco, Saulo (que mais tarde se tornou o apóstolo Paulo) ansiava "matar os discípulos do Senhor" (ATOS 9:1). No entanto, o coração e a vida de Paulo foram transformados por Jesus (vv.17,18), e ele se tornou uma das testemunhas mais poderosas de Jesus na história. O homem que planejou a morte dos cristãos dedicou sua vida a espalhar a esperança do evangelho.

A redenção é *sempre* uma obra milagrosa de Deus. Algumas histórias são mais dramáticas, mas a verdade subjacente permanece a mesma: nenhum de nós merece o Seu perdão, mas Jesus é o poderoso Salvador! Ele "[salva] de uma vez por todas aqueles que se aproximam de Deus por meio dele" (HEBREUS 7:25).

JAMES BANKS

Você conhece alguém que parece um "caso difícil" de redenção? Nada é muito difícil para Deus! Traga essa pessoa diante dele em oração.

*Querido Jesus, obrigado por nos amares tanto
a ponto de morreres para nos permitir
um relacionamento contigo.*

A BÍBLIA EM UM ANO: JÓ 11–13; ATOS 9:1-21

29 DE JUNHO ⚜ **2 REIS 5:9-14**

BASTA PERGUNTAR

*Eu os atenderei antes mesmo de
clamarem a mim...* ISAÍAS 65:24

Seu médico disse que suas retinas descoladas não poderiam ser restauradas. Mas, depois de viver sem visão por quinze anos, aprender Braille e usar bengala e um cão-guia, a vida de certa mulher mudou quando seu marido fez uma simples pergunta a outro oftalmologista: "é possível ajudá-la?". A resposta foi "sim"! Esse novo médico descobriu que a mulher tinha uma doença ocular comum, a catarata, e o médico a removeu do olho direito. Quando retirou o tapa-olho no dia seguinte, sua visão estava em 20/20. A cirurgia do olho esquerdo teve igual sucesso.

Uma pergunta simples também mudou a vida de Naamã, um poderoso militar com hanseníase. Mas Naamã se enfureceu arrogantemente com as instruções do profeta Eliseu: "Vá e lave-se sete vezes no rio Jordão. Sua pele será restaurada" (2 REIS 5:10). Os servos de Naamã, no entanto, perguntaram ao líder militar: "se o profeta lhe tivesse pedido para fazer algo muito difícil, o senhor não teria feito?" (v.13). Persuadido, Naamã obedeceu e "sua pele ficou saudável [...] e ele foi curado" (v.14).

Em nossa vida, às vezes lutamos com um problema porque não perguntamos a Deus. *O Senhor me ajuda? Devo ir? O Senhor me guia?* Ele não exige perguntas complicadas da nossa parte para nos ajudar. Antes de clamarmos, Ele responderá (ISAÍAS 65:24). Portanto, hoje simplesmente pergunte a Ele.   *PATRICIA RAYBON*

**Quão complexos são os seus pedidos de oração?
Quais problemas você pode entregar a Deus em oração?**

*Querido Pai celestial, quando a vida parece complicada
e difícil, obrigado por Tua promessa de ouvires
até mesmo nossas simples orações.*

A BÍBLIA EM UM ANO: JÓ 14–16; ATOS 9:22-43

30 DE JUNHO 🌿 **SALMO 32:5-11**

NAVEGANDO...

O Senhor diz: Eu o guiarei pelo melhor
caminho para sua vida, lhe darei
conselhos e cuidarei de você. v.8

"**T**odo mundo à esquerda, deem três fortes remadas para a frente!", gritou nosso guia de *rafting*. Os da esquerda "foram com tudo", puxando nosso bote para longe de um vórtice agitado. Por várias horas, aprendemos sobre a importância de ouvir as instruções do nosso guia. Sua voz firme permitiu que seis pessoas com pouca experiência em *rafting* trabalhassem juntas para traçar o percurso mais seguro num rio revolto.

A vida tem sua parcela de corredeiras, não é? Em certo momento é bom velejar. E num piscar de olhos, estamos remando como loucos para evitar repentinos turbilhões. Esses momentos tensos nos tornam profundamente conscientes de nossa necessidade de ter um guia qualificado, uma voz confiável para nos ajudar a navegar em tempos turbulentos.

No Salmo 32, Deus promete ser essa voz: "Eu o guiarei pelo melhor caminho para sua vida" (v.8). Vemos que confessar os nossos pecados (v.5) e buscá-lo em oração (v.6) também fazem parte de ouvir a Sua voz. Ainda assim, encontro consolo no fato de Deus prometer: "lhe darei conselhos e cuidarei de você" (v.8), um lembrete de que a Sua orientação emerge do Seu amor. Perto do final do capítulo, o salmista conclui: "o perverso tem muitas tristezas, mas o que confia no Senhor é cercado de amor" (v.10). E, quando confiamos nele, podemos descansar em Sua promessa de nos guiar pelas passagens mais desafiadoras da vida.

ADAM HOLZ

Há circunstâncias em sua vida que agora parecem corredeiras?
Como você pode buscar a voz orientadora
de Deus sobre como agir?

Pai, obrigado por Tua promessa de ser nosso guia.
Ajuda-me a te buscar e ouvir enquanto diriges o curso da minha vida.

A BÍBLIA EM UM ANO: JÓ 17–19; ATOS 10:1-23

★ TÓPICO DE JULHO / **Celebração**

CELEBRAÇÃO NA PRESENÇA DO SENHOR

Muitos anos atrás, 100 pressurizadores de alta pressão de desodorantes foram instalados em um grande lixão de uma cidade, num dos vários aterros fedorentos que se tornaram o foco de crescente preocupação pública. Para saturar de desodorante os montes de lixo em decomposição, os pressurizadores espalharam vários galões de fragrância por minuto a uma distância de mais de 50 metros. Mas não importava quanto desodorante fosse pulverizado, a fragrância não conseguiu mascarar completamente o problema do mau cheiro.

> *Ele restaurará a alegria da nossa salvação.*

O rei Davi também tentou mascarar o odor de seu pecado. Após seu adultério com Bate-Seba e envolvimento no assassinato de seu marido (2 SAMUEL 11:1-17), Davi usou os "desodorantes" do silêncio, do engano e da piedade exterior para encobrir as suas ações. Porém, incapaz de suportar a culpa de seu pecado e o toque da convicção divina, Davi finalmente clamou ao Senhor por misericórdia e purificação espiritual. Ele orou: "Tem misericórdia de mim, ó Deus. [...] Pequei contra ti, somente contra ti" (SALMO 51:1,4).

Davi reconheceu os seus pecados e os colocou diante de Deus, confessou e se arrependeu (32:5). Deus perdoou a desobediência do rei e restaurou sua alegria (vv.5,7; 51:12-15). Davi, como uma garrafa agitada de água gaseificada, explodiu em louvor para ensinar aos outros o perdão de Deus. Feita a confissão e o arrependimento do rei, houve celebração.

É inútil tentar encobrir quando pecamos. O odor de nossa desobediência não pode ser contido. Mas, quando confessamos o nosso pecado e nos arrependemos, o Senhor o remove e deixa a fragrância de Sua graça e perdão. Ele restaura a alegria da nossa salvação, permitindo-nos celebrar mais uma vez em Sua presença.

MARVIN WILLIAMS

1º DE JULHO   🍇 **MATEUS 9:9-17**

★ *TÓPICO DE JULHO: CELEBRAÇÃO*

DEUS FAZ TUDO NOVO

...Pois não vim para chamar os justos, mas sim os pecadores. v.13

O judaísmo era a religião dominante em Israel no tempo de Jesus. Em seu legalismo ninguém era bom, tudo era opressão e culpa. E Jesus chega com uma mensagem nova — leve e libertadora.

Nesta passagem, Cristo chama para ser Seu discípulo alguém que jamais o judaísmo chamaria: um cobrador de impostos (LUCAS 5:27-32). Naquela época, sob a dominação de Roma, os impostos recolhidos eram enviados para outros territórios. Os judeus que faziam esse serviço eram considerados traidores, párias da sociedade. Jesus abre a porta para os rejeitados. O autor do evangelho mais lido e de onde tiramos o texto bíblico para nossa reflexão é esse homem desprezado, Mateus. E sabe por quê? Porque Jesus tem a capacidade de fazer tudo novo.

Quando Jesus diz a Mateus "Siga-me", ele não usa de desculpas. Ouviu o chamado, "se levantou e o seguiu" (v.9). Abandonou seu trabalho, sua segurança da proteção romana, o lucro, e abraçou um novo projeto de vida com um novo Senhor. Isso é conversão: ouvir a voz de Deus, deixar tudo para trás e abraçar uma nova vida.

Depois, ele oferece uma festa para os seus amigos, para lhes dar seu testemunho de transformação e coloca Jesus no lugar principal. Deu aos outros a mesma oportunidade de conhecer o Senhor que perdoou seus pecados e o transformou.

Você já ouviu a voz de Jesus o chamando? Vai aceitar o convite para uma vida nova?

PAULO MAZONI

**Tudo que necessitamos
para sermos novas criaturas
já é nosso em Cristo.**

*Jesus, me perdoa pelas desculpas que dei até hoje
para não te seguir. Perdoa-me e transforma-me.*

A BÍBLIA EM UM ANO: JÓ 20–21; ATOS 10:24-48

2 DE JULHO   🌱 **SALMO 149:1-5**

NOSSA RAZÃO DE ALEGRIA

Ó Israel, alegre-se em seu Criador! Ó
povo de Sião, exulte em seu Rei! v.2

No início do ano letivo, C. J., de 14 anos, descia do ônibus todas as tardes e dançava na calçada. A mãe dele gravou e compartilhou vídeos sobre isso. Ele dançava porque gostava da vida e "de fazer as pessoas felizes" a cada movimento. Um dia, dois coletores de lixo tiraram um tempo do seu horário de trabalho para sapatear, girar e bailar com o garoto que os inspirou. Esse trio demonstrou o poder da alegria sincera e contagiosa.

O Salmo 149 descreve a fonte original de alegria duradoura e incondicional — Deus. O salmista encoraja o povo de Deus a se unir e cantar "ao Senhor um cântico novo" (v.1). Ele convida Israel a se alegrar no Criador e exultar "em seu Rei" (v.2). Chama-nos para adorá-lo com danças, tamborins e harpas (vv.1-3). Por quê? Porque "o Senhor tem prazer em seu povo; ele coroa os humildes com vitória" (v.4).

Nosso querido Pai nos criou e sustenta o Universo. Ele se deleita em nós simplesmente porque somos os Seus filhos amados. Ele nos projetou, conhece-nos e nos convida a ter um relacionamento pessoal com Ele. Que honra! Nosso Deus amoroso e vivo é a nossa razão de alegria eterna. Podemos nos alegrar com o dom da Sua presença constante e agradecer todos os dias que o nosso Criador nos concede.

XOCHITL E. DIXON

Por que saber que Deus se deleita em nós
nos encoraja a sermos alegres em todas as circunstâncias?
Como você pode expressar sua alegria no Senhor
ao longo do dia?

Deus, obrigado por nos amares,
deleitar-te conosco e nos conhecer.

A BÍBLIA EM UM ANO: JÓ 22–24; ATOS 11

3 DE JULHO   🌱 **2 TIMÓTEO 2:22-26**

DISCURSO SUAVE

*O servo do Senhor não deve viver
brigando, mas ser amável com
todos, apto a ensinar e paciente.* v.24

Discuti no *Facebook* e isso não foi certo. Tive uma atitude errada. O que me fez pensar que eu precisava "corrigir" um estranho sobre um assunto polêmico que dividia opiniões? Usamos palavras acaloradas, ferimos sentimentos e perdemos a oportunidade de testemunhar por Jesus. Esse é o resultado da "raiva na internet", as palavras duras lançadas diariamente pela blogosfera. Um especialista em ética explicou que as pessoas concluem erroneamente que "discute-se as ideias públicas com raiva".

O sábio conselho de Paulo a Timóteo continha o mesmo alerta. "Digo mais uma vez: não se envolva em discussões tolas e ignorantes que só servem para gerar brigas. O servo do Senhor não deve viver brigando, mas ser amável com todos, apto a ensinar e paciente" (2 TIMÓTEO 2:23,24).

Paulo escreveu isso a Timóteo de uma prisão romana para prepará-lo a ensinar a verdade de Deus. O conselho de Paulo é tão oportuno para nós hoje, especialmente quando falamos de nossa fé. "Instrua com mansidão aqueles que se opõem, na esperança de que Deus os leve ao arrependimento e, assim, conheçam a verdade" (v.25).

Ser gentil com os outros faz parte desse desafio, e não apenas para os pastores, mas para todos que amam a Deus e procuram contar aos outros sobre Ele. Falemos a Sua verdade em amor. A cada palavra, o Espírito Santo nos ajudará.

PATRÍCIA RAYBON

**Quando você é liderado pelo Espírito Santo,
você muda o tom de seus comentários?**

*Deus, nosso Pai, ao falar com outros sobre a Tua verdade,
ou outros assuntos, enche o meu coração e boca com o Teu amor.*

A BÍBLIA EM UM ANO: JÓ 25–27; ATOS 12

4 DE JULHO · **LUCAS 7:11-17**

O HOMEM DA BONDADE

Quando o Senhor a viu, sentiu
profunda compaixão por ela. v.13

Desiludido e querendo uma vida mais significativa, Leo deixou o seu emprego em finanças. Certo dia, ele viu um sem-teto segurando uma placa na esquina que dizia: A BONDADE É O MELHOR REMÉDIO e disse: "Essas palavras me atingiram diretamente. Foi uma epifania".

Leo decidiu começar sua nova vida criando uma organização internacional que promovesse a bondade. Ele viaja ao redor do mundo, contando com estranhos para lhe proverem alimento, gasolina e um lugar para ficar. Em seguida, ele os recompensa por meio de sua organização com boas ações, como alimentar órfãos ou construir uma escola para crianças carentes. Ele diz: "Às vezes acham que isso é sinônimo de fraqueza, mas a bondade é sinônimo de profunda força".

A bondade é a essência de Cristo, de modo que ela fluía dele naturalmente. Amo a história do que Jesus fez quando foi à procissão fúnebre do único filho de uma viúva (LUCAS 7:11-17). A mulher enlutada provavelmente dependia do filho para obter sustento financeiro. A história não diz que alguém pediu a Jesus para intervir. Pela Sua natureza de pura bondade (v.13), Jesus estava preocupado e trouxe o filho da viúva de volta à vida. A "multidão louvava a Deus, dizendo: 'Hoje Deus visitou seu povo!'" (v.16).

ANNE CETAS

Quais bondades Jesus derramou sobre você?
Liste-as e agradeça-lhe.

Deus, tu sempre me concedes os Teus presentes de amor.
Louvo-te por cuidares de mim.

A BÍBLIA EM UM ANO: JÓ 28–29; ATOS 13:1-25

5 DE JULHO — SALMO 103:1-5

FORÇA RENOVADA

*Louve o Senhor […] Ele enche minha
vida de coisas boas.* vv.1,5

O psiquiatra Robert Coles observou um padrão nos que se esgotam enquanto servem aos outros. O primeiro sinal de alerta é o cansaço, depois o cinismo sobre as coisas que nunca melhoram, e então a amargura, o desespero, a depressão e, finalmente, o esgotamento.

Após escrever um livro sobre a recuperação depois dos sonhos desfeitos, fiz uma movimentada turnê de palestras. Foi gratificante ajudar as pessoas a encontrarem a esperança após a frustração, mas teve um custo. Um dia, prestes a subir no palco, pensei que ia desmaiar. Eu não tinha dormido bem, as férias tinham sido curtas e pensar em ouvir os problemas dos outros me apavorava. Eu estava seguindo o padrão de Coles.

As Escrituras dão duas estratégias para vencer o esgotamento. Em Isaías 40, a alma cansada que espera no Senhor se renova (vv.29-31). Eu precisava descansar em Deus e confiar nele para trabalhar, em vez de continuar com minha própria minguada força. O Salmo 103 diz que Deus nos renova e satisfaz nossos desejos com coisas boas (v.5). Embora isso inclua perdão e redenção (vv.3,4), Ele também provê a alegria e o prazer. Quando reformulei minha agenda e incluí mais oração, descanso e *hobbies* como a fotografia, comecei a me sentir saudável novamente.

O esgotamento começa com o cansaço. Vamos mais devagar. Servimos melhor aos outros quando a nossa vida inclui adoração e descanso.

SHERIDAN VOYSEY

Quais fardos você precisa entregar a Deus?

*Amoroso Deus, quero renovar as minhas forças
como a águia o faz. Eu confio em Tua orientação.*

A BÍBLIA EM UM ANO: JÓ 30–31; ATOS 13:26-52

6 DE JULHO 🌿 **PROVÉRBIOS 11:24-30**

UMA ÁRVORE FLORESCENTE

*Quem confia em seu dinheiro cairá,
mas o justo floresce como a verde
folhagem.* v.28

Quando criança eu colecionava selos, figurinhas de jogadores e histórias em quadrinhos. Agora, como mãe, vejo o mesmo impulso nos meus filhos. Às vezes eu lhes pergunto se *realmente precisam de outro ursinho de pelúcia*?

Claro, não se trata de *necessidade*. É o fascínio da novidade. Às vezes é a atração tentadora de algo raro. Somos convencidos a acreditar que se o possuíssemos, nossa vida seria melhor. Ficaríamos felizes e contentes.

Exceto que tais coisas nunca nos contentam. Por quê? Porque Deus nos criou para sermos preenchidos por Ele, não por coisas que o mundo nos oferece para satisfazer os nossos desejos.

Provérbios contrasta dois modos de vida: uma investida na busca de riquezas e outra fundamentada no amor a Deus e em ser generoso. Na versão bíblica NTLH, lemos em Provérbios 11:28: "Aquele que confia nas suas riquezas cairá, porém os honestos prosperarão como as folhagens".

Que descrição! Dois modos de vida: um floresce e produz frutos, outro é de queda constante. O mundo insiste em que a abundância material é igual à "boa vida". Por outro lado, Deus nos convida a nos enraizarmos nele, a experimentarmos a Sua bondade e a sermos frutíferos. Conforme somos moldados por nosso relacionamento com Ele, Deus molda o nosso coração e desejos, transformando-nos de dentro para fora.

ADAM HOLZ

O que o ajuda a manter seus desejos em perspectiva adequada?

*Pai, obrigado pelos bons presentes que nos concedes.
Ajuda-me a confiar em ti e não nas coisas deste mundo.*

A BÍBLIA EM UM ANO: JÓ 32–33; ATOS 14

7 DE JULHO 🌱 HABACUQUE 2:1-3

TEMPO DE ORAÇÃO

*Se parecer que demora a vir, espere
com paciência, pois certamente
acontecerá; não se atrasará.* v.3

Um sabiá construiu seu ninho sob os beirais do telhado do lado de fora da janela da minha cozinha. Eu gostava de vê-los colocando os ramos secos num local seguro e depois se agachando para chocar seus ovos. Eu observava o progresso no ninho; mas todas as manhãs não havia nada. Os ovos de sabiás levam duas semanas para eclodir.

A impaciência não é novidade para mim. Sempre relutei para esperar, especialmente na oração. Meu marido e eu esperamos quase cinco anos para adotar nosso primeiro filho. Décadas atrás, a autora Catherine Marshall escreveu: "As orações são como ovos, que não eclodem assim que são depositados".

O profeta Habacuque lutou com a espera em oração. Frustrado com o silêncio de Deus a respeito dos maus-tratos brutais na Babilônia ao Reino do Sul, Judá, Habacuque compromete-se a subir à torre de vigia, ficar de guarda e esperar a resposta à sua queixa (HABACUQUE 2:1). Deus responde que Habacuque deve aguardar o "tempo designado" (v.3 ARA) e o instrui a descrever o fim "para que se possa ler depressa e com clareza" (v.2).

O que Deus não menciona é que o "tempo designado" para a Babilônia cair seria em seis décadas, criando um longo intervalo entre a promessa e seu cumprimento. Como os ovos, as orações nem sempre são respondidas de imediato, mas são englobadas nos propósitos de Deus para o nosso mundo e a nossa vida. *ELISA MORGAN*

Você acha difícil esperar enquanto Deus age?

*Querido Deus, ajuda-me a confiar
em Tua forma de agir enquanto espero.*

A BÍBLIA EM UM ANO: JÓ 34–35; ATOS 15:1-21

8 DE JULHO   **SALMO 67**

★ *TÓPICO DE JULHO: CELEBRAÇÃO*

VAMOS LOUVAR!

Que o mundo inteiro cante de alegria... SALMO 67:4

Quando o alarme no telefone de Sheila toca todos os dias às 15h16, ela faz uma pausa para louvar, agradecer a Deus e reconhecer a Sua bondade. Embora ela se comunique com Deus ao longo do dia, Sheila gosta dessa pausa porque isso a ajuda a celebrar o seu relacionamento íntimo com o Senhor. Inspirada por sua alegre devoção, decidi estabelecer um horário específico a cada dia para agradecer a Cristo por Seu sacrifício na cruz e a orar pelos não salvos. Pergunto-me como seria se todos os cristãos parassem para louvá-lo à sua maneira e a orar pelos outros todos os dias?

A imagem de uma bela onda de adoração atingindo os confins da Terra ressoa nas palavras do Salmo 67. O salmista pede a graça de Deus, proclamando o seu desejo de tornar o Seu nome excelente em todas as nações (vv.1,2). Ele canta: "Que os povos te louvem, ó Deus, sim, que todos os povos te louvem" (v.3). E celebra o Seu governo soberano e orientação fiel (v.4). Como testemunho vivo do grande amor de Deus e das abundantes bênçãos, o salmista lidera o povo de Deus aos louvores jubilosos (vv.5,6).

A contínua fidelidade de Deus para com os Seus filhos amados nos inspira a reconhecê-lo. Quando fazemos isso, outros podem se juntar a nós confiando nele, reverenciando-o, seguindo-o e o aclamando como Senhor.

XOCHITL E. DIXON

Você pode dedicar alguns minutos hoje para louvar a Deus? Qual o seu motivo de gratidão?

Deus, tu és digno de todos os nossos louvores!

A BÍBLIA EM UM ANO: JÓ 36–37; ATOS 15:22-41

9 DE JULHO — 1 CORÍNTIOS 1:20-31

LOUCURA PARA OS INCRÉDULOS

A mensagem da cruz é loucura para os que se encaminham para a destruição, mas para [...] salvos ela é o poder de Deus. v.18

Algumas coisas não fazem sentido até você experimentá-las. Grávida do primeiro filho, li vários livros sobre o parto e ouvi dezenas de mulheres contarem suas experiências individuais. Mas eu ainda não conseguia imaginar como seria a experiência. O que meu corpo faria parecia impossível!

Paulo escreve em 1 Coríntios que o "nascer" no reino de Deus, a salvação que Ele nos oferece por meio de Cristo, parece igualmente incompreensível aos que ainda não o experimentaram. Parece "loucura" dizer que a salvação pode vir através da cruz — uma morte marcada por fraqueza, derrota e humilhação. No entanto, essa "loucura" foi a salvação que Paulo apregoou! Não era o que alguém poderia ter imaginado. Alguns pensavam que a salvação viria através de um forte líder político ou de um sinal milagroso. Outros pensavam que suas realizações acadêmicas ou filosóficas seriam sua salvação (1 CORÍNTIOS 1:22). Mas Deus surpreendeu todos ao trazer a salvação de maneira que só faria sentido aos que cressem, para aqueles que a tinham experimentado.

Deus utilizou algo vergonhoso e fraco, a morte na cruz, e a estabeleceu como o fundamento da sabedoria e do poder. Deus faz o inimaginável. Ele "escolheu as coisas que o mundo considera loucura para envergonhar os sábios" (v.27). E os Seus caminhos surpreendentes e confusos são sempre os melhores.

AMY PETERSON

Por que é verdade que os caminhos de Deus são melhores do que os seus?

Deus, sou grato pelos Teus caminhos serem mais altos do que os meus caminhos, e os Teus pensamentos mais altos do que os meus.

A BÍBLIA EM UM ANO: JÓ 38-40; ATOS 16:1-21

10 DE JULHO — MARCOS 10:17-28

DEUS VALE MAIS

*Deixamos tudo para
segui-lo!* v.28

Ferida por alguns cristãos no passado, minha mãe reagiu com raiva quando dediquei minha vida a Jesus. "Agora você vai me julgar?".
Ela desligou o telefone e se recusou a falar comigo por um ano inteiro. Fiquei triste, mas percebi que a comunhão com Deus era mais importante do que um dos meus relacionamentos mais valiosos. Orei por ela toda vez que se recusava a me atender e pedi a Deus que me ajudasse a amá-la ainda mais.

Finalmente nos reconciliamos e, meses depois, ela me disse: "Você mudou. Acho que estou pronta para ouvir mais sobre Jesus". Logo depois, ela aceitou a Cristo como Salvador pessoal e viveu o restante de seus dias amando a Deus e aos outros.

Como o homem que correu para Jesus perguntando como ele poderia herdar a vida eterna, mas ficou triste porque não queria se separar de sua riqueza, eu também lutei com o pensamento de desistir de tudo para seguir a Cristo (MARCOS 10:17-22).

Não é fácil renunciar às coisas ou pessoas em que acreditamos que podemos contar mais do que com Deus (vv.23-25). Porém, o valor do que desistimos ou perdemos neste mundo nunca excederá o presente da vida eterna com Jesus. O nosso Deus amoroso se sacrificou voluntariamente para salvar todas as pessoas. Ele nos envolve em Sua paz e nos conquista com inestimável e persistente amor. *XOCHITL E. DIXON*

**O que você precisou deixar para trás
quando iniciou a sua caminhada ao lado de Jesus?**

*Deus, obrigado por nos amares
mais do que merecemos, pois tu és maior
do que tudo e todos neste mundo.*

A BÍBLIA EM UM ANO: JÓ 41–42; ATOS 16:22-40

11 DE JULHO — APOCALIPSE 5:7-14

UM DESFILE DE CORES

Pois foste sacrificado e com teu sangue compraste para Deus pessoas de toda tribo, língua, povo e nação. v.9

Londres é uma das cidades mais cosmopolitas do mundo. Em 1933, o jornalista Glyn Roberts escreveu: "Ainda acho que o desfile de povos, cores e línguas é a melhor coisa de Londres". Esse "desfile" existe ainda hoje com os cheiros, sons, e seus pontos turísticos. A beleza da diversidade é de tirar o fôlego numa das maiores cidades do mundo!

Como em qualquer cidade habitada por seres humanos, Londres não deixa de ter seus problemas. Mudanças trazem desafios. As culturas às vezes se chocam. E por essa razão nenhuma cidade construída por mãos humanas pode se comparar à maravilha do nosso lar eterno.

Quando o apóstolo João foi transportado para a presença de Deus, a diversidade foi um dos elementos do culto celestial, como os remidos cantaram: "Tu és digno de receber o livro, abrir os selos e lê-lo. Pois foste sacrificado e com teu sangue compraste para Deus pessoas de toda tribo, língua, povo e nação. Tu fizeste delas um reino de sacerdotes para nosso Deus, e elas reinarão sobre a terra" (APOCALIPSE 5:9,10).

Imagine o Céu: um desfile de todos os grupos de pessoas do mundo celebrando a maravilha de serem filhos do Deus vivo! Juntos! Como cristãos, que possamos celebrar essa diversidade hoje.

BILL CROWDER

Quais as melhores coisas sobre a igreja ser tão diversificada? As diferenças são desafiadoras?

Pai, agradeço-te que nenhum grupo de pessoas foi excluído do Teu grande amor. Ensina-nos a amar verdadeiramente um ao outro, como tu nos amaste generosamente.

A BÍBLIA EM UM ANO: SALMOS 1–3; ATOS 17:1-15

12 DE JULHO   **GÊNESIS 13:1-9**

UNIDOS NA SEPARAÇÃO

Não haja conflito entre nós, ou
entre nossos pastores. Afinal, somos
parentes próximos! v.8

Tom e Aldo enfrentaram um grande desafio: ambos discordavam sobre o que fazer. Embora respeitassem a opinião um do outro, suas abordagens eram tão diferentes que o conflito parecia iminente. Antes do início do conflito, no entanto, os dois homens concordaram em discutir suas diferenças com seu chefe, que os colocou em equipes separadas. Acabou sendo uma jogada sábia. Naquele dia, Aldo aprendeu esta lição: estar unido nem sempre significava fazer as coisas juntos.

Abraão deve ter percebido essa verdade quando sugeriu que Ló e ele seguissem caminhos separados em Betel (GÊNESIS 13:5-9). Vendo que não havia espaço suficiente para os dois rebanhos, Abraão sabiamente sugeriu a separação. Mas, primeiro, enfatizou que eram "parentes próximos" (v.8), lembrando Ló de seu parentesco. Então, com a maior humildade, deixou o sobrinho escolher primeiro (v.9), embora ele, Abraão, fosse o homem mais velho. Foi, como um pastor descreveu, uma "separação harmoniosa".

Sendo criados exclusivamente por Deus, descobrimos que às vezes trabalhamos melhor separadamente para alcançar o mesmo objetivo. Há unidade na diversidade. Que jamais esqueçamos, no entanto, que somos irmãos e irmãs na família de Deus. Podemos fazer as coisas de maneira diferente, mas permanecemos unidos em propósito.

LESLIE KOH

Você pode permanecer unido em propósito, mesmo discordando em um assunto discutível (ROMANOS 14:1-10)?

Deus, ajuda-nos a servir com os outros em unidade de propósito
e a discernir quando é melhor servir separadamente.

A BÍBLIA EM UM ANO: SALMOS 4–6; ATOS 17:16-34

13 DE JULHO 🟢 **MATEUS 28:16-20**

DIA DE LAVAR AS ROUPAS

Portanto, vão e façam discípulos
de todas as nações... v.19

Dirigindo por uma área de baixa renda perto de sua igreja, o pastor Chad Graham, começou a orar por seus "vizinhos". Ao passar por uma pequena lavanderia, ele parou e deu uma olhada em seu interior repleto de clientes. Um deles pediu-lhe uma moeda para poder acionar a secadora. Esse pequeno pedido inspirou o "Dia da Lavanderia" patrocinado semanalmente pela igreja de Graham. Os membros doam moedas e sabão para uso na lavanderia, oram com os clientes e apoiam o proprietário do estabelecimento.

Esse alcance evangelístico reflete a grande comissão de Jesus aos Seus discípulos. "Jesus se aproximou deles e disse: "Toda a autoridade no céu e na terra me foi dada. Portanto, vão e façam discípulos de todas as nações, batizando-os em nome do Pai, do Filho e do Espírito Santo" (MATEUS 28:18,19).

A presença de Seu Espírito Santo possibilita a proclamação do evangelho em toda parte, incluindo uma lavanderia. Na verdade, não vamos sozinhos. Jesus prometeu: "estou sempre com vocês, até o fim dos tempos" (v.20).

Esse pastor pôde orar por um cliente que está lutando contra o câncer e ele relata: "Ao abrirmos os olhos, todos os clientes estavam orando e com as mãos estendidas em direção ao enfermo. Foi um dos momentos mais sagrados que experimentei como pastor". A lição? Proclamemos Cristo em todos os lugares.

PATRÍCIA RAYBON

Onde você pode proclamar Cristo
em seu bairro ainda hoje?
De que maneira?

Jesus, permita-me proclamar as
Tuas boas novas hoje, em toda parte.

A BÍBLIA EM UM ANO: SALMOS 7–9; ATOS 18

14 DE JULHO 🌿 **TIAGO 4:4-12**

JOGANDO O TOLO

*Deus se opõe aos orgulhosos, mas
mostra favor aos humildes.* v.6

Minha experiência mais humilhante de todos os tempos foi o dia em que me dirigi aos professores, alunos e amigos de um seminário na celebração de seus 50 anos. Aproximei-me do púlpito com meu manuscrito na mão e olhei para a multidão, mas meus olhares se dirigiram aos distintos professores sentados na primeira fila, com vestes de acadêmicos e parecendo muito sérios. Imediatamente perdi a noção de tudo. Minha boca secou e não respondeu ao meu cérebro. Confundi-me nas primeiras frases e comecei a improvisar. Como não fazia ideia de onde estava na minha fala, comecei a virar freneticamente as páginas, enquanto falava absurdos que confundia a todos. De alguma forma, consegui terminar, recostei-me na cadeira e olhei para o chão. Eu queria morrer.

No entanto, aprendi que a humilhação pode ser boa se levar à humildade, pois essa chave abre o coração de Deus. As Escrituras dizem: "Deus se opõe aos orgulhosos, mas concede graça aos humildes" (TIAGO 4:6). Ele derrama graça aos humildes. O próprio Deus disse: "Abençoarei os de coração humilde e oprimido, os que tremem diante de minha palavra" (ISAÍAS 66:2). Ao nos humilharmos diante de Deus, Ele nos exaltará (TIAGO 4:10).

A humilhação e a vergonha podem nos levar a Deus para que Ele nos molde. Assim quando falharmos, cairemos em Suas mãos.

DAVID ROPER

**Qual foi o seu momento mais humilhante e embaraçoso?
O que aprendeu dessa experiência?**

*Amoroso Deus, ajuda-me a aceitar a humilhação,
se isso de alguma forma trouxer honra e glória a ti.*

A BÍBLIA EM UM ANO: SALMOS 10–12; ATOS 19:1-20

15 DE JULHO   🌱 **JOÃO 10:7-11**

★ *TÓPICO DE JULHO: CELEBRAÇÃO*

VIDA QUE SATISFAZ

Eu vim para lhes dar vida, uma vida plena, que satisfaz. Eu sou o bom pastor. vv.10,11

Thomas Hobbes, filósofo do século 17, escreveu que a vida humana em seu estado natural é "solitária, pobre, desagradável, brutal e curta". Ele argumentou que nossos instintos tendem à guerra numa tentativa de alcançar o domínio sobre os outros; assim, o estabelecimento de um governo seria necessário para manter a lei e a ordem.

A visão sombria da humanidade soa como a situação que Jesus descreveu quando disse: "Todos que vieram antes de mim eram ladrões e assaltantes" (JOÃO 10:8). Mas Jesus oferece esperança em meio ao desespero. "O ladrão vem para roubar, matar e destruir", mas depois as boas novas: "Eu vim para lhes dar vida, uma vida plena, que satisfaz" (v.10).

O Salmo 23 mostra um retrato encorajador da vida que nosso Pastor nos dá. Nele, "nada me falta" (v.1), e somos renovados (v.3). Ele nos conduz pelos caminhos da Sua perfeita vontade, de modo que, mesmo quando enfrentamos tempos sombrios, não precisamos ter medo; pois Ele está ao nosso lado para nos consolar (vv.3,4). Ele nos faz triunfar diante das adversidades e transborda as Suas bênçãos sobre nós (v.5). Sua bondade e amor nos seguem todos os dias, e temos o privilégio da Sua presença para sempre (v.6).

Que possamos responder ao chamado do Pastor e experimentar a vida plena e abundante que Ele veio nos conceder.   REMI OYEDELE

**Como você descreveria a vida que Jesus concede?
Você pode compartilhar esta vida com outras pessoas?**

*Jesus, tu és a fonte da vida verdadeira,
abundante e plena.
Ajuda-nos a buscar nossa realização somente em ti.*

A BÍBLIA EM UM ANO: SALMOS 13–15; ATOS 19:21-41

16 DE JULHO �� **MATEUS 13:44-46**

ALEGRIA CARA

*...um homem descobriu [...] vendeu
tudo que tinha e, com o dinheiro da
venda, comprou aquele campo.* v.44

Ao som da melodia digital, nós seis entramos em ação. Uns calçaram os sapatos, outros simplesmente correram para a porta com os pés descalços. Em segundos, corríamos perseguindo o caminhão de sorvete. Era o primeiro dia quente do verão, e não havia maneira melhor de comemorar do que com um sorvete! Há coisas que fazemos simplesmente por causa da alegria que isso nos traz, não por disciplina ou obrigação.

Nas parábolas em Mateus 13:44-46, a ênfase está em *vender tudo para obter outra coisa*. Podemos pensar que as histórias são sobre sacrifício, mas esse não é o ponto. De fato, a primeira história declara que foi o "entusiasmo" que levou o homem a vender tudo e comprar o campo. A alegria e entusiasmo geram mudanças, não culpa ou dever.

Jesus não é um segmento de nossa vida; Suas reivindicações sobre nós são totais. Os dois homens nas histórias venderam tudo (v.44). Mas aqui está a melhor parte: o resultado dessa venda, na verdade, é o ganho. Podemos não ter percebido isso. A vida cristã afinal não é sobre tomar sua cruz? Sim, é! Mas quando morremos, vivemos; quando perdemos nossa vida, a encontramos. Quando "vendemos tudo", ganhamos o maior tesouro: Jesus! A alegria é a razão; render-se é a resposta. Conhecer Jesus é o maior tesouro!

GLENN PACKIAM

**De que maneira você experimentou
a alegria em seu relacionamento com Jesus?
O que Cristo pede que você renda a Ele?**

*Querido Jesus, abre meus olhos para ver o tesouro que és!
Direciona o meu coração para ti, pois és a fonte da alegria verdadeira
e infalível. Concede-me a graça de entregar tudo a ti.*

A BÍBLIA EM UM ANO: SALMOS 16–17; ATOS 20:1-16

17 DE JULHO 🌿 **SALMO 18:28-36,46-49**

LUZ NA ESCURIDÃO

*Manténs acesa minha lâmpada; o
Senhor, meu Deus, ilumina minha
escuridão.* v.28

Uma forte tempestade passou por nossa nova cidade, deixando a umidade alta e o céu escuro. Levei o nosso cachorro, Callie, para um passeio à noite. Os crescentes desafios por causa da nossa mudança para outro estado ficaram mais pesados em minha mente. Frustrada com as circunstâncias que se distanciavam de nossas expectativas, andei devagar para deixar Callie cheirar a grama. Ouvi o riacho que corre ao lado de casa e admirei as minúsculas luzes piscando enquanto pairavam sobre as flores silvestres à margem do riacho. *Vagalumes*.

O Senhor me trouxe paz enquanto eu os observava piscando e cortando a escuridão. Pensei em Davi entoando: "Manténs acesa minha lâmpada..." (SALMO 18:28). Proclamando que Deus transforma as Suas trevas em luz, Davi demonstrou confiança na provisão e proteção do Senhor (vv.29,30). Com a força do Senhor, ele poderia lidar com qualquer obstáculo que surgisse no caminho (vv.32-35). Confiando no Senhor para estar com ele em todas as circunstâncias, Davi prometeu louvá-lo entre as nações e cantar louvores ao Seu nome (vv.36-49).

Quer suportemos as tempestades imprevisíveis da vida ou desfrutemos a quietude depois que as chuvas passaram, a paz da presença constante de Deus ilumina o nosso caminho através das trevas. Nosso Deus vivo sempre será a nossa força, o nosso refúgio, o nosso sustentador e nosso libertador.

XOCHITL E. DIXON

Que versículos o ajudam a confiar na constante presença de Deus?

*Pai, por favor, ajuda-nos a confiar em Tua bondade
e amor, mesmo quando não podemos te ver
nas circunstâncias sombrias da vida.*

A BÍBLIA EM UM ANO: SALMOS 18–19; ATOS 20:17-38

18 DE JULHO 🌿 **LAMENTAÇÕES 3:13-24**

QUANDO ACABA O ESPLENDOR

O amor do SENHOR não tem fim! Suas misericórdias são inesgotáveis. v.22

É difícil recuperar muitas memórias do que foi nossa filha Melissa. Desvanecem as memórias de momentos maravilhosos em que a assistimos jogando vôlei com tanta alegria na escola. E às vezes é difícil lembrar o tímido sorriso de contentamento que aparecia em seu rosto quando fazíamos atividades em família. Sua morte aos 17 anos encobriu a alegria de sua presença.

No livro de Lamentações, as palavras de Jeremias mostram que ele entendeu que o coração pode ser ferido. "Meu esplendor se foi! Tudo o que eu esperava do SENHOR se perdeu", disse ele (3:18). A situação dele era muito diferente da sua e da minha. Ele anunciou o julgamento de Deus e viu Jerusalém derrotada. O esplendor se foi porque ele se sentiu derrotado (v.12), isolado (v.14) e abandonado por Deus (vv.15-20).

Mas esse não é o fim da história dele. A luz brilhou. Jeremias, sobrecarregado e despedaçado, gaguejou: "ainda ouso, porém, ter esperança" (v.21), esperança que surge pela percepção de que "O amor do SENHOR não tem fim!" (v.22). E aqui está exatamente o que precisamos lembrar quando o esplendor se vai: as "Suas misericórdias são inesgotáveis [...] se renovam cada manhã" (vv.22,23). Mesmo nos nossos dias mais sombrios, a grande fidelidade de Deus resplandece.

DAVE BRANON

Como Deus o encorajou quando você se sentiu sem esperança? Como Ele deseja que você use isso para incentivar outras pessoas?

Obrigado, Pai, pois tu és o Deus da compaixão. Mesmo enquanto caminhamos pelo vale das trevas, a manhã virá ao lembrarmos de Tua compaixão e fidelidade.

A BÍBLIA EM UM ANO: SALMOS 20–22; ATOS 21:1-17

19 DE JULHO   🌿 **DEUTERONÔMIO 6:1-9**

EM NOSSO CORAÇÃO

*Guarde sempre no coração as
palavras que hoje eu lhe dou.
Repita-as com frequência a seus
filhos.* vv.6,7

Depois que um menino enfrentou alguns desafios na escola, seu pai começou a ensinar-lhe uma oração para ele recitar antes de ir à aula: "Agradeço a Deus por me acordar hoje. Estou indo à escola para aprender e ser o líder que Deus me criou para ser". Com essas palavras, o pai espera ajudar seu filho a se valorizar e a lidar com os inevitáveis desafios da vida.

De certa forma, ajudando o filho a guardar essas palavras na memória, o pai está fazendo algo semelhante ao que Deus ordenou aos israelitas no deserto: "Guarde sempre no coração as palavras que hoje eu lhe dou. Repita-as com frequência a seus filhos" (DEUTERONÔMIO 6:6,7).

Depois de vagar no deserto por 40 anos, a geração seguinte de israelitas estava prestes a entrar na Terra Prometida. Deus sabia que não seria fácil para eles terem sucesso, *a menos que* mantivessem seu foco no Senhor. E assim, por meio de Moisés, Ele os exortou a se lembrarem e serem obedientes ao Senhor e a ajudar seus filhos a conhecerem e amarem a Deus falando sobre Sua Palavra: "Quando estiver em casa e quando estiver caminhando, quando se deitar e quando se levantar" (v.7).

A cada novo dia, também podemos nos comprometer a permitir que as Escrituras guiem o nosso coração e mente ao vivermos com gratidão a Deus.

ALYSON KIEDA

**Como guardar as Escrituras em seu coração?
Por que é importante ler e falar
sobre a Palavra com seus entes queridos?**

*Querido Deus, obrigado por me dares cada novo dia.
Ajuda-me a manter a Tua sabedoria
no meu coração e na minha mente.*

A BÍBLIA EM UM ANO: SALMOS 23–25; ATOS 21:18-40

20 DE JULHO SALMO 27:1-3,7-14

COMO ESPERAR

*Ouve minha oração, ó Senhor; tem
compaixão e responde-me!* v.7

Frustrado e decepcionado com a igreja, Trevor, de 17 anos, buscou respostas por um ano. Mas nada do que ele explorou parecia satisfazer os seus anseios ou responder as suas perguntas. Essa busca o aproximou mais de seus pais. Ainda assim, ele tinha problemas com o cristianismo. Durante uma discussão, ele exclamou amargamente: "A Bíblia está cheia de promessas vazias".

Outro homem enfrentou decepções e dificuldades que alimentaram suas dúvidas. Mas, quando Davi fugiu dos inimigos que procuravam matá-lo, sua reação não foi fugir de Deus, mas louvá-lo. "Ainda que invistam contra mim, permanecerei confiante", ele cantou (SALMO 27:3).

No entanto, o poema de Davi ainda sugere dúvidas. Seu clamor "ó Senhor; tem compaixão e responde-me!" (v.7) soa como um homem com medos e perguntas. "Não voltes as costas para mim;" implorou Davi, "não me deixes agora, não me abandones" (v.9).

Davi não deixou que suas dúvidas o paralisassem. Mesmo com questionamentos, declarou: "verei a bondade do Senhor enquanto estiver aqui, na terra dos vivos" (v.13). Em seguida, dirigiu-se aos leitores: você, eu e os Trevors deste mundo. "Espere pelo Senhor e seja valente e corajoso; sim, espere pelo Senhor" (v.14).

Não encontraremos respostas rápidas e simples para nossas perguntas. Mas as encontraremos se esperarmos pelo Senhor, pois Ele é Deus e nele podemos confiar.

TIM GUSTAFSON

**O que você faz com os seus
questionamentos acerca de Deus?**

Pai, livra o nosso coração do medo e da ira.

A BÍBLIA EM UM ANO: SALMOS 26–28; ATOS 22

21 DE JULHO 🌱 JOÃO 1:9-14

PERTENCER À REALEZA

Mas, a todos que creram nele e o aceitaram, ele deu o direito de se tornarem filhos de Deus. v.12

Quanto mais um herdeiro da família real se aproxima do trono, mais se ouve sobre ele. A família real britânica tem uma linha de sucessão de quase 60 pessoas. Lorde Frederick Windsor é o 49º na fila do trono. Em vez de estar no centro das atenções, ele silenciosamente segue sua vida. Embora ele trabalhe como analista financeiro, não é considerado um "trabalhador real", um dos membros importantes da família que são pagos para representá-la.

O filho de Davi, Natã (2 SAMUEL 5:14), é outro membro da realeza que viveu longe dos holofotes. Muito pouco se sabe sobre ele. Mas, enquanto a genealogia de Jesus em Mateus menciona seu filho Salomão (SEGUINDO A LINHA DE JOSÉ, MATEUS 1:6), a genealogia no evangelho de Lucas, que muitos estudiosos acreditam ser a linhagem da família de Maria, menciona Natã (LUCAS 3:31). Embora Natã não tivesse um cetro, ele teve um papel no reino eterno de Deus.

Os cristãos também pertencem à realeza. João escreveu que Deus nos deu "direito de [nos tornarmos] filhos de Deus" (JOÃO 1:12). Embora possamos não estar no centro das atenções, somos filhos do Rei! Deus considera cada um de nós importante o suficiente para representá-lo aqui na Terra e um dia reinar com Ele (2 TIMÓTEO 2:11-13). Como Natã, podemos não usar uma coroa terrena, mas ainda temos um papel a desempenhar no reino de Deus.   *LINDA WASHINGTON*

Como Filho do Rei, quais as suas responsabilidades para com as pessoas ao seu redor?

Pai Celestial, sou grato por teres me adotado em Tua família eterna.

A BÍBLIA EM UM ANO: SALMOS 29–30; ATOS 23:1-15

22 DE JULHO · **SALMO 95:1-7**

★ *TÓPICO DE JULHO: CELEBRAÇÃO*

CORAÇÃO DE ADORADOR

Venham, vamos cantar ao Senhor!
Vamos aclamar a Rocha de nossa
salvação. v.1

A música de louvor desceu pelas escadas às 6h33 numa manhã de sábado. Eu achava que ninguém mais estivesse acordado, mas a voz áspera da minha filha mais nova me provou estar errado. Ela mal acordara e já tinha uma canção em seus lábios.

Minha filha caçula é cantora. Na verdade, ela não sabe cantar. Ela canta quando acorda, quando ela vai para a escola, quando vai para a cama. Ela nasceu com uma música em seu coração e, na maioria das vezes, suas músicas se referem a Jesus. Ela louva a Deus em todo o momento e em todo lugar.

Amo a simplicidade, a devoção e a sinceridade da voz da minha filha. Suas canções espontâneas e alegres para louvar a Deus ecoam convites encontrados nas Escrituras. No Salmo 95, lemos: "Venham, vamos cantar ao Senhor! Vamos aclamar a Rocha de nossa salvação" (v.1). Lendo mais, aprendemos que esse louvor decorre de uma compreensão de quem Ele é, "Pois o Senhor é o grande Deus, o grande Rei acima de todos os deuses" (v.3) e de quem somos "pois ele é nosso Deus" e nós somos "o povo do seu rebanho" (v.7).

Para minha filha, essas verdades são os seus primeiros pensamentos pela manhã. Pela graça de Deus, essa pequena adoradora nos oferece um lembrete profundo da alegria de cantar para o Senhor.

ADAM HOLZ

O que o faz louvar a Deus por Sua fidelidade?
Quais músicas o ajudam a lembrar-se
de Seu caráter e bondade?

Deus, obrigado por quem és e pelo que fizeste por mim
e por todo o Teu povo. Que hoje tu recebas
canções de louvor por Tua bondade.

A BÍBLIA EM UM ANO: SALMOS 31–32; ATOS 23:16-25

23 DE JULHO   🌿 **EFÉSIOS 2:1-5,11-13**

UM VISLUMBRE DO MAR

Naquele tempo, vocês viviam afastados de Cristo. [...] Viviam no mundo sem Deus e sem esperança. v.12

"Deitei na minha cama bêbado e desesperado", escreveu o jornalista Malcolm Muggeridge sobre uma noite triste durante seu trabalho como espião da Segunda Guerra Mundial. "Sozinho no Universo, na eternidade, sem um reflexo da luz."

Em tal condição, ele fez a única coisa que considerava sensata: tentou se afogar. Dirigiu-se à costa de Madagascar e começou a nadar no oceano até ficar exausto. Olhando para trás, vislumbrou as luzes costeiras distantes. Sem razão evidente na época, ele começou a nadar de volta em direção às luzes. Apesar do cansaço, ele se lembra da sua "alegria avassaladora".

Muggeridge não sabia exatamente como, mas sabia que Deus o alcançara naquele momento sombrio, infundindo-o com a esperança que só poderia ser sobrenatural. O apóstolo Paulo escreveu muitas vezes sobre essa esperança. Em Efésios, ele observou que, antes de conhecer a Cristo, cada um de nós estava morto "por causa de sua desobediência e de seus muitos pecados [...] sem Deus e sem esperança" (2:1,12). Mas "Deus, que é tão rico em misericórdia, [...] nos deu vida juntamente com Cristo" (vv.4,5).

O mundo tenta nos arrastar às profundezas, mas não há razão para sucumbir ao desespero. Como Muggeridge disse sobre o mergulho no mar, "ficou claro para mim que não havia escuridão, apenas a possibilidade de perder de vista a luz que brilha eternamente".   *TIM GUSTAFSON*

Qual foi o seu momento mais sombrio?

Pai, tu és a fonte de toda a nossa genuína esperança.
Enche-nos com a Tua luz e alegria.

A BÍBLIA EM UM ANO: SALMOS 33–34; ATOS 24

24 DE JULHO   **JOÃO 20:24-29**

SUAS CICATRIZES

*Mas ele foi ferido por causa de
nossa rebeldia [...] e recebeu
açoites para que fôssemos curados.*
ISAÍAS 53:5

Após conversar com Geraldo, ocorreu-me o motivo de sua saudação preferida ser com o "punho cerrado" e não o aperto de mão. O aperto de mão teria exposto as cicatrizes em seu pulso resultantes de suas tentativas de se ferir. É comum escondermos nossas feridas exteriores ou interiores causadas por outros ou autoinfligidas.

Depois de cumprimentar Geraldo, pensei nas cicatrizes físicas de Jesus, nos ferimentos causados pelos pregos em Suas mãos e pés e na lança que perfurou o seu lado. Em vez de esconder Suas cicatrizes, Cristo chamou a atenção para elas.

Depois que Tomé duvidou que Jesus havia ressuscitado dentre os mortos, disse-lhe: "Ponha seu dedo aqui, e veja minhas mãos. Ponha sua mão na marca em meu lado. Não seja incrédulo. Creia!" (JOÃO 20:27). Quando Tomé viu as cicatrizes e ouviu as surpreendentes palavras de Cristo, ele se convenceu de que era Jesus. Ele creu e exclamou: "Meu Senhor e meu Deus!" (v.28). Jesus então pronunciou uma bênção especial para os que ainda não o viram nem viram Suas feridas, mas acreditam nele: "Felizes são aqueles que creem sem ver" (v.29).

A melhor notícia de todos os tempos é que as Suas cicatrizes foram causadas por *nossos* pecados. A morte de Jesus é para o perdão dos pecados de todos que nele creem e o confessam como Senhor e Salvador!   *ARTHUR JACKSON*

**Você crê em Jesus para perdoar seus pecados?
O que o impede de confiar nele hoje?**

*Pai, creio que as cicatrizes de Cristo
foram causadas pelo meu pecado. Sou grato!*

A BÍBLIA EM UM ANO: SALMOS 35–36; ATOS 25

25 DE JULHO   **JUÍZES 6:7-16**

CONTINUE CAMINHANDO!

Sou eu quem o envia! v.14

Deus gosta de usar pessoas que o mundo ignora. William Carey foi criado numa pequena vila nos anos de 1700 e tinha pouca educação formal. Teve pouco sucesso em seu trabalho e viveu na pobreza. Porém, Deus lhe deu uma paixão por compartilhar as boas novas e o chamou para ser missionário. Carey aprendeu grego, hebraico e latim e traduziu o Novo Testamento para o bengalês. Hoje, ele é considerado o "pai das missões modernas", mas, numa carta ao sobrinho, ele fez uma avaliação humilde de suas habilidades: "Posso caminhar e perseverar".

Quando Deus nos chama para uma tarefa, Ele nos concede forças para realizá-la, independentemente de nossas limitações. Em Juízes 6:12, "o anjo do Senhor apareceu a Gideão e disse: 'O Senhor está com você, guerreiro corajoso!'". Em seguida, o anjo lhe disse para resgatar Israel dos midianitas que invadiam suas cidades e colheitas. Mas Gideão, que não se aproprio do título de "guerreiro corajoso", respondeu humildemente: "Como posso libertar Israel? […] sou o menos importante da minha família" (v.15). Ainda assim, Deus o usou para libertar Seu povo.

A chave para o sucesso de Gideão estava nas palavras "o Senhor está com você" (v.12). Ao caminharmos humildemente com nosso Salvador e confiarmos em Sua força, Ele nos capacitará a realizar o que só é possível através dele.

JAMES BANKS

**O que Deus o chama para fazer
e que não é possível fazer pela sua própria força?**

*Obrigado por me capacitares,
seres meu Salvador e minha força!
Por favor, ajuda-me a seguir-te de perto.*

A BÍBLIA EM UM ANO: SALMOS 37–39; ATOS 26

26 DE JULHO ◆ **JOÃO 13:18-22; SALMO 41:9-12**

TRAÍDO

Até meu melhor amigo, em quem
eu confiava e com quem repartia
meu pão, voltou-se contra mim.
SALMO 41:9

Em 2019, as exposições de arte em todo o mundo comemoraram os 500 anos da morte de Leonardo da Vinci. Entre seus desenhos e descobertas científicas há apenas cinco pinturas finalizadas e universalmente creditadas a Da Vinci, incluindo *A Última Ceia*. Essa pintura captura a confusão dos discípulos quando Jesus disse: "Um de vocês vai me trair" (JOÃO 13:21). Perplexos, eles discutiram sobre quem seria o traidor, enquanto Judas saía em silêncio para alertar as autoridades sobre o paradeiro de seu Mestre e amigo.

A dor da traição é evidente nas palavras de Jesus: "Aquele que come do meu alimento voltou-se contra mim" (v.18). Um amigo próximo o suficiente para compartilhar uma refeição usou essa conexão para prejudicar Jesus.

Talvez já tenhamos experimentado a traição de um amigo. Como reagir a essa dor? O Salmo 41:9, que Jesus citou para indicar que o Seu traidor estava presente na refeição compartilhada (JOÃO 13:18), traz esperança. Depois que Davi manifestou sua angústia diante da falsidade de um amigo íntimo, ele se consolou no amor e na presença de Deus, os quais o sustentariam e o colocariam diante do Senhor para sempre (SALMO 41:11,12).

Quando os amigos decepcionam, encontramos conforto ao saber que o amor sustentador de Deus e Sua poderosa presença estarão conosco para nos ajudar a suportar até a dor mais devastadora.

LISA SAMRA

De que maneira o amor e a presença de Deus o sustentam?

Pai Celestial, ajuda-me a encontrar força
no conhecimento de que tu estás sempre comigo.

A BÍBLIA EM UM ANO: SALMOS 40–42; ATOS 27:1-26

27 DE JULHO   🌿 **GÊNESIS 1:26,27; 2:15**

CULTIVANDO O JARDIM DE DEUS

*O SENHOR Deus colocou o homem
no jardim do Éden para cultivá-lo e
tomar conta dele.* GÊNESIS 2:15

"Pai, por que você tem que trabalhar?" A pergunta da minha filha era motivada pelo desejo de brincar comigo. Eu teria preferido faltar ao trabalho e passar o tempo com ela, mas havia uma lista crescente de coisas no meu trabalho que exigiam minha atenção. A pergunta, no entanto, é boa. Por que trabalhamos? É simplesmente para prover para nós mesmos e para as pessoas que amamos? E quanto ao trabalho não remunerado — por que o fazemos?

Gênesis 2 nos diz que Deus colocou o primeiro ser humano no jardim para "cultivá-lo e tomar conta dele" (v.15). Meu sogro é agricultor e costuma me dizer que cultiva pelo puro amor à terra e ao gado. Isso é lindo, mas deixa perguntas persistentes para quem não ama seu trabalho. Por que Deus nos colocou em um lugar específico com uma designação específica?

Gênesis 1 nos dá a resposta. Somos feitos à imagem de Deus para administrar cuidadosamente o mundo que Ele criou (v.26). As histórias pagãs sobre como o mundo começou revelam "deuses" que tornam os seres humanos seus escravos. Gênesis declara que o único Deus verdadeiro formou os seres humanos à Sua imagem, para administrar ao Seu lado o que Ele havia criado. Que possamos refletir a Sua ordem sábia e amorosa no mundo. O trabalho é um chamado para cultivarmos a criação para a glória de Deus.

GLENN PACKIAM

Qual é o trabalho que Deus lhe deu para fazer?

*Querido Deus, obrigado pela honra de nos unirmos a ti
em Teu trabalho nesse mundo. Ajuda-nos a refletir o Teu amor,
sabedoria e disposição em nossa vida
e nos lugares onde estamos.*

A BÍBLIA EM UM ANO: SALMOS 43–45; ATOS 27:27-44

28 DE JULHO 🕮 **2 TIMÓTEO 1:6-12**

CONFIAR EM DEUS

...pois conheço aquele em
quem creio. v.12

Quando João soube que tinha câncer terminal, ele e sua esposa Carol sentiram que Deus os chamava para compartilhar online sua jornada de doenças. Crendo que Deus ministraria através da vulnerabilidade deles, publicaram seus momentos de alegria e suas tristezas e dores por dois anos.

Quando Carol escreveu que João "fora para os braços estendidos de Jesus", centenas de pessoas reagiram, muitas agradeceram a Carol por sua disposição em compartilhar. Uma pessoa observou que ouvir sobre a morte do ponto de vista cristão era saudável, pois "todos nós morreremos" algum dia. Outra disse que, embora nunca tivesse conhecido o casal, não conseguia expressar o encorajamento que havia recebido através do testemunho de confiança em Deus.

Embora João às vezes sentisse dores insuportáveis, ele e Carol contaram sua história para demonstrar como Deus os sustentava. Sabiam que seu testemunho daria frutos para Deus, ecoando as palavras de Paulo a Timóteo quando sofreu: "Pois conheço aquele em quem creio e tenho certeza de que ele é capaz de guardar o que me foi confiado até o dia de sua volta" (2 TIMÓTEO 1:12).

Deus pode usar até a morte de um ente querido para fortalecer nossa fé nele (e a fé dos outros) através da graça que recebemos em Cristo Jesus (v.9). Se você estiver enfrentando angústia e dificuldade, saiba que Ele pode trazer conforto e paz.

AMY BOUCHER PYE

Como você experimentou a alegria de Deus, mesmo em meio à profunda tristeza?

Pai Celestial, incendeie o dom da fé em mim,
para que eu possa compartilhar com amor e vigor
o meu testemunho de como tu trabalhas em minha vida.

A BÍBLIA EM UM ANO: SALMOS 46–48; ATOS 28

29 DE JULHO 🌿 **2 SAMUEL 9:1-7**

GRAÇA FORA DA CAIXA

*Mefibosete passou a comer à
mesa de Davi, como se fosse um
de seus filhos.* v.11

Tom assessorava a empresa de Bob. Eles se tornaram amigos, até Tom desviar milhares de dólares da empresa. Bob ficou magoado e zangado ao descobrir, mas ouviu sábios conselhos de seu vice-presidente, um cristão. Ele notou que Tom estava profundamente envergonhado e arrependido e aconselhou Bob a desistir das acusações e recontratar Tom. "Pague a ele um salário modesto para que ele possa restituir. Você nunca terá um funcionário mais agradecido e leal". E isso aconteceu.

Mefibosete, neto do rei Saul, não fez nada errado, mas ficou em situação difícil quando Davi se tornou rei. A maioria dos reis matava a linhagem real. Mas Davi amava Jônatas, filho do rei Saul, como a um irmão e tratou esse sobrevivente como se fosse de sua família (2 SAMUEL 9:1-13). Sua graça conquistou um amigo para toda a vida. Mefibosete ficou maravilhado por não ter sido morto, e o rei o honrou dando-lhe um lugar à mesa" (19:28). Ele permaneceu leal a Davi, mesmo quando Absalão, o filho de Davi, expulsou o pai de Jerusalém (2 SAMUEL 16:1-4; 19:24-30).

Você quer um amigo leal por toda a vida? Alguém tão extraordinário pode exigir que você faça algo extraordinário. Quando o senso comum diz puna, escolha a graça. Responsabilize-os, mas dê aos que não merecem uma chance de acertar. Talvez nunca mais você encontre um amigo mais agradecido e dedicado. Pense fora da caixa, com graça.

MIKE WITTMER

Quem pecou contra você?

*Pai, recebemos uma graça extraordinária de ti.
Ajuda-nos a mostrar essa misericórdia aos outros,
especialmente àqueles com espírito arrependido.*

A BÍBLIA EM UM ANO: SALMOS 49–50; ROMANOS 1

30 DE JULHO — MATEUS 4:1-11

O RATO QUE RUGIU

*...o Espírito que está em vocês é
maior que o espírito que está no
mundo.* 1 JOÃO 4:4

Anos atrás, meus filhos e eu passamos alguns dias acampados numa região de florestas desabitadas. Era o *habitat* do urso-pardo, mas levamos spray de urso, mantivemos o acampamento limpo e ficamos na expectativa de não encontrar nenhum urso-cinzento.

Uma noite, já de madrugada, ouvi Randy se debater para sair do saco de dormir. Peguei minha lanterna e acendi, esperando vê-lo nas garras de um urso raivoso.

Lá, ereto e agitando as patas no ar, um camundongo de cerca de dez centímetros de altura. Com o gorro de Randy entre seus dentes, a pequena criatura puxou e puxou até tirá-lo da cabeça de Randy. Enquanto eu ria, o rato soltou a touca e saiu correndo. E rastejamos de volta para nossos sacos de dormir. Eu, no entanto, cheio de adrenalina, não conseguia voltar a dormir e pensei em outro predador — o diabo.

Pense na tentação de Satanás a Jesus (MATEUS 4:1-11). O Senhor respondeu suas investidas com as Escrituras. Com cada resposta, Jesus lembrou a si mesmo do que Deus havia falado sobre esta questão e, portanto, Ele não desobedeceria. Isso fez com que o diabo fugisse.

Embora Satanás queira nos devorar, é bom lembrar que ele é um ser criado como o pequeno roedor. João disse: "...o Espírito que está em vocês é maior que o espírito que está no mundo" (1 JOÃO 4:4).

DAVID ROPER

**Quais são suas maiores tentações?
O que Deus diz sobre esses problemas e como você
pode usar isso ao se sentir tentado?**

*Deus querido, sou grato porque Teu poder é maior do que
qualquer tentação. Por favor, mostra-me a saída.*

A BÍBLIA EM UM ANO: SALMOS 51–53; ROMANOS 2

31 DE JULHO   🌱 **NEEMIAS 2:11-18**

COMO RECONSTRUIR

Eles responderam: "Sim, vamos reconstruir o muro!", e ficaram animados para realizar essa boa obra". v.18

À noite, o líder partiu a cavalo para inspecionar o trabalho que estava pela frente. Percorreu a destruição ao seu redor e viu os muros da cidade destruídos e os portões que haviam sido queimados. Em algumas áreas, os detritos dificultavam sua passagem. Entristecido, o cavaleiro voltou para casa. Quando chegou a hora de relatar o dano às autoridades da cidade, ele começou dizendo: "Vocês sabem muito bem da terrível situação em que estamos" (NEEMIAS 2:17). Reportou que a cidade estava em ruínas e que a muralha de proteção da cidade havia se tornado inútil.

Mas, ele fez uma declaração que encorajou os cidadãos problemáticos: "Então lhes contei como a mão de Deus tinha estado sobre mim". Imediatamente, o povo respondeu: "vamos reconstruir o muro" (v.18)! E eles reconstruíram.

Com fé em Deus e esforço total, apesar da oposição inimiga e de uma tarefa aparentemente impossível, o povo de Jerusalém, sob a liderança de Neemias, reconstruiu o muro em apenas 52 dias (6:15).

Ao considerar suas circunstâncias, há algo que pareça difícil, mas que você sabe que Deus quer que você faça? Um pecado do qual não consegue se livrar? Uma brecha que não honra a Deus no seu relacionamento? Uma tarefa para Ele que parece muito difícil? Peça orientação a Deus (2:4,5), analise o problema (vv.11-15) e reconheça o Seu envolvimento (v.18). A seguir, inicie a reconstrução.   *DAVE BRANON*

Há "muros destruídos" que o incomodam?

Deus, preciso da Tua ajuda.
Não consigo resolver meus problemas sozinho.
Ajuda-me a entender a situação e, em seguida,
buscar Tua ajuda e orientação para resolver
os desafios diante de mim.

A BÍBLIA EM UM ANO: SALMOS 54–56; ROMANOS 3

★ TÓPICO DE AGOSTO / **Família**

QUESTÕES FAMILIARES

Todas as noites às 19h, não importa onde ou o quão cansada ou ocupada ela esteja, Joana liga para sua mãe idosa. Se, por algum motivo, Joana não consegue falar naquele momento, ela manda uma mensagem de texto para avisar a sua mãe. Embora possa ser um desafio fazer isso dia após dia, Joana o faz com alegria porque ama a sua mãe e não quer que ela se preocupe.

Quando os nossos filhos eram pequenos, meu marido e eu compramos uma casa um pouco mais distante. Mas precisávamos esperar para mudar, e as aulas estavam prestes a começar. Sabendo que seria estressante para nossos filhos mudar de escola duas vezes, durante duas semanas fiz a longa jornada de casa para as novas escolas e para meu escritório e de volta porque queria minimizar o estresse deles.

Não importa se somos casados ou solteiros, se temos filhos ou não, temos oportunidades de demonstrar amor àqueles que Deus colocou em nossa vida: avós, pais, irmãos, sobrinhos e sobrinhas. Porque Deus nos amou primeiro, Ele nos capacita e concede condições, por meio de Seu Espírito, para amarmos a nossa família e as outras pessoas (1 JOÃO 4:7-21). Temos em 1 Coríntios 13: 4-7 algumas diretrizes:

- O amor é paciente
- O amor é bondoso
- O amor não desonra os outros
- O amor não é egoísta
- O amor não é irritável
- O amor não mantém o registro dos erros

Amar a nossa família provendo por suas necessidades físicas, mentais, emocionais e espirituais também é uma responsabilidade dada por Deus (1 TIMÓTEO 5: 8).

Em quais relacionamentos é possível compartilhar o amor de Deus por você neste mês? Pense em como você pode encorajar outras pessoas e comece a agir.

ALYSON KIEDA

1º DE AGOSTO

SALMO 78:-5-8

★ *TÓPICO DE AGOSTO: FAMÍLIA*

O DESAFIO DOS PAIS

Pois ele... deu sua lei a Israel.
Ordenou a nossos antepassados que
a ensinassem a seus filhos... v.5

Corrie ten Boom, cristã holandesa conhecida por sua prisão em campos de concentração nazistas após ter escondido judeus durante a Segunda Guerra Mundial, conta em seu livro *Na casa de meu pai* (Editora Vida, 1978) um pouco da sua história de família. Em um dos relatos, diz que seu tataravô foi preso por cantar, na igreja, um hino que parecia afrontar Napoleão Bonaparte, que varria a Europa com seu exército, por declarar Jesus como Rei. Mesmo diante da ameaça, ele dizia que o cristão deve ser corajoso para se posicionar quanto a sua fé.

Anos mais tarde, seu avô, fundador da relojoaria da família, reunia familiares e amigos uma vez por semana para orar pela salvação dos judeus. Por isso, quando chegou o momento que exigia ações concretas, aquela família, que há gerações aprendia os valores cristãos, não hesitou.

No Salmo 78:5-8, vemos que o papel mais contundente dos pais é o de ensinar a seus filhos a amar e servir a Deus. Às vezes, na correria da vida, estamos tão ocupados, que esquecemos que Deus nos dá grandes oportunidades de nos sentar com nossos filhos e fazer uma releitura da sociedade à luz das Escrituras. São as experiências vividas em família, na presença do Senhor, que impactam o coração. Tenha experiências com Deus para que possa contá-las, e elas se tornem referenciais de vida e fé para as gerações futuras. PASCHOAL PIRAGINE JÚNIOR

O grande desafio da Palavra de Deus
é levar nossos filhos a Jesus.

Pai celestial, ajuda-me a ser o pai ou mãe
que o Senhor planejou que eu fosse.

A BÍBLIA EM UM ANO: SALMOS 57–59; ROMANOS 4

2 DE AGOSTO   **2 TIMÓTEO 1:1-8,13,14**

HERANÇA DE AMOR

Lembro-me de sua fé sincera, como era a de sua avó, Loide, e de sua mãe, e [...] você [...] continua firme. v.5

Minha filha está fascinada pela série americana Nancy Drew. Nas últimas três semanas, ela leu pelo menos uma dúzia de romances com essa garota detetive. Eu também amava Nancy, e as cópias encadernadas em azul que minha mãe leu nos anos 1960 ainda alinham uma prateleira em sua casa.

Ver esse gosto pelo personagem passado adiante me faz pensar sobre o que mais estou transmitindo a ela. Em sua segunda carta a Timóteo, Paulo escreveu que, quando pensava em seu pupilo, lembrava-se da "fé sincera" que a avó e a mãe de Timóteo tinham. Espero que, com seu amor pelos mistérios, minha filha também esteja herdando a fé, com a qual ela "servirá" como seus avós o fizeram, que orará e se apegará à promessa de vida que está em Cristo Jesus.

Também vejo a esperança para aqueles que não têm pais ou avós que conheçam Jesus. Embora o pai de Timóteo não seja mencionado, Paulo chama Timóteo de "filho amado" (v.2). Aqueles que não têm famílias para legar a fé ainda podem encontrar pais e avós na igreja — pessoas que nos ajudarão a descobrir como viver uma "vida santa" (v.9) e a abraçar os dons de "poder, amor e autocontrole" (v.7) que Deus nos concedeu. Na verdade, todos nós temos uma linda herança.

AMY PETERSON

O que você aprendeu de pais ou mães na fé? Como você está agindo para transmitir um legado de fé a seus filhos ou à igreja?

Pai Celestial, obrigado por me salvares pela graça por meio da fé em Jesus. Ajuda-me a passar para a próxima geração as dádivas que recebi e a verdade do evangelho.

A BÍBLIA EM UM ANO: SALMOS 60–62; ROMANOS 5

3 DE AGOSTO ROMANOS 6:1-11

A BATALHA ACABOU! SÉRIO?

*Fomos sepultados
com Cristo...* v.4

Finda a Segunda Guerra Mundial, Hiroo Onoda se escondeu na selva por 29 anos, recusando-se a acreditar que seu país se rendera. Ele havia sido enviado para uma ilha remota nas Filipinas para espionar as forças aliadas. Tempos depois de um tratado de paz ter sido assinado e cessadas as hostilidades, Onoda permaneceu na selva. Em 1974, o comandante dele foi à ilha para convencê-lo de que a guerra havia terminado.

Onoda viveu na escassez e isolamento, pois não se rendeu e recusou-se a acreditar que o conflito findara. Podemos cometer erro semelhante. Paulo proclama a verdade espantosa de que "quando fomos unidos a Cristo Jesus no batismo, nos unimos a ele em sua morte" (ROMANOS 6:3). Na cruz, de maneira poderosa e misteriosa, Jesus derrotou as mentiras de Satanás, o terror da morte e o domínio tenaz do pecado. Embora estejamos "mortos para o poder do pecado" e "vivos para Deus" (v.11), muitas vezes vivemos como se o mal ainda tivesse algum poder. Cedemos à tentação e sucumbimos à sedução do pecado. Ouvimos mentiras, deixando de confiar em Jesus. Mas não precisamos ceder nem viver uma falsa narrativa. Pela graça de Deus, podemos abraçar a verdadeira história da vitória de Cristo.

Embora ainda lutemos contra o pecado, somos libertos quando reconhecemos que Jesus já venceu a batalha. Que possamos viver essa verdade em Seu poder.

WINN COLLIER

**A morte e o pecado
ainda detêm poder sobre sua vida?**

*Jesus, sei que venceste a batalha sobre o mal e as trevas
e que podes me ajudar a viver a verdadeira vida cristã.*

A BÍBLIA EM UM ANO: SALMOS 63–65; ROMANOS 6

4 DE AGOSTO ● **1 SAMUEL 24:1-10**

A MISERICÓRDIA DE DEUS EM AÇÃO

Que o SENHOR julgue entre nós dois... v.12

Enchi-me de raiva quando uma mulher me maltratou, culpou-me e fez fofocas sobre mim. Queria que todos soubessem o que ela havia feito e que ela sofresse como eu sofrera por causa da sua atitude. Fiquei ressentida e senti uma terrível dor de cabeça. Ao orar para que a dor passasse, o Espírito Santo me convenceu. Como eu poderia planejar vingança enquanto implorava a Deus por alívio? Se eu acreditava que Ele cuidaria de mim, por que não confiaria nele para lidar com tal situação? Sabendo que as pessoas que estão sofrendo muitas vezes machucam outras pessoas, pedi a Deus que me ajudasse a perdoá-la e a me esforçar pela reconciliação.

O salmista Davi entendeu a dificuldade de confiar em Deus enquanto sofria um tratamento injusto. Embora Davi fizesse o possível para ser um servo amoroso, o rei Saul sucumbiu ao ciúme e queria matá-lo (1 SAMUEL 24:1,2). Davi sofreu enquanto Deus agia e o preparava para assumir o trono, mas ainda assim escolheu honrar a Deus em vez de se vingar (vv.3-7). Ele fez sua parte para se reconciliar com Saul e deixou os resultados nas mãos divinas (vv.8-22).

Quando parece que outras pessoas estão se safando de erros, lutamos com a injustiça. Mas com a misericórdia de Deus operando em nosso coração e no dos outros, podemos perdoar como Ele nos perdoou e receber as bênçãos que preparou para nós. XOCHITL E. DIXON

Quem você precisa perdoar e colocar nas poderosas e misericordiosas mãos de Deus?

Deus misericordioso, por favor, ajuda-me a confiar em ti e permitir que Tua justiça prevaleça.

A BÍBLIA EM UM ANO: SALMOS 66–67; ROMANOS 7

5 DE AGOSTO · **ROMANOS 8:15-17**

AMADO, LINDO, TALENTOSO

...pois o seu Espírito confirma a nosso espírito que somos filhos de Deus. v.16

Malcolm parecia muito confiante quando adolescente, mas essa confiança era uma máscara. Na verdade, seu lar turbulento o deixou com medo, desesperado por aprovação e se sentindo responsável pelos problemas de sua família. "Desde que me lembro", diz ele: "todas as manhãs eu ia ao banheiro, olhava no espelho e dizia em voz alta para mim mesmo: Você é estúpido, é feio e a culpa é sua".

A autoaversão de Malcolm continuou até os 21 anos, quando ele teve uma revelação divina de sua identidade em Jesus. "Percebi que Deus me amava incondicionalmente e nada mudaria isso", lembra ele. "Eu nunca poderia envergonhar a Deus, e Ele nunca me rejeitaria." Com o tempo, Malcolm se olhou no espelho e falou consigo mesmo de maneira diferente e disse: "Você é amado, é bonito, é talentoso e o mérito não é seu".

A experiência dele ilustra o que o Espírito de Deus faz em quem crê em Jesus. Ele nos liberta do medo, revela o quão profundamente somos amados (ROMANOS 8:15; 3,39) e confirma que somos filhos de Deus com todos os benefícios que esse status traz (8:16,17; 12:6-8). Como resultado, podemos começar a nos ver corretamente pela renovação da nossa mente (12:2,3).

Anos depois, Malcolm ainda sussurra essas palavras todos os dias, reforçando quem Deus diz que é. Aos olhos do Pai, ele é amado, bonito e talentoso. E nós também.

SHERIDAN VOYSEY

Que palavras vêm à sua mente quando você se vê no espelho?

Pai, graças te dou por Teu amor e por me amares como filho. Que o Teu Espírito atue em mim hoje para crer em ti verdadeira e profundamente.

A BÍBLIA EM UM ANO: SALMOS 68–69; ROMANOS 8:1-21

6 DE AGOSTO · **2 TIMÓTEO 4:9-18**

DA PIEDADE AO LOUVOR

*Mas o Senhor ficou ao meu lado
e me deu força.* v.17

As crianças procuravam animadamente e com gratidão suas cores favoritas e tamanhos adequados numa campanha de agasalhos. Um dos organizadores disse que elas também ganharam em autoestima, com "os agasalhos que aumentavam a sua aceitação pelos colegas e a frequência escolar nos dias de inverno".

Paulo também precisava de um agasalho quando escreveu a Timóteo: "não se esqueça de trazer a capa que deixei com Carpo, em Trôade" (2 TIMÓTEO 4:13). Na fria prisão romana, o apóstolo precisava de calor e de companhia: "fui levado perante o juiz, ninguém me acompanhou. Todos me abandonaram" lamentou ao enfrentar um juiz romano (v.16). Suas palavras tocam nosso coração com a honestidade da dor deste grande missionário.

No entanto, nas palavras finais da última carta registrada de Paulo, em seus pensamentos após um ministério espantoso, ele passa da piedade ao louvor. "Mas o Senhor permaneceu ao meu lado", acrescenta (v.17), e as palavras dele animam o nosso coração. Como Paulo declarou: "[Deus] me deu forças para que eu pudesse anunciar as boas novas plenamente, a fim de que todos os gentios as ouvissem. E ele me livrou da boca do leão" (v.17).

Lembre-se de Deus se estiver enfrentando uma crise. Deus é fiel em restaurar, suprir e libertar — para a Sua glória e para o nosso propósito em Seu reino.

PATRICIA RAYBON

**Em que área da sua vida você precisa da força de Deus?
A sua perspectiva muda ao louvá-lo?**

*Deus, quando as circunstâncias nos dominarem,
permanece conosco e concede-nos
Tua força para vencermos.*

A BÍBLIA EM UM ANO: SALMOS 70–71; ROMANOS 8:22-39

7 DE AGOSTO — **JOÃO 11:21-36**

DESPEDIDA FINAL

*O Senhor se importa profundamente
com a morte de seus fiéis.*
SALMO 116:15

"A morte do seu pai é iminente", disse a enfermeira. "Morte iminente" refere-se à fase final do processo de morrer e era um novo termo para mim, algo que me parecia estranhamente como viajar por uma rua de mão única. No último dia de vida do meu pai, sem saber se ele ainda podia nos ouvir, minha irmã e eu sentamos ao lado da cama dele. Beijamos o topo de sua bela cabeça careca e sussurramos as promessas de Deus para ele. Cantamos "Tu és fiel, Senhor" e citamos o Salmo 23. Dissemos que o amávamos e agradecemos por ser nosso pai. Sabíamos que sua alma desejava estar com Jesus e lhe dissemos que poderia partir. Falar essas palavras foi o primeiro passo doloroso para permitir sua partida final. Minutos depois, nosso pai foi recebido com alegria em seu lar eterno.

Dizer adeus a quem amamos é doloroso. Até Jesus chorou quando Seu bom amigo Lázaro morreu (JOÃO 11:35). Mas por causa das promessas de Deus, temos esperança além da morte física. O Salmo 116:15 afirma que os servos fiéis de Deus, aqueles que a Ele pertencem lhe são preciosos. Embora eles morram, viverão novamente.

Jesus promete: "Eu sou a ressurreição e a vida. Quem crê em mim viverá, mesmo depois de morrer" (JOÃO 11:25,26). Que conforto nos traz saber que estaremos na presença de Deus para sempre.

CINDY HESS KASPER

**O que Jesus realizou por Sua morte na cruz?
Como o Seu sacrifício afeta todas as
pessoas que já viveram?**

*Pai precioso, obrigado pela promessa
da vida eterna em Tua presença.*

A BÍBLIA EM UM ANO: SALMOS 72–73; ROMANOS 9:1-15

8 DE AGOSTO · **TIAGO 3:13-18**

★ *TÓPICO DE AGOSTO: FAMÍLIA*

INSTRUMENTOS DE PAZ

*E aqueles que são pacificadores
plantarão sementes de paz
e ajuntarão uma colheita de
justiça.* v.18

Ao eclodir a Primeira Guerra Mundial, em 1914, um estadista declarou: "As lâmpadas estão se apagando por toda a Europa; não as veremos acesas novamente em nossa vida". Ele acertou, pois ao findar essa "guerra que acabaria com todas as outras", cerca de 20 milhões haviam morrido e 21 milhões sido feridos.

A devastação também pode ocorrer em nossa vida pessoal. Nossa casa, trabalho, igreja ou bairro também pode ser encoberto pelo sombrio espectro do conflito. No entanto, Deus nos chama para fazermos a diferença nesse mundo. E para fazer isso, devemos confiar em Sua sabedoria. "Mas a sabedoria que vem do alto é, antes de tudo, pura. Também é pacífica, sempre amável e disposta a ceder a outros. É cheia de misericórdia e é o fruto de boas obras. Não mostra favoritismo e é sempre sincera. E aqueles que são pacificadores plantarão sementes de paz e ajuntarão uma colheita de justiça" (TIAGO 3:17,18).

O papel do pacificador é significativo por causa da sua colheita. A palavra retidão significa "posição ou relacionamento correto". Os pacificadores podem ajudar a restaurar os relacionamentos. Não é de admirar que Jesus tenha dito: "Felizes os que promovem a paz, pois serão chamados filhos de Deus" (MATEUS 5:9). Seus filhos, confiando em Sua sabedoria, tornam-se instrumentos da Sua paz onde ela é mais necessária.

WINN COLLIER

Em quais conflitos pessoais você precisa da luz da sabedoria de Deus?

*Pai, a Tua luz penetra nas trevas mais profundas.
Ajuda-me a conhecer a Tua sabedoria e paz e a
levá-las aos outros em suas lutas.*

A BÍBLIA EM UM ANO: SALMOS 74–76; ROMANOS 9:16-33

9 DE AGOSTO • 1 JOÃO 1:1-8

CARTAS QUE ULTRAPASSAM O TEMPO

Aquele que é a vida nos foi revelado,
e nós o vimos. [...] Ele estava com o
Pai e nos foi revelado. v.2

Mais de um milhão de jovens participam do Concurso Internacional de Cartas a cada ano. Em 2018, o tema do concurso foi "Imagine-se como uma carta viajando no tempo. Que mensagem você deseja transmitir aos seus leitores?".

Na Bíblia, temos uma coleção de cartas que, graças à inspiração e orientação do Espírito Santo, ultrapassaram o seu o tempo e chegaram até nós. À medida que a igreja cristã crescia, os discípulos de Jesus escreviam para igrejas locais na Europa e na Ásia Menor para ajudar as pessoas a entenderem sua nova vida em Cristo; muitas dessas cartas estão na Bíblia que lemos hoje.

O que esses escritores de cartas desejavam transmitir aos leitores? João explica, em sua primeira epístola, que ele está proclamando "...aquele que existia desde o princípio, aquele que ouvimos e vimos com nossos próprios olhos e tocamos com nossas próprias mãos. Ele é a Palavra da vida" e João relata o seu encontro com o Cristo vivo (1 JOÃO 1:1). Escreve para que seus leitores tenham comunhão uns com os outros e com "o Pai e com seu Filho Jesus Cristo" (v.3). Quando tivermos comunhão juntos, ele afirma que nossa alegria será completa (v.4). Essas cartas da Bíblia nos levam a uma comunhão que ultrapassa o tempo — comunhão com o Deus eterno.

AMY PETERSON

> **Se você escrevesse uma carta a um amigo**
> **contando como encontrou o Deus vivo,**
> **o que diria?**
>
> *Obrigado, Pai, pela comunhão*
> *que tenho contigo.*

A BÍBLIA EM UM ANO: SALMOS 77–78; ROMANOS 10

10 DE AGOSTO 🌾 **1 PEDRO 2:4-10**

NUMA BOLHA

...povo escolhido, [...] vocês podem mostrar às pessoas como é admirável aquele que os chamou das trevas... v.9

Um dos primeiros usos da expressão "numa bolha" foi numa notícia na década de 1970. Referia-se a um estado de incerteza e fora usada em relação a um piloto novato de corridas. Ele estava "numa bolha", após ter feito sua volta de qualificação muito lenta para a corrida de 500 milhas de Indianápolis. Mais tarde, o seu tempo foi confirmado, embora ele fosse o mais lento entre os que se classificaram lhe foi permitido competir naquela corrida.

Às vezes nos sentimos "numa bolha", incertos de que temos o que é preciso para competir ou terminar a corrida da vida. Quando nos sentimos assim, é importante lembrar que em Jesus nunca estamos "numa bolha". Como filhos de Deus, nosso lugar em Seu reino é seguro (JOÃO 14:3). Nossa confiança flui daquele que escolheu Jesus para ser a "pedra angular" na qual nossa vida é construída, e o Senhor nos escolheu como "pedras vivas" cheias do Espírito de Deus, para sermos as pessoas que Ele nos criou para ser (1 PEDRO 2:5,6).

Em Cristo, nosso futuro é seguro à medida que esperamos nele e o seguimos (v.6). Pois somos "povo escolhido, reino de sacerdotes, nação santa, propriedade exclusiva de Deus, Assim, vocês podem mostrar às pessoas como é admirável aquele que os chamou das trevas para sua maravilhosa luz" (v.9). Aos olhos de Jesus, não estamos "numa bolha". Somos preciosos e amados (v.4).

REMI OYEDELE

O que você pode fazer para recuperar sua confiança em Jesus?

Deus Pai, quando as decepções ameaçarem minar a minha identidade como Teu filho, lembra-me de colocar minha esperança e confiança em ti.

A BÍBLIA EM UM ANO: SALMOS 79–80; ROMANOS 11:1-18

11 DE AGOSTO   🌿 **RUTE 1:19-22**

NOMEADO POR DEUS

*"Não me chamem de Noemi",
respondeu ela. "Chamem-me de
Mara, pois o Todo-poderoso tornou
minha vida muito amarga."* v.20

Ligeira. *Batgirl*. Brincalhona. Esses são alguns apelidos dados aos conselheiros no acampamento que minha família frequenta anualmente. Os apelidos geralmente surgem após algo embaraçoso, um hábito engraçado ou um hobby.

Porém, nós os encontramos até na Bíblia. Por exemplo, Jesus chama os apóstolos Tiago e João de "filhos do trovão" (MARCOS 3:17). É raro nas Escrituras que alguém *se* dê um apelido, mas aconteceu quando uma mulher chamada Noemi pedia que as pessoas a chamassem de "Mara", que significa "amargura" (RUTE 1:20), pois seu marido e os dois filhos tinham morrido. Ela sentiu que Deus havia tornado sua vida amarga (v.21). Esse apelido não vingou, pois essas perdas devastadoras não foram o fim de sua história. No meio de sua tristeza, Deus a abençoou com uma nora amorosa, Rute, que casou-se novamente e teve um filho, criando uma nova família para Noemi.

Embora às vezes possamos ficar tentados a nos darmos apelidos depreciativos, como "fracasso" ou "mal amado", com base nas dificuldades que experimentamos ou nos erros que cometemos, esses nomes não são o fim de nossa história. Podemos substituí-los pelo nome que Deus deu a cada um de nós, "meu povo" (ROMANOS 9:25), e buscar as maneiras que Ele usa para conceder Sua provisão, mesmo nos momentos mais desafiadores. *LISA SAMRA*

**Você já teve um apelido? Gostou ou não?
Ser chamado filho amado de Deus
muda a maneira como você se vê?**

*Pai Celestial, obrigado por eu não ser definido pelas experiências
da minha vida. Obrigado por me chamares de Teu filho.*

A BÍBLIA EM UM ANO: SALMOS 81–83; ROMANOS 11:19-36

12 DE AGOSTO — SALMO 61

PRECISANDO DE SUA LIDERANÇA

Dos confins da terra clamo a ti... v.2

O tio Zaki era mais do que um amigo do acadêmico Kenneth Bailey; ele era seu guia confiável em excursões desafiadoras ao vasto deserto do Saara. Segui-lo nas incursões demonstrava que Bailey e sua equipe tinham total confiança nele. Em essência, afirmavam: "Não sabemos o caminho para onde estamos indo e, se por sua causa nós nos perdermos, todos morreremos. Colocamos nossa total confiança em sua liderança."

Em um momento de grande cansaço e mágoa, Davi não se deteve por nenhum guia humano e buscou a orientação do Deus a quem servia. No Salmo 61:2, lemos: "Dos confins da terra clamo a ti, com meu coração sobrecarregado. Leva-me à rocha alta e segura". Ele ansiava pela segurança e o alívio de estar novamente na presença de Deus (vv.3,4).

A orientação de Deus na vida é desesperadamente necessária para as pessoas que as Escrituras descrevem como ovelhas que se desviaram (ISAÍAS 53:6). Se fôssemos deixados por nossa conta, estaríamos irremediavelmente perdidos no deserto de um mundo decaído.

Mas não fomos deixados por nossa conta! Temos um Pastor que nos leva "junto de riachos tranquilos", renova nossas forças e nos guia (SALMO 23:2,3).

Em que você precisa da orientação do Senhor hoje? Invoque-o. Ele nunca o deixará.

BILL CROWDER

**O que você fez quando se sentiu perdido?
Você confia em Deus como um Pastor para guiá-lo
em tempos de dificuldades?**

*Pai amoroso, obrigado por seres meu Pastor e Guia.
Ajuda-me a confiar em ti e a descansar em Tua sabedoria.
Que o Teu Espírito me guie nos momentos desafiadores da vida.*

A BÍBLIA EM UM ANO: SALMOS 84–86; ROMANOS 12

13 DE AGOSTO — NEEMIAS 6:1-4

UMA GRANDE OBRA

Estou envolvido com uma obra muito importante e não posso ir. Por que eu deveria interromper...? v.3

O segurança encontrou e removeu um pedaço de fita que impedia que uma porta se fechasse. Mais tarde, ao checar a porta, descobriu a fita lá novamente. Chamou a polícia, que veio e prendeu cinco ladrões. No edifício *Watergate* em Washington, D.C., sede de partido político nos EUA, o jovem guarda havia acabado de descobrir o maior escândalo político de sua vida simplesmente levando seu trabalho a sério e fazendo-o bem.

Neemias começou a reconstruir o muro em torno de Jerusalém, uma tarefa que ele levou muito a sério. No final do projeto, os rivais vizinhos pediram que Neemias se encontrasse com eles numa vila próxima. Sob o disfarce de um convite amigável, havia uma armadilha traiçoeira (NEEMIAS 6:1,2). No entanto, a resposta de Neemias demonstra a profundidade de sua convicção: "Estou envolvido com uma obra muito importante e não posso ir. Por que eu deveria interromper o trabalho para me encontrar com vocês?" (v.3).

Embora possuísse autoridade, Neemias talvez não tivesse alta classificação no panteão dos heróis. Não era um grande guerreiro, não era poeta ou profeta, não era rei ou sábio. Neemias era um copeiro que virou administrador. No entanto, ele acreditava que fazia algo essencial para Deus. Levemos a sério o que o Senhor nos deu para fazer e façamos bem em Seu poder e provisão.

GLENN PACKIAM

Por que é importante levar a sério e encarar como uma grande tarefa o que Deus lhe pede para fazer?

Querido Deus, ajuda-me a acreditar que estou fazendo um ótimo trabalho. Dá-me o foco para seguir em frente.

A BÍBLIA EM UM ANO: SALMOS 87–88; ROMANOS 13

14 DE AGOSTO ● **ISAÍAS 35:1-4**

A ESPERANÇA FLORESCERÁ

As regiões desabitadas e o deserto
exultarão; a terra desolada se
alegrará e florescerá... v.1

Na Filadélfia, EUA, quando limparam os lotes vazios e plantaram belas flores e árvores, em geral, isso melhorou a saúde mental dos vizinhos, especialmente daqueles que lutavam com as finanças. "Aumentam as evidências de que o espaço verde pode impactar a saúde mental e isso é importante para as pessoas que vivem em bairros mais pobres", disse a Dra. Eugenia South, professora universitária e coautora de um estudo sobre esse assunto.

A visão do profeta Isaías trouxe nova e bela esperança de que Deus restauraria o povo oprimido de Israel e Judá. Em meio à desgraça e ao julgamento profetizados por Isaías, essa promessa se enraizou: "As regiões desabitadas e o deserto exultarão; a terra desolada se alegrará e florescerá [...]. Haverá muitas flores, cânticos e alegria...! (ISAÍAS 35:1,2).

Não importa nossa situação hoje, também podemos nos alegrar pelas maneiras como o nosso Pai celestial nos restaura com nova esperança, inclusive através da Sua criação. Quando estamos tristes, refletir sobre a Sua glória e esplendor nos fortalece. Isaías nos incentiva: "Fortaleçam os de mãos cansadas, apoiem os de joelhos fracos" (v.3).

Deus, que concede a esperança, e o profeta nos mostram que algumas poucas flores podem nos tornar mais esperançosos

PATRICIA RAYBON

Como você reage quando se sente sem esperança?
Investir o seu tempo ao ar livre, com a criação divina,
pode transformar seu desespero em
renovada esperança em Deus?

Pai, obrigado pelo esplendor da Tua criação
que demonstra a Tua glória e renova
a minha esperança em ti.

A BÍBLIA EM UM ANO: SALMOS 89–90; ROMANOS 14

15 DE AGOSTO   🌐 **GÊNESIS 37:2-4,17-24**

★ *TÓPICO DE AGOSTO: FAMÍLIA*

O FAVORITO

Assim como eu os amei, vocês
devem amar uns aos outros.
JOÃO 13:34

O irmão do meu marido mora a cerca de 2 mil quilômetros de nós. Apesar da distância, ele sempre foi um membro muito querido da família por causa de seu grande senso de humor e bom coração. Desde que me lembro, no entanto, os outros irmãos brincam humoradamente sobre o status dele como favorito aos olhos de sua mãe. Há vários anos, até lhe entregaram uma camiseta com as palavras "Sou o favorito da mamãe". Embora todos nós tenhamos gostado das piadas entre irmãos, o favoritismo não é brincadeira.

Jacó deu uma "linda túnica" a seu filho José, o que foi uma clara indicação para seus outros filhos de que José era especial (v.3). Sem sutilezas, a mensagem dizia: "José é o meu filho favorito". Exibir favoritismo pode enfraquecer uma família. A mãe de Jacó, Rebeca, o favoreceu em detrimento do outro filho, Esaú, gerando conflitos entre os dois irmãos (25:28). A disfunção foi perpetuada quando Jacó favoreceu mais sua esposa Raquel (mãe de José) do que a Lia, criando discórdias e mágoas (29:30,31). Sem dúvida, essa atitude fez os irmãos mais velhos de José o desprezarem, a ponto de planejarem uma forma de matá-lo (37:18).

Quando se trata de relacionamentos, às vezes podemos achar difícil sermos objetivos. Mas nosso alvo deve ser tratar todos sem favoritismo e amar todas as pessoas de nosso convívio como nosso Pai nos ama (JOÃO 13:34).

CINDY HESS KASPER

Você já demonstrou favoritismo por alguém?

Amoroso Deus, ao interagir com o próximo,
ajuda-me a ver os outros como tu nos vês e a tratá-los
de maneira justa e sem favoritismo ou preconceitos.

A BÍBLIA EM UM ANO: SALMOS 91–93; ROMANOS 15:1-13

16 DE AGOSTO **LUCAS 18:15-17**

GRANDE O SUFICIENTE

*Que os pequenos venham até mim
e não os impeçam, pois o reino de
Deus pertence a esses.* v.15

Meu neto correu para a montanha-russa e ficou de costas contra o sinal de altura para ver se era grande o suficiente para andar nela. Ele gritou de alegria quando sua cabeça excedeu a marca.

Muita coisa na vida exige ser "grande" o suficiente, não é? Deixar de usar cadeirinha no carro, adaptador e, depois, usar o cinto de segurança. Sentar na frente. Tirar a carteira de motorista. Votar. Casar. Como ele, podemos passar a nossa vida querendo crescer.

Nos tempos do Novo Testamento, as crianças eram amadas, mas não muito valorizadas até que "atingissem a maioridade", contribuíssem para o lar e entrassem na sinagoga com privilégios de adultos. Jesus quebrou os padrões de Seus dias ao acolher os empobrecidos, os doentes e até os pequeninos. Mateus, Marcos e Lucas relatam sobre pais que trouxeram seus filhos pequenos a Jesus, para que o Senhor pudesse lhes impor as mãos e orar por eles (MATEUS 19:13; MARCOS 10:16).

Os discípulos repreenderam os adultos pelo que consideraram inconveniente. Com isso, Jesus ficou "indignado" (MARCOS 10:14) e abriu Seus braços para as crianças. Ele reconheceu o valor delas em Seu reino e desafiou todos a se tornarem como crianças, a aceitar com sinceridade a necessidade que têm de conhecê-lo (LUCAS 18:17). Esse reconhecimento nos torna "grandes" o suficiente para receber o Seu amor.

ELISA MORGAN

**O que o amor de Deus, o amor do Pai celestial,
significa para você?**

*Querido Deus, ajuda-me a reconhecer a minha necessidade
por Tua presença hoje, para que eu possa
me aproximar do Teu coração como uma criança.*

A BÍBLIA EM UM ANO: SALMOS 94–96; ROMANOS 15:14-33

17 DE AGOSTO 🕮 **1 PEDRO 1:6-9**

PROVADO PELO FOGO

*Elas [provações] mostrarão que
sua fé é autêntica.* v.7

Ouro de 24 quilates é quase 100% ouro com poucas impurezas, mas é difícil alcançar tal porcentagem. Os refinadores costumam usar um dos dois métodos para o processo de purificação. O processo de Miller é mais rápido e mais barato, mas o ouro é 99,95% puro. O processo de Wohlwill leva mais tempo e custa mais, mas o ouro é 99,99% puro.

Nos tempos bíblicos, os refinadores usavam o fogo para purificar o ouro. O fogo faz as impurezas subirem à superfície para facilitar a sua remoção. Em sua primeira carta aos cristãos em toda a Ásia Menor (norte da Turquia), o apóstolo Pedro usou o processo de refino de ouro como metáfora da maneira como as provações funcionam na vida de quem crê em Jesus. Naquela época, muitos cristãos eram perseguidos pelos romanos por sua fé em Jesus. Pedro sabia o que isso significava, mas a perseguição, explicou ele, traz à tona a autenticidade da nossa fé (1 PEDRO 1:7).

Talvez você sinta como se estivesse no fogo de um refinador, sentindo o calor dos contratempos, doenças ou outros desafios. Mas, frequentemente, as dificuldades são o processo pelo qual Deus purifica o ouro da nossa fé. Em nossa dor, podemos implorar a Deus que termine rapidamente o processo, mas Ele sabe o que é melhor para nós, mesmo quando a vida dói. Mantenha-se conectado ao Salvador, buscando o Seu conforto e paz.

LINDA WASHINGTON

**Quais desafios o levaram
ao seu crescimento? Como você reagiu?**

*Deus Pai, ajuda-me a ver como as provações
da minha vida destacam o ouro em mim.*

A BÍBLIA EM UM ANO: SALMOS 97–99; ROMANOS 16

18 DE AGOSTO — 1 CORÍNTIOS 1:10-17

RIVAIS OU ALIADOS?

Antes, tenham o mesmo parecer, unidos em pensamento e propósito. v.10

A cidade de Texarkana fica na fronteira de dois estados norte-americanos. A cidade de 70 mil habitantes tem dois prefeitos, duas prefeituras e dois departamentos de polícia e bombeiros. A rivalidade esportiva entre as escolas secundárias atrai muitos e reflete a lealdade que cada time tem com a escola de seu próprio estado. As disputas sobre o sistema de água compartilhado também são desafios significativos, pois ele segue as leis de cada estado. No entanto, a cidade é conhecida por sua unidade, apesar da linha que a divide. Os moradores se reúnem anualmente para um jantar realizado na "Avenida linha do Estado" para compartilhar uma refeição em comemoração à sua unidade como comunidade.

Os cristãos não tinham traçado uma linha na via principal, mas estavam divididos. Brigavam porque eram leais àqueles que os ensinaram sobre Jesus: Paulo, Apolo ou Cefas (Pedro). Paulo chamou todos eles à união "... em pensamentos e propósitos" (1 CORÍNTIOS 1:10), lembrando-lhes de que Cristo fora crucificado por eles, não os seus líderes espirituais.

Hoje agimos assim, não é? Às vezes, opomo-nos até aos que creem no sacrifício de Jesus por nossos erros tornando-os rivais e não aliados. Como Cristo não está dividido, nós, como Sua representação terrena, Seu corpo, não devemos permitir que as diferenças nos dividam. Em vez disso, celebremos nossa unicidade nele. *KIRSTEN HOLMBERG*

Como você pode promover a unidade?

*Deus, ajuda-me a manter o foco em ti
e em Teu sacrifício pelo Teu povo.
Que eu chame os outros à unidade como
uma comunidade de fé.*

A BÍBLIA EM UM ANO: SALMOS 100–102; 1 CORÍNTIOS 1

19 DE AGOSTO 1 REIS 17:8-16

TÃO SOMENTE CONFIE

Assim, Elias, a mulher e a família dela tiveram alimento para muitos dias. v.15

Trezentas crianças estavam prontas para o café da manhã, e uma oração de agradecimento foi oferecida pelo alimento. Mas não havia comida! Isso era comum para o missionário e diretor do orfanato George Mueller (1805–98). Era mais uma oportunidade de ver como Deus os proveria. Minutos após a oração, um padeiro que não dormira na noite anterior apareceu à porta. Pensando que o orfanato poderia precisar do pão, ele os trouxe. Logo depois, o carrinho do leiteiro quebrou na frente do orfanato. Não querendo que o leite estragasse, ele o doou a Mueller.

É normal experimentar crises de preocupação, ansiedade e autopiedade quando não temos recursos essenciais para o nosso bem-estar; comida, abrigo, saúde, finanças, amizades. Deus nos lembra que a Sua ajuda pode vir de fontes inesperadas, como uma viúva necessitada, "não tenho um pedaço sequer de pão em casa. Tenho apenas um punhado de farinha que restou numa vasilha e um pouco de azeite no fundo do jarro" (v.12). Antes disso, era um corvo que providenciava para Elias (vv.4-6).

Nossas preocupações podem nos levar a buscar em várias direções. Pode ser libertador ter a confiança em Deus como o Provedor que promete suprir nossas necessidades. Antes de buscarmos soluções, tenhamos o cuidado de procurar primeiro o Senhor. Fazer isso pode economizar tempo, energia e frustração. *ARTHUR JACKSON*

Você já tentou garantir a provisão *antes* de procurar o Provedor em oração? Quais necessidades atuais você trará diante de Deus?

Pai, direciona minha visão a ti como o Provedor para as minhas necessidades. Perdoa-me pelos momentos que busquei encontrar o meu caminho sem primeiro te buscar.

A BÍBLIA EM UM ANO: SALMOS 103–104; 1 CORÍNTIOS 2

20 DE AGOSTO — **DEUTERONÔMIO 8:2,10-18**

AS PESSOAS ESQUECEM

Lembre-se de como o Senhor,
seu Deus, os guiou pelo
deserto... v.2

Uma mulher reclamou ao pastor que percebia muitas repetições em seus sermões. "Por que você faz isso?", ela lhe perguntou. Ele respondeu: "...porque as pessoas esquecem". Há muitas razões pelas quais esquecemos: a passagem do tempo, envelhecimento ou por estarmos muito ocupados. Esquecemos senhas, nomes de pessoas e onde estacionamos o carro. Meu marido diz: "faço tanta coisa caber no meu cérebro que devo excluir algo antes de me lembrar de algo novo".

O pregador estava certo. As pessoas esquecem, por isso, precisamos de lembretes que ajudem a lembrar o que Deus fez por nós. Os israelitas tinham tendência semelhante. Mesmo com os muitos milagres que tinham visto, ainda precisavam de lembretes do cuidado divino. Deus lembrou-lhes que permitiu que experimentassem a fome no deserto, mas depois lhes proveu um superalimento incrível todos os dias: o maná. Proveu-lhes roupas que nunca se desgastavam, conduziu-os através de um deserto de cobras e escorpiões e lhes deu água saindo de uma rocha. Eles aprenderam a humildade ao perceberem como eram totalmente dependentes dos cuidados e provisões de Deus (DEUTERONÔMIO 8:2-4,15-18).

A fidelidade de Deus "dura [...] por todas as gerações" (SALMO 100:5). Se nos esquecemos, pensemos em como o Senhor respondeu nossas orações, e isso nos lembrará da Sua bondade e das Suas promessas fiéis.

CINDY HESS KASPER

Em que áreas você luta para confiar em Deus?

Querido Pai, obrigado por sempre seres fiel.
Ajuda-me a confiar em ti no que eu enfrentar hoje

A BÍBLIA EM UM ANO: SALMOS 105–106; 1 CORÍNTIOS 3

21 DE AGOSTO   **SALMO 86:1-13**

PONTOS BRILHANTES

*Ó Senhor, tu és tão bom, tão pronto
a perdoar, tão cheio de amor por
todos que te buscam.* v.5

Quando meu marido e eu estávamos explorando um canto pequeno e acidentado, vi um girassol num local rochoso e seco, onde brotos de arbustos, urtigas, cactos espinhosos e outras plantas irregulares cresciam. Não era tão alto quanto um girassol no campo, mas era tão brilhante e eu me senti animada. Esse inesperado ponto brilhante no terreno acidentado me lembrou de como a vida, mesmo para o cristão, pode parecer árida e triste. As angústias podem parecer insuperáveis e, como os clamores do salmista Davi, nossas orações às vezes parecem não ser ouvidas: "Inclina-te, Senhor, e ouve minha oração" (SALMO 86:1). Como ele, ansiamos demais por alegria (v.4).

Mas Davi continua declarando que servimos ao Deus fiel (v.11), "Deus compassivo e misericordioso" (v.15), que está cheio de amor por todos que o buscam (v.5). Ele responde (v.7).

Às vezes, em lugares sombrios, Deus envia um girassol, uma palavra ou nota encorajadora de um amigo; um verso reconfortante ou passagem bíblica; um belo nascer do sol que nos ajuda a avançar com o passo mais leve, com esperança. Mesmo enquanto esperamos o dia em que experimentaremos a libertação de Deus de nossas dificuldades, podemos nos juntar ao salmista na proclamação: "Pois tu és grande e realizas maravilhas; só tu és Deus!" (v.10).   ALYSON KIEDA

> **De qual lugar difícil Deus o libertou?
> Durante esse período, algum "girassol"
> o ajudou a perseverar?**
>
> *Deus amoroso, obrigado por seres compassivo e gracioso.
> Ajuda-me a lembrar como foste fiel e
> respondeste minhas orações no passado e o fará, no futuro.*

A BÍBLIA EM UM ANO: SALMOS 107–109; 1 CORÍNTIOS 4

22 DE AGOSTO GÊNESIS 2:18-24

★ *TÓPICO DE AGOSTO: FAMÍLIA*

FEITOS UM PARA O OUTRO

*Não é bom que o homem esteja
sozinho. Farei alguém que o ajude
e o complete.* v.18

"Eu cuido dele. Quando ele está feliz, fico feliz", diz Stella. Merle responde: "Fico feliz quando ela está por perto". Eles são casados há 79 anos. Quando Merle foi colocado numa casa de repouso, ele sentiu-se muito triste, então Stella prontamente o levou de volta para casa. Ele tem 101 e ela 95 anos. Embora ela precise do andador para se locomover, faz o que pode para o marido, como preparar as comidas que ele gosta. Mas não pode fazer tudo sozinha, portanto, os netos e vizinhos ajudam naquilo que ela precisa.

A vida desse casal é um exemplo de Gênesis 2, onde Deus diz: "Não é bom que o homem esteja sozinho. Farei alguém que o ajude e o complete" (v.18). Nenhuma das criaturas que Deus fez antes de Adão se encaixa nessa descrição. Somente em Eva, Adão encontrou uma ajudante e companheira adequada feita a partir da sua própria costela (vv.19-24).

Eva foi a companhia perfeita para Adão, e através deles Deus instituiu o casamento. Não foi apenas para que um ajudasse o outro, mas também para iniciar uma família e cuidar da criação, que inclui outras pessoas e seres (1:28). Daquela primeira família, surgiu uma comunidade para que, casados ou solteiros, idosos ou jovens, nenhum de nós permanecesse sozinho. Como comunidade, Deus nos deu o privilégio de compartilharmos "os fardos uns dos outros" (GÁLATAS 6:2).

ALYSON KIEDA

**Você tem visto o Corpo de Cristo
agindo em sua comunidade?**

*Querido Deus, obrigado por criares o homem e a mulher
um para o outro e por instituíres uma comunidade para que
nenhum de nós esteja realmente sozinho.*

A BÍBLIA EM UM ANO: SALMOS 110–112; 1 CORÍNTIOS 5

23 DE AGOSTO 🌿 **SALMO 130**

PROIBIDO PESCAR

*[Deus] e lançarás nossos pecados
nas profundezas do mar.*
MIQUEIAS 7:19

Corrie ten Boom, sobrevivente do Holocausto, reconhecia a importância do perdão. Em seu livro *Andarilha para o Senhor* (Ed. Vida, 1976), ela diz que sua imagem mental favorita era de pecados perdoados lançados ao mar. "Quando confessamos os nossos pecados, Deus os lança no oceano mais profundo e eles desaparecem para sempre. Creio que Deus coloca a placa de *'Proibido pescar'*."

Ela destaca essa verdade que os cristãos às vezes não conseguem entender. Quando Deus perdoa nossas transgressões, somos perdoados completamente! Não precisamos continuar investigando nossas transgressões, tendo sentimentos desagradáveis. Antes, podemos aceitar a Sua graça e perdão, seguindo-o em liberdade. Vemos a ideia de "é proibido pescar" no Salmo 130. O salmista proclama que, embora Deus seja justo, Ele perdoa o pecado dos que se arrependem: "Tu, porém, ofereces perdão" (v.4). Enquanto o salmista espera por Deus, confiando nele (v.5), ele declara com fé que Deus "resgatará Israel de todos os seus pecados" (v.8). Os que creem encontrarão "transbordante redenção" (v.7).

Envergonhados e indignos, não podemos servir a Deus de coração. Somos restringidos pelo passado. Se o mal nos frustra, peçamos a Deus para nos ajudar a crer plenamente em Sua dádiva de perdão e nova vida. Ele lançou nossos pecados no oceano! *AMY BOUCHER PYE*

Você crê que Deus não pode perdoá-lo por algum pecado em sua vida? O perdão de Deus traz libertação!

*Deus perdoador, tu enviaste o Teu Filho Jesus
para me salvar dos meus pecados e vergonha.
Ajuda-me a viver na liberdade de ser
totalmente perdoado.*

A BÍBLIA EM UM ANO: SALMOS 113–115; 1 CORÍNTIOS 6

24 DE AGOSTO   JÓ 2:1-10

COMO EU CHEGUEI AQUI?

Aceitaremos da mão de Deus
apenas as coisas boas e nunca
o mal? v.10

Tiffani acordou na escuridão de um jato da *Air Canada*. Ainda usando o cinto de segurança, ela dormiu enquanto os outros passageiros saíam e o avião estava estacionado. *Por que ninguém a acordou? Como ela chegou aqui?* Ela sacudiu as teias de aranha do cérebro e tentou se lembrar.

Você já se encontrou num lugar inesperado? Você é jovem demais para ter esta doença e não há cura! Sua última análise foi excelente; por que sua função está sendo extinta? Você estava gostando dos melhores anos do seu casamento. Agora você está recomeçando, como mãe solteira e um emprego de meio período.

Como vim parar aqui? Jó pode ter se perguntado isso "sentado em meio a cinzas" (JÓ 2:8). Ele perdera seus filhos, sua riqueza e saúde, em pouco tempo. Ele não conseguia lembrar como chegara ali; apenas sabia que tinha que fazê-lo.

Jó lembrou-se de seu Criador e de como Ele era bom. E disse à esposa: "Aceitaremos da mão de Deus apenas as coisas boas e nunca o mal?" (v.10). Jó lembrou-se de que podia contar com esse bom Deus para ser fiel. Lamentou. Gritou com os céus. E proclamou com esperança: "Sei que meu Redentor vive" e que "em meu corpo, verei a Deus" (19:25,26). Jó se apegou à esperança ao se lembrar de como a história começou e como terminará.

MIKE WITTMER

Que situação o enche de agonia e pavor?
Como você pode se recuperar e viver
com esperança e alegria?

Pai, tu não estás surpreso com o que me surpreende.
Tu sempre foste bom e continuas sendo bom agora.

A BÍBLIA EM UM ANO: SALMOS 116–118; 1 CORÍNTIOS 7:1-19

25 DE AGOSTO   🍃 **SALMO 119:17-24**

RECOMPENSA MARAVILHOSA

Abre meus olhos, para que eu veja
as maravilhas de tua lei. v.18

Dalila é uma professora e uma boa leitora, e um dia isso valeu a pena. Ela planejou uma viagem e ao revisar sua longa apólice de seguro de viagem, na página 7, descobriu uma recompensa maravilhosa. Como parte do concurso "Vale a pena ler", a empresa estava doando 10.000 dólares para a primeira pessoa que lesse isso naquele contrato. Eles também doaram milhares de dólares para alfabetização infantil em escolas na área em que Dalila atuava. Ela diz: "Sempre fui aquela *nerd* que lê contratos. Quem mais se surpreendeu fui eu mesma!

O salmista queria que seus olhos se abrissem para ver as maravilhas da lei de Deus (SALMO 119:18). Ele deve ter entendido que Deus quer ser conhecido e, portanto, ansiava por uma proximidade mais profunda com o Senhor. Seu desejo era aprender mais sobre quem Deus é, o que Ele já havia dado e como segui-lo mais de perto (vv.24,98). E escreveu: "Como eu amo a tua lei; penso nela o dia todo!" (v.97).

Também temos o privilégio de reservar um tempo para refletir sobre Deus, Seu caráter e Suas provisões, para aprender a nos aproximarmos dele. Deus deseja nos instruir, guiar-nos e abrir o nosso coração para quem Ele é. Quando o procuramos, Ele nos recompensa com maior admiração sobre quem Ele é e o prazer de Sua presença!

ANNE CETAS

Ao abrir sua Bíblia e ler, como seu coração e sua mente
se abrem para Deus e Seus caminhos?
Do que você gostaria de saber ou experimentar mais?

Como eu amo a Tua Palavra, Deus.
É doce para o meu paladar,
mais doce que o mel à minha boca.

A BÍBLIA EM UM ANO: SALMO 119:1-88; 1 CORÍNTIOS 7:20-40

26 DE AGOSTO — **EFÉSIOS 5:8-20**

CONDUÇÃO ESPIRITUAL

...sejam cuidadosos [...] como sábios. Aproveitem ao máximo todas as oportunidades nestes dias maus. vv.15,16

Quando fiz a autoescola, aprendemos o acrônimo O-I-P-D-E, que permanece firmemente alojado em minha memória. As letras representavam Observar, Identificar, Prever, Decidir e Executar, um processo que aprendemos a praticar continuamente. Deveríamos *observar* tudo sobre a estrada, *identificar* os perigos, *prever* a consequência desses perigos, *decidir* como reagiríamos e, se necessário, *executar* esse plano. Era uma estratégia para evitar os acidentes.

Esse planejamento pode ser reproduzido em nossa vida espiritual? Paulo alertou os cristãos em Éfeso: "sejam cuidadosos em seu modo de vida. Não vivam como insensatos, mas como sábios" (v.15). Paulo sabia que o viver em desacordo com a nova vida em Jesus (vv.8,10,11) os prejudicaria e os instruiu a serem cuidadosos.

Sejam cuidadosos em seu modo de vida significa, literalmente; veja como anda, olhe ao redor, observe os perigos e evite armadilhas pessoais, como embriaguez e descontrole. Procurem entender a vontade do Senhor, cantando salmos, hinos e cânticos espirituais entre si e louvando o Senhor com música. Por tudo deem graças a Deus (vv.17-20).

Não importa os riscos que enfrentamos, se tropeçamos podemos experimentar nossa nova vida em Cristo à medida que crescemos sob Seu poder e graça ilimitados.

ADAM HOLZ

Como a gratidão pode ser importante para evitar as armadilhas espirituais?

Pai Celestial, obrigado por me lembrares de procurar ajuda em ti quando tropeço pelos caminhos da vida.

A BÍBLIA EM UM ANO: SALMO 119:89-176; 1 CORÍNTIOS 8

27 DE AGOSTO   **SALMO 82:3,4**

RESGATE OS FRACOS

*Livrem o pobre e o necessitado,
libertem-nos das garras dos
perversos.* v.4

Você escolheria férias na Suíça ou resgatar crianças do perigo em Praga? Nicholas Winton, apenas um homem comum, escolheu o último. Em 1938, despontava no horizonte a guerra entre a Tchecoslováquia e a Alemanha. Depois de visitar campos de refugiados em Praga, onde muitos judeus viviam em condições horríveis, Winton se sentiu obrigado a elaborar um plano para ajudar. Arrecadou dinheiro e levou centenas de crianças em segurança de Praga ao Reino Unido para serem cuidadas por famílias britânicas antes do início da Segunda Guerra Mundial.

Suas ações exemplificaram o Salmo 82: "defendam os direitos do oprimido e do desamparado" (v.3). Asafe, o escritor deste salmo, queria estimular seu povo a defender a causa dos desamparados: "Livrem o pobre e o necessitado, libertem-nos das garras dos perversos" (v.4). Como as crianças que Winton lutou incansavelmente para resgatar, o salmista falou por aqueles que não podiam falar por si mesmos, pelos pobres e viúvas que precisavam de justiça e proteção.

Hoje, vemos pessoas necessitadas devido a guerras, tempestades e outras dificuldades. Embora não possamos resolver todos os problemas, em espírito de oração podemos descobrir o que podemos fazer para ajudar nas situações que Deus traz à nossa vida. *LINDA WASHINGTON*

**Quais as necessidades imediatas das pessoas
que você pode ajudar a atender?
Como Deus o preparou para resgatar
e cuidar dos outros?**

*Deus amoroso, abre os meus olhos
para as necessidades daqueles que me cercam.*

A BÍBLIA EM UM ANO: SALMOS 120–122; 1 CORÍNTIOS 9

28 DE AGOSTO — EZEQUIEL 34:5-12

DEUS, NOSSO SALVADOR

*Eu os resgatarei de todos os lugares
onde foram espalhados.* v.12

Em mar aberto, uma socorrista posicionou seu caiaque para ajudar os competidores em pânico num triatlo. "Não segure no meio do barco!", ela lhes disse, sabendo que esse movimento viraria o caiaque. Ela orientava os nadadores cansados para a frente do caiaque. Lá eles seguravam um laço que permitia que o tripulante de segurança os resgatasse.

Quando a vida ou as pessoas ameaçam nos derrotar, como cristãos sabemos que temos um Salvador. "Pois assim diz o Senhor Soberano: Eu mesmo procurarei minhas ovelhas [...] Encontrarei minhas ovelhas e as livrarei de todos os lugares para onde foram espalhadas" (EZEQUIEL 34:11,12). Essa foi a garantia do profeta Ezequiel ao povo de Deus quando eles estavam no exílio. Seus líderes os haviam negligenciado e explorado saqueando suas vidas e cuidando "de si mesmos deixaram o rebanho [de Deus] passar fome" (v.8). Como resultado, as pessoas andavam "sem rumo pelos montes e pelas colinas, por toda a face da terra, mas ninguém saiu para procurá-las" (v.6). Mas o Senhor declarou: "livrarei meu rebanho" (v.10), e Sua promessa ainda se mantém.

O que precisamos fazer? Apegar-se ao Deus Todo-poderoso e às Suas promessas. "Eu mesmo procurarei minhas ovelhas e as encontrarei", diz Ele (v.11). Essa é uma promessa de salvação à qual vale a pena se apegar firmemente.

PATRICIA RAYBON

**Como você reage em situação de pânico?
De qual problema você pode
se livrar hoje ao buscar a Deus?**

*Nosso Deus, meu Resgatador, quando a vida
me deixa em pânico, encoraja-me a me afastar
das ondas e a sempre buscar-te.*

A BÍBLIA EM UM ANO: SALMOS 123–125; 1 CORÍNTIOS 10:1-18

29 DE AGOSTO — **COLOSSENSES 1:1-8**

A ONDA SUPREMA

*Agora, as mesmas boas novas
[...] têm crescido e dado frutos
em toda parte...* v.6

As pessoas adoram fazer "a ola". Nos eventos esportivos e shows ao redor do mundo, ela começa quando alguns se levantam e elevam suas mãos. Depois, os que se sentam ao lado fazem o mesmo. O objetivo é fazer com que um movimento de fluxo sequencial funcione no estádio inteiro. Quando chega ao fim, os que o iniciam sorriem e aplaudem e dão sequência ao movimento.

O primeiro registro da onda ocorreu num jogo de *beisebol* profissional em 1981. Gosto de participar da "ola" porque é divertido. Mas também me ocorreu que a felicidade e a união que experimentamos ao fazer isso são uma reminiscência do evangelho; as boas novas da salvação em Jesus que unem em louvor e esperança os cristãos em todos os lugares. Essa "ola" começou mais de vinte séculos atrás em Jerusalém. Ao escrever para os membros da igreja em Colossos, Paulo descreveu da seguinte maneira: "...as mesmas boas novas que chegaram até vocês estão se propagando pelo mundo todo. Elas têm crescido e dado frutos em toda parte, como ocorre entre vocês desde o dia em que ouviram e compreenderam a verdade sobre a graça de Deus" (COLOSSENSES 1:6). O resultado natural dessas boas novas é fé e amor "que vêm da esperança confiante naquilo que lhes está reservado no céu" (v.5).

Somos parte da maior onda da história. Continuemos, pois veremos o sorriso de Quem a começou.

JAMES BANKS

Quem lhe contou sobre as boas novas de Jesus pela primeira vez?

*Louvo-te, Pai, pelo maravilhoso presente da minha salvação.
Por favor, envia-me para alguém que precisa ouvir
sobre a Tua bondade hoje!*

A BÍBLIA EM UM ANO: SALMOS 126–128; 1 CORÍNTIOS 10:19-33

30 DE AGOSTO · **LAMENTAÇÕES 3:37-42**

AUTOCENSURA

...examinemos nossos caminhos e
voltemos para o Senhor. v.40

Recentemente, li cartas da época da Segunda Guerra Mundial que meu pai enviou para minha mãe. Ele serviu no norte da África e ela ficou nos EUA. Como segundo-tenente do Exército americano, ele fora incumbido de censurar as cartas dos soldados e manter as informações sensíveis longe do inimigo. Por isso, era engraçado ver escrito no envelope: "Censurado pelo segundo-tenente John Branon". De fato, ele havia censurado linhas de suas próprias cartas!

A autocensura é uma boa ideia para todos nós. Várias vezes na Bíblia, os escritores mencionam a importância de darmos uma boa sondada em nós mesmos para descobrirmos o que está errado e que não honra a Deus. O salmista, por exemplo, orou: "Examina-me, ó Deus, e conhece meu coração; prova-me e vê meus pensamentos [...] Mostra-me se há em mim algo que te ofende" (SALMO 139:23,24). Jeremias colocou assim: "examinemos nossos caminhos e voltemos para o Senhor" (LAMENTAÇÕES 3:40). E Paulo, falando da condição da alma no momento da comunhão, disse: "examinem-se antes" (1 CORÍNTIOS 11:28).

O Espírito Santo nos ajuda a abandonarmos as atitudes ou ações que desagradam a Deus. Portanto, antes de iniciarmos o dia, paremos e procuremos a ajuda do Espírito para fazermos uma autocensura para que possamos voltar ao Senhor em comunhão com Ele.   DAVE BRANON

Você fará um autoexame espiritual hoje?
Liste duas coisas que você pode remover para
melhorar sua comunhão com Deus?

Sonda-me, ó Deus, e conhece o meu coração.
Veja se há alguma mudança que preciso fazer hoje, pois
quero conhecer-te mais e servir-te melhor.

A BÍBLIA EM UM ANO: SALMOS 129–131; 1 CORÍNTIOS 11:1-16

31 DE AGOSTO — **1 SAMUEL 3:1-10**

TEU SERVO OUVE

*Então o SENHOR veio e o chamou,
como antes: "Samuel! Samuel!".
Samuel respondeu: "Fala, pois teu
servo está ouvindo."* v.10

Se o rádio sem fio estivesse ligado, eles saberiam que o *Titanic* estava afundando. Cyril Evans, o operador de rádio de outro navio, tentou transmitir uma mensagem a Jack Phillips, o operador de rádio do *Titanic* avisando-o de que haviam encontrado um campo de gelo. Mas Phillips estava ocupado transmitindo as mensagens dos passageiros e rudemente disse a Evans para ficar quieto. Então Evans relutantemente desligou o rádio e foi dormir. Dez minutos depois, o Titanic atingiu um iceberg. Seus sinais de angústia ficaram sem resposta porque ninguém o estava ouvindo.

Em 1 Samuel, lemos que os sacerdotes de Israel eram corruptos e haviam perdido a visão e a audição espirituais quando a nação entrou em perigo. "As mensagens do SENHOR eram muito raras, e visões não eram comuns" (1 SAMUEL 3:1). No entanto, Deus não desistiria do Seu povo. Ele começou a falar com um garoto chamado Samuel, que estava sendo criado na casa do sacerdote. O nome de Samuel significa "o Senhor ouve" um memorial por Deus responder à oração de sua mãe. Mas Samuel precisaria aprender a ouvir a Deus.

"Fale, pois seu servo está ouvindo" (v.10). É o servo que ouve. Que possamos também escolher ouvir e obedecer ao que Deus revelou nas Escrituras. Vamos submeter nossa vida a Ele e sermos servos humildes, aqueles que têm os seus "rádios" ligados.   *GLENN PACKIAM*

**Por que é essencial obedecer ao que Deus
revelou nas Escrituras?**

*Querido Jesus, obrigado por seres o Deus que fala
e pelas Escrituras que me ajudam a seguir-te em obediência.
Fala, teu servo está ouvindo.*

A BÍBLIA EM UM ANO: SALMOS 132–134; 1 CORÍNTIOS 11:17-34

★ TÓPICO DE SETEMBRO / **A Igreja**

A IGREJA: O POVO E A POSSE DE DEUS

É comum imaginarmos uma estrutura física quando ouvimos a palavra *igreja*. No entanto, pelo que lemos nas Escrituras somos encorajados a pensar em "pessoas" em vez de "lugares", "os que creem" em vez de "edifícios". De fato, a palavra grega *ekklesia* (traduzida como "igreja") significa "assembleia" e, na maioria dos casos, no Novo Testamento, refere-se a uma reunião de crentes em Jesus em um local específico.

O relacionamento especial de Deus com o Seu povo e os planos para a Igreja são refletidos nas palavras e imagens usadas para descrevê-lo. "Vocês, porém, são povo escolhido, reino de sacerdotes, nação santa, propriedade exclusiva de Deus. Assim, vocês podem mostrar às pessoas como é admirável aquele que os chamou das trevas para sua maravilhosa luz" (1 PEDRO 2:9). A linguagem de Pedro é uma lembrança da maneira como Deus falou de Seu povo da aliança no Antigo Testamento (ÊXODO 19:5,6). Além disso, os que creem em Cristo são recebidos em uma família de pessoas que são coroadas de misericórdia (1 PEDRO 2:10) e apelidadas de "amados" (v.11).

> *"Vocês, porém, são povo escolhido, reino de sacerdotes, nação santa..."*

O que isso significa para a forma como os cristãos interagem? Aqueles que são preciosos para Deus devem valorizar e cuidar uns dos outros. Como outros escritores do Novo Testamento, Pedro usa as expressões "uns aos outros" para enfatizar como devemos nos relacionar com o próximo. Lemos em 1 Pedro 4:8-11 que aqueles que pertencem à família de Deus devem "amar uns aos outros sinceramente" (v.8), "[abrir] sua casa de bom grado para os que necessitam" (v.9) e usar seus dons para servir uns aos outros para que Deus seja honrado em tudo (vv.10,11).

ARTHUR JACKSON

1º DE SETEMBRO 🌿 **NÚMEROS 23–24**

★ *TÓPICO DE SETEMBRO: A IGREJA*

A BELEZA DE CRISTO EM NÓS

Como são belas suas tendas,
ó Jacó! Como são lindas suas
moradas, ó Israel! 24:5

Vinícius de Morais tem um verso que é malcompreendido por muitos: "As muito feias que me perdoem, mas beleza é fundamental". Porém, ele não falava da beleza definida por padrões externos, mas naquela que surge de dentro. O conceito de beleza depende da perspectiva que se olha.

Num certo sentido, o livro de Números demonstra o quanto o Senhor é belo e o que é feio no povo de Israel. A narrativa se repete: Deus os envia a possuir certo território, o povo desobedece às ordens divinas e murmura. A história de Balaque e Balaão interrompe esse relato. Esses dois não israelitas estão comprometidos a enfatizar a feiura, o pecado, do povo de Deus para tirar o favor divino de Israel a fim de que eles não conquistassem Moabe, terra de Balaque.

Foram duas tentativas fracassadas de amaldiçoá-los. Na terceira, de cima do monte Peor, Balaão tem uma perspectiva diferente do acampamento de Israel, que mostrava as tribos organizadas ao redor do tabernáculo, da presença de Deus (NÚMEROS 24). Esse era o ponto de vista de Deus: Ele mesmo era o centro organizador da vida. Após contemplar a fonte da beleza daquele povo, amaldiçoá-los seria impossível.

É desta forma que Deus nos vê: por meio de Cristo. E assim Ele espera que vejamos uns aos outros, que não enfoquemos na feiura natural de nosso pecado, mas vejamos a beleza da santificação que Jesus opera em nós.

DAVI CHARLES GOMES

Se eu sou um cristão, a beleza de Cristo
será vista em mim, pois Ele está me transformando.

Pai, ajuda-me a reconhecer a beleza de Jesus
em mim e na vida dos meus irmãos.

A BÍBLIA EM UM ANO: SALMOS 135–136; 1 CORÍNTIOS 12

2 DE SETEMBRO — **LEVÍTICO 23:33-36,39-44**

ENCONTRO SAGRADO

*Celebrem com alegria diante do
Senhor, seu Deus, por sete dias.* v.40

Reuni-me com amigos para um fim de semana juntos às margens de um lago. Passávamos os dias brincando e compartilhando refeições, mas eram as conversas noturnas que eu mais apreciava. Quando a escuridão caía, abríamos o coração com profundidade e vulnerabilidade incomuns, compartilhando as dores dos casamentos vacilantes e as consequências de traumas que alguns de nossos filhos sofriam. Sem minimizar nossos problemas, relembrávamos da completa fidelidade de Deus ao longo dessas dificuldades. Essas noites estão entre as mais sagradas da minha vida.

Imagino que tais momentos foram iguais ao que Deus pretendia quando instruiu Seu povo a se reunir anualmente para o Festa dos Tabernáculos. Essa festa, como muitas outras, exigia que os israelitas fossem a Jerusalém. Na chegada, Deus instruía Seu povo a se reunir em adoração e a não fazer "nenhum trabalho habitual" durante a festa por cerca de uma semana (LEVÍTICO 23:35). A Festa dos Tabernáculos celebrava a provisão de Deus e comemorava o tempo no deserto depois de serem libertos do Egito (vv.42,43).

Essa Festa fortalecia o senso de identidade dos israelitas como povo de Deus e proclamava a bondade divina, apesar das dificuldades coletivas e individuais do povo. Quando nos reunimos com aqueles que amamos para relembrar a provisão e presença de Deus em nossa vida, também somos fortalecidos na fé. KIRSTEN HOLMBERG

A sua fé é fortalecida quando você está em comunhão com os outros?

*Deus e Pai, sou grato pelas pessoas
que colocaste na minha vida.
Por favor, ajuda-me a encorajá-las.*

A BÍBLIA EM UM ANO: SALMOS 137–139; 1 CORÍNTIOS 13

3 DE SETEMBRO

ISAÍAS 49:14-19

MEDOS IRRACIONAIS

*...eu não me esqueceria
de vocês!* v.15

Não tem lógica, mas, quando meus pais morreram, por um período de três meses, eu temi que eles me esquecessem. É claro que eles não estavam mais entre nós, mas isso me deixou com uma grande incerteza. Sendo jovem e solteira, eu me perguntava como navegaria na vida sem a presença deles. Sentindo-me *realmente* solteira e sozinha, busquei a Deus.

Certa manhã, contei-lhe sobre o meu medo irracional e a tristeza que isso me trazia (mesmo que o Senhor já soubesse). A passagem das Escrituras que li no devocional naquele dia foi Isaías 49: "Pode a mãe se esquecer do filho que ainda mama? [...] Mesmo que isso fosse possível, eu não me esqueceria de vocês!" (v.15). Através de Isaías, Deus tranquilizou o Seu povo de que não os havia esquecido e mais tarde prometeu restaurá-los para si mesmo enviando o Seu Filho Jesus. Mas tais palavras também ministraram ao meu coração. É raro uma mãe ou um pai esquecerem o filho, mas é possível. Mas Deus? De jeito nenhum! Ele disse: "escrevi seu nome na palma de minhas mãos".

A resposta de Deus poderia ter-me trazido mais medo. Mas a paz que Ele me concedeu por lembrar-me disso era exatamente o que eu precisava. Foi o começo da descoberta de que Deus está ainda mais próximo do que um pai ou outra pessoa e sabe como nos ajudar em todas as situações — até mesmo nossos medos irracionais. *ANNE CETAS*

> **Quais medos você enfrenta?
> Você pode procurar a ajuda de Deus
> para lidar com eles?**

*Pai, minhas emoções e medos podem
ser esmagadores e controladores.
Obrigado por seres gentil ao me ajudares
em todos os momentos.*

A BÍBLIA EM UM ANO: SALMO 140–142; 1 CORÍNTIOS 14:1-20

4 DE SETEMBRO ♦ **COLOSSENSES 4:2-6**

FALA!

Orem [...] para que Deus nos dê muitas oportunidades de falar do segredo a respeito de Cristo. v.3

Betânia exclamou para seu colega de trabalho no restaurante: "Foi esse o homem!". Ela se referia a Mário, que a encontrou pela primeira vez em outras circunstâncias. Enquanto ele cuidava do gramado da igreja, o Espírito o instigou a conversar com uma mulher que parecia ser prostituta. Quando a convidou à igreja, ela disse: "Você sabe o que eu faço? Eles não vão me querer lá". À medida que Mário lhe falava sobre o amor de Jesus e lhe garantia que Ele tem poder para transformar a vida dela, lágrimas escorriam pelo rosto. Agora, Betânia trabalhava num novo ambiente e era a prova viva do poder de Jesus.

Incentivando os cristãos a se dedicarem à oração, Paulo fez dois pedidos: "Orem também por nós, para que Deus nos dê muitas oportunidades de falar do segredo a respeito de Cristo. [...] Orem para que eu proclame essa mensagem com a devida clareza" (COLOSSENSES 4:3,4).

Você já orou para ter oportunidades de falar com ousadia e clareza sobre Jesus? Que oração apropriada! Tais orações podem levar os Seus seguidores, como Mário, a falar sobre o Senhor em lugares improváveis e a pessoas inesperadas. Defender Jesus pode parecer desconfortável, mas as recompensas, as vidas transformadas, compensam os nossos desconfortos.

ARTHUR JACKSON

Você já compartilhou o amor de Jesus com alguém, mesmo numa situação inesperada e desconfortável? Qual o papel da oração em nossa preparação para falar com ousadia sobre Ele?

Jesus, ajuda-me a enxergar as oportunidades e a entrar pelas portas que tu abres para falar sobre ti com ousadia e clareza!

A BÍBLIA EM UM ANO: SALMOS 143–145; 1 CORÍNTIOS 14:21-40

5 DE SETEMBRO — SALMO 147:1-11

DEUS ENTENDE

Nosso SENHOR é grande! Seu poder é absoluto! É impossível medir seu entendimento. v.5

Após se mudarem, Jean, de 7 anos, protestou para participar de uma atividade externa em sua nova escola. Sua mãe o encorajou, assegurando-lhe que ela entendia que a mudança era difícil. Certa manhã, a rabugice de Jean excedeu. Com compaixão, a mãe lhe perguntou: "O que o incomoda?". O garoto respondeu: "Não sei, mãe, sinto muitas coisas". O coração da mãe doía ao confortá-lo. Querendo ajudá-lo, ela compartilhou que a mudança também lhe era difícil. Garantiu-lhe que Deus ficaria perto, que Ele sabe tudo, mesmo quando não conseguimos entender ou expressar as frustrações. "Vamos marcar uma visita com seus amigos antes do início das aulas?", disse ela, e fizeram planos, agradecidos por Deus entender mesmo quando Seus filhos sentem "muitas coisas".

O escritor do Salmo 147 experimentou emoções fortes ao longo de sua jornada de fé e reconheceu os benefícios de louvar o onisciente Criador e Sustentador de todos, o Curador das feridas físicas e emocionais (vv.1-6). Louvou a Deus pelas maneiras que o Senhor provê e porque Ele "...se agrada dos que o temem, dos que põem a esperança em seu amor" (v.11).

Quando lutamos para entender nossas emoções em constantes mudanças, não precisamos nos sentir sozinhos ou desanimados. Podemos descansar no amor incondicional e na compreensão ilimitada de nosso Deus imutável.

XOCHITL E. DIXON

Quais emoções parecem mais difíceis de colocar nas mãos poderosas e misericordiosas de Deus?

Soberano Deus, obrigado por me garantires que entendes e te importas com minhas necessidades emocionais e físicas.

A BÍBLIA EM UM ANO: SALMOS 146–147; 1 CORÍNTIOS 15:1-28

6 DE SETEMBRO 🌿 **GÁLATAS 3:1-6**

FALHOU NOVAMENTE

...Tendo começado no Espírito, por que agora procuram tornar-se perfeitos por seus próprios esforços? v.3

Algumas manhãs de domingo eu me sentia como um humilde verme antes de pregar o sermão. Sabia que na semana anterior não tinha sido o melhor de mim. Sentia que, antes que Deus pudesse me usar novamente, eu deveria agir corretamente. E prometia entregar o sermão da melhor maneira possível e viver melhor na semana seguinte. No entanto, em Gálatas 3, vemos que Deus continuamente nos provê o Seu Espírito e age com poder através de nós por Sua dádiva — não porque fizemos algo ou o merecemos.

Muitas vezes Abraão falhou como marido e colocou duas vezes a vida de Sara em risco para salvar sua própria pele (GÊNESIS 12:10-20; 20:1-18). Porém, "Abraão creu em Deus, e assim foi considerado justo" (GÁLATAS 3:6). Ele se colocou nas mãos de Deus, apesar de seus fracassos, e Deus o usou para trazer a salvação ao mundo através de sua linhagem.

Não há justificativa. Jesus nos pediu para o seguirmos em obediência, e Ele fornece os meios para que o obedeçamos. O coração duro e sem arrependimento sempre atrapalha os Seus propósitos para nós, mas a capacidade de Ele nos usar não depende de um longo padrão de bom comportamento. Baseia-se unicamente na vontade de Deus de agir através de nós como somos: salvos e crescendo pela graça. Você não precisa trabalhar para merecer a Sua graça, pois ela é gratuita.

DAVID ROPER

**Quando você se sentiu desqualificado?
Como Deus olha para essas ocasiões?
E você, como as olha?**

Sou grato, Deus, por me abençoares e me usares, apesar dos meus fracassos. Tua graça é imensurável!

A BÍBLIA EM UM ANO: SALMOS 148–150; 1 CORÍNTIOS 15:29-58

7 DE SETEMBRO   🌿 **SALMO 104:10-18,24-26**

UM MUNDO DE PROVISÃO

Ali está o oceano, vasto e imenso,
cheio de seres de todo tipo, grandes
e pequenos. v.25

Na madrugada, Nadia, uma agricultora de pepinos do mar, entra num cercado de cordas no oceano raso perto de sua vila em Madagascar para colher sua "safra". Isso não a incomoda, diz ela: "A vida era muito difícil antes de eu começar a cultivar. Não tinha nenhuma fonte de renda. Agora, sou membro de um programa de proteção marinha chamado *Velondriake*, que significa "conviver com o mar" e vejo minha renda crescer e se estabilizar". Ela agradece a Deus por esse projeto.

Isso é possível, em grande parte, porque a criação de Deus forneceu o que esse projeto precisava: um suprimento natural de vida marinha. Em louvor ao Deus provedor, o salmista escreveu: "Fazes o pasto crescer para os animais, e as plantas, para as pessoas cultivarem" (SALMO 104:14). E, "Ali está o oceano [...] vasto e imenso, cheio de seres de todo tipo, grandes e pequenos" (v.25).

É uma maravilha, de fato, como Deus nos provê por meio da Sua maravilhosa criação. O humilde pepino do mar, por exemplo, ajuda a formar uma cadeia alimentar marinha saudável. A colheita cuidadosa de pepinos do mar, por sua vez, concede um salário digno a Nadia e seus vizinhos.

Nada é aleatório na criação de Deus. Ele a usa para Sua glória e nosso bem. Assim, "Cantarei ao SENHOR enquanto viver", diz o salmista (v.33). Nós também podemos louvá-lo hoje ao refletir sobre tudo o que Ele nos concede.

PATRICIA RAYBON

De que maneira Deus nos provê
através da Sua criação?

Ó Deus Criador, sentimo-nos humildes diante
de Tua vasta criação e de todas as maneiras
pelas quais provês nossas necessidades.

A BÍBLIA EM UM ANO: PROVÉRBIOS 1–2; 1 CORÍNTIOS 16

8 DE SETEMBRO COLOSSENSES 3:5-16

★ *TÓPICO DE SETEMBRO: A IGREJA*

PROSPERANDO JUNTOS

Permitam que a paz de Cristo governe o seu coração, pois, como membros do mesmo corpo, vocês são chamados a viver em paz. v.15

Meu marido, Alan, ficou embaixo do reflexo das luzes altas quando um membro da equipe adversária jogou uma bola ao alto. Com os olhos fixos nela, ele correu em direção ao canto mais escuro e bateu na cerca de arame. Naquela noite, dei-lhe uma bolsa de gelo e perguntei: "Está se sentindo bem?". "Eu me sentiria melhor se tivessem me avisado que eu estava muito perto da cerca", disse ele. As equipes funcionam melhor quando trabalham juntas. Tudo isso poderia ter sido evitado, se alguém do time o tivesse avisado da proximidade da cerca.

As Escrituras ensinam que os membros da igreja são designados para trabalharem juntos e cuidarem uns dos outros como equipe. Paulo nos diz que Deus se preocupa com a maneira que interagimos uns com os outros, porque as ações de uma pessoa podem impactar toda a comunidade (COLOSSENSES 3:13,14). A igreja floresce quando, dedicados à unidade e à paz, nós usamos as oportunidades de servir uns aos outros (v.15).

Paulo instruiu: "Que a mensagem a respeito de Cristo, em toda a sua riqueza, preencha a vida de vocês. Ensinem e aconselhem [...] com toda a sabedoria. Cantem a Deus salmos, hinos e cânticos espirituais" (v.16). Inspiramos e protegemos uns aos outros por meio de relacionamentos amorosos e honestos, obedecendo e louvando a Deus com corações agradecidos, prosperando juntos.

XOCHTIL E. DIXON

O que significa ter a mensagem de Cristo preenchendo a sua vida?

Deus Pai, obrigado por usares as Escrituras para me instruir, Teu Espírito para me guiar e Teu povo para me manter responsável como membro do Corpo de Cristo.

A BÍBLIA EM UM ANO: PROVÉRBIOS 3–5; 2 CORÍNTIOS 1

9 DE SETEMBRO — PROVÉRBIOS 7:1-5

IMPRESSO EM NOSSO CORAÇÃO

Amarre-as aos dedos como lembrança e escreva-as no fundo do coração. v.3

Ao combinar a prensa com os tipos móveis em 1450, João Gutenberg inaugurou a era da comunicação em massa no Ocidente, espalhando o aprendizado para novos domínios sociais. A alfabetização aumentou em todo o mundo, e as novas ideias produziram rápidas transformações sociais e religiosas. Ele produziu a primeira versão impressa da Bíblia. Antes disso, elas eram copiadas à mão e demoravam até um ano para ficarem prontas.

Por séculos, a Bíblia impressa tem nos dado o privilégio do acesso direto às Escrituras. Embora também tenhamos as versões eletrônicas disponíveis, muitos de nós temos a Bíblia física em nossas mãos por causa da invenção de Gutemberg. O que antes era inacessível, dado o alto custo e tempo para copiar uma Bíblia, está largamente disponível hoje.

Ter acesso à verdade de Deus é um privilégio incrível. O autor de Provérbios indica que devemos tratar as instruções divinas nas Escrituras como algo a ser valorizado, como "a menina de seus olhos" (PROVÉRBIOS 7:2) e escrever as Suas palavras de sabedoria "no fundo do coração" (v.3). Ao procurarmos entender a Bíblia e vivermos de acordo com sua sabedoria, nós, assim como os escribas, estamos levando a verdade de Deus de nossos "dedos" para o interior do nosso coração, para estarem conosco aonde quer que formos. *KIRSTEN HOLMBERG*

As Escrituras guardadas em seu coração o beneficiam? É possível internalizar ainda mais a sabedoria divina?

Deus, ajuda-me a conhecer a Tua Palavra intimamente para que eu possa viver da maneira que desejas.

A BÍBLIA EM UM ANO: PROVÉRBIOS 6–7; 2 CORÍNTIOS 2

10 DE SETEMBRO 🌿 **2 CORÍNTIOS 3:17,18**

FAZENDO SUA MÚSICA

...o Espírito, nos transforma
[...] à sua imagem gloriosa,
deixando-nos cada vez mais
parecidos com ele. v.18

Arianne Abela, regente de coral, passou a infância *escondendo as suas mãos*. Nascida com os dedos ausentes ou fundidos nas duas mãos, também não tinha a perna esquerda e faltavam-lhe os dedos do pé direito. Amante da música e cantora lírica, ela planejava estudar gestão política. Mas um dia sua professora de coral pediu-lhe que ela o regesse. A partir desse momento, Arianne descobriu sua carreira, passando a reger coros de igrejas e hoje ela é a diretora dos corais em outra universidade. "Meus professores viram algo em mim", ela explica.

Sua história nos faz questionar: *O que Deus, nosso santo Mestre, vê em nós, independentemente de nossos "limites"?* Mais do que tudo, Ele se vê. "Deus criou os seres humanos à sua própria imagem, à imagem de Deus os criou; homem e mulher os criou" (GÊNESIS 1:27).

Como portadores da Sua imagem, quando outros nos veem, devemos refleti-lo. Para Arianne, isso significa Jesus, não os seus limites físicos. E para nós também. "Portanto, todos nós, dos quais o véu foi removido, podemos ver e refletir a glória do Senhor, e o Senhor, que é o Espírito, nos transforma gradativamente à sua imagem..." (2 CORÍNTIOS 3:18).

Também podemos conduzir nossa vida pelo poder transformador de Cristo (v.18), oferecendo-lhe um cântico de vida que honre a Deus.

PATRICIA RAYBON

Saber que você é "portador da imagem" de Deus
o ajuda a se ver de maneira diferente?

Obrigado, Deus, por me criares à Tua imagem.
Ajuda-me a refletir isso em todo o meu viver.

A BÍBLIA EM UM ANO: PROVÉRBIOS 8–9; 2 CORÍNTIOS 3

11 DE SETEMBRO ÊXODO 3:1-10

FOGO NO DESERTO

Agora vá, pois eu o envio ao faraó.
Você deve tirar meu povo, Israel,
do Egito. v.10

Cavalgando pelo deserto de Chihuahuan, no final de 1800, Jim White viu uma estranha nuvem de fumaça subindo em direção ao céu. Suspeitando de um incêndio, ele foi em direção à fonte, apenas para descobrir que a "fumaça" era um vasto enxame de morcegos saindo de um buraco no chão. White havia se deparado com a imensa e espetacular Caverna de Carlsbad, no Novo México, EUA.

Quando Moisés pastoreava ovelhas no deserto, ele também teve uma visão estranha que chamou sua atenção: um arbusto em chamas que não se consumia (ÊXODO 3:2). Quando o próprio Deus falou do interior do arbusto, Moisés percebeu que havia chegado a algo muito maior do que parecia. O Senhor disse a Moisés: "Eu sou o Deus de seu pai, o Deus de Abraão" (v.6). Deus estava prestes a levar um povo escravizado à liberdade e mostrar-lhes a verdadeira identidade deles como Seus filhos.

Mais de 600 anos antes, Deus havia prometido a Abraão: "Por meio de você, todas as famílias da terra serão abençoadas" (GÊNESIS 12:3). A fuga dos israelitas do Egito foi apenas um passo nessa bênção, o plano de Deus para resgatar Sua criação através do Messias, o descendente de Abraão.

Hoje podemos usufruir dos benefícios dessa bênção, pois Deus oferece esse resgate a todos. Cristo veio para morrer pelos pecados do mundo inteiro. Pela fé nele, também nos tornamos filhos do Deus vivo.

TIM GUSTAFSON

Que coisas surpreendentes
o ajudaram a aprender sobre Deus?

Obrigado, Pai, por te tornares acessível a mim, apesar
do Teu grande poder, santidade e presença avassaladora.

A BÍBLIA EM UM ANO: PROVÉRBIOS 10–12; 2 CORÍNTIOS 4

12 DE SETEMBRO — 1 TESSALONICENSES 5:12-28

DIA DE ENCORAJAMENTO

Irmãos, pedimos que advirtam os indisciplinados. Encorajem os desanimados. v.14

Os socorristas mostram dedicação e coragem diariamente na linha de frente quando ocorrem desastres. No ataque ao *World Trade Center*, em Nova Iorque, 2001, entre os milhares de mortos, mais de 400 socorristas também perderam a vida. Em sua homenagem, o Senado dos EUA designou 12 de setembro como o Dia Nacional de Encorajamento.

Embora possa parecer singular que um governo declare um Dia Nacional de Encorajamento, o apóstolo Paulo certamente achou isso necessário para o crescimento da Igreja. Ele elogiou a jovem igreja em Tessalônica, uma cidade na Macedônia, por encorajar os desanimados, ajudar os fracos, ter paciência com todos (1 TESSALONICENSES 5:14). Embora estivessem passando por perseguição, Paulo encorajou-os a se esforçarem "sempre [para] fazer o bem uns aos outros e a todos" (v.15). Ele sabia que, como seres humanos, eles estariam propensos ao desespero, egoísmo e conflito. Mas Paulo também reconhecia que eles não seriam capazes de elevar um ao outro sem a ajuda e a força de Deus.

Todos nós precisamos ser encorajados e precisamos fazer o mesmo com os que nos rodeiam. No entanto, não podemos fazer isso com nossas próprias forças. É por isso que o encorajamento de Paulo de que "Aquele que os chama fará isso acontecer, pois ele é fiel" é tão reconfortante (v.24). Com a Sua ajuda, podemos encorajar uns aos outros todos os dias.

ESTERA PIROSCA ESCOBAR

Quem você pode encorajar hoje?

Jesus, obrigado pelo incentivo que me concedes todos os dias. Mostra-me quem eu preciso encorajar também.

A BÍBLIA EM UM ANO: PROVÉRBIOS 13–15; 2 CORÍNTIOS 5

13 DE SETEMBRO • **GÊNESIS 4:8-16**

BARBATANA AMIGÁVEL

*Por acaso sou responsável
por meu irmão?* v.9

Uma bióloga marinha nadava perto das Ilhas Cook, no Pacífico Sul, quando uma baleia jubarte de quase duas toneladas apareceu de repente e a colocou debaixo da sua barbatana. A bióloga pensou que sua vida havia terminado. Mas, depois de nadar lentamente em círculos, a baleia a deixou ir. Foi então que ela viu um tubarão-tigre saindo da área. A bióloga acredita que a baleia a protegeu, mantendo-a longe do perigo.

Nesse mundo cheio de perigo, somos chamados a cuidar uns dos outros. Mas você pode se perguntar: *Devo realmente ser responsável por outra pessoa?* Ou nas palavras de Caim: "sou responsável por meu irmão?" (GÊNESIS 4:9). O restante do Antigo Testamento ressoa com a resposta estrondosa: Sim! Assim como Adão cuidava do jardim, Caim também cuidava de Abel. Israel deveria proteger os vulneráveis e cuidar dos necessitados. No entanto, eles fizeram o oposto explorando o povo, oprimindo os pobres e abdicando do chamado de amar os vizinhos como a si mesmos (ISAÍAS 3:14,15).

No entanto, na história de Caim e Abel, Deus continuou a cuidar de Caim, mesmo depois que ele foi mandado embora (GÊNESIS 4:15,16). Deus fez por Caim o que Caim deveria ter feito por Abel. É um belo prenúncio do que Deus em Jesus faria por nós. Jesus nos mantém sob Seus cuidados e nos capacita a irmos e fazermos o mesmo pelos outros.

GLENN PACKIAM

**Quem Deus confiou aos seus cuidados?
Como você se envolveu com essa responsabilidade?**

*Deus compassivo, obrigado por Teu cuidado comigo,
pois permaneces comigo e cuidas de mim.
Ajuda-me a fazer o mesmo pelos outros.*

A BÍBLIA EM UM ANO: PROVÉRBIOS 16–18; 2 CORÍNTIOS 6

14 DE SETEMBRO   **APOCALIPSE 21:1-5**

DESPEDIDAS E REENCONTROS

*Deus habitará com eles, e eles serão
seu povo. [...] Ele lhes enxugará dos
olhos toda lágrima...* vv.3,4

Quando meu irmão Dave morreu repentinamente de insuficiência cardíaca, minhas perspectivas sobre a vida mudaram dramaticamente. Dave foi o quarto de sete filhos, mas ele foi o primeiro de nós a partir, e a natureza inesperada dessa morte me deu muito para refletir. Tornou-se evidente que, à medida que a idade nos alcançava, o futuro de nossa família seria marcado mais por perdas do que por ganhos. Seria caracterizado tanto por despedidas quanto por reencontros.

Nada disso nos surpreendeu, pois é assim que a vida funciona. Mas essa percepção foi como um relâmpago emocional para o cérebro e deu um novo significado a cada momento que a vida nos dá e a todas as oportunidades que o tempo permite. E colocou um novo e enorme valor na perspectiva de nos reunirmos na eternidade, quando nenhum adeus será necessário.

Essa realidade suprema está na essência do que encontramos em Apocalipse 21 "Deus habitará com eles, e eles serão seu povo [...] Ele lhes enxugará dos olhos toda lágrima, e não haverá mais morte, nem tristeza, nem choro, nem dor. Todas essas coisas passaram para sempre" (vv.3,4).

Embora hoje possamos vivenciar momentos de longas despedidas, nossa confiança na morte e ressurreição de Cristo nos promete uma eternidade repleta de reencontros.   *BILL CROWDER*

**Como você lida com a dor e a perda de seus entes queridos?
Que conforto traz saber que um dia os reencontrará novamente?**

*Pai, agradeço-te por seres o Deus vivo que concede a vida eterna
e por usares a nossa eterna esperança para
nos confortares em momentos de perdas e sofrimentos.*

A BÍBLIA EM UM ANO: PROVÉRBIOS 19–21; 2 CORÍNTIOS 7

15 DE SETEMBRO   🌿 **ROMANOS 12:9-16**

★ *TÓPICO DE SETEMBRO: A IGREJA*

JUNTOS NISSO

Alegrem-se com os que se alegram e chorem com os que choram. v.15

Durante dois meses em 1994, cerca de um milhão de tutsis [N.T.: Grupo étnico africano.] foram mortos em Ruanda por membros da tribo hutu empenhados em aniquilar seus compatriotas. Após esse horrendo genocídio, o bispo Geoffrey Rwubusisi encorajou sua esposa a falar com mulheres cujos entes queridos haviam sido mortos. Ela lhe respondeu: "Tudo o que eu quero é chorar", pois também tinha perdido familiares. A resposta do bispo foi a de um líder sábio e marido atencioso: "Maria, reúna-as e chorem juntas". Ele sabia que a sua dor a havia preparado para compartilhar de forma única a dor das outras.

Na igreja, a família de Deus, a vida pode ser compartilhada — o bom e o não tão bom. As palavras do Novo Testamento "uns aos outros" são usadas para captar nossa interdependência. "Amem-se com amor fraternal e tenham prazer em honrar uns aos outros […]. Vivam em harmonia uns com os outros…" (ROMANOS 12:10,16). A extensão de nossa união é expressa no versículo 15: "Alegrem-se com os que se alegram e chorem com os que choram".

Embora a profundidade e o escopo de nossa dor possam perder a cor se comparados àqueles afetados pelo genocídio, ainda assim é pessoal e real. E, assim como a dor de Maria, pelo que Deus fez por nós, ela pode ser abraçada e compartilhada para o bem dos outros.

ARTHUR JACKSON

Quando você permitiu que alguém compartilhasse sua tristeza? Como a igreja o ajuda a lidar com os tempos difíceis?

Deus gracioso, perdoa-me por minha relutância em me envolver na dor dos outros.

A BÍBLIA EM UM ANO: PROVÉRBIOS 22–24; 2 CORÍNTIOS 8

16 DE SETEMBRO

🌿 **FILIPENSES 2:1-11**

VERDADEIRAMENTE HUMILDE

[Cristo Jesus] Em vez disso,
esvaziou a si mesmo... v.7

Quando a Revolução Americana acabou com a rendição da Inglaterra, muitos políticos e líderes militares manobraram para o general George Washington ser o novo monarca. O mundo assistiu, imaginando se Washington seguiria seus ideais de independência e liberdade quando o poder absoluto estivesse ao seu alcance. No entanto, o rei George III da Inglaterra estava convencido de que se Washington resistisse ao poder e voltasse à sua fazenda, ele seria "o melhor homem do mundo". O rei sabia que a grandeza evidenciada em resistir ao fascínio pelo poder é sinal de verdadeira nobreza e valor.

Paulo sabia disso e nos encorajou a seguir o caminho de Cristo. Jesus "sendo Deus, não considerou que ser igual a Deus fosse algo a que devesse se apegar" (FILIPENSES 2:6). Em vez disso, abriu mão de Seu poder, tornou-se "escravo" e "humilhou-se e foi obediente até à morte" (vv.7,8). Aquele que detinha todo poder renunciou a cada parte dele por amor.

E, no entanto, na derradeira inversão, Deus exaltou Cristo de uma cruz para criminosos "ao lugar de mais alta honra" (v.9). Jesus, que poderia exigir nosso louvor ou nos forçar a obedecer, abdicou de Seu poder num ato de tirar o fôlego que conquistou a nossa adoração e devoção. Por Sua absoluta humildade, Jesus demonstrou verdadeira grandeza, colocando o mundo de cabeça para baixo. *WINN COLLIER*

A humildade de Jesus o faz reconsiderar
sua definição sobre grandeza?

Obrigado, Jesus, pois em Teu momento de maior desamparo
e (aparentemente) de vergonha,
demonstraste Teu verdadeiro poder e grandeza.

A BÍBLIA EM UM ANO: PROVÉRBIOS 25–26; 2 CORÍNTIOS 9

17 DE SETEMBRO   🌺 GÊNESIS 3:1-7

NÃO SE DEIXE ENGANAR

*[O diabo] é mentiroso e pai da
mentira.* JOÃO 8:44

A mosca de lanterna manchada é um lindo inseto com asas externas salpicadas e manchas vermelhas nas asas internas que piscam ao voar. Sua beleza é enganadora, e foi visto pela primeira vez nos EUA em 2014. Considerado invasor que tem potencial para prejudicar o meio ambiente e a economia. Ela "come as entranhas de praticamente qualquer planta lenhosa", incluindo cerejas e outras árvores frutíferas. Deixa uma gosma pegajosa que provoca o mofo, mata completamente as árvores ou as deixa com pouca energia para produzir frutos.

Aprendemos sobre um tipo diferente de ameaça na história de Adão e Eva. A serpente, Satanás, enganou o casal e os fez desobedecerem a Deus e comerem o fruto proibido, dizendo-lhes que, como Deus, "conheceriam o bem e o mal" (GÊNESIS 3:1-7). Mas por que ouvir a serpente? Suas palavras sozinhas atraíram Eva ou havia também algo atraente na serpente? As Escrituras afirmam que Satanás foi "modelo de perfeição" (EZEQUIEL 28:12). No entanto, Satanás caiu pela mesma tentação com que atraiu Eva: "serei como o Altíssimo" (ISAÍAS 14:14; EZEQUIEL 28:9).

Qualquer beleza que Satanás tenha agora é usada para enganar (GÊNESIS 3:1; JOÃO 8:44; 2 CORÍNTIOS 11:14). Assim como ele caiu, ele tenta derrubar os outros ou impedi-los de crescer. Mas temos alguém muito mais poderoso ao nosso lado! Podemos correr para Jesus, nosso maravilhoso Salvador.

ALYSON KIEDA

O que o ajuda a reconhecer um engano?

*Querido Deus, ajuda-me a avaliar
o que vejo e ouço pelas verdades do evangelho.
Obrigado por triunfares sobre o mal
através da cruz.*

A BÍBLIA EM UM ANO: PROVÉRBIOS 27–29; 2 CORÍNTIOS 10

18 DE SETEMBRO   🍃 **LEVÍTICO 19:9-18**

ELEVADORES DE FIXAÇÃO

...cada um ame o seu próximo como
a si mesmo. Eu sou o SENHOR. v.18

Sara depende de uma cadeira de rodas elétrica para locomoção. Recentemente, ela foi à estação de trem, mas, de novo, o elevador estava quebrado. Sem poder chegar à plataforma, instruíram-na a pegar um táxi para outra estação a 40 minutos dali. O táxi chamado nunca chegou e Sara desistiu e voltou para casa.

Infelizmente, isso acontece regularmente. Os elevadores quebrados impedem-na de embarcar em trens e rampas danificadas impossibilitam sua descida. Às vezes, ela é tratada como um incômodo por funcionários da estação por precisar de assistência. Muitas vezes, ela fica à beira das lágrimas.

Dentre as leis bíblicas que regem os relacionamentos humanos, amar o próximo como a si mesmo é essencial (LEVÍTICO 19:18; ROMANOS 13:8-10). Esse amor nos impede de mentir, roubar e enganar os outros (LEVÍTICO 19:11,14) e muda a maneira como trabalhamos. Os trabalhadores devem ser tratados com justiça (v.13), e devemos ser generosos com os pobres (vv.9,10). No caso dela, os que consertam elevadores e rampas realizam tarefas relevantes e oferecem serviços importantes a outras pessoas.

Se tratarmos o trabalho apenas como um meio de remuneração ou benefício pessoal, em breve trataremos os outros como incômodos. Mas, se consideramos o nosso trabalho como oportunidades para amar, a tarefa mais cotidiana se tornará um empreendimento sagrado.

SHERIDAN VOYSEY

É possível transformar seu trabalho
em um canal de amor hoje?

Pai, ajuda-me a ver meu trabalho
como uma oportunidade para beneficiar os outros.

A BÍBLIA EM UM ANO: PROVÉRBIOS 30–31; 2 CORÍNTIOS 11:1-15

19 DE SETEMBRO ATOS 3:2-8,16

EM FOCO

*Pela fé no nome de Jesus, este
homem que vocês veem e conhecem
foi curado.* v.16

O autor Mark Twain sugeriu que tudo o que vemos na vida, e como vemos, pode influenciar nossos próximos passos, até mesmo nosso destino. Como Twain disse: "Você não pode depender de seus olhos quando sua imaginação está fora de foco".

Pedro também falou em visão quando respondeu a um mendigo coxo, um homem que ele e João encontraram na movimentada porta chamada Formosa à entrada do Templo (ATOS 3:2). Quando ele lhes pediu dinheiro, Pedro e João olharam diretamente para esse homem. "Então Pedro disse: 'Olhe para nós!'" (v.4). Por que ele lhes disse isso? Como embaixador de Cristo, Pedro, provavelmente, queria que o mendigo parasse de olhar para suas próprias limitações, sim, e que até parasse de olhar para sua necessidade de dinheiro. Ao olhar para os apóstolos, ele provaria a realidade de ter fé em Deus.

Como Pedro lhe disse: "Não tenho prata nem ouro, mas lhe dou o que tenho. Em nome de Jesus Cristo, o nazareno, levante-se e ande" (v.6). Então Pedro "o ajudou a levantar-se. No mesmo instante, os pés e os tornozelos do homem foram curados e fortalecidos" e ele louvou a Deus (v.7).

O que aconteceu? O homem teve fé em Deus (v.16). Como o evangelista Charles Spurgeon insistiu: "Fique de olho nele". Quando o fazemos, não vemos obstáculos. Vemos Deus, Aquele que ilumina o nosso caminho.

PATRICIA RAYBON

**Em que você está focado, em vez de Deus?
Com sua fé redirecionada, o que é possível
ver Nele para a sua vida?**

*Pai Celestial, quando os meus olhos se desviarem de ti,
concentra o meu olhar em Teu poder ilimitado.*

A BÍBLIA EM UM ANO: ECLESIASTES 1–3; 2 CORÍNTIOS 11:16-33

20 DE SETEMBRO   ÊXODO 23:1-3

CESSANDO OS RUMORES

Não espalhe boatos falsos. v.1

Charles Simeon (1759–1836) foi nomeado ministro da Igreja da Santíssima Trindade, em Cambridge, Inglaterra, mas enfrentou anos de oposição. Como a maioria da congregação queria que o ministro associado fosse nomeado em vez de Simeon, eles espalharam rumores sobre ele e rejeitaram seu ministério chegando às vezes a impedi-lo de entrar na igreja. Mas Simeon desejava ser cheio do Espírito de Deus e procurou lidar com os boatos criando alguns princípios para viver. Um deles era "nunca acreditar em boatos, a menos que fossem verdadeiros e sempre acreditar que, se o outro lado fosse ouvido, um relato muito diferente seria dado sobre o mesmo assunto".

Nessa prática, Simeon seguiu as instruções de Deus para o Seu povo para interromper as fofocas e as conversas maliciosas que Ele sabia que acabariam com o amor deles um pelo outro. Um dos Dez Mandamentos de Deus reflete Seu desejo de que eles vivam com sinceridade: "Não dê falso testemunho contra o seu próximo" (ÊXODO 20:16). Outra instrução em Êxodo reforça esse mandamento: "Não espalhe boatos falsos" (23:1).

Pense em como o mundo seria diferente se cada um de nós nunca espalhasse boatos e relatos falsos e se os parássemos no momento em que os ouvíssemos. Que possamos confiar no Espírito Santo para nos ajudar a falar a verdade em amor à medida que usamos nossas palavras para trazer glória a Deus. *AMY BOUCHER PYE*

O que o ajudou ao enfrentar oposições?

Jesus, ajuda-me a falar a Tua verdade em amor.
Concede-me palavras portadoras de paz,
graça e encorajamento.

A BÍBLIA EM UM ANO: ECLESIASTES 4–6; 2 CORÍNTIOS 12

21 DE SETEMBRO 🌱 **JOÃO 16:25-33**

ANIMEM-SE

...Aqui no mundo vocês terão aflições, mas animem-se, pois eu venci o mundo. v.33

Estávamos quase em casa quando notei que a agulha do medidor de temperatura do carro estava disparando. Estacionei, desliguei o motor e saí do carro. Saía fumaça do capô. O motor crepitava como bacon sendo frito. Empurrei o carro alguns metros e embaixo encontrei uma poça de óleo. Instantaneamente, já sabia o que tinha acontecido: a junta do cabeçote explodira. Tínhamos acabado de investir em outros consertos caros. *Por que as coisas simplesmente não funcionam?*, resmunguei. *Por que as coisas estragam tanto?*

Você se identifica? Às vezes evitamos uma crise, resolvemos um problema, pagamos uma enorme conta, apenas para enfrentar outra igual. Outras, os problemas são maiores do que um motor autodestrutivo: um diagnóstico inesperado, uma morte prematura ou perda terrível. Nesses momentos, ansiamos por um mundo menos conturbado, menos problemático. Jesus nos prometeu que esse mundo está chegando. Mas *ainda* não é aqui: "...no mundo vocês terão aflições, mas animem-se, pois eu venci o mundo" (JOÃO 16:33). Nesse capítulo Jesus falou sobre problemas graves, como a perseguição pela fé. Mas ensinou que esse problema nunca teria a última palavra para os que nele esperam.

Os problemas pequenos e grandes podem nos perseguir. No entanto, a promessa de um amanhã melhor com o Senhor nos encoraja a não deixarmos que os problemas definam a nossa vida hoje.

ADAM HOLZ

Confie no Senhor em todas as circunstâncias!

Pai, os problemas nunca parecem distantes, e, quando surgem, tu estás ainda mais próximo. Ajuda-me a confiar em ti hoje sabendo que, por maiores que sejam meus problemas, tu estás comigo.

A BÍBLIA EM UM ANO: ECLESIASTES 7–9; 2 CORÍNTIOS 13

22 DE SETEMBRO   🌱 **1 CORÍNTIOS 12:14-26**

★ *TÓPICO DE SETEMBRO: A IGREJA*

SOFRENDO JUNTOS

Se uma parte sofre, todas as outras sofrem com ela... v.26

James McConnell, veterano da Marinha Real Britânica, morreu aos 70 anos em 2013. Ele não tinha família e os funcionários da casa de repouso temiam que ninguém comparecesse ao funeral. O oficiante do culto memorial de McConnell postou esta mensagem no *Facebook*: "Hoje em dia é uma tragédia alguém deixar este mundo sem ninguém para lamentar sua morte, mas esse homem um dia teve sua família. Se você puder vir prestar homenagens a um ex-irmão de armas, tente estar presente". Duzentos fuzileiros navais compareceram!

Esses compatriotas exibiram uma verdade bíblica: estamos ligados um ao outro. "O corpo não é feito de uma só parte, mas de muitas...", diz Paulo em 1 Coríntios 12:14. Não estamos isolados. Exatamente o oposto: estamos unidos em Jesus. As Escrituras revelam nossa interconexão orgânica: "Se uma parte sofre, todas as outras sofrem com ela..." (v.26). Como cristãos, membros da nova família de Deus, aproximamo-nos uns aos outros na dor, na tristeza, naqueles lugares obscuros onde temeríamos ir. Mas, felizmente, não vamos sozinhos.

Talvez a pior parte do sofrimento aconteça quando sentimos que estamos nos afogando no escuro e sozinhos. Deus, no entanto, cria uma nova comunidade onde, se um sofre, todos sofrem juntos. Uma nova comunidade onde ninguém deveria ser deixado sozinho.

WINN COLLIER

Quando você se sentiu mais sozinho?
A graça, a bondade e a comunhão com Deus
o ajudam a lidar com a solidão?

É verdade, Deus? Colocaste-me numa nova comunidade
que me conhece e me ama no meu sofrimento?
Ajuda-me a crer nisso.

A BÍBLIA EM UM ANO: ECLESIASTES 10–12; GÁLATAS 1

23 DE SETEMBRO 🌿 **DEUTERONÔMIO 4:3-10**

MEMÓRIAS INSPIRATIVAS

*Convoque o povo para que se
apresente [...] e eu os instruirei [...].
Eles aprenderão a me temer.* v.10

Quando meu filho já adulto enfrentou uma situação difícil, lembrei-o dos cuidados e provisões de Deus durante o desemprego de seu pai e das vezes em que Deus fortaleceu nossa família e nos deu paz enquanto minha mãe perdia a batalha contra a leucemia. Destacando a fidelidade de Deus, afirmei que Ele era fiel em manter Sua palavra. Guiei o meu filho pelas memórias que Deus pavimentou para nossa família, relembrando-o de como o Senhor, nos momentos de vales e montanhas, permaneceu confiável. Nas lutas ou celebrações, a presença, o amor e a graça de Deus foram suficientes.

Embora eu queira reivindicar como minha essa estratégia de fortalecimento da fé, Deus criou o hábito de compartilhar histórias para inspirar as futuras gerações a crerem nele. Os israelitas se lembravam de tudo o que viram Deus fazer no passado. O Senhor depositou pedras memoriais nas pistas divinamente pavimentadas. Os israelitas testemunharam Deus cumprir as Suas promessas, ouvir e responder suas orações enquanto o seguiam. Eles relembraram às gerações mais jovens as palavras sagradas sopradas e preservadas pelo único Deus verdadeiro.

As nossas convicções e a fé dos outros podem ser fortalecidas pela confirmação de Sua fidelidade ao contarmos sobre a majestade, a misericórdia e o amor profundo de nosso grande Deus. XOCHITL E. DIXON

**Compartilhe sobre a fidelidade
e o amor divino através das linhas geracionais.**

*Soberano Deus, obrigado por pavimentares
os caminhos de memória indutores de louvor e por me capacitares
a andar com a fé em ti, que atravessa as gerações.*

A BÍBLIA EM UM ANO: CÂNTICO DOS CÂNTICOS 1–3; GÁLATAS 2

24 DE SETEMBRO 🌿 **NEEMIAS 9:17,27-31**

O PERDÃO NUNCA É DEMAIS

Mas tu és Deus de perdão, [...]
cheio de amor. v.17

"Se eu tocasse em uma Bíblia, ela pegaria fogo em minhas mãos", disse minha professora de inglês na faculdade. Meu coração se entristeceu. O romance que líamos naquela manhã fazia referência a um versículo da Bíblia e, ao pegar minha Bíblia para procurá-lo, ela notou e comentou. Minha professora parecia pensar que ela era pecadora demais para ser perdoada. Ainda assim, não tive coragem de falar-lhe sobre o amor de Deus e que a Bíblia nos diz que podemos buscar o perdão divino sempre.

Há um exemplo de arrependimento e perdão em Neemias. Os israelitas haviam sido exilados por causa de seus pecados, mas agora tinham permissão para voltar a Jerusalém. Quando eles se estabeleceram, Esdras, o escriba, leu a lei para o povo (NEEMIAS 7:73–8:3). Eles confessaram seus pecados, lembrando que, apesar de seus pecados, Deus não os abandonou (9:17,19). O Senhor os ouviu quando clamaram; e com compaixão e misericórdia, Deus foi paciente com eles (vv.27-31).

Semelhantemente, Deus é paciente conosco e não nos abandonará se escolhermos confessar nosso pecado e nos voltarmos a Ele. Gostaria de voltar no tempo e dizer a minha professora que, não importa o passado dela, Jesus a ama e quer que ela faça parte de Sua família. Jesus sente o mesmo por nós. Podemos nos aproximar dele e buscar o Seu perdão e Ele nos concederá!

JULIE SCHWAB

Você conhece alguém que se sente muito pecador para Jesus perdoá-lo? (Leia Marcos 2:17)

Querido Pai, obrigado por perdoares meus pecados
e por Tua verdade de que
ninguém é pecador demais para ser perdoado.

A BÍBLIA EM UM ANO: CÂNTICO DOS CÂNTICOS 4–5; GÁLATAS 3

25 DE SETEMBRO   🌸 **CÂNTICO DOS CÂNTICOS 8:5-7**

SÍMBOLOS DE AMOR

*Coloque-me como selo sobre o
seu coração, como selo sobre seu
braço.* v.6

Fiquei espantado com as centenas de milhares de cadeados, muitos gravados com as iniciais de namorados, presos a todas as partes imagináveis da *Pont des Arts*, em Paris. A ponte de pedestres sobre o rio Sena foi inundada com esses símbolos de amor: a declaração de um casal do compromisso "para sempre". Em 2014, calculou-se que os cadeados de amor pesavam impressionantes 50 toneladas causando o colapso de uma parte da ponte e exigindo sua remoção.

A presença de tantos cadeados reflete o profundo desejo que temos como seres humanos pela garantia de que o amor é seguro. Em Cântico dos Cânticos, há a descrição de um diálogo entre dois amantes. A mulher expressa seu desejo de amor seguro, pedindo ao amado que a colocasse "como selo sobre o seu coração, como selo sobre seu braço" (8:6). Seu desejo era ficar tão segura e protegida em seu amor quanto um selo impresso em seu coração ou um anel em seu dedo.

O anseio por um amor romântico duradouro expresso em Cântico dos Cânticos indica-nos a verdade do Novo Testamento em Efésios: somos marcados com o "selo" do Espírito Santo (1:13). Embora o amor humano possa ser inconstante e cadeados possam ser removidos de uma ponte, o Espírito de Cristo que vive em nós é um selo permanente que demonstra o amor eterno e comprometido de Deus por cada um de Seus filhos.

LISA SAMRA

**Você já vivenciou o amor seguro do Pai?
Você permite que o amor de Deus o guie?**

*Pai Celestial, obrigado porque, embora a segurança
do amor humano permaneça muitas vezes ilusória,
Teu amor por mim é forte, firme e eterno.*

A BÍBLIA EM UM ANO: CÂNTICO DOS CÂNTICOS 6–8; GÁLATAS 4

26 DE SETEMBRO   🍃 **HEBREUS 6:13-20**

ELE CUMPRE AS SUAS PROMESSAS

Então Abraão esperou com paciência, e recebeu o que lhe fora prometido. v.15

Jônatas gaguejou ao repetir seus votos matrimoniais. Ele pensou: *como posso fazer essas promessas e não acreditar que sejam possíveis de cumprir?* Ao terminar a cerimônia, o peso de seus compromissos permaneceu. Após a recepção, ele e a esposa foram a capela e ele orou, por mais de duas horas, para que Deus o ajudasse a cumprir sua promessa de amar e cuidar dela.

Os temores dele no dia do casamento foram por reconhecer suas fragilidades humanas. Mas Deus, que prometeu abençoar as nações por meio da descendência de Abraão (GÁLATAS 3:16), não tem essas limitações.

Para desafiar sua audiência cristã-judaica à perseverança e paciência para continuar em sua fé em Jesus, o escritor de Hebreus lembrou as promessas de Deus a Abraão, a paciente espera do patriarca e o cumprimento do que lhe havia sido prometido. O fato de Abraão e Sara serem idosos não foi barreira para o cumprimento da promessa de Deus de dar a Abraão muitos descendentes (6:13-15).

Você se sente desafiado a confiar em Deus, apesar de ser fraco, frágil e humano? Luta para cumprir seus compromissos e votos? Em 2 Coríntios 12:9, o Senhor diz: "Minha graça é tudo de que você precisa. Meu poder opera melhor na fraqueza...". Por mais de 36 anos, Deus tem ajudado Jônatas e sua esposa a permanecerem comprometidos com seus votos matrimoniais. Por que não confiar no Senhor para ajudá-lo? *ARTHUR JACKSON*

Quais promessas você é desafiado a cumprir hoje?

Deus, obrigado por seres fiel em Teus compromissos comigo.
Ajuda-me a ser fiel em meus compromissos contigo
e com os outros.

A BÍBLIA EM UM ANO: ISAÍAS 1–2; GÁLATAS 5

27 DE SETEMBRO 🌱 **LUCAS 15:1-7**

VAGANDO

*Alegrem-se comigo, pois encontrei
minha ovelha perdida!* v.6

O humorista Michael Yaconelli mora perto de fazendas de gado e notou como as vacas estavam propensas a vagar enquanto pastavam. Uma delas vagava sempre procurando as lendárias "pastagens mais verdes". Perto do limite da propriedade, a vaca poderia encontrar um pouco de grama fresca sob uma frondosa árvore. Logo depois de uma parte quebrada da cerca havia uma saborosa folhagem. Nisso, a vaca foi muito além da cerca e alcançou a estrada. Lentamente, ela foi "mordiscando" pelo caminho até se perder. As vacas não estão sozinhas na distração. As ovelhas também vagam, e é provável que as pessoas também tenham grande tendência a se perderem.

Talvez essa seja uma das razões pelas quais Deus nos compara a ovelhas na Bíblia. Pode ser fácil vaguear e "mordiscar o nosso caminho" por meio de compromissos imprudentes e decisões tolas, sem nunca perceber a que distância estamos da verdade. Jesus contou aos fariseus a história de uma ovelha perdida. Esta tinha tanto valor para o pastor que Ele deixou as outras ovelhas para trás enquanto procurava a que vagava. E quando a encontrou, Ele comemorou (LUCAS 15:1-7)!

Tal é a felicidade de Deus sobre aqueles que se voltam para Ele. Jesus disse: "Alegrem-se comigo, pois encontrei minha ovelha perdida!" (v.6). Deus nos enviou o Salvador para nos resgatar e nos levar para casa.

CINDY HESS KASPER

**Você está "seguindo" na direção
que agrada a Deus?**

*Pai eterno, sinto-me perdido. Já vaguei por muito longe!
Redireciona o meu coração e mostra-me
o caminho de volta para casa.*

A BÍBLIA EM UM ANO: ISAÍAS 3–4; GÁLATAS 6

28 DE SETEMBRO   🌿 **ECLESIASTES 1:1-11**

NUNCA NOS CONTENTAMOS

Não importa quanto vemos, nunca ficamos satisfeitos... v.8

Frank Borman comandou a primeira missão espacial ao redor da Lua. Ele não se impressionou. A viagem durou dois dias nos dois sentidos. Borman sentiu náuseas e vomitou. Disse que ficar sem peso era legal, mas apenas por trinta segundos, entretanto, ele se acostumou. Estando perto da Lua, ele a achou monótona e cheia de crateras. Sua equipe tirou fotos do deserto cinza e entediou-se.

Borman foi para onde ninguém havia ido antes e isso não lhe foi o suficiente. Se ele se cansou rapidamente de uma experiência em que estava fora deste mundo, talvez devêssemos diminuir nossas expectativas em relação ao que está nele. O "Mestre" em Eclesiastes observou que nenhuma experiência terrena oferece alegria suprema. "Não importa quanto vemos, nunca ficamos satisfeitos; não importa quanto ouvimos, nunca nos contentamos" (1:8). Podemos sentir momentos de êxtase, mas nossa alegria logo desaparece e buscamos a próxima emoção.

O astronauta teve um momento emocionante, quando viu a Terra surgir da escuridão atrás da Lua. Como uma esfera de mármore azul e branco, nosso mundo brilhava à luz do Sol. Da mesma forma, nossa verdadeira alegria vem do Filho que brilha sobre nós. Jesus é a nossa vida, a única fonte suprema de significado, amor e beleza. Nossa satisfação mais profunda vem de fora deste mundo. Nosso problema? Podemos ir até a Lua, e jamais iremos longe o suficiente.   MIKE WITTMER

**Quando você sentiu mais alegria?
Por que não durou?**

Jesus, brilha a luz do Teu amor em mim.

A BÍBLIA EM UM ANO: ISAÍAS 5–6; EFÉSIOS 1

29 DE SETEMBRO 🌿 **SALMO 119:97-104**

OLHOS PARA VER

Abre meus olhos, para que eu veja
as maravilhas de tua lei. v.18

Há pouco descobri a arte anamórfica. Aparecendo a princípio como uma variedade de partes aleatórias, uma escultura anamórfica só faz sentido se for vista do ângulo correto. Em uma peça, uma série de polos verticais se alinham para revelar o rosto de um famoso líder. Noutra, uma massa de cabos se torna o contorno de um elefante. Outra obra feita de centenas de pontos pretos suspensos por arame torna-se um olho feminino quando visto do ângulo correto. A chave dessa arte é vê-la sob ângulos diferentes até seu significado ser revelado.

A Bíblia contém milhares de versículos de história, poesia e muito mais, e pode ser difícil de entender. Mas as Escrituras nos dizem como decifrar seus significados. Trate-a como uma escultura anamórfica: veja-a de diferentes ângulos e medite profundamente nela.

As parábolas de Cristo são assim. Quem se importa o suficiente para meditar nelas compreende seu significado (MATEUS 13:10-16). Paulo disse a Timóteo para "pensar" em suas palavras, para que Deus o ajudasse a entender (2 TIMÓTEO 2:7). E o repetido refrão do Salmo 119 é sobre como o ato de meditar nas Escrituras traz sabedoria e discernimento, abrindo nossos olhos para entender o seu significado (119:18,97-99).

Leia um versículo de todos os ângulos. A compreensão vem da meditação, não só da leitura. Ó, Deus, dá-nos olhos para que vejamos.

SHERIDAN VOYSEY

Há diferença entre ler as Escrituras e meditar sobre elas?

Deus, permita-me compreender a Tua Palavra.
Abre meus olhos para ver as maravilhas dentro dela.
Guia-me pelos caminhos que conectam cada uma delas.

A BÍBLIA EM UM ANO: ISAÍAS 7–8; EFÉSIOS 2

30 DE SETEMBRO EFÉSIOS 3:14-21

ENRAIZADO NO AMOR

...peço que [...] vocês possam compreender [...] a profundidade do amor de Cristo. v.18

"**É** só isso!", disse Mara. Ela tinha cortado um caule de seu pé de gerânio, mergulhado a ponta cortada em mel e a enfiara num pote com terra de composto. Mara estava me ensinando como replantar gerânios: como transformar uma planta saudável em muitas plantas, para que eu tivesse flores para compartilhar com alguém. O mel, disse ela, era para ajudar a jovem planta a estabelecer raízes.

Observando o trabalho dela, perguntei-me que tipos de coisas nos ajudam a estabelecer raízes espirituais. O que nos ajuda a amadurecer, firmar a fé e florescer? O que nos impede de murchar ou não crescer? Paulo, escrevendo aos efésios, diz que estamos aprofundados "em amor" (EFÉSIOS 3:17). Esse amor vem de Deus, que nos fortalece ao nos dar o Espírito Santo. Cristo habita em nosso coração. E quando começamos a compreender "a largura, o comprimento, a altura e a profundidade do amor de Cristo" (v.18), podemos experimentar a presença de Deus ricamente quando somos "preenchidos com toda a plenitude de vida e poder que vêm de Deus" (v.19).

Crescer espiritualmente requer que nos firmemos no amor de Deus, que reflitamos sobre o fato de sermos amados por Ele, que é "capaz de realizar infinitamente mais do que poderíamos pedir ou imaginar" (v.20). Que alicerce incrível para a nossa fé!   *AMY PETERSON*

Como cultivar o hábito de meditar no amor de Deus? Com quem devo compartilhar sobre a veracidade do amor divino hoje?

Deus, obrigado por Teu amor por mim. Ajuda-me a meditar na verdade desse amor. Que ele cresça em meu coração trazendo beleza à minha vida e ao mundo carente.

★ TÓPICO DE OUTUBRO / **Fruto do Espírito**

LIVRES DO PECADO

A pessoa que crê em Jesus experimenta uma tensão contínua entre viver pelo Espírito e ceder aos desejos egoístas. Existem apenas duas maneiras de resolver esse problema. A primeira é morrer e estar com Deus. A segunda é desistir da luta e se entregar à carne. Essa é a opção que devemos evitar!

Nossa batalha contra a carne não é desesperadora, pois não estamos mais sob a autoridade do pecado. Em Romanos 6, o apóstolo Paulo explica por que o pecado não tem mais autoridade sobre nós. Se morremos com Cristo, fomos libertos do pecado (v.7). Embora o pecado não seja mais nosso senhor (v.14), a atração para o pecado é real e poderosa. Mas não temos que ceder a ele.

O pecado uma vez governou sobre nós, mas em Cristo não somos mais escravos do pecado. Vivemos essa vida de tensão entre o Espírito e aqueles que nos governavam anteriormente: o pecado e a carne. Devemos continuar escolhendo o Espírito porque agora pertencemos a Cristo.

> *A presença do Espírito Santo em nossa vida aponta para um futuro glorioso.*

A segunda razão pela qual nossa batalha contra a carne não é desesperadora é que um dia essa luta findará. Como Paulo afirma em Efésios 1:13,14, o Espírito é um selo que marca o fato de que pertencemos a Cristo, Ele é "a garantia de nossa herança". Sabemos que as pessoas cheias do Espírito um dia serão totalmente transformadas, terão novos corpos ressurretos, e seremos, de uma vez por todas, totalmente livres de pecar.

A presença do Espírito Santo em nossa vida aponta para um futuro glorioso sem pecado, sofrimento ou vergonha como filhos glorificados de Deus.

CONSTANTINE R. CAMPBELL

1º DE OUTUBRO   🍇 **GÁLATAS 5:16-26**

★ *TÓPICO DE OUTUBRO: FRUTO DO ESPÍRITO*

UM ESPÍRITO, UM FRUTO

*...amor, alegria, paz, paciência, amabilidade,
bondade, fidelidade, mansidão e domínio
próprio...* v.22, 23

Desde os primeiros anos da minha caminhada cristã, percebo como os convertidos agem e reagem de forma muito semelhante. Até a aparência os revela. Sempre tive a impressão de haver uma só cabeça pensante unindo os membros dos grupos que participo. E, muitas vezes questionei: Por que, com poucas exceções, a maioria pensa e age dentro desse padrão?

Encontrei a resposta em Gálatas 5. Nas palavras de Paulo, as pessoas agem de duas formas: 1) influenciadas pela carne, ou seja, pela natureza humana, a qual é má e produz coisas más, como exemplificado nos versículos 19-21; e 2) pela orientação do Espírito, o que ele chama de "o fruto do Espírito", o qual também exemplifica, mas com uma lista de itens excelentes (vv.22,23).

É importante notarmos o paralelo que há nessa passagem entre obras da carne e fruto do Espírito. O domínio das obras da carne em nossa vida produz o que bem conhecemos: todo tipo de males. Por outro lado, o fruto do Espírito, no singular, o que poderia ser chamado de o resultado da atuação do Espírito em nós, é sempre bênção para nós mesmos, para o nosso próximo e para o reino de Deus. Sim, cristãos verdadeiros, quando agem em obediência a Deus, só podem mesmo ser muito parecidos, pois suas ações são produzidas pelo mesmo Espírito que habita em todos nós. *ANTÔNIO RENATO GUSSO*

**O fruto do Espírito no cristão o torna parecido
com aqueles que compartilham desta mesma bênção!**

*Pai, que a imagem de Jesus
fique cada dia mais evidente em mim
pela habitação do Espírito Santo.*

A BÍBLIA EM UM ANO: ISAÍAS 11–13; EFÉSIOS 4

2 DE OUTUBRO   🌿 **COLOSSENSES 1:25-27**

COMO REFLETIR A CRISTO

...pois Deus queria que eles soubessem que as riquezas gloriosas desse segredo [...] Cristo está em vocês... v.27

Teresa de Lisieux era uma criança alegre e despreocupada até sua mãe morrer quando ela tinha apenas 4 anos. Daí em diante, tornou-se tímida e agitava-se facilmente. Muitos anos depois, na véspera de Natal, tudo mudou. Após celebrar o nascimento de Jesus com a sua igreja, Deus a libertou do medo concedendo-lhe alegria. Ela atribuiu a mudança ao poder de Deus que deixou o Céu tornando-se homem, Jesus, e pelo fato de Ele habitar nela.

O que significa o fato de Cristo habitar em nós? É um mistério, disse Paulo à igreja de Colossos. É algo que Deus manteve "em segredo por séculos e gerações" (v.26), mas que revelou ao povo de Deus. Para eles, Deus revelou "as riquezas gloriosas desse segredo [...] Cristo está em vocês, o que lhes dá a confiante esperança de participar de sua glória!" (v.27). Por Cristo habitar nos colossenses, eles experimentaram a alegria de uma nova vida. Já não eram escravizados ao antigo eu do pecado.

Se pedimos a Jesus para ser o nosso Salvador, também vivemos esse mistério de Sua morada em nós. Por meio de Seu Espírito, Ele nos liberta do medo, como o fez à menina Teresa e faz crescer em nós os frutos do Seu Espírito, como a alegria, a paz e o domínio próprio (GÁLATAS 5:22,23).

Sejamos gratos pelo maravilhoso mistério de Cristo habitando em nós.

AMY BOUCHER PYE

De que maneira você vê Jesus refletido em sua vida? E na vida dos seus queridos que também o seguem?

Jesus, obrigado por te humilhares e te tornares homem, e por habitares em mim. Ajuda-me a entender mais o Teu agir em minha vida.

A BÍBLIA EM UM ANO: ISAÍAS 14–16; EFÉSIOS 5:1-16

3 DE OUTUBRO **EFÉSIOS 5:25-33**

REMOVENDO O INTRUSO

Maridos, ame cada um a sua
esposa, como Cristo amou a igreja.
Ele entregou a vida por ela. v.25

Quando meu marido se levantou da cama e foi à cozinha, vi a luz acender e apagar e me questionei o porquê. E me lembrei de que na manhã anterior eu tinha gritado ao ver um "intruso" no balcão da cozinha; uma criatura indesejável e com seis pernas. Meu marido conhecia minha paranoia e imediatamente a removeu. Hoje de manhã, ele acordou cedo para garantir que nossa cozinha estivesse livre desses bichinhos para que eu pudesse entrar sem preocupação. Que homem!

Ele acordara pensando em mim e colocou a minha necessidade antes da dele. Para mim, sua ação ilustra o amor que Paulo descreve em Efésios 5:25: "Maridos, ame cada um a sua esposa, como Cristo amou a igreja. Ele entregou a vida por ela." Paulo continua: "os maridos devem amar cada um a sua esposa, como amam o próprio corpo, pois o homem que ama sua esposa na verdade ama a si mesmo" (v.28). Essa comparação do amor de um marido com o amor de Cristo se demonstra em como Jesus coloca nossas necessidades antes das Suas. Meu marido sabe que tenho medo desses intrusos e, por isso, priorizou a minha preocupação.

Isso não se aplica apenas aos maridos. Após o exemplo de Jesus, cada um de nós pode se sacrificar amorosamente para ajudar a remover o intruso do estresse, medo, vergonha ou ansiedade, para que alguém possa se mover mais livremente no mundo. *ELISA MORGAN*

Que "intruso" Deus pede para você remover
a fim de ajudar outra pessoa?

Querido Deus, obrigado pela dádiva do Teu Filho,
que removeu o intruso do pecado da minha vida
e me reconciliou contigo!

A BÍBLIA EM UM ANO: ISAÍAS 17–19; EFÉSIOS 5:17,33

4 DE OUTUBRO | **2 REIS 6:15-17**

CONFORTO ESTRANHO

*Ó Senhor, abre os olhos dele,
para que veja.* v.17

A mensagem do cartão que Lisa recebera não parecia coincidir com a sua situação: "Então o Senhor abriu os olhos do servo, e ele olhou e viu as colinas cheias de cavalos e carros de fogo ao redor de Eliseu" (2 REIS 6:17). Confusa, ela pensou: *tenho câncer, acabei de perder um bebê e isso não se aplica!*

Mas os "anjos" apareceram. Os sobreviventes de câncer lhe deram o seu tempo e a ouviram com atenção. Seu marido foi liberado mais cedo de uma missão militar no exterior. Seus amigos oraram com ela. Mas o momento em que ela mais sentiu o amor de Deus foi quando uma amiga trouxe duas caixas de lenços de papel e chorando as colocou sobre a mesa. Essa amiga *conhecia* a sua dor, pois também sofrera abortos. E Lisa afirmou: "Isso significou muito, agora o cartão fazia sentido. Seus 'soldados anjos' estavam lá o tempo todo".

Uma hoste de anjos protegeu Eliseu quando um exército cercou Israel. Mas o servo de Eliseu não podia vê-los. "O que faremos agora?", clamou ao profeta (v.15). Eliseu simplesmente orou: "Ó Senhor, abre os olhos dele, para que veja" (v.17).

Quando olhamos para Deus, nossa crise nos mostrará o que realmente importa e que não estamos sozinhos. Aprendemos que a presença consoladora de Deus nunca nos deixa. Ele nos mostra Seu amor de maneiras infinitamente surpreendentes.

TIM GUSTAFSON

**Como você reage ao receber más notícias?
Ao enfrentar crises, você viu Deus de novas maneiras?**

*Deus, sou grato pela confiabilidade de Tua presença.
Abre os meus olhos para eu ver-te de nova maneira hoje.*

A BÍBLIA EM UM ANO: ISAÍAS 20–22; EFÉSIOS 6

5 DE OUTUBRO 🌿 **FILIPENSES 1:3-11**

COMECE COM O FIM

Tenho certeza de que aquele que começou a boa obra em vocês irá completá-la até o dia em que Cristo Jesus voltar. v.6

"**O** que você quer ser quando crescer?" Com muita frequência faziam-me essa pergunta quando eu era criança e as respostas mudavam ao sabor do vento: médico, bombeiro, missionário, líder de louvor, físico ou, na verdade, MacGyver, meu personagem favorito da TV! Agora que tenho quatro filhos, fico imaginando como deve ser difícil para eles responderem essa pergunta. Há momentos em que quero dizer: "Eu sei no que você será ótimo!". Às vezes, os pais podem ver mais em seus filhos do que eles em si mesmos.

Isso ressoa com o que Paulo viu nos cristãos em Filipos — aqueles que ele amou e por quem orou (FILIPENSES 1:3). Ele podia antever o fim; ele sabia o que lhes aconteceria quando tudo estivesse dito e feito. A Bíblia nos dá uma excelente visão sobre o fim da história; a ressurreição e a renovação de todas as coisas (1 CORÍNTIOS 15; APOCALIPSE 21). No entanto, também nos ensina sobre quem está escrevendo essa história.

Paulo, nas linhas iniciais da carta que escreveu da prisão, lembrou à igreja de Filipos que "aquele que começou a boa obra em vocês irá completá-la até o dia em que Cristo Jesus voltar" (FILIPENSES 1:6). Jesus começou o trabalho e o completará. A palavra *completar* é particularmente importante, este ainda não é o fim, pois o Senhor Deus não deixa nada inacabado.

GLENN PACKIAM

Você pode confiar em Jesus para tirar a "caneta" da sua mão e completar a sua história?

Querido Jesus, entrego-te a minha vida.
Ajuda-me a confiar em ti.

Para saber mais sobre quem você é e como melhor servir a Deus, visite universidadecrista.org.

A BÍBLIA EM UM ANO: ISAÍAS 23–25; FILIPENSES 1

6 DE OUTUBRO 🌿 **1 CORÍNTIOS 15:3,4,12-22**

VOCÊ A VERÁ NOVAMENTE

Assim como todos morremos em Adão, todos que são de Cristo receberão nova vida. v.22

O quarto estava escuro e silencioso quando me sentei ao lado da cama de Jaqueline. Antes da batalha de três anos contra o câncer, minha amiga era uma pessoa vibrante. Eu ainda podia imaginá-la rindo, seus olhos cheios de vida, o rosto iluminado por um sorriso. Agora ela estava calma e quieta, e eu a visitava numa unidade de cuidados especiais. Sem saber o que dizer, decidi ler alguns textos bíblicos. Abri minha Bíblia e comecei a ler em 1 Coríntios.

Após a visita e o momento emocionante que tive na reclusão do meu carro estacionado, surgiu-me um pensamento que diminuiu minhas lágrimas: *você a verá novamente*. Estava triste e tinha esquecido que a morte para "todos que são de Cristo" é apenas temporária para os que creem nele (1 CORÍNTIOS 15:21,22). Sabia que a veria novamente, porque nós duas cremos na morte e ressurreição de Jesus para o perdão de nossos pecados (vv.3,4). Quando Jesus voltou à vida após Sua crucificação, a morte perdeu seu poder supremo de separar os fiéis uns dos outros e de Deus. Depois que morrermos, viveremos novamente no Céu com Deus e com todos os nossos irmãos e irmãs espirituais, para sempre.

Porque Jesus está vivo hoje, os que creem nele têm esperança em tempos de perda e tristeza. A morte foi tragada na vitória da cruz (v.54).

JENNIFER BENSON SCHULDT

Como Deus o consolou em tempos de tristeza? Você pode ser instrumento do Senhor para confortar alguém que sofre?

Querido Jesus, obrigado por morreres pelo meu pecado. Creio que estás vivo hoje porque Deus o ressuscitou dentre os mortos.

A BÍBLIA EM UM ANO: ISAÍAS 26–27; FILIPENSES 2

7 DE OUTUBRO   🌿 **SALMO 90:1,2,10-17**

NÓS IMPORTAMOS?

Satisfaze-nos a cada manhã com o teu amor, para que cantemos de alegria até o final da vida. v.14

Já faz alguns meses que me correspondo com um jovem que reflete profundamente sobre a fé, e, numa ocasião, ele escreveu: "Somos não mais do que pequenos e infinitos pontinhos na linha do tempo da história. Nós importamos?"

Moisés, profeta de Israel, concordaria: "os melhores anos são cheios de dor e desgosto; logo desaparecem, e nós voamos" (SALMO 90:10). A brevidade da vida pode nos preocupar e nos fazer questionar sobre o nosso valor.

Nós *somos importantes* porque somos profunda e eternamente amados por Deus que nos criou. Neste poema, Moisés ora: "Satisfaze-nos a cada manhã com o teu amor" (v.14). Somos importantes porque temos valor para Deus. Também porque podemos demonstrar o amor de Deus pelos outros. Embora a nossa vida seja curta, ela não será insignificante se deixarmos um legado do amor de Deus. Não estamos aqui para ganhar dinheiro e nos aposentarmos em grande estilo, mas para "demonstrar Deus" aos outros, demonstrando-lhes o Seu amor.

E finalmente, embora a vida aqui na Terra seja transitória, somos seres eternos. Porque Jesus ressuscitou dos mortos, viveremos para sempre. Foi isso que Moisés quis dizer quando nos garantiu que Deus nos satisfaz a cada manhã com o Seu amor. Naquela "manhã", levantaremos para viver, amar e sermos amados para sempre. Se isso não tem valor, não sei o que terá.

DAVID H. ROPER

**Você já se questionou sobre o seu valor?
O Salmo 90 o encoraja?**

*Amado Deus, sou grato por ter importância para ti.
Ajuda-me a compartilhar o Teu amor com outras pessoas.*

A BÍBLIA EM UM ANO: ISAÍAS 28–29; FILIPENSES 3

8 DE OUTUBRO 🌿 **SALMO 1**

★ *TÓPICO DE OUTUBRO: FRUTO DO ESPÍRITO*

O RESTAURADOR DAS ÁRVORES

*Ele é como a árvore plantada à margem do
rio, que dá seu fruto no tempo certo.* v.3

Tony Rinaudo é um "restaurador de árvores" na Austrália. Ele é um missionário da Visão Mundial e engenheiro agrônomo envolvido num esforço de 30 anos para compartilhar sobre Jesus e combater o desmatamento no cinturão do Saara-Sahel na África. Percebendo que os "arbustos" atrofiados eram árvores dormentes, Rinaudo começou a podar, cuidar e regá-las. Seu trabalho inspirou milhares de agricultores a salvarem suas fazendas degradadas, restaurando florestas próximas e revertendo a erosão do solo. Os agricultores do Níger dobraram suas colheitas e sua renda, provendo alimentos para 2,5 milhões de pessoas a mais por ano.

Jesus, o criador da agricultura, referiu-se a táticas agrícolas semelhantes quando disse: "Eu sou a videira verdadeira, e meu Pai é o lavrador. Todo ramo que, estando em mim, não dá fruto, ele corta. Todo ramo que dá fruto, ele poda, para que produza ainda mais" (JOÃO 15:1,2).

Sem o cuidado diário de Deus, nossa alma fica estéril e seca. Quando nos deleitamos com Sua lei e meditamos sobre ela dia e noite, somos "como a árvore plantada à margem do rio". Nossas folhas "nunca murcham" e tudo que fazemos prospera (SALMO 1:3). Podados e plantados nele, somos sempre frutíferos, renovados e prósperos.

PATRÍCIA RAYBON

**Você reconhece que sua alma é cuidada por Deus?
Você se nutre com a Sua Palavra?**

*Ó Deus Jardineiro, entrego meus lugares atrofiados
às Tuas podas e regas, entregando-te meus lugares áridos
para crescerem verdes e vivificados em Teu amor.*

Para aprender mais sobre o crescimento espiritual
acesse, universidadecrista.org

A BÍBLIA EM UM ANO: ISAÍAS 30–31; FILIPENSES 4

9 DE OUTUBRO

PROVÉRBIOS 15:1,2,31-33

UMA REAÇÃO CRÍTICA

...quem tem paciência acalma a discussão. v.18

As palavras difíceis ferem e meu amigo, um premiado autor, lutou para saber como responder às críticas que recebera. Seu novo livro tinha recebido críticas excelentes e um valioso prêmio. No entanto, um respeitado crítico o elogiou descrevendo seu livro como bem escrito e, ainda assim, o criticando severamente. Buscando apoio nos amigos, ele perguntou: "Como devo responder?". Um amigo aconselhou: "Deixa para lá". Compartilhei conselhos da redação de revistas sobre a escrita, incluindo dicas para ignorar tais críticas ou aprender com elas e continuar trabalhando e escrevendo.

Finalmente, decidi ver o que as Escrituras, que têm os melhores conselhos, têm a dizer sobre isso. Tiago nos aconselha: "estejam todos prontos para ouvir, mas não se apressem em falar nem em se irar" (1:19). Paulo nos orienta: "Vivam em harmonia uns com os outros" (ROMANOS 12:16).

Um capítulo inteiro de Provérbios, no entanto, oferece extensa sabedoria sobre como reagir a disputas. "A resposta gentil desvia o furor", diz Provérbios 15:1. "Quem tem paciência acalma a discussão" (v.18). Além disso, "quem dá ouvidos à repreensão adquire entendimento" (v.32). Considerando tal sabedoria, que Deus nos ajude a guardar a língua, como meu amigo o fez. Mais do que tudo, porém, a sabedoria nos instrui a ter "temor ao SENHOR" porque "a humildade precede a honra" (v.33).

PATRÍCIA RAYBON

Qual a sua reação ao ser criticado?

Querido Deus, quando houver uma crítica ou uma disputa me ferir, guarda a minha língua em humilde honra a ti.

A BÍBLIA EM UM ANO: ISAÍAS 32–33; COLOSSENSES 1

10 DE OUTUBRO   🌿 **COLOSSENSES 2:9-15**

LUTANDO CONTRA OS DRAGÕES...

*Desse modo, desarmou os governantes
e as autoridades espirituais e os
envergonhou publicamente ao vencê-los
na cruz.* v.15

Você já lutou com um dragão? Se não, o autor Eugene Peterson discorda de você. Em *Uma longa obediência na mesma direção* (Ed. Cultura Cristã, 2015), ele escreveu: "Os dragões são projeções de nossos medos, construções horríveis de tudo o que pode nos ferir". Para ele, a vida está *repleta* de dragões: a crise de saúde com risco de vida, a perda de emprego, o casamento fracassado, a criança pródiga afastada. Esses "dragões" são os perigos e fragilidades da vida e somos inadequados para lutarmos sozinhos.

Mas, temos um Campeão e não é um qualquer dos contos de fadas. É o Campeão maior que lutou em nosso nome e conquistou os dragões que querem nos destruir. Sejam eles as nossas falhas ou o inimigo espiritual que deseja nossa destruição, nosso Campeão é maior, a ponto de Paulo afirmar sobre Jesus: "...desarmou os governantes e as autoridades espirituais e os envergonhou publicamente ao vencê-los na cruz" (COLOSSENSES 2:15). As forças destruidoras deste mundo decaído não são páreo para Ele!

Quando percebemos que os dragões da vida são grandes demais para nós, esse é o momento em que podemos começar a descansar no resgate de Cristo. Podemos dizer com confiança: "Mas graças a Deus, que nos dá vitória [...] por meio de nosso Senhor Jesus Cristo!" (1 CORÍNTIOS 15:57).

BILL CROWDER

Quais os "dragões" que você enfrenta?
Como a vitória de Cristo na cruz o incentiva ao lidar com eles?

*Pai, obrigado por seres mais do que o suficiente para as ameaças
que enfrentarei hoje. Dá-me a sabedoria e a força
para andar contigo, confiando em ti pela graça que preciso.*

A BÍBLIA EM UM ANO: ISAÍAS 34–36; COLOSSENSES 2

11 DE OUTUBRO 1 REIS 3:5-12

PROCURA-SE: SABEDORIA

Dá a teu servo um coração compreensivo, para que eu possa [...] saber a diferença entre o certo e o errado. v.9

Kevin, de 2 anos, desaparecera. No entanto, três minutos após sua mãe ligar para a polícia, eles o encontraram na feira do seu bairro a dois quarteirões de casa. Sua mãe havia prometido que ele iria lá mais tarde naquele dia com o avô. Mas Kevin dirigiu seu trator de brinquedo até o local e o estacionou perto do seu brinquedo favorito. Quando já estava em segurança, seu pai sabiamente removeu a bateria do brinquedo.

Kevin foi inteligente para chegar aonde queria, mas crianças de 2 anos ainda não adquiriram outra qualidade fundamental: a sabedoria. E, como adultos, às vezes também não a temos. Salomão, nomeado rei por seu pai Davi (1 REIS 2), admitiu que se sentia como criança. Deus lhe apareceu em sonho e disse: "Peça o que quiser, e eu lhe darei" (3:5). Ele respondeu: "sou como uma criança pequena que não sabe o que fazer. [...] Dá a teu servo um coração compreensivo, para que eu possa governar bem o teu povo e saber a diferença entre o certo e o errado" (vv.7-9). Deus concedeu a Salomão "conhecimento tão vasto quanto a areia na beira do mar" (4:29).

Onde podemos obter a sabedoria que precisamos? Salomão disse que o começo da sabedoria é o "temor" ou reverência a Deus (PROVÉRBIOS 9:10). Assim, podemos começar pedindo a Ele que nos ensine sobre si mesmo e nos dê sabedoria além da nossa.

ANNE CETAS

Em que áreas você precisa da sabedoria de Deus? O que pode tornar o seu coração dócil?

Deus, preciso sempre de sabedoria e quero seguir os Teus caminhos. Por favor, mostra-me por onde devo ir.

A BÍBLIA EM UM ANO: ISAÍAS 37–38; COLOSSENSES 3

12 DE OUTUBRO   🌿 **LEVÍTICO 19:33-37**

AMEM OS ESTRANGEIROS

*...amem-nos como a si mesmos,
Lembrem-se de que vocês eram
estrangeiros quando moravam
na terra do Egito.* v.34

Fui morar num novo país e uma experiência me fez sentir indesejável. Sentei-me num banco da pequena igreja onde meu marido pregaria naquele dia, e um senhor mais idoso me assustou ao dizer: "Saia desse lugar". A esposa dele se desculpou dizendo que eu me sentara no banco que eles sempre ocupavam. Depois soube que as igrejas alugavam bancos para arrecadar dinheiro e isso também assegurava que ninguém se sentasse no banco de outra pessoa. Aparentemente, parte dessa mentalidade continuou ao longo de décadas.

Mais tarde, refleti sobre como Deus instruiu os israelitas a receberem bem os estrangeiros, em contraste com as práticas culturais como as que encontrei. Ao estabelecer as leis que permitiriam o Seu povo florescer, Ele lembrou-lhes que recebessem bem os estrangeiros porque eles mesmos já o tinham sido (LEVÍTICO 19:34). Não apenas deveriam tratar os estranhos com bondade (v.3), mas também amá-los "como a si mesmos" (v.34). Deus os resgatara da opressão no Egito e deu-lhes um lar numa terra que produzia "leite e mel com fartura" (ÊXODO 3:17). Ele esperava que o Seu povo amasse outras pessoas que também moravam lá.

Ao encontrar estrangeiros em seu meio, peça a Deus que revele quaisquer práticas culturais que possam impedi-lo de compartilhar o amor de Deus.

AMY BOUCHER PYE

> **Por que é importante que recebamos pessoas
> em nossos lares e igrejas? O que é mais
> desafiador e gratificante nisso?**

*Deus Pai, recebeste-me de braços abertos,
pois me amas dia após dia. Concede-me o Teu amor
para compartilhar com os outros.*

A BÍBLIA EM UM ANO: ISAÍAS 39–40; COLOSSENSES 4

13 DE OUTUBRO · **ISAÍAS 41:1-10**

DEUS NOS MANTÉM

...com minha vitoriosa mão direita
o sustentarei. v.10

O sul-africano Fredie Blom nasceu em 1904 e fez 115 anos. Em 2019, ele foi amplamente reconhecido como a pessoa mais velha do mundo ainda viva. Ele nasceu no ano em que os irmãos Wright construíram seu *Flyer II*, viveu as duas Guerras Mundiais, o regime de segregação e a Grande Depressão. Quando lhe perguntam o segredo da sua longevidade, ele dá de ombros. Como muitos de nós, ele nem sempre escolheu os alimentos e práticas que promovem o bem-estar. Todavia, Blom oferece uma razão para sua saúde notável: "É Deus, Ele tem todo o poder e me sustenta".

São palavras semelhantes ao que Deus falou a Israel enquanto a nação enfraquecia sob a opressão de inimigos. Deus prometeu: "Eu o fortalecerei e o ajudarei; com minha vitoriosa mão direita o sustentarei" (ISAÍAS 41:10). Não importa quão desesperada fosse a situação deles, quão impossíveis as chances de que algum dia encontrariam alívio, Deus garantia ao Seu povo que estariam sob Seu terno cuidado. "Não tema, pois estou com você", e insistiu: "não desanime, pois sou o seu Deus" (v.10).

Nos anos que nos são dados, as dificuldades baterão à nossa porta: um casamento conturbado, um filho abandonando a família, notícias assustadoras do médico e até perseguição. No entanto, nosso Deus nos alcança e nos mantém firmes. Ele nos achega a si e nos segura em Sua mão forte e terna.

WINN COLLIER

A sua vida está amparada
nas fortes e ternas mãos de Deus?

Deus, assegura-me de que tu me sustentas,
porque sinto-me desamparado.
Confio em Tua ajuda e amparo.

A BÍBLIA EM UM ANO: ISAÍAS 41–42; 1 TESSALONICENSES 1

14 DE OUTUBRO • **SALMO 107:4-9**

A IMAGEM DO DESESPERO

Em sua aflição, clamaram ao SENHOR, e ele os livrou de seus sofrimentos. v.6

Durante a Grande Depressão nos EUA, a fotógrafa Dorothea Lange fotografou Florence Owens Thompson e seus filhos. Essa foto, *Mãe Migrante*, retrata o desespero de uma mãe diante do fracasso da colheita de ervilhas. Dorothea a tirou enquanto trabalhava para a Administração de Segurança das Fazendas, na esperança de conscientizar os proprietários sobre as necessidades dos desesperados trabalhadores agrícolas sazonais.

O livro de Lamentações apresenta outro momento de desespero — o de Judá logo após a destruição de Jerusalém. Antes de o exército de Nabucodonosor invadir para destruir a cidade, o povo havia sofrido de fome graças a um cerco (2 REIS 24:10,11). Embora sua tribulação tenha sido o resultado de anos de desobediência a Deus, o escritor de Lamentações clamou a Deus em favor de seu povo (LAMENTAÇÕES 2:11,12).

Embora o autor do Salmo 107 também descreva um momento de desespero na história de Israel durante as peregrinações no deserto (vv.4,5), o enfoque passa a ser sobre a ação necessária em tempos difíceis: "Em sua aflição, clamaram ao SENHOR" (v.6). E que resultado maravilhoso: "...e ele os livrou de seus sofrimentos".

Em desespero? Não fique em silêncio. Clame a Deus. Ele ouve e anseia por restaurar sua esperança. Embora o Senhor nem sempre nos tire de situações difíceis, Ele promete estar sempre conosco.

LINDA WASHINGTON

Quando você experimentou a ajuda de Deus em momentos estressantes?

Pai Celestial, sou grato por Tua presença reconfortante.

A BÍBLIA EM UM ANO: ISAÍAS 43–44; 1 TESSALONICENSES 2

15 DE OUTUBRO 　　　　　　　　　　　JOÃO 15:5-8

★ *TÓPICO DE OUTUBRO: FRUTO DO ESPÍRITO*

SEM SABOR

Sim, eu sou a videira; vocês são os ramos. Quem permanece em mim, e eu nele, produz muito fruto. v.5

A luminária parecia perfeita para o meu escritório em casa; a cor, o tamanho e o preço certos. Em casa, no entanto, quando liguei o cabo, nada aconteceu. Sem luz. Sem eletricidade. Nada! "Não tem problema", meu marido me garantiu. "Posso consertar facilmente!". Ele desmontou o abajur e viu o problema na hora. O *plug* não estava conectado a nada. Sem fiação para uma fonte de energia, a linda e "perfeita" luminária era inútil.

Jesus disse aos Seus discípulos e a nós: "Sim, eu sou a videira; vocês são os ramos. Quem permanece em mim, e eu nele, produz muito fruto". Mas acrescentou: "sem mim, vocês não podem fazer coisa alguma" (v.5). Esse ensinamento foi dado numa região de vinhedos, e Seus discípulos o entenderam prontamente. As videiras são plantas resistentes cujos galhos toleram podas rigorosas. No entanto os galhos tornam-se inúteis se forem cortados de sua fonte de vida. E nós também.

Quando permanecemos em Jesus e deixamos que as palavras dele habitem em nós, conectamo-nos à nossa fonte de vida — o próprio Cristo. "Quando vocês produzem muitos frutos, trazem grande glória a meu Pai e demonstram que são meus discípulos de verdade" (v.8). Porém, resultado tão frutífero precisa de nutrição diária. Deus a fornece livremente através das Escrituras e do Seu amor. Então ligue-se a Cristo e deixe a seiva fluir!

PATRICIA RAYBON

O que significa permanecer em Jesus?
Como Ele o equipou para que você dê frutos?

Deus Todo-poderoso, capacita-me a permanecer em ti
e permite que a Tua Palavra produza bons frutos em mim.

16 DE OUTUBRO · **MATEUS 13:31-35**

LENTO, MAS SEGURO

É a menor de todas as sementes,
mas se torna a maior das hortaliças;
cresce até se transformar... v.32

Encontrei um amigo de outrora que me contou o que estava fazendo, mas confesso que parecia bom demais para ser verdade. Poucos meses depois dessa conversa, no entanto, sua banda estava em toda parte, desde os melhores *singles* no rádio até uma música de sucesso em anúncios de TV. Sua ascensão à fama fora meteórica.

Talvez estejamos obcecados por ser relevantes e bem-sucedidos: o grande e o dramático, o rápido e o meteórico. Mas as parábolas da semente de mostarda e do fermento comparam o caminho do reino (de Deus na Terra) com coisas pequenas, ocultas e aparentemente insignificantes, cuja ação é lenta e gradual.

O reino é como o seu Rei. A missão de Cristo culminou com Sua vida sendo como uma semente enterrada no chão; como fermento escondido na massa. No entanto, Ele ressuscitou. Como a árvore rompendo no solo e como o pão sob o efeito do fermento, Jesus *ressuscitou*.

Somos convidados a viver da mesma forma que Ele: com perseverança, provocando transformação. Convidados a resistir à tentação de tomar o assunto em nossas próprias mãos, a buscar o poder e justificar as nossas relações no mundo pelos resultados que elas possam produzir. A consequência será: "se transformar em árvore, e [virão] as aves e [farão] ninho em seus galhos" (v.32). E assim o pão que fornece um banquete será obra de Cristo, não nossa.

GLENN PACKIAM

Você precisa se afastar de imagens falsas de significado e sucesso?

Jesus, obrigado por trabalhares de maneiras pequenas,
ocultas e aparentemente insignificantes.
Ajuda-me a confiar em ti e ser fiel.

A BÍBLIA EM UM ANO: ISAÍAS 47–49; 1 TESSALONICENSES 4

17 DE OUTUBRO

ISAÍAS 44:21-23

INFINITA GRAÇA

*Afastei seus pecados
para longe...* v.22

Alexa, o dispositivo controlado por voz da *Amazon*, tem um recurso capaz de apagar tudo o que você diz. Qualquer pedido feito ou informação que você tenha solicitado para recuperar, uma simples frase como: "Exclua tudo o que eu disse hoje", apaga tudo, como se nunca tivesse sido dito. É uma pena que não tenhamos essa capacidade: cada palavra mal falada, todo ato vergonhoso, todo momento que desejássemos apagar, bastaria dar o comando e a confusão desapareceria.

Porém, Deus oferece a cada um de nós um novo começo. Só que Ele faz mais do que excluir nossos erros ou mau comportamento. Deus provê a redenção, a cura profunda que nos transforma e nos torna novas criaturas. Ele diz: "Volte para mim, pois paguei o preço do seu resgate". Israel se rebelou e desobedeceu, mas Deus os alcançou com infinita misericórdia. Ele afastou "seus pecados para longe, como uma nuvem; [dispersou] suas maldades, como a névoa da manhã". Ele reuniu toda a vergonha e os fracassos e os lavou com Sua ampla e infinita graça (ISAÍAS 44:22).

Deus fará o mesmo com nossos pecados e erros. Não há erro que Ele não corrija, nenhuma ferida que Ele não consiga curar. A misericórdia de Deus sara e redime os lugares mais dolorosos em nossa alma, até mesmo os que escondemos por tanto tempo. Sua misericórdia varre toda a nossa culpa, lava todo o erro que cometemos.

WINN COLLIER

**Qual sentimento a imagem de Deus
varrendo todos os seus erros lhe traz?**

*Deus, tantos arrependimentos e tantas coisas
que eu faria diferente. Sei que podes me perdoar e curar.
Obrigado por Tua misericórdia e graça.*

A BÍBLIA EM UM ANO: ISAÍAS 50–52; 1 TESSALONICENSES 5

18 DE OUTUBRO — ISAÍAS 55:1-7

OUVINDO ALÉM DAS ESTRELAS

*Busquem o Senhor enquanto
podem achá-lo; invoquem-no agora,
enquanto ele está perto.* v.6

Imagine-se sem telefones celulares, *Wi-Fi, GPS, Bluetooth* ou micro-ondas. Numa pequena cidade norte-americana conhecida como "a mais tranquila da América" está o *Green Bank Observatory*, o maior radiotelescópio dirigível do mundo e precisa-se de "silêncio" para "ouvir" as ondas de rádio que são emitidas pelo movimento de pulsares e galáxias no espaço profundo. Sua superfície é maior do que um campo de futebol e fica no centro da Zona Silenciosa da Rádio Nacional, uma área de 33,67 km^2 estabelecida para evitar interferências eletrônicas devido a extrema sensibilidade do telescópio.

Esse silêncio intencional permite que os cientistas ouçam "a música das esferas". Também me lembra da nossa necessidade de nos acalmarmos o suficiente para ouvir o Criador do Universo. Deus comunicou-se com um povo rebelde e distraído através do profeta Isaías: "Venham a mim com os ouvidos bem abertos; escutem, e encontrarão vida. Farei com vocês uma aliança permanente…" (ISAÍAS 55:3). Deus promete Seu amor fiel a todos que o buscarem e se voltarem a Ele para obter perdão.

Ouvimos Deus ao nos afastarmos intencionalmente de nossas distrações para encontrá-lo nas Escrituras e na oração. Deus não está distante e deseja que arranjemos tempo para estar em Sua presença. Assim, Ele se torna prioridade em nossa vida diária e depois até a eternidade.

JAMES BANKS

Por que o ato de ouvir a Deus é essencial para você?

*Deus querido, ajuda-me a silenciar diante de ti hoje,
mesmo que apenas por um momento!
Nada me importa mais do que estar contigo!*

A BÍBLIA EM UM ANO: ISAÍAS 53–55; 2 TESSALONICENSES 1

19 DE OUTUBRO NÚMEROS 6:22-27

PROMESSAS ANTIGAS

*Que o S*ENHOR *o abençoe*
e o proteja. v.24

Em 1979, o Dr. Gabriel Barkay e sua equipe descobriram dois pergaminhos de prata em um cemitério fora da Cidade Velha de Jerusalém. Em 2004, após 25 anos de cuidadosa pesquisa, os estudiosos confirmaram que os manuscritos eram o mais antigo texto bíblico existente, enterrados em 600 a.C. Acho particularmente tocante os pergaminhos conterem a bênção sacerdotal que Deus queria que Seu povo ouvisse: "Que o SENHOR o abençoe e o proteja. Que o SENHOR olhe para você com favor e lhe mostre bondade" (NÚMEROS 6:24,25).

Ao conceder esta bênção, Deus mostrou a Arão e seus filhos (através de Moisés) como abençoar o povo em Seu nome. Os líderes deviam memorizar as palavras na forma que Deus lhes dera, para que falassem ao povo exatamente como o Senhor desejava. Note como essas palavras enfatizam que Deus é quem abençoa, pois duas vezes é dito "o SENHOR". E quatro vezes usa-se pronome pessoal para refletir o quanto Deus deseja que o Seu povo receba o Seu amor e favor.

Pondere por um momento que os mais antigos fragmentos da Bíblia contam o desejo divino de abençoar. Que lembrança do amor ilimitado de Deus e como Ele quer estar num relacionamento conosco! Se você se sente longe de Deus hoje, apegue-se firmemente à promessa nestas antigas palavras. "Que o SENHOR o abençoe e o proteja."

AMY BOUCHER PYE

O que significa para você o fato de Deus desejar o abençoar?
Como você pode compartilhar o Seu amor com os outros?

Sou grato pelas bênçãos, Pai.
Ajuda-me a ver as formas que tu me trazes
alegria e paz para eu louvar-te.

A BÍBLIA EM UM ANO: ISAÍAS 56–58; 2 TESSALONICENSES 2

20 DE OUTUBRO ❧ **2 CORÍNTIOS 12:1-10**

CICATRIZES DOURADAS

Portanto, se devo me orgulhar,
prefiro que seja das coisas que
mostram como sou fraco. v.30

Alguns estilistas inspirados pela técnica japonesa *Kintsugi* de reparar com ouro a porcelana quebrada fazem uma oficina na qual os participantes remendam roupas que destacam o conserto realizado, em vez de tentar torná-lo invisível. Eles trazem "uma roupa estimada, mas rasgada, e a remendam com ouro". As peças de vestuário são transformadas de maneira a destacar onde estavam rasgadas ou desgastadas e o reparo se torna decorativo, uma "cicatriz dourada".

Talvez seja isso que Paulo quis dizer ao escrever que "se orgulharia" das coisas que mostravam sua fraqueza. Embora tivesse "recebido revelações tão maravilhosas", ele não se orgulhava delas (2 CORÍNTIOS 12:6). Paulo evitava tornar-se arrogante e confiante demais, diz ele, por ter-lhe sido dado um "espinho" em sua carne (v.7). Ninguém sabe exatamente a que ele se referia — talvez depressão, malária, perseguição ou outra coisa. Fosse o que fosse, ele implorou que Deus o livrasse disso, mas o Senhor lhe respondeu: "Minha graça é tudo de que você precisa. Meu poder opera melhor na fraqueza" (v.9).

Como as roupas podem se tornar belas ao serem refeitas pelos estilistas, os lugares fracos e destruídos em nossa vida podem se tornar espaços nos quais o poder e a glória de Deus podem brilhar. O Senhor nos mantém unidos transformando-nos e nos fortalecendo em nossas fraquezas.

AMY PETERSON

Deus revelou o Seu poder
através de alguma fraqueza sua?

Deus, que todas as minhas cicatrizes se tornem valiosas
quando tu me curares e me repararares
de maneiras que tragam glória ao Teu nome.

A BÍBLIA EM UM ANO: ISAÍAS 59–61; 2 TESSALONICENSES 3

21 DE OUTUBRO — 1 TIMÓTEO 1:12-17

O QUE HÁ DE ERRADO COM O MUNDO?

"Cristo Jesus veio ao mundo para salvar os pecadores", e eu sou o pior de todos. v.15

Diz-se que na virada do século, um renomado jornal perguntou aos leitores: *O que há de errado com o mundo?*

Que pergunta, não? Alguém pode responder rapidamente: "Quanto tempo você tem para eu lhe contar?". Isso seria justo, pois parece haver muita coisa errada com o nosso mundo. O jornal recebeu várias respostas, mas uma em particular se sobressaiu. O escritor, poeta e filósofo inglês G. K. Chesterton escreveu essa resposta de quatro palavras, uma surpresa refrescante para o habitual imprevisto: "Prezados senhores, sou eu".

Se a história é verdadeira ou não, podemos questionar. Mas essa resposta? Não é nada além de pura verdade. Muito antes de Chesterton aparecer, havia um apóstolo chamado Paulo. Longe de ser um cidadão modelo ao longo da sua vida, Paulo confessou suas falhas do passado: já fui "blasfemo, perseguidor e violento" (v.13). Depois de afirmar que Jesus veio para salvar "pecadores", ele segue dizendo algo semelhante às palavras de Chesterton: "eu *sou* o pior de todos" (v.15). Paulo sabia exatamente o que estava e está errado com o mundo. E conhecia a única esperança de consertar as coisas —, a graça de Deus "transbordar" (v.14). Que realidade incrível! Essa verdade duradoura eleva os nossos olhos à luz do amor salvador de Cristo.

JOHN BLASE

**O que *há* de errado com o mundo?
Você pode responder como Paulo e Chesterton?
De que maneira pode aceitar isso sem se autodesprezar?**

Deus, obrigado por Tua imensa paciência comigo, um pecador. A ti seja a honra e a glória para todo o sempre.

Para conhecer mais sobre a fé cristã, visite universidadecrista.org

A BÍBLIA EM UM ANO: ISAÍAS 62–64; 1 TIMÓTEO 1

22 DE OUTUBRO 🌿 **GÁLATAS 5:16-26**

★ *TÓPICO DE OUTUBRO: FRUTO DO ESPÍRITO*

EM SINTONIA COM O ESPÍRITO

Uma vez que vivemos pelo Espírito,
sigamos a direção do Espírito em
todas as áreas de nossa vida. v.25

Escutava a afinação do piano de cauda e pensei nos momentos em que ouvi aquele mesmo piano e o incrível som do "Concerto de Varsóvia" e do hino *Quão grande és tu!*. Mas agora o piano precisava desesperadamente de afinação. Enquanto algumas notas estavam no tom certo, outras estavam desafinadas, criando um som desagradável. A responsabilidade do afinador de piano não era fazer com que cada tecla tocasse o mesmo som, mas garantir que o som exclusivo de cada nota combinasse com as outras para criar um conjunto harmonioso agradável.

Mesmo na igreja, podemos ver discórdia. Pessoas com ambições ou talentos únicos podem criar dissonâncias ao se juntar. Paulo implorou aos cristãos que eliminassem "discórdias, ciúmes, acessos de raiva, ambições egoístas" (v.20), que destruiriam a comunhão com Deus ou os relacionamentos com os outros. Paulo nos incentivou a praticar o fruto do Espírito: "amor, alegria, paz, paciência, amabilidade, bondade, fidelidade, mansidão e domínio próprio" (vv.20,22,23).

Quando vivemos pelo Espírito, achamos mais fácil evitar conflitos desnecessários em assuntos não essenciais. Compartilhar o mesmo propósito pode ser maior do que as nossas diferenças. E com a ajuda de Deus, cada um de nós pode crescer em graça e unidade, enquanto mantemos o nosso coração em sintonia com Ele. *CINDY HESS KASPER*

De que maneira posso evitar
causar discórdia entre os cristãos?
Como posso espalhar a harmonia?

Deus gracioso, ensina-me a "entrar em sintonia"
com a liderança do Espírito
e viver em harmonia com os outros.

A BÍBLIA EM UM ANO: ISAÍAS 65–66; 1 TIMÓTEO 2

23 DE OUTUBRO 🌿 **SALMO 136:10-26**

ACERTOU?

*Deem graças àquele que matou os
filhos mais velhos dos egípcios. Seu
amor dura para sempre!* v.10

Ao reverem o filme *Bambi*, de Walt Disney, as mães e pais reviveram as memórias de infância com seus filhos e filhas. Uma jovem mãe, cujo marido era um ávido caçador, com uma impressionante sala de troféus, foi uma dessas. Com os pequenos ao seu lado, ela suspirou e gemeu com eles no momento em que Bambi perdeu a mãe para um caçador. Até hoje, nas reuniões de família outros a lembram do seu constrangimento quando, com toda a inocência, seu garotinho gritou no cinema: "Acertou!".

Com o tempo, rimos das coisas embaraçosas que nossos filhos dizem. Mas o que dizer quando as pessoas do Salmo 136 fazem algo semelhante? Israel, o povo escolhido e resgatado de Deus, celebra o amor que permanece por toda a criação e por si mesmos — mas não pelos inimigos. O salmo exalta "àquele que matou os filhos mais velhos dos egípcios" (v.10; Êxodo 12:29,30). Isso não parece um grito de "acertou" às custas da mãe, irmã, pai, irmão de outra pessoa?

Precisamos conhecer o restante da história. Somente quando as luzes se acendem na ressurreição de Jesus o mundo inteiro pode ser convidado para a alegria das histórias, lágrimas e risos de uma família. Somente quando recebemos Jesus como nosso Salvador e somos vivificados nele, podemos compartilhar o milagre do nosso Deus que ama a todos — às Suas próprias custas.

MART DEHAAN

Quais palavras do Salmo 136 demonstram que o amor de Deus alcança além dos que o exaltam?

*Pai invisível, sou grato por Tua visão e amor por todos
serem mais amplos do que o meu amor por mim e pelos meus.*

A BÍBLIA EM UM ANO: JEREMIAS 1–2; 1 TIMÓTEO 3

24 DE OUTUBRO **JEREMIAS 17:5-8**

SOBREVIVENDO À SECA

*Feliz é quem confia no S***ENHOR***.*
[...] É como árvore plantada junto
ao rio. vv.7,8

Em abril de 2019, um bairro suburbano da Califórnia foi invadido por arbustos secos. Os ventos fortes empurraram os cardos rolantes para o deserto adjacente de Mojave, onde a planta cresce. Na sua maturidade, essa erva daninha pode crescer até um metro e oitenta de altura, um tamanho formidável quando se libera de suas raízes para "rolar" com o vento e espalhar suas sementes.

Quando leio a descrição de Jeremias sobre a pessoa que "afasta seu coração do S*ENHOR*" imagino arbustos secos (JEREMIAS 17:5). Ele diz que aqueles que extraírem seu apoio da "força humana" serão como "arbusto solitário no deserto" e serão incapazes de ver a prosperidade quando vier (vv.5,6). Contrastam nitidamente daqueles que confiam em Deus, e não nas pessoas. Como as árvores, as suas raízes fortes e profundas extraem sua força do Senhor permitindo que permaneçam cheias de vida, mesmo em circunstâncias difíceis.

Os arbustos e as árvores têm raízes. No entanto, os primeiros não permanecem conectados à sua fonte de vida, isso os faz secar e morrer. As árvores permanecem conectadas às suas raízes e isso lhes permite florescer e prosperar, ancoradas em tempos de dificuldade. Ao nos apegarmos a Deus, orarmos a Ele e extrairmos força e encorajamento da sabedoria da Bíblia, também podemos experimentar o alimento que Ele fornece e nos concede vida e sustento.
KIRSTEN HOLMBERG

Como Deus o sustentou em tempos difíceis?

Deus que dás vida e és meu sustentador,
agradeço-te por me concederes o que preciso
para lidar com minhas lutas e dificuldades.

A BÍBLIA EM UM ANO: JEREMIAS 3–5; 1 TIMÓTEO 4

25 DE OUTUBRO · **JOSUÉ 1:1-9**

FORTE E CORAJOSO

...eu estarei com você, assim como estive com Moisés. Não o deixarei nem o abandonarei. JOSUÉ 1:5

Toda noite, ao fechar seus olhos, Calebe sentia a escuridão envolvê-lo. O silêncio de seu quarto era interrompido regularmente pelo rangido da casa de madeira na Costa Rica. No silêncio, os morcegos no sótão se agitavam. Sua mãe havia posto uma luz noturna em seu quarto, mas o menino ainda tinha medo do escuro. Uma noite, o pai de Calebe colocou um versículo bíblico no pé da cama dele. Dizia: "Seja forte e corajoso! Não tenha medo nem desanime, pois o SENHOR, seu Deus, estará com você por onde você andar" (JOSUÉ 1:9). Calebe começou a ler essas palavras todas as noites e ele deixou essa promessa de Deus colada em sua cama até ir para a faculdade.

Em Josué 1, lemos sobre a transição da liderança para Josué depois que Moisés morreu. O mandamento para ser "forte e corajoso" foi repetido várias vezes a Josué e aos israelitas para enfatizar sua importância (vv.6,7,9). Certamente, eles sentiram apreensão ao enfrentarem um futuro incerto, mas Deus os tranquilizou dizendo: "assim como estive com Moisés. Não o deixarei nem o abandonarei" (v.5).

É natural termos receios, mas é prejudicial para a nossa saúde física e espiritual vivermos em estado de medo constante. Assim como Deus encorajou os Seus servos da antiguidade, também podemos ser fortes e corajosos por causa daquele que promete estar sempre conosco.

CINDY HESS KASPER

Meditar nas promessas de Deus o ajuda a superar o medo e a ansiedade?

Pai fiel, obrigado por estares sempre comigo. Ajuda-me a lembrar das Tuas promessas e a confiar em ti quando tiver medo.

A BÍBLIA EM UM ANO: JEREMIAS 6–8; 1 TIMÓTEO 5

26 DE OUTUBRO SALMO 148

ORAÇÕES À BEIRA DO MAR

Louvem todos o nome do SENHOR,
pois exaltado é seu nome... v.13

Durante uma viagem para comemorar o nosso 25º aniversário, meu marido e eu lemos nossas Bíblias na areia da praia. À medida que os vendedores passavam e anunciavam os preços de seus produtos, agradecíamos a cada um, mas não comprávamos nada. Um vendedor, Fernando, sorriu largamente com a minha rejeição e insistiu que considerássemos comprar presentes para os amigos. Depois que recusei a sugestão, Fernando empacotou seus produtos e começou a se afastar sorrindo. Então eu lhe disse: "Oro para que Deus abençoe o seu dia"!

Fernando virou-se para mim e disse: "Já abençoou! Jesus transformou a minha vida". Fernando se ajoelhou entre nossas cadeiras. "Sinto a presença dele aqui". Em seguida, ele compartilhou como Deus o havia libertado do abuso de drogas e álcool há mais de 14 anos.

Minhas lágrimas correram quando ele recitou poemas inteiros do livro dos Salmos e orou por nós. Juntos, louvamos a Deus e nos regozijamos em Sua presença à beira do mar.

O Salmo 148 é uma oração de louvor. O salmista incentiva toda a criação a louvar "o nome do SENHOR, pois ele ordenou, e [tudo veio] a existir, [...] pois exaltado é seu nome; sua glória está acima da terra e dos céus!" (vv.5,3).

Embora Deus nos convide a apresentar nossas necessidades a Ele e confiar que o Senhor ouve e se importa conosco, o Senhor também se deleita em orações de grato louvor, onde quer que estejamos. Até mesmo na praia.   XOCHTIL E. DIXON

Pelo que você louvará a Deus hoje?

Querido Deus, ajuda-me a louvar-te
a cada fôlego que me dás.

A BÍBLIA EM UM ANO: JEREMIAS 9–11; 1 TIMÓTEO 6

27 DE OUTUBRO   🌿 **MIQUEIAS 7:2-7**

ESCOLHENDO A ESPERANÇA

*Quanto a mim, busco o S*ENHOR
e espero confiante que Deus me [...]
ouvirá... v.7

Sou uma das milhões de pessoas no mundo que sofrem de transtorno afetivo sazonal, um tipo de depressão comum em locais com pouca luz solar devido aos dias curtos de inverno. Fico ansiosa por qualquer evidência de que os dias mais longos e as temperaturas mais quentes se aproximam.

Os primeiros sinais da primavera, as flores abrindo seu caminho na neve, lembram-me de como a esperança em Deus pode romper as estações mais sombrias. O profeta Miqueias confessou isso enquanto aguentava um "inverno" de cortar o coração vendo os israelitas se afastarem de Deus. Ao avaliar a situação sombria, lamentou: "Os fiéis desapareceram; não resta uma só pessoa honesta na terra..." (7:2).

No entanto, mesmo que a situação parecesse terrível, o profeta se recusou a desistir da esperança, pois confiava que Deus estava agindo (v.7) mesmo em meio à devastação, e mesmo que ainda não pudesse ver as evidências.

Em nossos "invernos", às vezes aparentemente escuros e intermináveis, quando a primavera parece não chegar, enfrentamos a mesma luta desse profeta. Vamos nos desesperar ou esperar confiantes no Senhor (v.7)?

Nossa esperança em Deus nunca é desperdiçada (ROMANOS 5:5). Ele está trazendo um tempo sem "inverno": sem luto ou dor (APOCALIPSE 21:4). Até lá, descansemos no Senhor, confessando: "És minha única esperança" (SALMO 39:7).

LISA SAMRA

Onde você encontra esperança para os tempos sombrios?

Pai Celestial, nos momentos difíceis é fácil desanimar.
Ajuda-me a depositar minha esperança no Senhor.

A BÍBLIA EM UM ANO: JEREMIAS 12–14; 2 TIMÓTEO 1

28 DE OUTUBRO   **2 SAMUEL 23:13-17**

PARA QUEM É A HONRA?

*...derramou-a no chão como
oferta ao SENHOR.* v.16

A foto me fez rir alto. As multidões haviam se alinhado numa avenida mexicana, agitando bandeiras e jogando confetes enquanto esperavam o Papa passar. No meio da rua, passeava um filhote de cachorro, parecendo sorrir como se a agitação fosse inteiramente para ele. Sim! Todo cachorro deveria ter o seu dia, e deveria parecer como esse!

É engraçado quando um filhote "rouba o show", mas se nós nos apropriamos do que pertence aos outros isso pode nos destruir. Davi sabia disso e recusou-se a beber a água que seus poderosos guerreiros haviam arriscado a vida para conseguir. Ele dissera, melancolicamente, que seria ótimo se alguém fosse buscar água no poço de Belém. Três de seus soldados o obedeceram literalmente. Eles romperam as linhas inimigas, puxaram a água e a levaram a ele. Davi ficou impressionado com a devoção deles, porém teve que passá-la adiante. Ele recusou-se a beber dessa água, mas "derramou-a no chão como oferta ao SENHOR" (2 SAMUEL 23:16).

A maneira como reagimos ao louvor e à honra diz muito sobre nós. Quando o elogio é dirigido a outros, especialmente a Deus, fique fora do caminho. O desfile não é para nós. Quando a honra é dirigida a nós, agradeça à pessoa e depois amplifique esse louvor, dando toda a glória a Jesus. A "água" também não é para nós. Agradeça e depois a entregue como oferta diante de Deus.

MIKE WITTMER

**Você recebeu algum elogio hoje?
Como seu coração reagiu?**

*Deus, que as palavras de louvor a ti
fluam continuamente dos meus lábios.
Todo o louvor, honra e glória pertencem a ti!*

A BÍBLIA EM UM ANO: JEREMIAS 15–17; 2 TIMÓTEO 2

29 DE OUTUBRO ROMANOS 12:3-8

AS MÃOS DO MOTORISTA

Deus, em sua graça, nos concedeu diferentes dons. [...] se for o de demonstrar misericórdia, pratique-o com alegria. vv.6,8

Tendo sobrevivido ao câncer de próstata, meu pai fora diagnosticado com câncer de pâncreas. Para complicar, ele cuida da minha mãe em tempo integral, pois ela tem doenças crônicas. Com ambos precisando de assistência, teríamos dias difíceis pela frente.

Viajei para estar com eles e visitei a igreja dos meus pais. Lá, o senhor Helmut se aproximou de mim, pronto a ajudar. Depois disso, Helmut nos visitou e disse: "Eles precisarão de refeições quando a quimioterapia começar", disse ele. "Vou organizar uma lista de serviços de apoio. E o corte da grama? Eu posso fazer isso. E que dia recolhem o lixo?" Helmut tinha sido motorista de caminhão, mas para nós ele se tornou um anjo. Soubemos que ele costumava ajudar outras pessoas — mães solteiras, sem-teto, idosos.

Embora os que creem em Jesus sejam chamados para servir (LUCAS 10:25-37), alguns têm capacidades especiais para tal. Paulo chama isso de dom da misericórdia. As pessoas que o têm veem a necessidade da assistência prática e se dispõe a servir ao longo do tempo sem se sobrecarregarem. Movidas pelo Espírito Santo são as mãos do Corpo de Cristo que se estendem para tocar nossas feridas (ROMANOS 12:4,5,8).

Helmut levou meu pai para o primeiro dia de quimioterapia. Naquela noite, a geladeira estava cheia de mantimentos. Era a misericórdia de Deus pelas mãos dele.

SHERIDAN VOYSEY

**Quais dons espirituais você tem?
(1 Coríntios 12; Efésios 4:7-13.)**

*Pai, ajuda-me a ser cheio da Tua misericórdia
para servir aos necessitados com poder e alegria,
revelando quem tu és.*

A BÍBLIA EM UM ANO: JEREMIAS 18–19; 2 TIMÓTEO 3

30 DE OUTUBRO

TITO 2:1-8

TODOS PRECISAM DE UM MENTOR

*Escrevo a Tito, meu verdadeiro
filho na fé que compartilhamos.*
TITO 1:4

Ao entrar no escritório do meu novo supervisor, senti-me cautelosa e inexperiente. Meu antigo supervisor administrara nosso departamento com dureza e arrogância, muitas vezes deixando-me (e outros) em lágrimas. Agora eu me perguntava: *Como seria o novo chefe?* Logo após entrar no escritório dele, senti meus medos se dissiparem ao ser recebida calorosamente. Ele me pediu para compartilhar sobre minhas frustrações e me ouviu atentamente. Eu *sabia* por sua expressão e palavras gentis que ele realmente se importava. Ele cria em Jesus e se tornou meu mentor, incentivador e amigo.

O apóstolo Paulo foi o mentor espiritual de Tito, seu "verdadeiro filho na fé que [compartilhavam]" (TITO 1:4). Paulo ofereceu-lhe instruções e diretrizes úteis para seu papel na igreja. Ele não apenas ensinou, mas insistiu: "que suas palavras [refletissem] o ensino verdadeiro" (2:1), dessem "exemplo da prática de boas obras" e "sua mensagem [fosse] tão correta a ponto de ninguém a criticar" (vv.7,8). Como resultado, Tito se tornou seu parceiro, irmão e colega de trabalho (2 CORÍNTIOS 2:13; 8:23) e mentor de outros.

Muitos de nós já nos beneficiamos de um mentor, professor, treinador, avô, líder do grupo de jovens ou pastor que nos orientou com seu conhecimento, sabedoria, encorajamento e fé. Quem pode se beneficiar das lições espirituais que você aprendeu em sua jornada com Jesus?

ALYSON KIEDA

A quem você pode orientar?

*Pai, sou grato por todos que me orientaram
quando mais precisei. Guia-me a quem possa
precisar do meu encorajamento hoje.*

A BÍBLIA EM UM ANO: JEREMIAS 20–21; 2 TIMÓTEO 4

31 DE OUTUBRO • JÓ 1:18–22

PAUS, TIJOLOS E DEUS

O Senhor me deu o que eu tinha, e o Senhor tomou. Louvado seja o nome do Senhor. v.21

Depois de orar sobre o chamado de Deus para suas vidas, Marcos e Nina decidiram que precisavam mudar-se para o centro da cidade. Eles compraram uma casa e iniciaram a reforma, mas, na sequência, veio a tempestade. Marcos escreveu-me: "Tivemos uma surpresa esta manhã. O tornado que atravessou a cidade levou embora a nossa reforma até os suportes e tijolos. Deus está tramando alguma coisa".

As tempestades incontroláveis não são as únicas coisas que nos surpreendem e trazem confusão em nossa vida. No entanto, uma das chaves da sobrevivência é não perder Deus de vista em meio ao infortúnio.

A catástrofe climática na vida de Jó, que resultou na perda de sua propriedade e na morte de seus filhos (JÓ 1:19), foi apenas uma das surpresas chocantes que ele enfrentou. Antes disso, três mensageiros tinham trazido más notícias (vv.13-17).

De um dia para outro, podemos passar do banquete ao luto, do celebrar da vida ao enfrentamento da morte ou algum outro desafio. Nosso dia a dia pode rapidamente ser reduzido a "paus e tijolos", financeira, relacional, física, emocional e espiritualmente. Mas Deus é mais poderoso do que qualquer tempestade. Sobreviver às provações da vida requer fé apenas nele. A mesma fé que nos permite dizer com Jó e outros: "Louvado seja o nome do Senhor" (v.21).

ARTHUR JACKSON

O que você pode aprender com Jó que o ajudará quando surgirem as tempestades da vida?

Pai, perdoa-me pelos momentos em que te perco de vista em meio às dificuldades. Ajuda-me a ver-te com novos olhos.

A BÍBLIA EM UM ANO: JEREMIAS 22–23; TITO 1

★ TÓPICO DE NOVEMBRO / **Serviço**

SERVIÇO ALTRUÍSTA

Anita olhou para os sacos de comida fechados no refeitório, e depois para o único voluntário disponível para me ajudar com um evento de café da manhã para 80 pessoas. O tempo era curto. Sentindo a nossa necessidade, ela sorriu ao oferecer a sua ajuda.

Enquanto misturávamos a massa e virávamos as panquecas, descobri que Anita cuidava, em casa, de sua mãe que tinha demência. Ela também me disse que contratara uma cuidadora naquela manhã para que pudesse ter algum tempo livre, mas tinha desistido de bom grado para ajudar com o evento.

A abnegação de Anita refletiu a atitude de Jesus enquanto Ele servia aos outros durante o Seu ministério terreno. Em um exemplo memorável, Jesus deixou de lado Suas próprias preocupações para lavar os pés dos discípulos durante a Última Ceia. Ele sabia que logo enfrentaria intenso sofrimento físico, mental e emocional. Apesar desse fardo, Ele considerou o que os Seus seguidores mais precisavam e ensinou-lhes uma lição importante.

Enquanto Jesus se preparava para lavar os pés deles, Ele renunciou ao Seu direito de ser servido com a mesma facilidade com que "tirou a capa e enrolou uma toalha na cintura" (JOÃO 13:4). Ele era a pessoa mais importante presente — o sábio rabino, *a divindade em carne humana*. Mesmo assim, Jesus abriu mão de Seus direitos ao se ajoelhar para limpar a sujeira das calosidades e enxaguar a poeira daqueles pés doloridos. Depois Ele disse: "E uma vez que eu, seu Senhor e Mestre, lavei seus pés, vocês devem lavar os pés uns dos outros" (JOÃO 13:14).

Jesus não estava apenas defendendo as boas ações. Estava demonstrando que o serviço — em coisas grandes ou pequenas — é mais significativo quando deixamos nosso "eu" para trás para elevar os outros. Este mês, pelo poder de Deus, que possamos ouvir ainda melhor os outros, aceitá-los e prover por suas necessidades — levando-os para Jesus. "Pois nem mesmo o Filho do Homem veio para ser servido, mas para servir e dar sua vida em resgate por muitos" (MARCOS 10:45).

JENNIFER BENSON SCHULDT

1º DE NOVEMBRO   🌿 **MATEUS 20:20-28**

★ *TÓPICO DE NOVEMBRO: SERVIÇO*

DECIDO SERVIR

Quem quiser ser o líder entre
vocês, que seja servo... v.26

Há algum tempo, eu assisti uma entrevista com uma pessoa renomada da área de marketing multinível. Fiquei surpreso quando ele não teve receio de afirmar publicamente que seu propósito era "se dar bem", não importando os meios para atingir esse objetivo.

A Bíblia não esconde que alguns de seus personagens tinham a mesma atitude. A mãe que pediu a Jesus lugares de honra para seus filhos (MATEUS 20:21) demonstrou ambição egoísta — queria servir, mas com a motivação errada. A indignação dos demais discípulos evidencia que eles desejavam o mesmo (v.24). Mesmo andando com Cristo há algum tempo, eles não haviam entendido os valores do reino de Deus. Todos estavam mal motivados, e motivações equivocadas nunca levam a objetivos certos. Desejar crescer é da cultura de Deus, desejar obter vantagem é cultura mundana. Quem tenta crescer a todo custo vai ter de negociar valores em algum momento.

A resposta de Jesus traz a perspectiva certa: quem quer liderar, deve aprender a servir (v.26). Aqueles que buscam os holofotes para si estão indo na direção oposta do que o Mestre ensina. Se chamamos Jesus de Senhor, estamos nos colocando na posição de servos dele, e o foco de Cristo estava nas pessoas, não em si mesmo.

Jesus é o Rei dos reis e serve. Para fazermos o que Deus quer para nossa vida, que vai na contramão do mundo, precisamos decidir servir nos moldes dele.

MIGUEL UCHÔA

Jesus, ajuda-nos a entender o verdadeiro espírito de serviço
que não busca holofotes para nós, mas a Tua glória.

2 DE NOVEMBRO 🌿 **MATEUS 10:37-42**

ATÉ MESMO UM TACO

*Se alguém der um copo de água
fria que seja ao menor de meus
seguidores, certamente não perderá
sua recompensa.* v.42

O casal Samuelson se formou numa faculdade cristã com o forte desejo de servir a Jesus. No entanto, eles não se sentiram chamados a um ministério tradicional na igreja. E no mundo? Assim, com as habilidades empreendedoras dadas por Deus, dedicaram-se a combater a fome infantil e abriram um restaurante que serve os tradicionais tacos mexicanos. Mas esse não é um restaurante qualquer. A cada taco vendido, eles doam dinheiro para prover outra refeição específica para atender às necessidades nutricionais de crianças desnutridas. Eles contribuem com mais de 60 países e participam da erradicação da fome infantil — com um taco por vez.

As palavras de Jesus em Mateus 10 não são enigmáticas e são surpreendentemente claras: a devoção se evidencia por ações, não por palavras. Uma dessas ações é dar aos "menores" (vv.37-42). Os Samuelsons estão doando às crianças, mas a expressão "menores" não se limita à idade cronológica. Cristo nos chama a doar a quem tem "pouca importância" aos olhos deste mundo: os pobres, os doentes, os prisioneiros, os refugiados, os de alguma maneira menos favorecidos. E dar o quê? Bem, Jesus diz até "um copo de água fria" (v.42). Se algo tão pequeno e simples como um copo de água fria tem valor, então um taco certamente também se encaixa nessa linha.

JOHN BLASE

**O que você pode fazer hoje
para servir "aos menores"?**

*Jesus, dá-me olhos para ver e ouvidos para ouvir,
para que hoje eu possa te servir, mesmo que com um simples gesto,
ao menor dos que cruzam o meu caminho.*

A BÍBLIA EM UM ANO: JEREMIAS 27–29; TITO 3

3 DE NOVEMBRO · **FILIPENSES 4:1-7**

A NATUREZA DE ZAX

Que todos vejam que vocês são
amáveis em tudo que fazem.
FILIPENSES 4:5

O autor Dr. Seuss conta a história de "Zax indo para o Norte e Zax indo para o Sul" atravessando o planalto de Prax. Quando seus narizes se encontram, nenhum deles cede a passagem. O primeiro promete, com raiva, ficar parado mesmo que "o mundo inteiro pare". Inabalável, o mundo continua e constrói uma estrada em torno deles. O conto reflete a natureza humana. Temos a "necessidade" inata de estarmos certos e somos propensos a nos apegar a esse instinto de maneiras destrutivas!

Felizmente, Deus suaviza o teimoso coração humano. Paulo sabia disso; portanto, quando dois membros da igreja de Filipos brigaram, ele os amou o suficiente para ajudá-los (FILIPENSES 4:2). Tendo instruído os cristãos a terem o "mesmo pensamento" e amarem como Cristo os amou (2:5-8), Paulo pediu-lhes que ajudassem as duas mulheres que tinham trabalhado arduamente com ele "na propagação das boas-novas" (4:3). Parece que a pacificação e o compromisso exigem esforço da equipe.

Há momentos em que é necessário posicionar-se com firmeza, no entanto, a abordagem cristã deverá ser muito diferente do que um inflexível Zax! Há tantas coisas na vida pelas quais não vale a pena brigar. Podemos brigar um com o outro por trivialidades até nos destruirmos (GÁLATAS 5:15) ou engolir o orgulho, receber conselhos sábios e buscar a união com nossos irmãos e irmãs.

TIM GUSTAFSON

Os seus amigos o ajudam a resolver a sua situação?

Deus amoroso, suaviza o meu coração endurecido e teimoso
para que eu possa realmente viver em união.
E ajuda-me a ouvir os conselhos que são sábios.

A BÍBLIA EM UM ANO: JEREMIAS 30–31; FILEMOM

4 DE NOVEMBRO **PROVÉRBIOS 30:24-31**

RELAXANDO COM PROPÓSITO

Quatro coisas na terra são
pequenas, mas muito sábias... v.24

Ramesh fala com ousadia sobre Jesus aos colegas de trabalho, e uma vez por mês volta à sua vila para evangelizar de casa em casa. Seu entusiasmo é contagiante, e ele já aprendeu o valor de dedicar tempo para descansar e relaxar. Ele passava quase todo seu tempo livre anunciando o evangelho. Sua família sentia sua ausência, e Ramesh sentia-se cansado demais quando estava com eles. Cada minuto precisava render, não podia brincar nem conversar despreocupadamente, pois sua rotina era apertada demais.

Ele conscientizou-se do seu desequilíbrio pelas palavras de sua esposa, pelo conselho de amigos e por passagens das Escrituras que mencionam coisas triviais, como formigas, galos e gafanhotos. É maravilhoso como "...as lagartixas, que, embora sejam fáceis de apanhar, vivem até nos palácios dos reis" (PROVÉRBIOS 30:28).

Ramesh se questionou sobre como isso foi registrado na Bíblia. Observar as lagartixas requer um tempo significativo de inatividade. Alguém a viu correr pelo palácio, achou *interessante* e parou para observá-la um pouco mais. Talvez Deus tenha incluído isso em Sua Palavra para nos lembrar de equilibrarmos o trabalho e o descanso. Precisamos de horas para divagar sobre lagartixas, pegar uma delas com nossos filhos e simplesmente relaxar com a família e amigos. Que Deus nos dê sabedoria para sabermos trabalhar, servir e relaxar!

MIKE WITTMER

Como você equilibra trabalho e descanso?

Jesus, o Teu amor me liberta
para o trabalho produtivo e para o descanso.

A BÍBLIA EM UM ANO: JEREMIAS 32–33; HEBREUS 1

5 DE NOVEMBRO   JOÃO 2:13-25

DESTRUA ESTA CASA

*Destruam este templo, e em três
dias eu o levantarei.* v.19

Em Pontiac, Michigan, EUA, uma empresa de demolição derrubou a casa errada. Os investigadores acreditam que o proprietário de uma casa designada para ser demolida pregou o número de seu próprio endereço na casa de um vizinho para evitar a demolição da sua própria casa.

Jesus fez o contrário, pois Sua missão foi deixar sua própria "casa" ser demolida para o bem dos outros. Imagine a cena e como todos se sentiram confusos, incluindo os discípulos de Jesus. Imagine-os olhando um ao outro enquanto Ele desafiava os líderes religiosos: "Destruam este templo", disse Cristo, "e em três dias eu o levantarei" (JOÃO 2:19). Os líderes responderam indignados: "Foram necessários 46 anos para construir este templo, e você o reconstruirá em três dias" (v.20)? Mas Jesus sabia que se referia ao templo de Seu próprio corpo (v.21). Eles não.

Eles não entenderam que Cristo havia chegado para mostrar que o mal que causamos a nós mesmos e uns aos outros recairia sobre Ele. Jesus expiaria isso.

Deus sempre conheceu o nosso coração melhor do que nós. Porém, Ele não confiou a plenitude dos Seus planos nem àqueles que viram os Seus milagres e creram nele (vv.23-25). Naquela época e hoje, Deus estava lentamente revelando o amor e a bondade nas palavras de Jesus os quais não poderíamos entender, mesmo que Ele nos dissesse.

MART DEHAAN

**Quais emoções você costuma associar
à essa "limpeza do templo" que Jesus faz em sua vida?**

*Pai celestial, ajuda-me a crer que estás sempre
trabalhando com propósitos e que fazes muito mais
e muito melhor do que eu sei ou compreendo.*

A BÍBLIA EM UM ANO: JEREMIAS 34–36; HEBREUS 2

6 DE NOVEMBRO ISAÍAS 5:1-7

A COLHEITA MAIS DOCE

*...eu sou a videira; vocês são os
ramos. Quem permanece em mim,
e eu nele, produz muito fruto...*
JOÃO 15:5

Compramos nossa casa e herdamos uma videira já crescida. Investimos um tempo considerável aprendendo como podar, regar e cuidar bem dela. Na primeira colheita, experimentei um bago dessa videira apenas para me decepcionar com o sabor azedo.

A frustração que senti ao cuidar dessa videira, apenas para ter uma colheita azeda, faz-me lembrar de Isaías. Lá lemos sobre uma alegoria do relacionamento de Deus com a nação de Israel. Deus, retratado como agricultor, limpara a encosta dos detritos, plantara boas videiras, construíra uma torre de vigia para proteção e criara uma prensa para desfrutar de Sua colheita (ISAÍAS 5:1,2). Para desgosto do agricultor, a vinha, representando Israel, produziu uvas com gosto azedo, de egoísmo, injustiça e opressão (v.7). Eventualmente, Deus destruiu relutantemente a vinha, poupando um remanescente de videiras que um dia produziria uma boa colheita.

Jesus revisita essa ilustração da vinha, dizendo: "Eu sou a videira; vocês são os ramos. Quem permanece em mim, e eu nele, produz muito fruto" (JOÃO 15:5). Nessa imagem paralela, Jesus retrata os que creem nele como ramos de videira conectados a Ele, a videira principal. Agora, ao permanecermos conectados a Jesus por meio da confiança em oração no Seu Espírito, temos acesso direto ao alimento espiritual que produzirá o fruto mais doce de todos: o amor. *LISA SAMRA*

Permanecer conectado a Jesus produz amor em sua vida?

*Jesus, que a Tua vida flua através de mim
para que eu possa produzir uma colheita ainda maior
de amor em minha vida.*

A BÍBLIA EM UM ANO: JEREMIAS 37–39; HEBREUS 3

7 DE NOVEMBRO   🌿 **LUCAS 10:1,7-20**

DEIXE OS RESULTADOS PARA DEUS

Mas não se alegrem porque os
espíritos impuros lhes obedecem;
alegrem-se porque seus nomes
estão registrados no céu. v.20

Fui convidado a falar a estudantes universitários que tinham fama de desordeiros e levei comigo um amigo para me ajudar. Todos estavam em clima de comemoração por terem vencido um campeonato de futebol. No jantar, imperou o caos! Em dado momento, o presidente da casa anunciou: "Há dois caras aqui que querem falar sobre Deus".

Levantei-me com as pernas tremendo e comecei a lhes falar sobre o amor de Deus. Eles ficaram imóveis e prestaram muita atenção. Seguiram-se momentos de perguntas e respostas. Mais tarde, iniciamos ali um grupo de estudos bíblicos e, nos anos seguintes, muitos receberam a salvação em Jesus.

Lembro-me de dias em que eu "Vi Satanás caindo do céu como um relâmpago!" (LUCAS 10:18), mas houve outros dias em que eu me prostrei ao chão. Lucas também relata sobre os discípulos de Jesus ao voltarem de uma missão bem-sucedida. Muitos tinham sido trazidos para o reino, demônios tinham batido em retirada e pessoas tinham sido curadas. Estavam entusiasmados e Jesus lhes disse: "Vi Satanás caindo do céu como um relâmpago!". Então, ressaltou: "...não se alegrem porque os espíritos impuros lhes obedecem; alegrem-se porque seus nomes estão registrados no céu" (v.20). Alegramo-nos no sucesso, mas desesperamos quando falhamos. Faça o que Deus o chamou a fazer e deixe os resultados com Ele, pois Jesus tem seu nome no Seu livro!

DAVID H. ROPER

Seu nome escrito no coração de Deus o encoraja?

Obrigado, Deus, pela vitória sobre meus inimigos e fortalece-me quando eu falhar. Sou grato por pertencer a Tua família.

A BÍBLIA EM UM ANO: JEREMIAS 40–42; HEBREUS 4

8 DE NOVEMBRO 1 CORÍNTIOS 3:1-9

★ *TÓPICO DE NOVEMBRO: SERVIÇO*

COLABORANDO COM DEUS

*Pois nós somos colaboradores de
Deus, e vocês são lavoura de Deus
e edifício de Deus.* v.9

Na visita ao México em 1962, Bill Ashe ajudou a consertar bombas manuais de moinhos de vento num orfanato. Inspirado por um profundo desejo de servir a Deus, ajudou a fornecer água limpa às aldeias necessitadas. Quinze anos depois, Ashe fundou uma organização sem fins lucrativos e compartilhou: "Deus me despertou para 'aproveitar ao máximo o tempo' e, também para encontrar outras pessoas com o desejo de levar água potável aos necessitados da zona rural". Mais tarde, depois de aprender sobre a necessidade global por água potável por meio de milhares de pastores e evangelistas de mais de 100 países, Ashe convidou outros a se unirem aos esforços do ministério.

Deus nos convida para nos unirmos a Ele e aos outros de várias maneiras. Quando os coríntios discutiram sobre quais professores eles preferiam, o apóstolo Paulo reafirmou seu papel como servo de Jesus e companheiro de equipe de Apolo, totalmente dependente de Deus para o crescimento espiritual (1 CORÍNTIOS 3:1-7). Ele nos lembra de que todo trabalho é recompensado por Deus (v.8). Reconhecendo o privilégio de trabalhar com outras pessoas enquanto o servia, Paulo nos encoraja a edificar um ao outro à medida que o Senhor nos transforma em amor (v.9).

Nosso poderoso Pai não precisa de nossa ajuda para realizar as Suas grandes obras, mas nos equipa e convida a sermos parceiros em Sua obra.

XOCHITL E. DIXON

**Que coisa difícil Deus o convidou
a fazer com a ajuda dele?**

*Pai, obrigado por concederes tudo o que preciso,
enquanto continuas realizando grandes coisas em mim.*

A BÍBLIA EM UM ANO: JEREMIAS 43–45; HEBREUS 5

9 DE NOVEMBRO   **HEBREUS 6:9-12**

FAZENDO NOSSO PAPEL

Deus concedeu um dom a cada um,
e vocês devem usá-lo para servir uns
aos outros. 1 PEDRO 4:10

Minhas netas tentaram representar o musical *Alice no País das Maravilhas Jr.*, e seus corações estavam determinados a conseguir papéis principais. Maggie queria ser a jovem Alice, e Katie achava que Mathilda seria um bom papel. Mas elas foram escolhidas para serem *flores*. No entanto, minha filha disse que as meninas estavam "empolgadas com as amigas que receberam os papéis principais. A alegria delas parecia maior por animar os amigos e compartilhar da empolgação".

Que exemplo de como devem ser as nossas interações no Corpo de Cristo! Toda igreja local tem o que pode ser considerado um "papel fundamental". Mas também precisa das flores que têm um papel essencial, mas não tão destacado. Se outras pessoas conseguirem os papéis que desejamos, podemos optar por encorajá-los ao cumprirmos apaixonadamente os papéis que Deus nos deu.

De fato, incentivar os outros demonstra amor pelo Senhor. "Deus [...] não se esquecerá de como trabalharam arduamente para ele e lhe demonstraram seu amor ao cuidar do povo santo..." (HEBREUS 6:1). E nenhum presente de Sua mão é insignificante: "Deus concedeu um dom a cada um, [...] para servir uns aos outros, fazendo bom uso da múltipla e variada graça divina" (1 PEDRO 4:10).

Imagine uma igreja de encorajadores usando os dons que Deus lhes concedeu para a Sua honra (HEBREUS 6:10)!   *DAVE BRANON*

Por que é bom agradecer a Deus
pelas tarefas que dele recebemos?

Soberano Deus, ajuda-me a não me concentrar em outros papéis,
mas a servir-te no chamado sagrado que me deste.

A BÍBLIA EM UM ANO: JEREMIAS 46–47; HEBREUS 6

10 DE NOVEMBRO 🌿 **SALMO 32:1-7**

O TRIUNFO DO PERDÃO

Como é feliz aquele cuja
desobediência é perdoada, cujo
pecado é coberto! v.1

Mack lutava desesperado contra o abuso de drogas e o pecado sexual. Os relacionamentos que ele valorizava estavam desordenados, e sua consciência o perturbava. Sentindo-se miserável, ele foi a uma igreja e pediu para falar com o pastor. Encontrou o alívio ao compartilhar sua história e ouvir sobre a misericórdia e o perdão de Deus.

Acredita-se que Davi escreveu o Salmo 32 após praticar o seu pecado sexual. Ele agravou seu erro ao elaborar uma estratégia sinistra que resultou na morte do marido da mulher (2 SAMUEL 11–12). As consequências desses terríveis acontecimentos permaneciam. Os versículos de Salmo 32:3,4 descrevem as profundas lutas de Davi antes de ele reconhecer a gravidade de suas ações. Os efeitos atormentadores do pecado não confessado eram inegáveis. O que o aliviou? A confissão a Deus e a aceitação do perdão que o Senhor oferece (v.5).

Que ótimo lugar para começarmos, no lugar da misericórdia de Deus, quando dizemos ou fazemos coisas que causam danos e prejudicam a nós mesmos e aos outros! A culpa do nosso pecado não precisa ser permanente. Há Alguém cujos braços estão abertos para nos receber quando reconhecemos nossos erros e buscamos o Seu perdão. Podemos nos juntar ao coro daqueles que cantam: "Como é feliz aquele cuja desobediência é perdoada, cujo pecado é coberto" (v.1)!

ARTHUR JACKSON

Como aconselhar alguém que está lutando contra a culpa?

Pai, ajuda-me sempre a pedir perdão a ti
e a buscar o perdão dos outros quando necessário.

A BÍBLIA EM UM ANO: JEREMIAS 48–49; HEBREUS 7

11 DE NOVEMBRO   🌿 **ZACARIAS 10:6-12**

VOLTANDO PARA CASA

...ainda se lembrarão de mim nas
terras distantes [...] e seus filhos
sobreviverão e voltarão. v.9

Walter Dixon teve cinco dias de lua de mel antes de ir para a Guerra da Coreia. Logo, as tropas encontraram a sua jaqueta no campo de batalha, com as cartas de sua esposa nos bolsos. Os oficiais informaram à jovem esposa que o marido dela tinha sucumbido em combate. Na verdade, Dixon estava vivo e foi prisioneiro por 2 anos e meio. A cada hora acordado, ele planejava voltar ao seu lar. Escapou cinco vezes e sempre foi recapturado. Libertado finalmente, você consegue imaginar o choque que causou ao voltar para casa?!

O povo de Deus sabia o que significava ser capturado e levado para longe de casa, pois tinham sido exilados por causa de sua rebelião contra Deus. Acordavam todas as manhãs desejando retornar, mas não tinham como serem resgatados por si próprios. Felizmente, Deus prometeu que não se esqueceria deles. "Eu os restaurarei porque tenho compaixão deles..." (ZACARIAS 10:6). Deus satisfaria a dor implacável do Seu povo pelo lar, não pela perseverança deles, mas pela misericórdia divina: "Quando eu assobiar para eles, virão até mim..." (v.8).

Nossa tristeza pode ocorrer por causa de nossas más decisões ou por dificuldades além do nosso controle. De qualquer maneira, Deus não esqueceu de nós, conhece o nosso desejo e nos alcançará. E se lhe respondermos, voltaremos a Ele e ao nosso lar. *WINN COLLIER*

> **Você ouve o chamado de Deus**
> **mostrando-lhe como voltar a Ele?**

Deus, sinto-me longe de ti e sei que estás perto.
Ajuda-me a ouvir a Tua voz e a voltar para casa.

A BÍBLIA EM UM ANO: JEREMIAS 50; HEBREUS 8

12 DE NOVEMBRO ÊXODO 13:17,18

O LONGO CAMINHO

Deus não os conduziu pela estrada principal que corta o território dos filisteus, embora fosse o caminho mais curto. v.17

Os colegas de Benjamim foram promovidos um a um e ele sentiu um pouco de inveja. Os amigos lhe diziam: "Você ainda não é gerente, mas merece!" Mas Benjamim decidiu deixar sua carreira nas mãos de Deus e respondia: "Se esse é o plano dele para mim, apenas farei bem o meu trabalho".

Anos depois, Benjamim foi promovido. Sua experiência adicional permitiu-lhe agir com confiança e conquistar o respeito de sua equipe. Alguns de seus colegas ainda lutavam com suas responsabilidades de supervisão, pois haviam sido promovidos antes de estarem prontos. Nisso, Benjamim percebeu que Deus o levara pelo caminho mais longo para prepará-lo melhor.

Quando Deus conduziu os israelitas para fora do Egito (ÊXODO 13:17,18), Ele escolheu um caminho mais longo, porque o atalho para Canaã estava cheio de riscos. Os comentaristas da Bíblia observam que essa jornada mais longa deu-lhes mais tempo para se fortalecerem física, mental e espiritualmente para as batalhas subsequentes.

O caminho mais curto nem sempre é o melhor. Às vezes, Deus nos permite seguir o caminho mais longo, seja em nossa carreira ou em outros empreendimentos, para estarmos melhor preparados para a jornada à frente. Quando as coisas parecem não acontecer rápido o suficiente, podemos confiar em Deus que nos guia e orienta. LESLIE KOH

**De que maneira Deus o fortalece
ao deixá-lo seguir o "caminho mais longo" da vida?**

*Amado Deus, concede-me a paciência de confiar em ti
e em Teu planos e propósitos soberanos.*

A BÍBLIA EM UM ANO: JEREMIAS 51–52; HEBREUS 9

13 DE NOVEMBRO ISAÍAS 55:10-13

QUANDO DEUS FALA

O mesmo acontece à minha palavra:
eu a envio, e ela sempre produz
frutos. v.11

Lily era tradutora da Bíblia e estava voltando para o seu país quando foi detida no aeroporto. Seu celular foi revistado, e, quando os funcionários encontraram uma cópia em áudio do Novo Testamento, confiscaram o telefone e a interrogaram por duas horas. A certa altura, eles pediram que ela reproduzisse o aplicativo das Escrituras, que estava em Mateus 7: "Não julguem para não serem julgados, pois vocês serão julgados pelo modo como julgam os outros. O padrão de medida que adotarem será usado para medi-los" (vv.1,2). Ao ouvirem essas palavras em seu próprio idioma, um dos oficiais empalideceu. Mais tarde, ela foi liberada e nenhuma outra ação foi tomada.

Não sabemos o que aconteceu no coração do oficial, mas sabemos que a palavra que Deus envia sempre produz frutos (ISAÍAS 55:11). Isaías profetizou palavras de esperança para o povo de Deus no exílio, assegurando-lhes que, assim como a chuva e a neve fazem a terra brotar e crescer, também a palavra que Deus envia sempre produz frutos e alcança Seus propósitos (vv.10,11).

Leiamos essa passagem para reforçar a nossa confiança em Deus ao enfrentarmos circunstâncias inflexíveis. Como Lily com os funcionários do aeroporto, podemos confiar que Deus está agindo, mesmo quando não visualizamos o resultado.

AMY BOUCHER PYE

Quando foi a última vez que você viu Deus agir?
Você já recebeu o amor de Deus
por meio das palavras que Ele declarou?

Pai celestial, agradeço pelo que já me revelaste,
o que me traz esperança, paz e amor.
Ajuda-me a crescer em meu amor por ti.

A BÍBLIA EM UM ANO: LAMENTAÇÕES 1–2; HEBREUS 10:1-18

14 DE NOVEMBRO · **DANIEL 3:12-18**

DENTRO DO FOGO

Vejo quatro homens desamarrados
andando no meio do fogo sem se
queimar! v.25

Um incêndio florestal em Andilla, na Espanha, devastou quase 200 km de floresta. Nessa devastação, quase 1.000 árvores ciprestes permaneceram em pé. A capacidade das árvores de reterem a água lhes permitiu suportar o fogo com segurança.

Durante o reinado do rei Nabucodonosor na Babilônia, um pequeno grupo de amigos sobreviveu às chamas da ira do rei. Sadraque, Mesaque e Abede-Nego se recusaram a adorar uma estátua que Nabucodonosor havia criado e lhe disseram: "Se formos lançados na fornalha ardente, o Deus a quem servimos pode nos salvar" (DANIEL 3:17). Enfurecido, o monarca aumentou o calor da fornalha sete vezes mais do que o normal (v.19). Os soldados que executaram as ordens do rei e jogaram os amigos no fogo foram queimados, mas os espectadores assistiram aos três amigos andando *entre* as chamas "sem se queimar". Outra pessoa também estava na fornalha — um quarto homem que parecia "um filho de deuses" (v.25). Muitos estudiosos acreditam que essa era a aparência pré-encarnada de Jesus.

Jesus está conosco quando enfrentamos aflições. Se somos instados a ceder à pressão, não precisamos temer. Talvez não saibamos como ou quando Deus nos ajudará, mas sabemos que Ele está conosco. Ele nos fortalecerá para permanecermos fiéis a Ele através de todo "fogo" que suportamos.

JENNIFER BENSON SCHULDT

O conforto sobrenatural da presença de Deus
o encoraja ao enfrentar provações?

Querido Deus, enche-me com o Teu Espírito
para que eu possa perseverar
quando for pressionado a ceder.

A BÍBLIA EM UM ANO: LAMENTAÇÕES 3–5; HEBREUS 10:19-39

15 DE NOVEMBRO **GÁLATAS 5:13-26**

★ *TÓPICO DE NOVEMBRO: SERVIÇO*

SAPATOS EMPRESTADOS

...usem-na [a liberdade]
para servir uns aos outros
em amor. v.13

No caos de abandonar sua casa durante os incêndios florestais na Califórnia em 2018, Gabriel, estudante do Ensino Médio, faltou à corrida de qualificação para a qual treinara. Isso significaria que ele não teria a chance de competir no encontro estadual, o evento culminante de sua carreira de 4 anos. À luz das circunstâncias, o Conselho de Atletismo do estado deu-lhe outra chance: ele teria que fazer sua pré-qualificação sozinho, na pista de uma escola rival, com tênis comuns, porque seus tênis de corrida estavam nos escombros de sua casa. Quando Gabriel apareceu para "a corrida", ele surpreendeu-se com os seus concorrentes, que lhe deram o par de tênis adequado para garantir que ele mantivesse o ritmo necessário para entrar no evento estadual.

Seus oponentes não tinham a obrigação de ajudá-lo. Poderiam ter cedido aos seus desejos naturais de cuidar apenas de si mesmos (GÁLATAS 5:13); isso aumentaria as chances de ganharem. Mas Paulo nos exorta a demonstrar o fruto do Espírito em nossa vida, "servir uns aos outros em amor" e manifestar "amabilidade" e "bondade" (vv.13,22).

Quando confiamos no Espírito para nos ajudar a não agir de acordo com nossos instintos naturais, somos mais capazes de amar as pessoas ao nosso redor.

KIRSTEN HOLMBERG

Como você demonstra o "fruto do Espírito"
na maneira como trata os outros?
Como você pode amar melhor o seu "próximo"?

Querido Deus, meu desejo natural é cuidar de mim.
Ajuda-me a servir aos outros por amor a ti.

A BÍBLIA EM UM ANO: EZEQUIEL 1–2; HEBREUS 11:1-19

16 DE NOVEMBRO · **HEBREUS 11:1-6,13-16**

SEM OBSTÁCULOS IMPOSSÍVEIS

A fé mostra a realidade daquilo que esperamos; ela nos dá convicção de coisas que não vemos. v.1

Liderei uma visita de estudos a uma pista de obstáculos. Instruímos os alunos a usarem equipamentos de segurança e fazerem a escalada. Os primeiros incentivaram os seguintes a confiarem nos cintos e sem olhar para baixo. Uma das alunas olhou para a parede alta enquanto os afivelávamos. "Não consigo fazer isso", disse ela. Assegurando-a sobre a força de seus equipamentos profissionais, nós a encorajamos e aplaudimos quando ela venceu os obstáculos.

Ao enfrentarmos problemas quase impossíveis de vencer, os medos e inseguranças podem causar dúvidas. A garantia do imutável poder, bondade e fidelidade de Deus cria em nós uma couraça de confiança. Essa confiança alimentou a coragem dos santos do Antigo Testamento, que demonstraram que a fé supera a nossa necessidade de conhecer todos os detalhes do plano de Deus (HEBREUS 11:1-13,39). Convictos, buscamos a Deus, muitas vezes sentindo-nos sós quando confiamos nele. Sabendo que as provações são temporárias, podemos ajustar a maneira como abordamos os nossos desafios vendo as circunstâncias sob a perspectiva eterna (vv.13-16).

Focar nas dificuldades pode nos impedir de crer que Deus nos susterá. Mas, sabendo que Ele está conosco, podemos vencer nossas incertezas pela fé, pois confiamos em Deus para nos ajudar a superar os obstáculos que pareciam impossíveis.

XOCHITL E. DIXON

Como você se sente ao realizar algo que achava impossível conseguir?

Pai, obrigado por seres o autor e aperfeiçoador de nossa fé. Ao enfrentarmos obstáculos dependemos da Tua força e não da nossa.

A BÍBLIA EM UM ANO: EZEQUIEL 3–4; HEBREUS 11:20-40

17 DE NOVEMBRO   🌿 **SALMO 28**

QUEM DERA PUDÉSSEMOS...

O Senhor é a força do seu povo. v.8

O cedro chorão do Alasca balançava de um lado ao outro nos fortes ventos da tempestade. Regina amava a árvore que fornecia abrigo contra o sol do verão e também dava privacidade à sua família. Agora o vento feroz arrancava as raízes dessa bela árvore. Rapidamente, Regina e seu filho de 15 anos correram para tentar ajudar a árvore. Com as mãos e o corpo firmemente contra ela, tentaram impedir que caísse, mas eles não eram fortes o suficiente para isso.

Deus era a força do rei Davi quando este clamou por Ele em outro tipo de tempestade (SALMO 28:8). Alguns comentaristas dizem que ele escreveu isso durante uma época em que seu mundo desmoronava. Seu próprio filho tinha se rebelado contra ele e tentara tomar-lhe o trono (2 SAMUEL 15). Davi se sentia tão vulnerável e fraco que temia que Deus permanecesse calado e que ele morreria e lhe disse: "A ti eu clamo, ó Senhor, minha rocha; não feches teus ouvidos para mim" (SALMO 28:1,2). Deus concedeu força para Davi continuar, mesmo que o relacionamento dele com o seu filho nunca tenha sido restaurado.

Como gostaríamos de impedir que coisas ruins acontecessem! Quem dera pudéssemos. Mas, em nossa fraqueza, Deus promete que podemos sempre chamá-lo para ser nossa Rocha (vv.1,2). Quando não temos forças, Ele é nosso pastor e nos ampara sempre (vv.8,9).

ANNE CETAS

Você já se sentiu incapaz de resolver uma situação e sentiu o amparo de Deus?

*Parece que sempre há algo para
o qual preciso da força extra do Senhor, ó Deus.
Ajuda-me a lembrar que sem ti nada posso.*

A BÍBLIA EM UM ANO: EZEQUIEL 5–7; HEBREUS 12

18 DE NOVEMBRO

FILIPENSES 3:2-8

FALSA CONFIANÇA

...todas as outras coisas são insignificantes comparadas ao ganho inestimável de conhecer a Cristo Jesus... v.8

Tempos atrás, meu médico me falou seriamente sobre minha saúde. Segui suas orientações, comecei a frequentar a academia e ajustei a dieta. Meus índices diminuíram e a autoestima aumentou. Mas passei a julgar as escolhas alimentares de outras pessoas. Não é engraçado que, muitas vezes, quando encontramos um sistema de pontuação que nos classifica bem, o usamos para nos elevar e diminuir os outros? Parece ser uma tendência humana inata nos apegarmos aos padrões que criamos, na tentativa de nos justificarmos — os tais sistemas de autojustificação e gerenciamento da culpa.

Paulo advertiu os filipenses de que alguns estavam confiando no desempenho religioso ou na submissão cultural e lhes disse que ele mesmo tinha mais motivos para se vangloriar de tais coisas: "se outros pensam ter motivos para confiar nos próprios esforços, eu teria ainda mais" (3:4). No entanto, ele sabia que sua origem e desempenho eram "insignificantes" em comparação a "conhecer a Cristo" (v.8). Somente Jesus nos ama como somos e nos resgata-nos e dá o poder de nos tornarmos mais parecidos com Ele. Não é necessário ganhar; nenhuma pontuação é possível.

A vanglória é ruim em si mesma, e baseada em falsa confiança, torna-se trágica. O evangelho nos afasta da confiança distorcida e nos coloca em comunhão com o Salvador que nos ama e se entregou por nós.

GLENN PACKIAM

Você confia na graça de Deus?

*Querido Jesus, obrigado por Teu amor por mim.
Deixo de lado os sistemas de autojustificação, pois são
motivos equivocados de confiança.*

A BÍBLIA EM UM ANO: EZEQUIEL 8–10; HEBREUS 13

19 DE NOVEMBRO   JOÃO 10:7-18

AÇÕES VALENTES

Eu sou o bom pastor. Conheço minhas ovelhas, e elas me conhecem, [...] e eu sacrifico minha vida pelas ovelhas. vv.14,15

John Harper não tinha ideia do que estava prestes a acontecer quando ele e sua filha de 6 anos embarcaram no *Titanic*. Mas de uma coisa sabia: ele amava Jesus e ansiava muito para que outros o conhecessem também. Assim que o navio atingiu uma geleira e a água começou a entrar, Harper, um viúvo, colocou sua filhinha em um barco salva-vidas e foi ajudar a salvar o maior número possível de pessoas. Ao distribuir coletes salva-vidas, ele gritava: "Deixe as mulheres, crianças e os não salvos nos botes salva-vidas". Até seu último suspiro, Harper compartilhou sobre Jesus com quem estava ao seu redor e entregou voluntariamente a sua vida para que outros pudessem sobreviver.

Houve Alguém que deu a Sua vida gratuitamente há 2000 anos para que você e eu possamos viver não apenas esta vida, mas a vida eterna. Jesus não acordou num belo dia e decidiu que pagaria a pena de morte pelo pecado da humanidade. Essa foi a missão de Sua vida. Quando Jesus conversava com os líderes religiosos judeus Ele reconheceu repetidamente que entregava a Sua vida (JOÃO 10:11,15,17,18). Jesus não disse apenas palavras, mas as viveu, na verdade sofrendo uma morte horrível na cruz. Ele veio para que os fariseus, John Harper e nós tenhamos "...vida, uma vida plena, que satisfaz" (v.10).

ESTERA PIROSCA ESCOBAR

Como posso demonstrar o amor de Jesus por alguém através de minhas ações hoje?

Jesus, obrigado por doares Tua vida para que eu possa viver. Ajuda-me a demonstrar o Teu amor pelos outros, não importa quanto isso me custar.

A BÍBLIA EM UM ANO: EZEQUIEL 11–13; TIAGO 1

20 DE NOVEMBRO **EFÉSIOS 4:26-32**

SAIR DO CONFLITO

*Acalmem a ira antes que
o sol se ponha.* v.26

Em homenagem póstuma ao cientista holandês, Albert Einstein não mencionou as disputas científicas entre ele e seu colega ganhador do Prêmio Nobel. Lembrou Hendrik A. Lorentz como um físico amado, conhecido pela amabilidade, tratamento justo aos outros e bondade inabalável. E disse: "Todos o seguiam alegremente, pois achavam que ele jamais pretendeu dominar, mas ser sempre útil. Mesmo antes do fim da Primeira Guerra Mundial dedicou-se a reconciliação e inspirou os cientistas a deixarem seus preconceitos políticos de lado e a trabalharem juntos.

Trabalhar pela reconciliação deve ser o objetivo de todos na igreja também. Alguns conflitos são inevitáveis, mesmo assim devemos fazer a nossa parte para alcançar resoluções pacíficas. Paulo escreveu: "Acalmem a ira antes que o sol se ponha" (EFÉSIOS 4:26). Para crescer juntos, ele aconselhou: "Evitem o linguajar sujo e insultante. Que todas as suas palavras sejam boas e úteis, a fim de dar ânimo àqueles que as ouvirem" (v.29).

E ainda: "Livrem-se de toda amargura, raiva, ira, das palavras ásperas e da calúnia, e de todo tipo de maldade. [...] sejam bondosos e tenham compaixão uns dos outros, perdoando-se como Deus os perdoou em Cristo" (vv.31,32). A resolução do conflito, sempre que possível, ajuda a construir a igreja de Deus e dessa maneira honramos o Senhor.

PATRÍCIA RAYBON

**Para honrar a Deus e a sua igreja,
qual conflito você deve relevar?**

*Amado Deus, quando eu enfrentar conflitos,
ajuda-me a entregar a minha ira a ti.*

A BÍBLIA EM UM ANO: EZEQUIEL 14–15; TIAGO 2

21 DE NOVEMBRO — **2 CORÍNTIOS 5:14-21**

SUA MORTE TRAZ VIDA

...aquele que está em Cristo se tornou nova criação. A velha vida acabou, e uma nova vida teve início! v.17

Joanna Flanders-Thomas testemunhou o poder de Cristo para transformar o coração dos encarcerados na prisão mais violenta da África do Sul. Em *Eclipse da Graça* (Ed. Mundo Cristão, 2015), Philip Yancey a descreve: "Joanna começou a visitar os prisioneiros diariamente, levou-lhes a mensagem do perdão e reconciliação. Conquistando a confiança deles, ouviu sobre suas infâncias abusivas e mostrou-lhes uma maneira melhor de resolver conflitos. No ano anterior a isso, a prisão registrara 279 atos de violência contra presos e guardas; no seguinte, apenas dois".

Paulo escreveu: "...aquele que está em Cristo se tornou nova criação. A velha vida acabou, e uma nova vida teve início" (2 CORÍNTIOS 5:17)! Embora nem sempre vejamos essa novidade expressa de forma tão dramática quanto ela viu, o poder transformador do evangelho é a maior força de esperança no Universo. Novas criaturas. Que incrível! A morte de Jesus nos lança numa jornada para nos tornarmos como Ele e que culminará quando o virmos face a face (1 JOÃO 3:1-3).

Como cristãos, celebramos nossa vida como novas criaturas. No entanto, nunca devemos esquecer o que isso custou a Cristo. Sua morte nos traz vida. "Pois Deus fez de Cristo, aquele que nunca pecou, a oferta por nosso pecado, para que por meio dele fôssemos declarados justos diante de Deus" (V.21).

WINN COLLIER

Que áreas da sua vida ainda precisam desse impacto da "nova criação"?

Pai amoroso, obrigado pelo que Jesus realizou na cruz. Perdoa-me pelas vezes em que volto às coisas antigas.

A BÍBLIA EM UM ANO: EZEQUIEL 16–17; TIAGO 3

22 DE NOVEMBRO   **ROMANOS 12:9-21**

★ *TÓPICO DE NOVEMBRO: SERVIÇO*

VIVER DE PROPÓSITO

Portanto, [...] quer bebam, quer
façam qualquer outra coisa,
façam para a glória de Deus.
1 CORÍNTIOS 10:31

"Vamos sair de férias!", minha esposa falou, entusiasmada, ao neto de três anos, Austin, quando saímos da garagem na primeira etapa da viagem. O pequeno Austin olhou para ela pensativo e respondeu: "Eu não vou de férias. Eu estou indo a uma missão!".

Não sabemos ao certo onde nosso neto adotou o conceito de "ir a uma missão", mas o comentário dele me fez refletir enquanto dirigíamos para o aeroporto. Ao sair em férias e ao fazer uma pausa por alguns dias, penso que ainda estou "em uma missão" para viver cada momento com e para Deus? Lembro-me de servi-lo em tudo o que fizer?

O apóstolo Paulo incentivou os cristãos que moravam em Roma, a capital do Império Romano: "Jamais sejam preguiçosos, mas trabalhem com dedicação e sirvam ao Senhor com entusiasmo" (ROMANOS 12:11). Seu argumento era de que a nossa vida em Jesus deveria ser vivida intencionalmente e com entusiasmo. Até os momentos mais mundanos ganham um novo significado, quando esperamos em Deus e vivemos para Seus propósitos.

Quando nos acomodamos em nossos assentos no avião, orei: "Senhor, sou Teu. Por favor, ajuda-me a não perder o que tens para eu fazer nesta viagem".

Todo dia é uma missão de significado eterno com Ele!   JAMES BANKS

Você já esteve em uma missão?
Como você pode se envolver totalmente com Deus?

Por favor, dá-me graça para viver para ti, Jesus,
para que um dia eu possa ouvir-te dizer:
"Muito bem, meu servo bom e fiel" (MATEUS 25:23).

A BÍBLIA EM UM ANO: EZEQUIEL 18–19; TIAGO 4

23 DE NOVEMBRO MARCOS 3:13-19

ESPAÇO PARA MIM

Jesus subiu a um monte e chamou aquele que ele desejava que o acompanhassem, e eles foram. v.13

Ele era um veterano militar idoso, áspero e de fala rude. Um amigo que se importou com ele lhe perguntou sobre as suas crenças espirituais. Seu desdém foi imediato: "Deus não tem espaço para alguém como eu".

Talvez isso tenha sido parte de sua atitude de "durão", mas suas palavras não poderiam estar mais longe da verdade! Deus abre espaço *especialmente* para que os ásperos, cheios de culpa e excluídos pertençam e sejam aceitos em Sua comunidade. Isso foi óbvio desde o início do ministério de Jesus, quando Ele fez escolhas surpreendentes ao chamar Seus discípulos. Primeiro, Jesus escolheu vários pescadores da Galileia, os "mais improváveis" da perspectiva dos que estavam em Jerusalém. Ele também selecionou Mateus, cuja profissão incluía extorquir seus compatriotas oprimidos. E, para completar o cenário, convidou "Simão, o zelote" (MARCOS 3:18 ARA).

Não sabemos muito sobre esse Simão (ele não é Simão Pedro), mas sabemos que os zelotes odiavam traidores como Mateus, que enriqueceram por colaborar com os romanos. No entanto, com ironia divina, Jesus escolheu Simão e Mateus, reuniu-os e os incorporou a Sua equipe.

Ninguém é "muito ruim" para Jesus, e Ele afirmou: "As pessoas saudáveis não precisam de médico, mas sim os doentes" (LUCAS 5:32). Ele tem muito espaço para casos difíceis — pessoas como você e eu.

TIM GUSTAFSON

Você conhece alguém "improvável" de entregar sua vida a Jesus?

Pai, obrigado porque a salvação está disponível para qualquer um que deposite a sua fé em Jesus.

A BÍBLIA EM UM ANO: EZEQUIEL 20–21; TIAGO 5

24 DE NOVEMBRO ISAÍAS 12:1-6

SEMPRE GRATOS

Deem graças ao SENHOR! Louvem
seu nome! Contem aos povos
o que ele fez... v.4

No século 17, Martin Rinkart serviu como clérigo na Saxônia, Alemanha, por mais de 30 anos em tempos de guerra e praga. Certo ano, ele conduziu mais de 4.000 funerais, incluindo o de sua esposa, e às vezes a comida era tão pouca que passava fome. Ele poderia ter se desesperado, mas ele agradeceu continuamente e sua fé em Deus permaneceu firme. Demonstrou a sua gratidão nas palavras de um hino.

Rinkart seguiu o exemplo do profeta Isaías, que instruiu o povo de Deus a ser grato em todos os momentos, inclusive quando eles desapontaram a Deus (ISAÍAS 12:1) ou quando os inimigos os oprimiram. Ainda assim, deveriam exaltar o nome de Deus, contando "aos povos o que ele fez" (v.4).

Podemos agradecer durante as celebrações das colheitas, como o Dia de Ação de Graças, e quando estamos desfrutando de um banquete abundante com amigos e familiares. Mas podemos expressar nossa gratidão a Deus em tempos difíceis, como quando sentimos a falta de alguém à nossa mesa, quando lutamos com as nossas finanças ou quando temos conflitos com alguém próximo a nós?

Como Rinkart, unamos o nosso coração e vozes enquanto louvamos e agradecemos ao "Deus eterno, a quem a Terra e o Céu adoram". Podemos dar graças ao "Senhor, pois ele tem feito maravilhas" (v.5).

AMY BOUCHER PYE

Em tempos difíceis, como você se volta para
ações de graça e louvor? Qual o papel que Deus
exerce por meio de Seu Espírito Santo?

Deus, agradeço-te por Teu incrível mover em minha vida.
Reconheço o Teu amor contínuo, mais do que eu posso expressar.

A BÍBLIA EM UM ANO: EZEQUIEL 22–23; 1 PEDRO 1

25 DE NOVEMBRO ROMANOS 10:5-15

QUALQUER UM E TODOS

*Pois "todo aquele que invocar o
nome do Senhor será salvo".* v.13

O país de El Salvador honrou Jesus colocando uma escultura dele no centro de sua capital. Embora o monumento esteja no meio de uma rotatória movimentada, a altura dele facilita a visualização do Seu nome — O Divino Salvador do Mundo — comunica reverência a Ele.

Esse nome reafirma o que a Bíblia diz sobre Jesus (1 JOÃO 4:14). Ele oferece salvação a todos, cruza as fronteiras culturais e aceita qualquer pessoa sincera que queira conhecê-lo, independentemente da idade, educação, etnia, pecado cometido ou status social.

O apóstolo Paulo viajou pelo mundo antigo falando às pessoas sobre a vida, a morte e a ressurreição de Jesus. Compartilhou essas boas novas com autoridades políticas e religiosas, soldados, judeus, gentios, homens, mulheres e crianças. Paulo explicou que uma pessoa poderia começar um relacionamento com Cristo declarando que "Jesus é o Senhor" e crendo que Deus realmente o havia ressuscitado dentre os mortos. Ele disse: "Quem confiar nele jamais será envergonhado [...]. Pois "todo aquele que invocar o nome do Senhor será salvo" (ROMANOS 10:9,11,13).

Jesus não é uma imagem distante a ser honrada; precisamos ter uma conexão pessoa a pessoa com Ele por meio da fé. Que possamos ver o valor da salvação que Ele oferece e crescer em nosso relacionamento espiritual com o Senhor.

JENNIFER BENSON SCHULDT

**Será que seguimos a abordagem de Paulo
para compartilhar as boas novas sobre Jesus?**

*Jesus, obrigado por ofereceres a vida eterna
a quem quer te conhecer. Ajuda-me a representar-te
bem nesse mundo em que vivemos.*

A BÍBLIA EM UM ANO: EZEQUIEL 24–26; 1 PEDRO 2

26 DE NOVEMBRO 🌿 **MATEUS 6:25-34**

APRENDENDO COM AS AVES

Observem os pássaros. Eles não plantam nem colhem, nem guardam alimento em celeiros, pois seu Pai celestial os alimenta. v.26

Você sabia que o coletivo de perus é bando? Por que escrevo sobre perus? Porque acabei de voltar de um chalé na montanha. Todos os dias, maravilhei-me com o desfile dos perus desfilando frente à nossa varanda.

Eu nunca tinha visto um desfile desses. Eles ciscam com garras espetaculares, cavoucam e bicam no chão, suponho que para comer. (Como esse foi o meu primeiro período de observação de perus, não tenho 100% de certeza.) Os arbustos frágeis não pareciam alimento suficiente, mas ali estava uma dúzia deles, e todos pareciam rechonchudos.

Observar aqueles perus bem alimentados lembrou-me das palavras de Jesus em Mateus 6:26: "Observem os pássaros. Eles não plantam nem colhem, nem guardam alimento em celeiros, pois seu Pai celestial os alimenta. Acaso vocês não são muito mais valiosos que os pássaros?". Jesus usa a provisão de Deus para os pássaros aparentemente sem valor para nos lembrar do Seu cuidado por nós. Se a vida de um pássaro importa, quanto mais a nossa? Na sequência, Jesus contrasta a preocupação com as nossas necessidades diárias (vv.27-31) com uma vida em que "em primeiro lugar, [busquemos] o reino de Deus e a sua justiça" (v.33), e que confiemos em Sua rica provisão para nossas necessidades. Porque, se Deus pode cuidar daquele bando de perus selvagens, Ele pode cuidar de você e de mim. *ADAM HOLZ*

A lembrança da Sua provisão o ajuda a não ficar ansioso pelo futuro?

Pai, às vezes, luto contra a preocupação. Ajuda-me a lembrar da Tua provisão e que eu possa confiar mais em ti.

A BÍBLIA EM UM ANO: EZEQUIEL 27–29; 1 PEDRO 3

27 DE NOVEMBRO   🌾 **1 CRÔNICAS 16:1-11**

ENFRENTANDO A BATALHA

Busquem o SENHOR e sua força,
busquem sua presença todo o
tempo. v.11

Há pouco tempo, encontrei-me com um grupo de amigos. Enquanto eu ouvia a conversa, parecia que *todos* na sala enfrentavam batalhas significativas. Dois de nós tínhamos pais lutando contra o câncer, um o filho tinha distúrbio alimentar, outro amigo sofria com dor crônica e outro passaria por uma grande cirurgia. Parecia muita luta para pessoas de apenas 30 e 40 anos.

Na leitura de hoje, temos um momento-chave na história de Israel quando a arca da aliança foi trazida para a cidade de Davi (Jerusalém). Samuel relata que isso aconteceu num momento de paz entre as batalhas (2 SAMUEL 7:1). Quando a arca estava no lugar, simbolizando a presença de Deus, Davi conduziu o povo numa canção (1 CRÔNICAS 16:8-36). Juntos, a nação cantou o poder maravilhoso de Deus, Seus caminhos para cumprir promessas e Sua proteção até então (vv.12-22). E clamaram: "Busquem o SENHOR e sua força, busquem sua presença todo o tempo" (v.11). Eles precisariam, porque mais batalhas se aproximavam.

Busque o SENHOR, Sua força e Sua presença. Esse é um bom conselho a seguir quando enfrentamos as doenças, as preocupações familiares e outras batalhas, pois não precisamos lutar com as nossas próprias e minguadas energias. Deus está presente; Deus é forte; Ele cuidou de nós no passado e o fará novamente.

O nosso Deus nos susterá.

SHERIDAN VOYSEY

Que batalha você enfrentará agora
para a qual precisará do poder de Deus?

Poderoso Deus que operas maravilhas,
entrego-te as minhas lutas
e confio em Tua força e em Tuas promessas.

28 DE NOVEMBRO **SALMO 139:7-16**

RESPIRAÇÃO E BREVIDADE

*...cada dia de minha vida estava
registrado em teu livro, cada
momento foi estabelecido...* v.16

Minha mãe, irmãs e eu esperamos ao lado da cama do meu pai enquanto a respiração dele se tornava mais fraca e menos frequente, até não existir mais. Papai tinha quase 89 anos, quando entrou silenciosamente à vida em que Deus o esperava. Sua partida nos deixou com um vazio imenso e apenas lembranças para dele nos recordarmos. No entanto, temos a esperança de que um dia estaremos reunidos.

Temos essa esperança porque acreditamos que papai está com Deus, que o conhece e o ama. Quando ele deu o primeiro suspiro, Deus estava lá soprando fôlego em seus pulmões (ISAÍAS 42:5). No entanto, mesmo antes do primeiro ar e a cada respiração, Deus estava intimamente envolvido em cada detalhe da vida de papai, assim como o Pai celestial está na sua e na minha. Foi Deus quem maravilhosamente o projetou e o "teceu" no ventre (SALMO 139:13,14). E quando papai deu seu último suspiro, o Espírito de Deus estava lá, amparando-o com amor e levando-o para estar em Sua presença (vv.7-10).

Isso vale para todos os filhos de Deus. Ele conhece cada momento de nossa breve vida na Terra (vv.1-4). Somos preciosos para Ele. Com cada dia restante e em antecipação à vida no além, vamos nos juntar a "tudo que respira" para louvá-lo. "Louve ao SENHOR" (150:6)!

ALYSON KIEDA

**Saber que Deus está intimamente envolvido
em sua vida lhe traz esperança?
Como você pode usar o seu fôlego para louvá-lo?**

*Querido Senhor, obrigado por me criares e me dares o ar que respiro
e a esperança. Na tristeza e nas perdas, ajuda-me a apegar-me a ti.*

A BÍBLIA EM UM ANO: EZEQUIEL 33–34; 1 PEDRO 5

29 DE NOVEMBRO — ISAÍAS 25:1-9

NOVAMENTE DOCE

Em Jerusalém, o SENHOR dos Exércitos oferecerá um grande banquete para todos os povos do mundo. v.6

Os costumes russos da cerimônia de casamento são cheios de beleza e significado. Um deles ocorre durante a recepção, quando o mestre de cerimônias propõe um brinde em homenagem ao casal. Todos tomam um gole do seu copo, levantam-no e depois bradam: *Gor'ko! Gor'ko!*, que significa "Amargo! Amargo!". Quando os convidados gritam essa palavra, os noivos devem se levantar e se beijar para tornar a bebida novamente doce.

Isaías profetiza que a bebida amarga da desolação, ruína e maldição sobre a Terra (cap.24) dará lugar à doce esperança de um novo Céu e nova Terra (cap.25). Deus preparará um banquete de comidas ricas e as melhores e mais doces bebidas. Será um banquete de bênção, frutificação e contínua provisão para todos os povos (25:6). E tem mais! Sob o reinado soberano do Rei justo, Ele "engolirá a morte para sempre", "enxugará todas as lágrimas" e "removerá para sempre todo insulto" (vv.7,8). Seu povo se alegrará porque Aquele em quem confiavam e esperavam trará salvação e tornará doce o amargo cálice da vida (v.9).

Um dia, estaremos juntos com Jesus na ceia das bodas do Cordeiro. Quando Ele receber Sua noiva (a Igreja) em Seu lar, a promessa de Isaías 25 será cumprida. A vida um dia amarga será novamente doce.

MARVIN WILLIAMS

O que você gostaria que Deus tornasse novamente doce? Quais ações você pode fazer para tornar doce novamente a experiência amarga de outras pessoas?

Deus, ajuda-me a depositar minha esperança em ti, pois prometeste me dar beleza por cinzas e alegria por luto.

A BÍBLIA EM UM ANO: EZEQUIEL 35–36; 2 PEDRO 1

30 DE NOVEMBRO 🌿 **MALAQUIAS 1:8-14**

DANDO-LHE O NOSSO MELHOR

*Purificará os levitas e os refinará
como ouro e prata, para que voltem
a oferecer sacrifícios aceitáveis ao
Senhor.* v.3

O diretor de um abrigo havia convidado o nosso grupo de jovens para ajudar a separar as pilhas de calçados usados e doados para os moradores em situação de rua. Passamos a manhã alinhando-os em fileiras sobre o chão de concreto. No final do dia, jogamos fora mais da metade de sapatos que estavam muito danificados para serem usados por outras pessoas. Embora o abrigo não pudesse impedir que as pessoas doassem itens de baixa qualidade, recusaram-se a distribuir os sapatos em más condições.

Os israelitas também foram exortados a ofertarem a Deus o seu melhor. Quando o Senhor falou por meio do profeta Malaquias, Ele repreendeu o povo por sacrificar animais cegos, coxos ou doentes, pois tinham animais fortes para oferecer (MALAQUIAS 1:6-8). O Senhor lhe anunciou o Seu descontentamento (v.10), reafirmou o Seu valor e repreendeu os israelitas por manterem o melhor para si (v.14). Mas Deus também prometeu enviar o Messias, cujo amor e graça transformariam seus corações e inflamariam seu desejo de trazer ofertas que seriam agradáveis a Ele (3:1-4).

Às vezes, pode ser tentador entregar a Deus as nossas sobras. Nós o louvamos e esperamos que Ele nos dê tudo de si, mas oferecemos a Ele nossas migalhas. Quando consideramos tudo o que Deus fez, alegremo-nos celebrando a Sua dignidade e entregando a Ele o nosso melhor.

XOCHITL E. DIXON

**De que maneira você dará o seu
melhor a Deus hoje?**

*Deus poderoso, por favor, ajuda-me a colocar-te
em primeiro lugar e a ofertar
sempre o meu melhor a ti.*

A BÍBLIA EM UM ANO: EZEQUIEL 37–39; 2 PEDRO 2

★ TÓPICO DE DEZEMBRO / **Encorajamento**

ENCORAJAR

Abraham Lincoln é considerado o presidente americano mais popular de todos os tempos. Sua conturbada presidência veio após uma longa luta contra a depressão e um colapso nervoso. Seus vizinhos eram conhecidos por vigiarem para que ele não cometesse suicídio em sua juventude.

Então como ele conseguiu? Na noite em que foi assassinado, os bolsos de Lincoln estavam cheios de recortes de jornais que elogiavam sua pessoa, sua liderança e o impacto positivo que exercia.

Todos nós precisamos de encorajamento. Em Hebreus 10:23-25, o autor diz: "Apeguemo-nos firmemente, sem vacilar, à esperança que professamos, porque Deus é fiel para cumprir sua promessa. Pensemos em como motivar uns aos outros na prática do amor e das boas obras. E não deixemos de nos reunir, como fazem alguns, mas encorajemo-nos mutuamente, sobretudo agora que o dia está próximo".

> *Jesus não ficou sozinho, Ele reuniu um grupo de pessoas.*

Lemos em Efésios 4:29: "Evite o linguajar sujo e insultante. Que todas as suas palavras sejam boas e úteis, a fim de dar ânimo àqueles que as ouvirem". Imagine o que poderia acontecer se pudéssemos viver de acordo com isso em nossas casas, igrejas e comunidades?

Não se isole. Hebreus 10:25 nos adverte a não desistirmos de nos reunir. Jesus não ficou sozinho, Ele reuniu um grupo de pessoas para compartilhar Sua vida e ministério e pediu aos Seus amigos mais próximos para vigiarem e orarem com Ele quando mais precisou. Se Jesus procurou esse tipo de apoio, nós também devemos!

Vamos propositalmente encorajar uns aos outros enquanto caminhamos juntos nessa jornada, para que ninguém precise seguir sozinho.

EXTRAÍDO DE WORDS MATTER *(AS PALAVRAS IMPORTAM)*,
*DE **JENNY RAE ARMSTRONG***

1º DE DEZEMBRO · **JOÃO 9:1-41**

★ *TÓPICO DE DEZEMBRO: ENCORAJAMENTO*

JESUS É A CURA PARA OS CEGOS

*"...uma coisa sei: eu era cego
e agora vejo!"* v.25

Os judeus associavam o sofrimento e as doenças ao castigo de Deus pelo pecado. É verdade que muitas vezes sofremos a consequência do pecado, nosso ou do outro. Porém, na maioria das vezes, não conseguimos identificar a causa de nosso sofrimento. Mas não precisamos explicar todas as circunstâncias da vida.

A resposta de Jesus à pergunta "quem pecou?" alivia a dor. Em vez de apontar um culpado, Ele mostra a solução. Neste texto, encontramos três tipos de pessoas: um cego, os religiosos e os pais do cego.

Os religiosos preocupavam-se em discutir as doutrinas e deixaram de ver o milagre que Cristo realizara. Suas tradições religiosas os cegavam. Como eles, às vezes, ficamos tão presos aos nossos pontos de vista de como Deus deve agir, que não percebemos Ele se movendo.

Os pais do homem curado também estavam cegos — pelo medo. Seu filho fora curado, e eles não se alegraram por receio da reação dos religiosos. Você tem agradecido a Deus por tudo que Ele lhe proporciona? Descansa em saber que Ele tem o controle da situação na mão?

O curado, inicialmente, não entendia Jesus teologicamente, mas ele experimentou Seu amor e cuidado. Faz uma afirmação que desafia os religiosos: "eu era cego e agora vejo!" (v.25). Como ele, precisamos saber que não teremos todas as respostas, mas conhecemos Aquele que as têm.

A qual dos grupos você pertence?

LUIZ ROBERTO SILVADO

*Jesus, ajuda-nos a reconhecer
que tu és a Luz do mundo.*

A BÍBLIA EM UM ANO: EZEQUIEL 40–41; 2 PEDRO 3

2 DE DEZEMBRO ❦ **EFÉSIOS 2:12-18**

ESTAR PRESENTE

...sentaram-se no chão com ele
durante sete dias e sete noites.
JÓ 2:13

Quando Jane, funcionária do parque temático, viu Rafael chorando no chão, ela correu para ajudá-lo. Rafael era jovem e autista e estava chorando porque o brinquedo que ele esperara o dia inteiro para se divertir havia quebrado. Em vez de apressá-lo ou simplesmente insistir para que ele se sentisse melhor, Jane sentou-se no chão com ele, validando seus sentimentos e dando-lhe tempo para chorar.

As atitudes de Jane são um belo exemplo de como podemos acompanhar aqueles que estão aflitos ou sofrendo. A Bíblia fala da dor incapacitante de Jó após a perda de sua casa, seus rebanhos (sua renda), sua saúde e a morte simultânea de seus dez filhos. Quando os amigos de Jó souberam de sua dor, "cada um saiu de onde vivia e os três foram juntos consolá-lo e animá-lo" (JÓ 2:11). De luto, Jó sentou-se no chão. Ao chegarem, seus amigos se sentaram com ele — por sete dias — sem dizer nada, porque reconheceram a profundidade de seu sofrimento.

Em sua humanidade, os amigos de Jó mais tarde lhe ofereceram conselhos insensíveis. Nos primeiros sete dias, porém, eles lhe deram o terno presente da presença, sem palavras. Podemos não entender a dor de alguém, mas não precisamos entender para confortá-la. Simplesmente podemos estar com essa pessoa. *KIRSTEN HOLMBERG*

Quem esteve "com você" em tempos difíceis?
Quem precisa da sua presença hoje?

Deus, agradeço-te por estares sempre comigo
nos bons e nos maus momentos. Ajuda-me a oferecer o presente
de presença aos que colocas em meu caminho.

Para saber mais sobre como ajudar pessoas feridas,
visite: universidadecrista.org

3 DE DEZEMBRO   1 CRÔNICAS 29:11-19

O PRIVILÉGIO DA ORAÇÃO

*Dá a meu filho Salomão o desejo sincero
de obedecer a todos os teus mandamentos,
preceitos e decretos.* v.19

Uma canção do artista *country* Chris Stapleton, "Papai não ora mais", inspirou-se nas orações de seu pai por ele. As palavras comoventes revelam o porquê de as orações terminarem: não desilusão ou cansaço, mas pela morte do pai. Stapleton imagina que agora, em vez de falar com Jesus em oração, seu pai anda e conversa com Jesus face a face.

A lembrança dessas orações por ele traz à memória uma oração bíblica de um pai por seu filho. Ao aproximar-se o fim da sua vida, Davi fez os preparativos para que seu filho Salomão fosse o próximo rei de Israel.

Depois de reunir a nação para ungir Salomão, Davi os liderou em oração, como havia feito muitas vezes antes. Relembrando a fidelidade de Deus a Israel, Davi orou para que permanecessem leais ao Senhor. Na sequência, incluiu uma oração pessoal especificamente por seu filho, pedindo a Deus: "Dá a meu filho Salomão o desejo sincero de obedecer a todos os teus mandamentos, preceitos e decretos" (1 CRÔNICAS 29:19).

Nós também temos o privilégio de orar pelas pessoas que Deus colocou em nossa vida. Nossa fidelidade pode causar um impacto indelével que permanecerá mesmo após partirmos. Assim como Deus continuou a responder as orações de Davi por Salomão e Israel depois que o rei se foi, da mesma forma o impacto de nossas orações perdura após partirmos.

LISA SAMRA

**As orações de alguém impactaram sua vida?
Você encoraja outros com suas orações?**

*Pai Celestial, trago os meus entes queridos diante de ti
e peço que realizes os Teus planos na vida deles.*

A BÍBLIA EM UM ANO: EZEQUIEL 45–46; 1 JOÃO 2

4 DE DEZEMBRO ♥ **1 JOÃO 3:16-18**

AMOR INABALÁVEL

*...não nos limitemos a dizer
que amamos uns aos outros;
demonstremos a verdade por
meio de nossas ações.* v.18

Heidi e Jeferson voltaram de um trabalho no exterior onde o clima era muito quente e se estabeleceram perto de sua família no estado onde moro — bem no início do inverno. Esta seria a primeira vez que alguns de seus dez filhos veriam a neve.

Mas o nosso inverno exige muitos agasalhos, incluindo casacos, luvas e botas. Para eles seria um gasto exorbitante equipá-los para os congelantes meses à frente. No entanto, Deus os proveu. Primeiro, um vizinho trouxe calçados, outro as calças de neve, depois gorros e luvas. Uma senhora pediu em sua igreja que coletassem roupas quentes em todos os doze tamanhos para cada membro da família. Quando a neve chegou, a família tinha exatamente o que precisava.

Uma das maneiras que servimos a Deus é servindo aos necessitados. 1 João 3:16-18 nos incentiva a ajudar os outros a partir da abundância de nossas próprias posses. Servir nos ajuda a ser mais parecidos com Jesus quando começamos a amar e a ver as pessoas como Ele as vê.

Deus frequentemente usa os Seus filhos para suprir as necessidades e responder as orações. E ao servirmos aos outros, nosso próprio coração se fortalece ao encorajarmos aqueles a quem servimos. Como resultado, nossa própria fé crescerá à medida que Deus nos equipar para servi-lo de novas maneiras (v.18). *CINDY HESS KASPER*

**Como você pode demonstrar o amor de Deus
de maneira prática? Servir a Deus
o ajuda a crescer em sua fé?**

*Pai, enche o meu coração com o desejo
de ajudar quando vejo uma necessidade.
Ajuda-me a doar com alegria e servir-te com gratidão.*

A BÍBLIA EM UM ANO: EZEQUIEL 47–48; 1 JOÃO 3

5 DE DEZEMBRO ❧ **1 TIMÓTEO 6:6-10,17-19**

O BAZAR DE NATAL

No entanto, a devoção
acompanhada de contentamento é,
em si mesma, grande riqueza. v.6

Uma mãe sentiu que estava gastando demais com os presentes de Natal da família, então, certo ano, decidiu tentar algo diferente. Por alguns meses antes do feriado, ela vasculhou os bazares com itens usados e baratos. Ela comprou mais do que o habitual, mas por muito menos dinheiro. Na véspera de Natal, seus filhos abriram entusiasmados presente após presente após presente. No dia seguinte, havia mais! A mãe se sentira culpada por não dar presentes *novos* e guardara outros presentes para a manhã de Natal. As crianças começaram a abri-los, mas rapidamente reclamaram: "Estamos cansados para abrir mais! Você nos deu demais!". Essa não é uma resposta típica de crianças numa manhã de Natal!

Deus nos *abençoou* com muito, mas parece que estamos sempre procurando mais: uma casa maior, um carro melhor, uma conta bancária maior ou [preencha esse espaço]. Paulo incentivou Timóteo a lembrar as pessoas em sua congregação que "não trouxemos nada conosco quando viemos ao mundo, e nada levaremos quando o deixarmos. Portanto, se temos alimento e roupa, estejamos contentes" (1 TIMÓTEO 6:7,8).

Deus nos concedeu o nosso fôlego e vida — além de suprir as nossas necessidades. Quão restaurador pode ser quando desfrutamos e nos contentamos com os Seus dons a ponto de lhe dizermos: "Tu nos deste muito! Não precisamos de mais". "...A devoção acompanhada de contentamento é, em si mesma, grande riqueza" (v.6). ANNE CETAS

Qual o motivo de sua gratidão a Deus hoje?
De que maneira você pode aprender sobre o contentamento?

Pai, tu nos abençoaste com tanto.
Ensina-nos todos os dias a sermos gratos.

A BÍBLIA EM UM ANO: DANIEL 1–2; 1 JOÃO 4

6 DE DEZEMBRO   **1 JOÃO 5:1-6**

CAMINHO DA TIA BETTY

*Sabemos que amamos os filhos de
Deus se amamos a Deus e obedecemos
a seus mandamentos.* v.2

Sempre que minha querida tia Betty nos visitava, até parecia o Natal. Ela trazia brinquedos de *Guerra nas Estrelas* e me dava dinheiro quando saía pela porta. Quando eu ficava com ela, o freezer tinha sorvete e não precisava comer legumes. Ela tinha poucas regras e me deixava dormir tarde. Ela era maravilhosa e demonstrava a generosidade de Deus. No entanto, para crescer saudável, eu precisava de mais do que a tia Betty me oferecia. Precisava que meus pais tivessem expectativas em mim e em meu comportamento e me mantivessem seguro.

Deus pede mais de mim do que a tia Betty. Enquanto o Senhor nos inunda com o Seu amor impossível de mitigar, um amor que nunca vacila, mesmo quando resistimos ou fugimos, Ele espera algo de nós. Quando Deus instruiu Israel como viver, Ele lhes deu os Dez Mandamentos, não dez sugestões (ÊXODO 20:1-17). Ciente de nosso autoengano, Deus oferece expectativas claras: devemos amar a Deus e obedecer Seus mandamentos (1 JOÃO 5:2).

Felizmente, "seus mandamentos não são difíceis" (v.3). Pelo poder do Espírito Santo, podemos vivenciá-los ao experimentar o amor e a alegria de Deus. Seu amor por nós é incessante. Mas as Escrituras oferecem uma pergunta para nos ajudar a saber se amamos a Deus em troca: Estamos obedecendo aos Seus mandamentos à medida que o Espírito nos guia? Podemos *dizer* que amamos a Deus, mas o que *fazemos* em Sua força conta a história real. WINN COLLIER

**Quando você acha mais difícil obedecer a Deus?
De que maneira essa conexão entre obediência e amor
oferece nova direção para sua vida em Cristo?**

*Deus, eu te amo, mas é difícil amar e é difícil obedecer.
Ajuda-me a ver a verdade e a amar-te com minhas ações.*

A BÍBLIA EM UM ANO: DANIEL 3–4; 1 JOÃO 5

7 DE DEZEMBRO ● **SALMO 109:21-27**

ORAÇÃO DO ABATIDO

Ajuda-me, Senhor, meu Deus;
salva-me por causa do teu amor! v.26

"Querido Pai Eterno, eu não sou um homem de oração, mas se estiveres aí em cima e puderes me ouvir, mostra-me o caminho. Estou no fim das minhas forças." Essa frase foi sussurrada por George Bailey, o personagem interpretado por Jimmy Stewart no filme *A felicidade não se compra*. Na cena icônica, os olhos de Bailey se enchem de lágrimas, que não faziam parte do roteiro, mas, ao orar, Stewart disse que "sentia a solidão, e a desesperança das pessoas que não tinham para onde se voltar". Isso o tocou.

A oração dele foi simplesmente "Ajuda-me". É exatamente isso que está no Salmo 109. Davi estava no fim de suas forças: "aflito e necessitado", seu "coração [...] ferido" (v.22) e seu corpo não passava de "pele e osso" (v.24). Ele estava desaparecendo "como a sombra ao entardecer" (v.23) e sentiu-se um "motivo de zombaria" aos olhos de seus acusadores (v.25). Em seu quebrantamento, ele não tinha mais para onde se voltar. Davi clamou para que o Soberano Senhor lhe mostrasse o caminho: "Ajuda-me, Senhor, meu Deus" (v.26).

Há épocas em nossa vida em que "abatido" diz tudo. Nesses momentos, pode ser difícil saber o que orar. Nosso Deus amoroso responderá a nossa simples oração de súplica por ajuda.   JOHN BLASE

Quando foi a última vez que você se sentiu abatido pela vida?
Se você tem um familiar ou amigo que atualmente
se sente assim, como você pode ajudá-lo?

Querido Pai, alguns dias são difíceis e parecem sem esperança.
Em meu abatimento volta o meu coração para ti.
Dá-me força para simplesmente pedir ajuda.

Para aprender mais sobre a prática da oração,
visite: universidadecrista.org

A BÍBLIA EM UM ANO: DANIEL 5–7; 2 JOÃO

8 DE DEZEMBRO — **1 TESSALONICENSES 5:1-11,16-18**

★ *TÓPICO DE DEZEMBRO: ENCORAJAMENTO*

NA MESMA EQUIPE

*...animem e edifiquem
uns aos outros.* v.11

Quando o *quarterback* (zagueiro) do *Philadelphia Eagles*, Carson Wentz, voltou ao campo depois de se recuperar de uma lesão grave, o *quarterback* reserva da equipe da NFL, Nick Foles, voltou graciosamente ao banco. Apesar de competirem pela mesma posição, os dois homens decidiram se apoiar e permaneceram confiantes em seus papéis. Um repórter observou que os dois atletas têm um "relacionamento único enraizado na fé que têm em Cristo" evidenciado por suas contínuas orações um pelo outro. Enquanto os outros os observavam, eles honraram a Deus lembrando-se de que estavam no mesmo time — não apenas como zagueiros do *Eagles*, e que como crentes em Jesus o representavam.

O apóstolo Paulo exorta os cristãos para que vivam como "filhos da luz" aguardando o retorno de Jesus (1 TESSALONICENSES 5:5,6). Com nossa esperança segura na salvação que Cristo proporcionou, podemos evitar qualquer tentação de competir por ciúme, insegurança, medo ou inveja. Em vez disso, podemos nos animar e edificar uns aos outros, como temos feito (v.11). Podemos respeitar os líderes espirituais que honram a Deus e viver "em paz" ao servirmos juntos para alcançar nosso objetivo comum — contar às pessoas sobre o evangelho e incentivar outros a viverem por Jesus (vv.12-15).

Ao servirmos na mesma equipe, podemos atender ao mandamento de Paulo: "Estejam sempre alegres. Nunca deixem de orar. Sejam gratos em todas as circunstâncias, pois essa é a vontade de Deus para vocês em Cristo Jesus" (vv.16-18).

XOCHITL E. DIXON

**Quem o encorajou enquanto servia na mesma equipe?
Como você pode encorajar alguém que serve ao seu lado?**

*Jesus, por favor, concede-me oportunidades
para encorajar alguém que serve comigo.*

A BÍBLIA EM UM ANO: DANIEL 8–10; 3 JOÃO

9 DE DEZEMBRO

SALMO 1:1-3

ORIENTAÇÃO DE DEUS

Feliz é aquele que não segue o conselho dos perversos, não se detém no caminho dos pecadores, nem [...] dos zombadores. v.1

Quando o banco depositou por engano quase meio milhão de reais na conta de um casal, eles foram às compras fazer gastos exagerados e pagar suas contas. Descobrindo o erro, o banco exigiu que o casal devolvesse o dinheiro que já haviam gastado. Eles foram acusados de roubo. Quando o casal chegou ao tribunal local, o marido disse a um repórter: "Tivemos alguns conselhos jurídicos ruins". Os dois aprenderam que seguir maus conselhos (e gastar o que não lhes pertencia) poderia desestruturar a vida deles.

Já o salmista compartilhou conselhos sábios que podem nos ajudar a não estragar nossa vida. Ele escreveu que os que encontram a verdadeira satisfação são "felizes" e se recusam a ser influenciados pelo conselho dos perversos que não servem a Deus (SALMO 1:1). Reconhecem que conselhos imprudentes e ímpios podem trazer perigos invisíveis e consequências caras. Além disso, eles são motivados (encontram "prazer") e preocupam-se ("meditam") nas verdades eternas e inabaláveis das Escrituras (v.2). Descobriram que submeter-se à orientação de Deus produz estabilidade e frutos (v.3).

Ao tomarmos decisões, grandes ou pequenas, sobre nossas carreiras, dinheiro, relacionamentos etc., que busquemos a sabedoria de Deus encontrada na Bíblia, nos conselhos divinos e na liderança do Espírito Santo. Sua orientação é essencial e confiável para vivermos de forma plena e sem confusão.

MARVIN WILLIAMS

As Escrituras são essenciais para tomarmos decisões piedosas? Por quê?

Querido Deus, ajuda-me a praticar a obediência nas áreas que conheço, incluindo o amor a ti e aos outros.

A BÍBLIA EM UM ANO: DANIEL 11–12; JUDAS

10 DE DEZEMBRO

FILIPENSES 2:6-11

O VERDADEIRO SERVO

*...humilhou-se e foi obediente
até a morte, e morte de cruz.* v.8

Em 27 a.C., o governante romano Otaviano foi ao Senado para renunciar a seus poderes. Ele venceu uma guerra civil, tornou-se o único governante daquela região do mundo e estava liderando como um imperador. No entanto, ele sabia que esse poder era visto com desconfiança. Por isso, Otaviano renunciou a seus poderes perante o Senado, comprometendo-se a ser um funcionário designado. A resposta deles? O Senado romano honrou esse governante coroando-o civicamente e nomeando-o servo do povo romano. Ele também recebeu o nome de Augusto, o "grande".

Paulo escreveu sobre Jesus se esvaziando e assumindo a forma de um servo. Augusto parecia fazer o mesmo. Ou será que o fez? Augusto agiu apenas como se estivesse entregando seu poder, mas o fazia para seu próprio ganho. Jesus "...humilhou-se e foi obediente até a morte, e morte de cruz" (FILIPENSES 2:8). A morte na cruz romana era a pior forma de humilhação e vergonha.

Hoje, a principal razão pela qual as pessoas elogiam a "liderança servil" como virtude é por causa de Jesus. A humildade não era uma virtude grega ou romana. Porque Jesus morreu na cruz por nós, Ele é o verdadeiro Servo. Ele é o verdadeiro Salvador.

Cristo se tornou um Servo para nos salvar. Ele "esvaziou a si mesmo" (v.7), para que pudéssemos receber algo verdadeiramente precioso — o presente da salvação e da vida eterna. *GLENN PACKIAM*

O que significa reconhecer que Jesus é o Servo e que sofreu e morreu para salvá-lo?

*Querido Jesus, obrigado por dares a Tua vida por mim.
Tua servidão não era um show, mas a demonstração
do Teu amor por mim. Enche meu coração com amor e gratidão.
Só tu és o verdadeiro Servo e Salvador do mundo.*

A BÍBLIA EM UM ANO: OSEIAS 1–4; APOCALIPSE 1

11 DE DEZEMBRO ISAÍAS 44:9-11,21-23

NÉVOA DA MANHÃ

Afastei seus pecados para longe,
como uma nuvem... v.22

Certa manhã, visitei um lago perto da minha casa e sentei-me em um barco virado, pensando e percebendo o vento suave perseguir a névoa sobre a superfície da água. Os filetes de nevoeiro circulavam e giravam. Mini "tornados" se levantaram e se desfizeram. Logo, a luz do Sol cortou as nuvens e a névoa desapareceu.

Isso me confortou, pois liguei a cena a um versículo que tinha acabado de ler: "Afastei seus pecados para longe, como uma nuvem" (ISAÍAS 44:22). Fui ali na esperança de me distrair de uma série de pensamentos pecaminosos com os quais me preocupava há dias. Embora eu os estivesse confessando, comecei a questionar se Deus me perdoaria quando os repetisse.

Naquela manhã, soube que a resposta dele era sim. Por meio de Isaías, Deus mostrou graça aos israelitas quanto a contínua adoração aos ídolos. Embora Ele tenha lhes dito que parassem de buscar deuses falsos, Deus também os convidou a voltar para o Senhor, dizendo: "...Eu, o SENHOR, o formei e não me esquecerei de você (v.21). Não compreendo o perdão totalmente assim, mas entendo que a graça de Deus é a única que pode dissolver completamente o nosso pecado e nos curar dele. Sou grata por Sua graça ser infinita e divina como Ele é e por estar disponível sempre que precisarmos dela. JENNIFER BENSON SCHULDT

É possível abusar da graça de Deus?
Que medidas você pode tomar para se libertar dos hábitos
pecaminosos e experimentar o perdão do Senhor?

Querido Deus, obrigado por Tua graciosa
presença em minha vida. Eu não quero viver pecando.
Ajuda-me a sentir a liberdade
que vem do Teu perdão.

A BÍBLIA EM UM ANO: OSEIAS 5–8; APOCALIPSE 2

12 DE DEZEMBRO   🌿 **GÊNESIS 32:24-32**

LUTANDO EM ORAÇÃO

Jacó ficou sozinho no acampamento.
Veio então um homem, que lutou
com ele até o amanhecer. v.24

A vida de Dennis transformou-se depois que alguém lhe deu um Novo Testamento. A leitura o cativou e tornou-se companheira constante. Em 6 meses, duas mudanças ocorreram em sua vida. Ele depositou sua fé em Jesus pelo perdão de seus pecados e foi diagnosticado com um tumor cerebral. A dor insuportável o deixou acamado e incapaz de trabalhar. Numa noite de dor e sem dormir, ele clamou a Deus e, finalmente, o sono chegou às 4h30 da manhã.

A dor física pode nos fazer clamar a Deus, mas outras circunstâncias excruciantes também nos obrigam a buscá-lo. Séculos antes dessa noite da luta de Dennis, o desesperado Jacó enfrentou Deus (GÊNESIS 32:24-32) por causa de assuntos familiares mal resolvidos. Ele prejudicara seu irmão, Esaú, (CAP.27) e temia que a retribuição fosse iminente. Ao procurar a ajuda de Deus nessa situação difícil, Jacó encontrou Deus face a face (32:30) e emergiu desse momento transformado.

E Dennis também. Após implorar a Deus em oração conseguiu se recuperar, e o exame médico não mais mostrou sinais do tumor. Embora Deus nem sempre decida nos curar milagrosamente, temos a confiança de que Ele sempre ouve as nossas orações e nos dará o que precisamos. Em nosso desespero, ofereçamos orações sinceras a Deus e deixemos os resultados para Ele!

ARTHUR JACKSON

Quais os benefícios de orar das profundezas do coração, mesmo quando Deus escolhe não mudar a situação? O que você levará a Ele em oração?

Pai, ajuda-me a ver que as dificuldades e os desafios são oportunidades para buscar-te em oração e crescer na minha compreensão de quem tu és.

A BÍBLIA EM UM ANO: OSEIAS 9–11; APOCALIPSE 3

13 DE DEZEMBRO 🌿 **LUCAS 1:62-75**

A FALA COMO UM PRESENTE DE NATAL

No mesmo instante, Zacarias voltou a falar e começou a louvar a Deus. v.64

Um derrame privou Tom de sua capacidade de falar e o fez enfrentar uma longa jornada de reabilitação. Semanas depois, ficamos agradavelmente surpreendidos quando ele apareceu no culto de Ação de Graças da igreja. Ficamos ainda mais surpresos quando ele se levantou para falar. Procurando o que dizer, ele confundiu suas palavras, repetiu-se e confundiu dias e horas. Mas isto ficou claro: ele estava louvando a Deus! É possível ter o coração ferido e ser abençoado no mesmo momento. E aquele era um desses momentos.

Na "história antes do Natal", encontramos um homem que perdeu o dom da fala. Gabriel, o anjo, apareceu a Zacarias, o sacerdote, e disse-lhe que ele seria pai de um grande profeta (LUCAS 1:11-17). Zacarias e sua esposa eram idosos, e ele duvidou disso. Gabriel então lhe disse que ele não falaria até que isso se cumprisse "no devido tempo" (v.20).

O dia *chegou*. E na cerimônia para nomear o bebê milagroso, Zacarias falou. Com suas primeiras palavras, ele louvou a Deus (v.64). E disse: "Seja bendito o Senhor, o Deus de Israel, pois visitou e resgatou seu povo" (v.68).

Como Zacarias, assim que pôde, a resposta de Tom foi louvar a Deus. Ambos os corações estavam inclinados a Quem criou a língua e mente deles. Independentemente do que enfrentarmos neste tempo, podemos responder da mesma maneira.

TIM GUSTAFSON

**Como você reage quando surge uma crise?
E quando você a vence?**

Obrigado, Pai, pelo dom da fala. Em nossos tempos de dúvida, esteja conosco para fortalecer a nossa fé. Ajuda-nos a aprender a usar a linguagem para nos aproximarmos de ti e honrar-te.

A BÍBLIA EM UM ANO: OSEIAS 12–14; APOCALIPSE 4

14 DE DEZEMBRO 🌿 **SALMO 8**

QUEM É VOCÊ

Quem são os simples mortais,
para que penses neles? v.4

O nome dele é Dnyan e ele se considera um estudante do mundo. E "esta é uma escola muito grande", ele diz sobre todas as cidades e vilas pelas quais já passou. Ele começou uma viagem de quatro anos em sua bicicleta em 2016 para conhecer e aprender com as pessoas. Quando existe uma barreira linguística, ele descobre que, às vezes, as pessoas podem entender apenas olhando uma para a outra. Ele também depende de um aplicativo de tradução em seu celular para se comunicar. Dnyan não mede sua jornada pelas milhas que percorre ou os pontos turísticos que vê. Em vez disso, ele a mede por pessoas que deixaram uma marca no seu coração: "Talvez eu não conheça seu idioma, mas gostaria de descobrir quem você é".

É um mundo muito grande, mas Deus sabe tudo sobre ele e os seus habitantes — total e completamente. O salmista Davi ficou maravilhado com Deus quando considerou todas as obras de Suas mãos: a criação dos céus, da lua e das estrelas (SALMO 8:3). Ele se perguntou: "Quem são os seres humanos, para que com eles te importes?" (v.4).

Deus o conhece mais profundamente do que qualquer outra pessoa possa conhecer e se importa com você. Só podemos responder: "Ó SENHOR, nosso Senhor, teu nome majestoso enche a terra!" (vv.1,9).

ANNE CETAS

Como você se sente sabendo que Deus
sabe tudo sobre você e o ama?
De que maneira acreditar nessa verdade hoje
influencia a sua vida?

Querido Deus, como é incrível perceber que
sabes tudo sobre toda a Tua criação. Eu também te amo
por me conheceres pessoalmente.

A BÍBLIA EM UM ANO: JOEL 1–3; APOCALIPSE 5

15 DE DEZEMBRO ATOS 11:19-26

★ *TÓPICO DE DEZEMBRO: ENCORAJAMENTO*

MENSAGENS ENCORAJADORAS

*[Barnabé] incentivou os irmãos a
permanecerem fiéis ao Senhor.* v.23

Jamais desista! Seja a razão do sorriso de alguém! Você é incrível! Não é de onde você veio; é para onde você vai que conta. Algumas crianças em idade escolar encontraram essas e outras mensagens escritas em bananas na lanchonete. A gerente do local se dedicou a escrever as notas encorajadoras nas cascas das frutas, que as crianças chamavam de "frutas falantes".

Esse atencioso trabalho me lembra do sentimento de Barnabé pelos "jovens espirituais" na antiga Antioquia (ATOS 11:22-24). Barnabé era famoso por sua capacidade de inspirar pessoas. Conhecido como um homem bom, cheio de fé e do Espírito Santo, incentivou os novos cristãos a "serem fiéis ao Senhor" (v.23). Imagino que ele investiu tempo com as pessoas que ele queria ajudar, dizendo coisas como: Continuem orando. Confiem no Senhor. Fiquem perto de Deus quando a vida for difícil.

Os novos cristãos, como as crianças, precisam de muito incentivo e têm muito potencial. Estão descobrindo no que são bons. Talvez não percebam completamente o que Deus quer fazer neles e através deles, e muitas vezes o inimigo trabalha ainda mais para impedir que a fé deles floresça.

Nós que já andamos com Jesus há um tempo entendemos como é difícil viver para Ele. Que possamos dar e receber o encorajamento, à medida que o Espírito de Deus nos guia e nos lembra da verdade espiritual.

JENNIFER BENSON SCHULDT

**Como Deus o encorajou no passado?
Ele pode usá-lo para inspirar alguém?**

*Pai Celestial, mostra-me alguém para encorajar hoje.
Ensina-me o que dizer e como atender
às necessidades dessa pessoa para que tu sejas glorificado.*

A BÍBLIA EM UM ANO: AMÓS 1–3; APOCALIPSE 6

16 DE DEZEMBRO 🌱 **HEBREUS 1:1-9**

FASCÍNIO DE NATAL

Que todos os anjos de Deus o adorem. HEBREUS 1:6

Eu estava em Londres uma noite para uma reunião. Chovia muito e eu estava atrasado. Corri pelas ruas, virei uma esquina e depois parei. Dezenas de anjos pairavam sobre a *Regent Street*, suas gigantescas asas brilhantes estendendo-se sobre o tráfego. Feitos de milhares de luzes pulsantes essa foi a exibição de Natal mais incrível que eu já vi. Eu não era o único maravilhado. Centenas alinhavam-se na rua, olhando com admiração.

O fascínio é central na história do Natal. Quando o anjo apareceu a Maria explicando que ela conceberia milagrosamente (LUCAS 1:26-38) e aos pastores anunciando o nascimento de Jesus (2:8-20), cada um reagiu com medo, admiração e *fascínio*. Olhando em volta para a multidão da *Regent Street*, perguntei-me se estávamos experimentando, em parte, como foram os primeiros encontros angélicos.

Um momento depois, notei outra coisa. Alguns dos anjos estavam de braços levantados, como se também estivessem olhando alguma coisa. Como o coral angélico que começou a cantar com a menção de Jesus (vv.13,14), parece que os anjos também podem ser surpreendidos com fascínio ao contemplá-lo.

"O Filho irradia a glória de Deus, expressa de forma exata o que Deus é..." (HEBREUS 1:3). Brilhante e luminoso, Jesus é o foco do olhar de todos os anjos de Deus (v.6). Se uma exibição de Natal com o tema de anjos pode parar os londrinos ocupados, imagine o momento em que o veremos face a face. *SHERIDAN VOYSEY*

Como podemos partilhar o fascínio do Natal?

Pai, eu te adoro.
Obrigado pelo presente
do Teu maravilhoso Filho.

A BÍBLIA EM UM ANO: AMÓS 4-6; APOCALIPSE 7

17 DE DEZEMBRO LEVÍTICO 23:15-22

DEIXE UM POUCO PARA OS OUTROS

Deixem esses grãos para os pobres e estrangeiros que vivem entre vocês. v.22

Moedas de centavos e ocasionalmente moedas maiores ficavam na mesa de cabeceira ao lado da cama dele. Ele esvaziava os bolsos todas as noites e deixava o seu conteúdo lá, pois sabia que eventualmente os netos o visitariam. Ao longo dos anos, as crianças aprenderam a ir direto à mesa de cabeceira do vovô assim que chegavam. Ele poderia ter colocado todo esse troco num cofrinho ou mesmo guardado numa conta poupança. Mas ele não fez. Ele gostava de deixá-las disponíveis para os seus preciosos convidados.

Lemos sobre algo semelhante em Levítico 23 quando se fala de trazer a colheita da terra. Deus, por meio de Moisés, disse ao povo algo bastante contraintuitivo: "não colham as espigas nos cantos dos campos e não apanhem aquilo que cair das mãos dos ceifeiros" (v.22). Essencialmente, ele disse: "Deixe um pouco para os outros". Essa instrução lembrou ao povo de que Deus estava por trás da colheita e que Ele usou Seu povo para prover àqueles que eram ignorados (os estrangeiros na terra).

Definitivamente, essa não é a norma em nosso mundo. Mas é exatamente o tipo de mentalidade que deve distinguir os agradecidos filhos e filhas de Deus. O Senhor se deleita com o coração generoso. E os instrumentos que Ele geralmente usa são você e eu. *JOHN BLASE*

> **Qual é a sua primeira reação ao pensar em "deixar um pouco para os outros"?
> Você pode praticar essa gratidão generosa com os pobres ou os estranhos em sua vida?**

*Amoroso Deus, obrigado por Tua provisão em minha vida.
Dá-me olhos para ver como posso compartilhar com os outros,
especialmente com os pobres e necessitados.*

A BÍBLIA EM UM ANO: AMÓS 7–9; APOCALIPSE 8

18 DE DEZEMBRO   🌿 **ROMANOS 5:1-10**

A LINGUAGEM DA CRUZ

Mas Deus nos prova seu grande amor ao enviar Cristo para morrer por nós quando ainda éramos pecadores. v.8

O pastor Tim Keller disse: "As pessoas nunca aprendem quem são por alguém lhes dizer. Isso precisa ser demonstrado". De certa forma, é a aplicação do ditado: "As ações falam mais alto do que as palavras". Os cônjuges mostram sua apreciação pelos seus companheiros ao ouvi-los e amá-los. Os pais mostram aos filhos que são valorizados cuidando deles com carinho. Os treinadores mostram aos atletas que eles têm potencial investindo em seu desenvolvimento. Dessa mesma forma, um tipo diferente de ação pode mostrar às pessoas coisas dolorosas que comunicam mensagens muito sombrias.

No Universo, de todas mensagens baseadas em ações, uma é a mais importante. Se queremos demonstrar quem somos aos olhos de Deus, não precisamos ir além das Suas ações na cruz. Em Romanos 5:8, Paulo escreveu: "Mas Deus nos prova seu grande amor ao enviar Cristo para morrer por nós quando ainda éramos pecadores". A cruz nos mostra quem somos: aqueles a quem Deus tanto amou que deu Seu único Filho por nós (JOÃO 3:16).

Contra as mensagens confusas e ações desordenadas de pessoas feridas por uma cultura decadente, a mensagem do coração de Deus é clara. Quem é você? Você é tão amado por Deus que Ele deu o Seu Filho para o seu resgate. Considere o preço que Ele pagou por você e a preciosa verdade de que, para Ele, você sempre valeu a pena.

WINN COLLIER

Quais mensagens falsas você deve descartar para compreender o valor que Deus lhe atribui?

Pai, Teu amor é insondável e Tua graça é maravilhosa. Obrigado por me tornares Teu filho!

Acesse e leia sobre o amor de Deus em: paodiario.org

A BÍBLIA EM UM ANO: OBADIAS; APOCALIPSE 9

19 DE DEZEMBRO ZACARIAS 3

QUEM VOCÊ ESTÁ VESTINDO?

*Veja, removi seus pecados e agora
lhe dou roupas de festa.* v.4

O time de basquete feminino argentino foi jogar usando uniformes errados. Suas camisas azul-marinho eram muito parecidas com as camisas azul-escuro do outro time e, sendo visitantes, deveriam ter vestido camisa branca. Sem tempo para encontrar uniformes substitutos, eles tiveram que desistir do jogo. No futuro, certamente verão antes o que devem vestir.

Deus mostrou a Zacarias uma visão na qual o sumo sacerdote Josué veio diante do Senhor vestindo roupas sujas e fedorentas. Satanás zombou e salientou: Desqualificado! Fim de jogo! Mas havia tempo para mudar. Deus repreendeu Satanás e disse a Seu anjo para remover as roupas sujas de Josué e falou ao profeta: "Veja, removi seus pecados e agora lhe dou roupas de festa" (ZACARIAS 3:4).

Viemos ao mundo com o fedor do pecado de Adão, e nos revestimos com o nosso próprio pecado. Se ficarmos com as roupas sujas, perderemos o jogo da vida. Se nos enojarmos com o pecado e nos voltarmos para Jesus, Ele nos vestirá da cabeça aos pés consigo mesmo e com Sua justiça. Chegou a hora de verificar: *De Quem estamos nos vestindo?*

A estrofe final do hino *A Rocha Sólida* explica como vencemos. "Quando Ele vier com o som de trombeta, / Ó, que então eu seja encontrado Nele; / Vestido apenas com Sua justiça, / Sem defeito para ficar diante do trono."

MIKE WITTMER

**Você confia em sua bondade ou em Jesus?
O que você quer que Deus e os outros percebam?**

*Jesus, obrigado por proveres o caminho
para o meu pecado ser removido e para
eu me revestir da Sua justiça.*

A BÍBLIA EM UM ANO: JONAS 1–4; APOCALIPSE 10

20 DE DEZEMBRO — **SALMO 23**

PROCURE O VERDE

*O Senhor é meu pastor,
e nada me faltará.* v.1

Com voz grave o capitão anunciou mais um atraso. Desconfortável no assento da janela a bordo de um avião que já estava parado há duas horas, irritei-me em frustração. Depois de uma longa semana de trabalho, eu ansiava pelo conforto e pelo descanso em casa. *Quanto tempo mais?* Enquanto olhava pela janela coberta de chuva, notei um triângulo solitário de grama verde crescendo na fenda de cimento onde as pistas se encontravam. Uma visão tão estranha no meio de todo aquele concreto.

Como pastor experiente, Davi conhecia bem a necessidade de fornecer o descanso de pastos verdes às ovelhas. No Salmo 23, ele escreveu uma lição importante que o levaria adiante nos dias exaustivos de liderança como rei de Israel. "O Senhor é meu pastor, e nada me faltará. Ele me faz repousar em verdes pastos [...]. Renova minhas forças..." (vv.1-3).

Na selva de concreto de uma pista de aeroporto, atrasada e sentindo a falta de conforto e descanso, Deus, meu bom Pastor, direcionou meu olhar para um espaço de verde. No relacionamento com Ele, posso descobrir a Sua provisão contínua de descanso onde quer que eu esteja — se eu a perceber e entrar nela.

A lição permaneceu ao longo dos anos: procure o verde. Está lá. Com Deus em nossa vida, não nos falta nada. Ele nos faz deitar em pastos verdes. Ele revigora nossas forças.

ELISA MORGAN

**Onde você pode procurar o descanso hoje?
De que maneiras Deus proporcionou um momento de descanso quando você pensou que isso era impossível?**

*Amado Deus, obrigado por seres o meu pastor
e por me fazeres repousar em pastos verdes
para renovar minhas forças.*

A BÍBLIA EM UM ANO: MIQUEIAS 1–3; APOCALIPSE 11

21 DE DEZEMBRO ❧ ISAÍAS 9:2-7

COMO DAR NOME AO BEBÊ

*A virgem ficará grávida! Ela dará
à luz um filho e o chamará de
Emanuel.* ISAÍAS 7:14

"José, como devemos chamar o bebê?" Essa conversa Maria não precisou ter com José enquanto aguardavam o nascimento do bebê que viria. Ao contrário da maioria das pessoas que aguardam o nascimento, eles não tinham dúvidas sobre como chamariam a criança.

Os anjos que visitaram Maria e depois José disseram a ambos que o nome do bebê seria Jesus (MATEUS 1:20,21; LUCAS 1:30,31). O anjo que apareceu a José explicou que esse nome indicava que o bebê salvaria "seu povo dos seus pecados".

Jesus também seria chamado de "Emanuel" (ISAÍAS 7:14), que significa "Deus está conosco", porque Ele seria Deus em forma humana — divindade envolta em panos. O profeta Isaías revelou títulos adicionais para Ele: "Maravilhoso Conselheiro, Deus Poderoso, Pai Eterno e Príncipe da Paz" (9:6), porque Jesus seria todas essas coisas.

É sempre emocionante dar nome a um bebê. Mas nenhum outro bebê tinha um nome tão poderoso, emocionante e capaz de mudar o mundo como aquele que era "Jesus que é chamado Cristo" (MATEUS 1:16). Que emoção podermos invocar "o nome de nosso Senhor Jesus Cristo" (1 CORÍNTIOS 1:2)! Não há salvação em nenhum outro nome [...] por meio do qual devamos ser salvos" (ATOS 4:12).

Vamos louvar a Jesus e contemplar tudo o que Ele significa para nós nesta época de Natal!

DAVE BRANON

Meditar sobre o nome de Jesus o fortalece? Qual dos títulos de Jesus significa mais para você nesta época? Por quê?

*Obrigado, Pai Celestial, por enviares o nosso Salvador,
Conselheiro, nosso Príncipe da Paz e o Messias.
Celebro o Teu nascimento porque sei que a Tua vida, morte
e ressurreição compraram para nós a vida eterna.*

A BÍBLIA EM UM ANO: MIQUEIAS 4–5; APOCALIPSE 12

22 DE DEZEMBRO ❧ **ECLESIASTES 4:9-11**

★ *TÓPICO DE DEZEMBRO: ENCORAJAMENTO*

É MELHOR SEREM DOIS

É melhor serem dois que um,
pois um ajuda o outro a alcançar
o sucesso. v.9

No Triátlon *Ironman* de 1997, duas mulheres lutaram muito até a linha de chegada. Exaustas, perseveraram vacilantes, até que Sian Welch esbarrou em Wendy Ingraham. Ambas caíram e lutaram para se levantar, tropeçaram para frente e caíram de novo a cerca de 20 metros da chegada. Wendy começou a engatinhar e a multidão aplaudiu. Quando a concorrente seguiu o exemplo, eles aplaudiram ainda mais alto. Wendy cruzou a linha de chegada em 4º lugar e caiu nos braços estendidos de seus apoiadores. Daí, virou-se e estendeu sua mão para sua irmã caída. Sian lançou seu corpo à frente, esticou o braço em direção à mão de Wendy e cruzou a linha de chegada. Quando ela terminou a corrida em quinto lugar, a multidão gritou sua aprovação.

A finalização dessa prova que inclui natação, ciclismo e corrida de 140 km inspirou muitas pessoas. A imagem das competidoras cansadas e perseverando juntas está arraigada em minha mente, reafirmando a verdade descrita em Eclesiastes 4:9-11.

Não há vergonha em admitir que precisamos de ajuda (v.9), nem podemos honestamente negar nossas necessidades ou escondê-las do Deus onisciente. Em algum momento, cairemos, física ou emocionalmente. Saber que não estamos sozinhos traz conforto e nos ajuda a perseverar. Nosso Pai nos ajuda e nos capacita a alcançar os necessitados, assegurando-lhes que também não estão sozinhos. *XOCHITL E. DIXON*

Alguém o ajudou recentemente?
Como encorajar outros nesta semana?

Deus, obrigado por Tua presença e por nos dares
a oportunidade de alcançarmos outros.

A BÍBLIA EM UM ANO: MIQUEIAS 6–7; APOCALIPSE 13

23 DE DEZEMBRO ISAÍAS 53:1-9

SEM BRILHO, APENAS GLÓRIA

*Teu amor é melhor que a própria
vida; com meus lábios te louvarei.*
SALMO 63:3

Olhando os enfeites de Natal feitos à mão que o meu filho criou ao longo dos anos e as bugigangas que a avó sempre lhe enviava, não conseguia entender por que não estava contente com as nossas decorações. Eu sempre valorizara a criatividade e as memórias que os ornamentos representavam. Então, por que o fascínio das vitrines enfeitadas nas lojas me fez desejar uma árvore com lâmpadas perfeitamente combinadas, bolas brilhantes e fitas de cetim?

Ao me afastar de nossa humilde decoração, vislumbrei um enfeite em forma de coração com a escrita "Jesus, meu Salvador". Como pude esquecer que minha família e minha esperança em Cristo são as razões pelas quais amo celebrar o Natal? Nossa árvore não se parecia com as árvores das vitrines, mas o amor envolvido na decoração a tornava linda.

Como nossa modesta árvore, o Messias não atendeu às expectativas do mundo (ISAÍAS 53:2). Ele "foi desprezado e rejeitado" (v.3). No entanto, numa incrível demonstração de amor, Ele ainda escolheu ser "esmagado por causa de nossos pecados" (v.5). Ele sofreu castigo, para que pudéssemos desfrutar da paz (v.5). Nada é mais bonito do que isso.

Grata pelas decorações imperfeitas e nosso perfeito Salvador, parei de desejar o brilho e louvei a Deus por Seu amor glorioso. Os adornos brilhantes jamais corresponderiam à beleza de Sua dádiva sacrificial — Jesus.

XOCHITL E. DIXON

O que o sacrifício de Jesus na cruz significa para você?

*Amoroso Deus, por favor,
ajuda-nos a ver o Teu belo amor refletido
pela magnitude do Teu sacrifício.*

A BÍBLIA EM UM ANO: NAUM 1–3; APOCALIPSE 14

24 DE DEZEMBRO LUCAS 2:8-20

QUANDO A PAZ IRROMPER

Paz para aqueles em quem
repousa seu favor. v.14

Em uma fria véspera de Natal na Bélgica, em 1914, o som do cântico flutuou das valas onde os soldados se entrincheiravam. Sons da canção "Noite Feliz" soaram em alemão e depois em inglês. Os soldados, que no início do dia atiravam uns contra os outros, largaram suas armas e emergiram de suas trincheiras para apertar as mãos na "terra de ninguém" entre eles, trocando cumprimentos de Natal e presentes espontâneos de suas rações. O cessar-fogo continuou durante o dia seguinte, enquanto os soldados conversavam e riam e até organizaram partidas de futebol juntos.

A Trégua de Natal de 1914 ocorreu ao longo da Frente Ocidental da Primeira Guerra Mundial e ofereceu um vislumbre da paz que os anjos proclamaram na primeira véspera de Natal, há milênios. Um anjo falou aos pastores aterrorizados as palavras tranquilizadoras: "Não tenham medo! Trago boas notícias, que darão grande alegria a todo o povo. Hoje em Belém, a cidade de Davi, nasceu o Salvador, que é Cristo, o Senhor!" (LUCAS 2:10,11). Então uma multidão de anjos apareceu, "louvando a Deus e dizendo: "Glória a Deus nos mais altos céus, e paz na terra àqueles de quem Deus se agrada!" (vv.13,14).

Jesus é o "Príncipe da Paz" que nos salva de nossos pecados (ISAÍAS 9:6). Por meio de Seu sacrifício na cruz, Ele oferece perdão e paz com Deus aos que nele confiam.

JAMES BANKS

De que maneira você pode compartilhar
a paz de Jesus com alguém hoje?

Príncipe da Paz, reina em meu coração hoje.
Louvo-te por Tua perfeita paz
a qual este mundo nunca pode tirar!

A BÍBLIA EM UM ANO: HABACUQUE 1–3; APOCALIPSE 15

25 DE DEZEMBRO · **JOÃO 3:1-8,13-16**

ALEGRIA AO MUNDO

*Porque Deus amou tanto
o mundo...* JOÃO 3:16

Todo Natal decoramos a casa com presépios de todo o mundo. Temos uma pirâmide de presépio alemã, a cena da manjedoura feita de madeira de oliveira de Belém e uma versão folclórica mexicana. O favorito da nossa família é o presépio extravagante da África. Em vez das tradicionais ovelhas e camelos, um hipopótamo olha com atenção para o menino Jesus.

A perspectiva cultural única trazida à vida nessas cenas da natividade aquece o meu coração ao refletir sobre cada belo lembrete de que o nascimento de Jesus não era apenas para uma nação ou cultura. São boas novas para toda a Terra, uma razão para as pessoas de todos os países e etnias se alegrarem.

O bebezinho retratado em cada um dos presépios revelou essa verdade do coração de Deus para o mundo inteiro. Como João escreveu em relação à conversa de Cristo com um fariseu muito inquisitivo chamado Nicodemos: "Porque Deus amou tanto o mundo que deu seu Filho único, para que todo o que nele crer não pereça, mas tenha a vida eterna" (JOÃO 3:16).

O presente de Jesus é uma boa notícia para todos. Não importa o local do seu lar, o nascimento de Jesus é a oferta de amor e paz de Deus para você. E todos os que encontrarem nova vida em Cristo, "de toda tribo, língua, povo e nação" um dia celebrarão a glória de Deus para todo o sempre (APOCALIPSE 5:9).

LISA SAMRA

Como lembrar do amor de Deus pelo mundo inteiro pode trazer alegria neste Natal?

*Pai, obrigado por proporcionares a salvação
através do presente de Teu Filho.*

A BÍBLIA EM UM ANO: SOFONIAS 1–3; APOCALIPSE 16

26 DE DEZEMBRO — 1 REIS 19:9-12,15-18

QUEM PRECISA DE MIM?

*Quando chegar lá, unja Hazael
para ser rei da Síria.* v.15

O passageiro de um voo noturno ouviu uma mulher idosa sussurrar ao marido: "Não é verdade que ninguém precisa de você". O homem murmurou algo sobre desejar morrer, e a esposa lhe disse: "Pare com isso". Terminado o voo, esse passageiro se virou e reconheceu o homem que falara, era um herói famoso. Outros passageiros apertaram sua mão, e o piloto lhe agradeceu a coragem que ele demonstrara décadas atrás. Como esse gigante afundara em desespero?

O profeta Elias derrotou sozinho 450 profetas de Baal — ou assim ele pensou (1 REIS 18). No entanto, ele não fez isso sozinho; Deus esteve com ele o tempo todo! Mais tarde, porém, sentindo-se sozinho, Elias pediu a Deus que lhe tirasse a vida.

Deus elevou o ânimo de Elias, trouxe-o à Sua presença e deu-lhe novas tarefas. Ele deveria ungir Hazael para ser "rei da Síria", Jeú para ser "rei de Israel" e Eliseu para substitui-lo como profeta (19:15,16). Revigorado e com propósito renovado, Elias encontrou e orientou seu sucessor.

Suas vitórias podem ser vistas por um espelho retrovisor. Talvez você sinta que sua vida atingiu um pico, ou que isso nunca ocorreu. Não importa. Olhe em volta. As batalhas podem parecer menores, as marcas menos profundas, mas ainda existem outros que precisam de você. Sirva-os bem, por amor a Jesus, e isso contará. Eles são o seu propósito e o motivo de você ainda estar aqui.

MIKE WITTMER

**Por que é essencial alcançarmos as pessoas
com o amor de Deus?**

*Espírito Santo, abre os meus olhos
para aqueles que eu posso servir por amor de Jesus.*

A BÍBLIA EM UM ANO: AGEU 1–2; APOCALIPSE 17

27 DE DEZEMBRO 🌿 **SALMO 103:1-14**

UMA CANÇÃO NA NOITE

O Senhor é compassivo e gracioso,
lento para irar-se, cheio de amor. v.8

O Sol já tinha se posto quando nossa energia elétrica de repente caiu. Eu estava em casa com nossos dois filhos mais novos, e essa era a primeira vez que eles viam uma queda de energia. Depois de verificar que a companhia sabia da interrupção, achei umas velas, e nos aconchegamos na cozinha em volta das chamas tremeluzentes. Eles pareciam nervosos e inquietos, então começamos a cantar. Logo os olhares preocupados foram substituídos por sorrisos. Às vezes nos momentos mais sombrios precisamos de uma canção.

O Salmo 103 pode ter sido um dos salmos que o povo de Deus orava ou cantava depois que voltou do exílio para uma terra que havia sido assolada. No momento de crise, precisavam cantar. Mas não qualquer música, precisavam cantar sobre quem Deus é e o que Ele faz. O Salmo 103 também nos ajuda a lembrar que Ele é compassivo, misericordioso, paciente e cheio de amor fiel (v.8). E, no caso de nos perguntarmos se o julgamento por nossos pecados ainda paira sobre nossa cabeça, o salmo anuncia que Deus não está zangado; Ele perdoou e sente compaixão. Essas são boas coisas sobre as quais cantar durante as noites escuras de nossa vida.

Talvez você se sinta em um lugar escuro e difícil, imaginando se Deus é realmente bom, questionando Seu amor. Se estiver, ore e cante Àquele que é pleno de amor!

GLENN PACKIAM

Como as ações salvadoras de Deus em Jesus podem lhe dar uma imagem melhor de como Ele é? Como Ele o vê?

Querido Jesus, ajuda-me a ver o amor de Deus revelado em Tua vida,
morte e ressurreição. Levanta minha cabeça cansada,
para que eu possa cantar sobre a Tua bondade e fidelidade.

A BÍBLIA EM UM ANO: ZACARIAS 1–4; APOCALIPSE 18

28 DE DEZEMBRO   🌿 **JEREMIAS 33:6-11**

RECONSTRUINDO AS RUÍNAS

Então esta cidade me trará
louvor, glória e honra. v.9

Aos 17 anos, Dowayne teve que deixar a casa de sua família em Manenberg, na Cidade do Cabo, África do Sul, por causa de seu roubo e dependência de heroína. Ele não foi longe, construiu um barraco de metal corrugado no quintal de sua mãe, que logo ficou conhecido como "o Cassino", um lugar para usar drogas. Aos 19 anos, no entanto, Dowayne creu na fé salvadora em Jesus. Sua jornada para sair das drogas foi longa e cansativa, mas ele ficou limpo com a ajuda de Deus e o apoio de amigos que creem em Jesus. Passados 10 anos, ele e outros transformaram aquela cabana em uma igreja doméstica. O que antes era um lugar sombrio e agourento hoje é um lugar de adoração e oração.

Eles olham para Jeremias 33 e veem como Deus pode trazer cura e restauração para pessoas e lugares, como fez com Dowayne e o antigo cassino. O profeta Jeremias falou ao povo de Deus em cativeiro, dizendo que, embora a cidade não fosse poupada, Deus curaria Seu povo e os "reconstruiria", purificando-os de seus pecados (JEREMIAS 33:7,8). E a cidade lhe traria louvor, glória e honra (v.9).

Quando somos tentados a nos desesperar com o pecado que causa desgosto e quebrantamento, continuemos orando para que Deus traga cura e esperança, assim como Ele fez em um quintal em Manenberg.

AMY BOUCHER PYE

De que maneira Deus trouxe restauração
em sua a vida e na de outras pessoas?
Como você pode orar por cura divina neste dia?

Deus, obrigado por gerares nova vida no que
parecia estar morto. Continua a agir
em mim, para que eu possa compartilhar
o Teu amor salvador com os outros.

A BÍBLIA EM UM ANO: ZACARIAS 5–8; APOCALIPSE 19

29 DE DEZEMBRO • EFÉSIOS 6:10-20

REALIDADES INVISÍVEIS

...não lutamos contra inimigos de carne e sangue, mas [...] contra espíritos malignos nas esferas celestiais. v.12

Em 1876, os homens que procuravam carvão em Indiana, EUA, pensaram ter encontrado os portões do inferno. O historiador John Barlow Martin relata que a quase 200 metros sob a superfície havia "fumaças exaladas em meio a barulhos impressionantes". Temendo terem "atingido o teto da caverna do diabo", os mineiros fecharam o poço e voltaram às suas casas.

Os mineiros, é claro, estavam enganados e anos depois perfurariam novamente e se tornariam ricos com o gás natural. Mesmo que eles estivessem enganados, sinto-me com um pouco de inveja deles. Esses mineiros viviam com uma percepção do mundo espiritual que muitas vezes falta na minha própria vida. Para mim é fácil viver como se o sobrenatural e o natural raramente se cruzassem e esquecer que "não lutamos contra inimigos de carne e sangue, mas [...] contra espíritos malignos nas esferas celestiais" (EFÉSIOS 6:12).

Quando vemos o mal vencendo no mundo, não devemos desistir ou tentar combatê-lo com as próprias forças. Em vez disso, devemos resistir ao mal vestindo "toda a armadura de Deus" (vv.13-18). Estudar as Escrituras, reunir-se regularmente com outros cristãos para encorajamento e fazer escolhas com o bem dos outros em mente pode ajudar-nos a resistir "as estratégias do diabo" (v.11). Equipados pelo Espírito Santo, podemos permanecer firmes diante de qualquer coisa (v.13).

AMY PETERSON

Como cultivar a percepção da realidade do mundo espiritual?

Deus, ajuda-me a lembrar de sempre andar e servir pela fé e em Teu poder.

A BÍBLIA EM UM ANO: ZACARIAS 9–12; APOCALIPSE 20

30 DE DEZEMBRO ✦ **ÊXODO 34:1-7**

VERDADEIRO SUCESSO

Javé! O Senhor! O Deus de compaixão e misericórdia! Sou lento para me irar e cheio de amor e fidelidade. v.6

Meu entrevistado respondeu-me educadamente. No entanto algo se escondia sob nossa interação. Um comentário passageiro trouxe algo à tona. "Você inspira milhares de pessoas", eu lhe disse. "Não milhares", ele murmurou, "Milhões".

E como se tivesse pena da minha ignorância, ele me lembrou das suas credenciais, dos títulos que possuía, suas conquistas e da revista que ele agraciou. Foi constrangedor.

Desde aquele dia, impressiona-me a maneira como Deus se revelou a Moisés no monte Sinai (ÊXODO 34:5-7). Deus, o Criador do cosmos e Juiz da humanidade não usou Seus títulos. Ele criou 100 bilhões de galáxias, mas também não as mencionou. Em vez disso, Ele se apresentou como "O Deus de compaixão e misericórdia! Sou lento para me irar e cheio de amor e fidelidade" (v.6). Quando Deus revela quem é, não lista Seus títulos ou realizações, mas a Sua natureza.

Somos criados à imagem de Deus e chamados a seguir o Seu exemplo (GÊNESIS 1:27; EFÉSIOS 5:1,2). Isso é profundo! As conquistas são boas, os títulos têm o seu lugar, mas o que importa é o quão compassivo, gracioso e amoroso estamos nos tornando.

Como o meu entrevistado, às vezes fundamentamos nosso valor em realizações. Eu também. Mas Deus já exemplificou o que é o verdadeiro sucesso: não o que está escrito em cartões de visita e currículos, mas de que maneira estamos nos tornando como Ele. SHERIDAN VOYSEY

Qual aspecto do caráter de Deus precisa crescer em você?

Espírito de Deus, torna-me compassivo, piedoso, paciente e amoroso!

A BÍBLIA EM UM ANO: ZACARIAS 13–14; APOCALIPSE 21

31 DE DEZEMBRO   🌿 **EFÉSIOS 2:12-18**

FOGOS DE ARTIFÍCIO DA VIDA

*Porque Cristo é
nossa paz.* v.14

Na véspera de Ano Novo, os fogos de artifício estouram em todo o lugar. Os fabricantes dizem que eles se destinam a dividir a atmosfera, literalmente. As explosões do "repetidor" podem soar mais alto quando acontecem perto do chão. Os problemas também podem explodir em nosso coração, mente e lar. Os "fogos" da vida — lutas familiares, problemas de relacionamento, desafios de trabalho, tensão financeira e até a divisão da igreja — parecem explosões que sacodem nossa atmosfera emocional.

Porém, conhecemos o *Único* que nos eleva acima disso. Paulo escreveu: "Porque Cristo é a nossa paz" (EFÉSIOS 2:14). Ao permanecermos em Sua presença, temos a Sua paz que é maior do que qualquer perturbação e acalma o ruído da preocupação, mágoa ou desunião.

Os judeus e gentios viviam "sem Deus e sem esperança" (v.12). Enfrentavam ameaças de perseguição e de divisão interna. Mas em Cristo foram trazidos para perto dele e um do outro, pelo Seu sangue. "Porque Cristo é nossa paz. Ele uniu judeus e gentios em um só povo ao derrubar o muro de inimizade que nos separava" (v.14).

Ao começarmos um novo ano, com ameaças de inquietação e divisões estrondosas no horizonte, deixemos de lado as provações barulhentas da vida e busquemos a nossa Paz sempre presente. Jesus acalma os estrondos e nos cura.

PATRÍCIA RAYBON

**Quais "fogos de artifício"
destroem a calma de sua vida?**

*Deus Consolador,
quando as aflições da vida me chocam
e perturbam, atrai-me à Tua paz.*

A BÍBLIA EM UM ANO: MALAQUIAS 1–4; APOCALIPSE 22

ÍNDICE TEMÁTICO

JANEIRO A DEZEMBRO

TEMA	DATA
Aborto	jan. 19; fev. 10
Adoração	jan. 12; fev. 14; mar. 8,16; mai. 8,15; jun. 9,17; jul. 5,8,22; dez. 13,16
Alegria	fev. 26,28; abr. 5,17; mai. 20,30; jul. 1,15,16,22; set. 28; out. 4; dez. 25
Ambição	abr. 12
Amizade	jan. 27; mai. 24
Amor pelos outros	jan. 18; fev. 1,8,15,18,22; mai. 25; jun. 3,7,12,15; ago. 15,27; set. 13,18,20; out. 12; nov. 15,19; dez. 4
Anjos	jan. 6
Arrependimento	abr. 21; jun. 13; set. 27; dez. 11
Autoimagem	jun. 23; ago. 5; set. 10
Bíblia, autoridade	fev. 16; mar. 6; abr. 19; nov. 13
Bíblia, estudo	jan. 1; mar. 19; abr. 5,9; jun. 18; jul. 19; set. 9,29
Bíblia, inspiração	jan. 1; ago. 9
Ceia do Senhor	mai. 2
Celebração	jul. 1,8,15,22
Cidadania	abr. 1,8,15,22
Comunhão com Deus	abr. 13; jun. 27; jul. 1; ago. 9; out. 15,18,24
Confiança em Deus	jan. 9,10,17,23,31; fev. 2,19,27; mar. 2,5,10,14,21,30; abr. 14,18,20,24,25; mai. 9,11,14,27,29; jun. 14,16,19,20,21,26,30; jul. 18,28; ago. 12,17,19,20; set. 19,21,26; out. 4,10,11,25,31; nov. 12,16,17,18,24; dez. 12,13
Conflito e confrontação	jul. 2; ago. 2,8; out. 9; nov. 20
Contentamento	jan. 31; fev. 25; mar. 13; abr. 4; set. 28; dez. 5
Crescimento espiritual	jan. 1,14; mar. 6; jun. 25; ago. 17; set. 6,30; nov. 6,8
Criação	jan. 15; mai. 1,8,15,22; set. 7
Cristo, deidade	jun. 4
Cristo, milagres	abr. 7; nov. 5
Cristo, morte	jan. 11; abr. 15, 16; mai. 25; dez. 18
Cristo, nascimento	dez. 2,21,24,25
Cristo, nomes	dez. 2,21
Cristo, ressurreição	fev. 28; mar. 4; abr. 17
Cristo, retorno	mai. 21; nov. 29
Cristo, Salvador	abr. 10,16; nov. 19; dez. 23
Cristo, vida e ensino	set. 16; nov. 5
Culpa	fev. 12; set. 6
Depressão	fev. 4,23
Descanso	mai. 5; jul. 5,17; nov. 4; dez. 20,31
Desesperança	jan. 27

ÍNDICE TEMÁTICO

JANEIRO A DEZEMBRO

TEMA	DATA
Morte	mar. 27; abr. 3,16; ago. 7
Obediência	jan. 9; mai. 23; jul. 19,25; ago. 31; set. 26; dez. 6
Oração	jan. 2,24; fev. 4,6,7,8; mar. 15,17,25; abr. 29; mai. 7; jun. 29; jul. 7,13; ago. 21; set. 2; out. 14,18,26; nov. 2; dez. 3,7,12
Orgulho	nov. 18; dez. 30
Paciência	jan. 23; jul. 7,20
Pecado	jan. 21; fev. 13; abr. 21; mai. 6,17; jun. 24; jul.24; ago.3; set.17,24; out.3,17; nov. 10; dez. 11,28
Perdão dos pecados	jan. 11,25; fev. 12; mai. 6; ago. 23; set. 24; nov. 10; dez. 11
Perdoando outros	fev. 22; mai. 6; jun. 2; jul. 29; ago. 4
Perseguição	fev. 8; abr. 6,15; jun. 21; nov. 14; dez. 31
Preocupação	mar. 28; abr. 25; nov. 24
Relacionamentos	fev. 11; jul. 29; ago. 8; set. 15; nov. 3
Ressurreição dos cristãos	out. 6
Salvação	jan. 8,22; fev. 13; mar. 2,26,31; abr. 15,30; mai. 11,18,23,25; jun. 6,13,24,28; jul. 9,10,15,21; ago. 3; set. 11; out. 3,17,21; nov. 7,23,25; dez. 19,24,26

TEMA	DATA
Serviço	jan. 6; fev. 11; abr. 1,8; jun. 1,15,22; set. 18; nov. 1,8,15,22
Sofrimento	fev. 6; mar. 18; abr. 27; mai. 9; ago. 14,17,24; set. 22; out. 4,31; nov. 1, 27; dez. 13
Solidão	mai. 24
Suicídio	jul. 23
Tentação	jun. 5; jul. 30; ago. 26; dez. 9
Traição	jul. 26
Transformação espiritual	fev. 20,24; jul. 31; out. 5,16; nov. 21
Unidade	mai. 2,26; jul. 11,12; ago. 18; out. 22; nov. 3
Vida eterna	mar. 27; abr. 3
Viver como Cristo	jan. 5,28; abr. 1,8,12; mai. 19; jul. 3,4,17; ago. 30; set. 20; out. 1,12,20; nov. 11; dez. 4
Viver por Cristo	mar. 1,12,16,24; abr. 22; mai. 20,26,30; ago. 13,25,26; nov. 22,30

ÍNDICE TEMÁTICO

JANEIRO A DEZEMBRO

TEMA	DATA
Desespero	fev. 21; ago. 10; out. 14; dez. 7
Deus, amor de	jan. 8,13,19,20,24,25,30; fev. 1,9,10,17,20,23; mar. 3,9,11,17,21,28; abr. 11,18,26,27,28; mai. 3,10,12,17; jun. 11; jul. 26,27; ago. 5,6,10,11,16,19,20,24,28; set. 2,3,5,7,10,23,25,30; out. 2,3,7,13,19,23; nov. 24,27,28; dez. 5,14,18,20,22,27
Deus, comunhão com	set. 27
Deus, esperar em	ago. 21; nov. 2
Deus, reverência por	abr. 7; mai. 1; dez. 16,29
Disciplina espiritual	ago. 25; out. 8; dez. 7,29
Dons espirituais	mar. 7,29; out. 29; nov. 9
Dúvida	mai. 9; jul. 20; ago. 24
Encorajamento	abr. 9,23; jun. 12; set. 1,12; nov. 9; dez. 1,8,15,22
Esperança	fev. 20,21; abr. 27; mai. 4,23; jul. 18,23; ago. 14; set. 14; out. 27; nov. 28; dez. 28,31
Espírito Santo	jan. 4; fev. 3,5; abr. 13; mai. 31; jun. 27; out. 1
Eternidade	mar. 12,23,27; ago. 7; set. 14; out. 6
Evangelismo	jan. 5; mar.1,8,15,22; abr. 6; mai. 16; jun. 10; jul. 4,13; ago.29; set. 4; nov. 7,21

TEMA	DATA
Falso ensino	fev. 16; abr. 19
Família	ago. 1,8,11,15,22
Fé	mai. 11,23; jul. 9; dez. 19,26
Fruto do Espírito	out. 1,8,15,22; dez. 30
Generosidade e doação	jan. 7,16; abr. 2; mai. 28; jun. 1,8,15,22; dez. 17
Gratidão	jan. 29; fev. 4,14; nov. 26
História da Bíblia	jan. 1,8,15,22
Humildade	mai. 13; jun. 5; jul. 14; set. 16; out. 9,28; nov. 15; dez. 10
Injustiça	abr. 12; ago. 27; out. 12
Julgar os outros	jul. 10
Luta espiritual	nov. 14; dez. 29
Lutas da vida	jan. 17; fev. 2,14,19; mar. 13,14; abr. 18,20,25; mai. 14,29; jun. 30; set. 21; out. 10,20,27; nov. 16
Luto	fev. 18,28; mar. 10; abr. 17; jul. 18,27,28; set. 14,15
Materialismo	jul. 6
Medo	jan. 10,30; abr. 7,14,24; mai. 5,29; jun. 26; set. 3; out. 25; nov. 14,17
Mentorear	jan. 3,26; ago. 1; set. 23; out. 30
Mordomia	mai. 22